中国经济转型期就业制度研究

ZHONGGUO JINGJI ZHUANXINGQI
JIUYE ZHIDU YANJIU

郜风涛 著

人民出版社

立足中国，面向世界，开放式地借鉴人类文明的成果，探索一个贫穷落后的农业大国，如何转变为工业强国的可行途径。

——张培刚

⊙ 作者（左）与导师张培刚教授、副导师徐长生教授（右）合影（摄于张培刚教授寓所）

目　　录

第1章 导 论

导论,亦称绪论,是学术著作开头说明全书主旨和内容等的部分。那么,本书在这里想说些什么呢? 主要想说明有关本书的 4 个问题。

1.1 研究背景与意义

研究任何问题,都必须在一定的背景下进行,否则,一切研究都会失去理论和实践意义。

就业问题是一个世界性难题,也是世界各国经济社会发展的一个核心问题。中国作为世界上人口最多、人力资源最丰富的国家,自 20 世纪 70 年代末以来,正在发生着大规模的经济转型,而且,这种转型在未来可以预见的几十年内还将持续下去。在这一转型期内,中国面临着的最大压力就是人口就业压力,可以说,既是劳动人口的"红利期",又是人口就业的高峰期,就业总量之大、矛盾之复杂,是世界上其他任何国家都不曾遇到过的。主要表现在:人口多、底子薄的基本国情,决定了就业将是中国经济社会发展长期面临的突出矛盾之一;经济转型的艰巨性,又决定了中国必须集中精力解决好历史遗留的下岗失业人员的再就业问题;城乡"二元结构"的现实状况,决定了中国将长期面临农业富余劳动力向非农领域和城镇转移的问题;经济结构调整和产业升级的加快,决定了中国将长期面临调整劳动力结构和提高劳动者素质的挑战。上述矛盾和问题的存在,决定了中国经济转型期就业问题的基本特征是:劳动力供求总量矛盾和结构性矛盾同时存在,城镇就业压力加大和农业富余劳动力向城镇转移速度加快形成叠加,新成长劳动力就业与下岗失业人员再就业相互交织。要解决这些矛盾和问题,实践中要靠日益完善的市场机制和政府力量的推动,理念上离不开相应的理论基础作支撑。但是,这一切仅靠照搬西方经济学理论是无法解决的。

因此,针对中国经济转型期就业制度的理论研究,就显得十分必要。

就业是民生之本,事关每一位劳动者生存的经济基础和基本保障,也是每一位劳动者融入社会、共享社会经济发展成果的基本条件;就业是安国之策,关系到中国改革发展稳定的大局,是构建社会主义和谐社会的内在要求和重要基础。中国政府高度重视就业问题,把扩大就业放在经济社会发展的突出位置,将促进就业作为提高人民群众生活水平和质量的重要前提和基本途径,实施积极的就业政策,缓解就业压力,较好地解决了经济转型期的就业问题。但是,要从根本上解决中国长期、艰巨而复杂的就业问题,不仅需要政策的调整,更需要制度的保障,重视制度在人力资源配置中的基础性作用,以此建立解决就业问题的长效机制。正如杨伟国所说,转型国家的一个重要特点是,制度是一个基本条件,就业政策还有赖于制度条件的支持。①

基于上述考虑,自2006年起,笔者结合从事《中华人民共和国就业促进法(草案)》起草、审查工作的实践,研读了马克思和西方经济学中有关就业的理论,翻阅了国内外学者有关就业问题的研究文献,并梳理了中国改革开放以来就业工作发展演变的轨迹,进一步加深了对探索中国经济转型期就业制度研究理论与实践意义的认识。经过深思熟虑后,笔者选择了中国经济转型期就业制度这一具有重大时代意义的课题作为本书的研究主题。

研究中国经济转型期的就业制度,旨在发展和深化中国的就业理论,解决现实中的突出问题,使研究主题的探讨具有理论与实践两个方面的意义。

中国经济转型期就业制度研究的理论意义在于:主要是拟通过对传统就业理论的阐释与探讨,根据中国社会主义初级阶段基本国情和当前中国经济社会发展的阶段性特征,力图对就业实践中出现的新情况、新问题从理论上加以研究并作出回答,以深化对中国经济转型期就业制度的理论认识,并为创新中国特色的就业制度提供帮助。

中国经济转型期就业制度研究的实践意义在于:通过对就业理论的研究与探讨,以此完善中国经济转型期的就业制度,用以指导中国的就业实践,解决中国经济转型期就业实践中存在的突出问题。这是本书力求达到

---

① 参见杨伟国:《转型中的中国就业政策》,中国劳动社会保障出版社2007年版,第295页。

的主要目的之一。

1.2 相关概念界定

研究中国经济转型期的就业制度,首先必须厘清一些基本概念。如果对概念界定不清,势必导致研究对象的不确定性,给研究工作带来混乱。这里,仅对与本书有关的几个基本概念加以诠释,以避免因概念不清而导致研究思路的错乱。

1.2.1 转型、转轨和经济转型

"转型"这一术语,从词源上看,它源自于英文中的生物学概念 transformation 一词,原指生物物种之间的变异。汉语中的"转型"一词,意指事物形态上的转变。本书在研究 20 世纪 80 年代末以来的有关文献时发现,"转型(transformatinon)"与"转轨(transition)"是一对经常被提及的概念。在这两个概念的使用上有 3 种情况:一是将两个概念混用,如蔡昉等人在其著作的前言中写道:"人力资源市场发育是计划经济向市场经济转轨的一项重要内容","(本书)讨论人力资源市场资源配置从计划体制到市场机制的转型问题。"[1]在热若尔·罗兰的著作中,转型与转轨似乎也是分不开的。[2]二是将两个概念截然分开,如剧锦文认为,转轨是指以前的模式完全被另外一个不同性质的模式所取代的社会经济性质发生变化的过程;转型则被看作是一个相对短期的概念,更侧重于经济体制或者制度的迅速转变。[3] 三是认为两个概念既有联系又有区别,如邹至庄认为,转型经济学与转轨经济学既有联系——两者涉及的都是经济体制的变化,又可能存在差别——后者重在说明经济处于一种向某种理想状态过渡的暂时状态,而前者则研究的是经济转型的过程,没有一个关于最终状态的明确表述。[4] 鉴于理论界

---

① 蔡昉、都阳、王美艳:《中国劳动力市场转型与发育》,商务印书馆 2005 年版。

② 参见[比]热若尔·罗兰:《转型与经济学》,北京大学出版社 2002 年版。

③ 参见剧锦文:《世界经济大转轨中的转轨经济学》,《经济学消息报》1997 年第 1 期,第 31 页。

④ 参见邹至庄:《中国经济转型》,中国人民大学出版社 2005 年版。

对此众说纷纭,本书将统一使用"转型"这一概念。

关于经济转型,目前理论界的论著不少,其代表性著作有美国经济学家麦金农的《经济自由化的顺序》和科尔奈的《通向自由经济之路》,还有世界银行1996、1997年的发展报告《从计划到市场》《经济转型中的政府作用》以及法国经济学家玛丽·莱温的《过渡经济学》等①。从这些著作中可以看出,经济转型通常是指经济管理体制、经济运行机制、所有制结构、政府与经济组织的关系,以及收入分配和利益关系的根本转变,是计划经济向市场经济的转型。

1.2.2 就业与失业

就业是宏观经济学研究的一个重要范畴,有其特定内涵,研究就业制度,有必要以就业作为逻辑起点。同时,就业与失业犹如一枚硬币的两面,研究就业制度就不可避免地涉及到失业。

所谓就业,按照国际劳工组织(ILO)的定义,是指在一定年龄阶段内的人们所从事的为获取报酬或者赚取利润所进行的活动。就业人口一般分为两种情况:受雇于企业或者政府部门的雇佣者和自我雇佣者,凡在规定年龄内属于下列情况者,均属于就业者:(1)在规定期限内,正在从事有报酬或者有收入的职业的人;(2)有固定职业,但是,因疾病、事故、休假、劳动争议、旷工或者因气候不良、机器设备故障等原因暂时停工的人;(3)雇主或者独立经营人员,以及协助他们工作的家属成员,其劳动时间超过正规工作时间的1/3以上者。根据1982年第13届国际劳动统计大会《关于经济活动人口、就业、失业及不充分就业统计的决议》,就业人员被界定为在参照期内从事任何一种工作以获取薪酬或者利润(或者实物报酬)的人员,或者在此期间生病、休假或者产生争议等理由而暂时脱离工作岗位的人员,并把凡在家庭企业或者农场从事无薪酬工作至少每天1小时以上的人员包括在就业统计中。由此可以见,就业不仅指从事受雇于企业或者政府的全日制工作,还包括自谋职业和从事非全日制、临时性等以灵活方式就业的工作。

---

① 参见王子健:《经济转型的理论与现实——爱尔曼教授访谈录》,《东欧中亚研究》1997年第5期,第89~93页。

就业最为理想的状态是实现充分就业,但是,充分就业只是一个相对的概念,只是社会总供给与总需求均衡的最佳状态,而在实际的市场经济运行中,由于社会有效需求不足,总供给与总需求往往只能在低于充分就业的水平上,即在经济萎缩的状态下实现均衡。国际劳工组织认为,充分就业是指愿意并有能力工作的劳动年龄段男子和妇女能够得到有报酬的、自由选择的、生产性就业的就业水平。目前,国际上较为通用的标准是,失业率保持在4%~5%,即视为充分就业状态。

失业是就业的对称。所谓失业,按照国际劳工组织的定义,是指在一定年龄以上、在参考时期内没有工作、现时可以工作而且正在寻找工作的人。"一定年龄"通常是指16周岁;"参考时期"在国际劳工组织的定义中没有明确规定,美国劳工部的失业定义中规定为1周;"没有工作"指没有受雇从事付薪的工作或者自我就业;"现时可以工作"指在参考期内有能力从事付薪的工作或者自我就业;"寻找工作"指在最近一定时期内(一般为1个月)内为寻找付薪的工作或者自我就业已经采取的专门步骤,如在某个公共或者私营就业服务机构办理了失业登记,寻找土地、建筑物等准备自己办企业等。目前,世界上绝大多数国家规定失业的定义是:在进行调查的4个星期内寻找过工作或者期待着工作,并且能在两个星期内开始工作,但是,现在(本星期)没有工作的人。对于失业者身份的认定,在于"有劳动能力"、"有就业要求"和"目前没有工作"3个条件的同时具备。根据失业形成的原因不同,经济学家把失业分为以下几种类型:一是摩擦性失业,即在劳动力供给与劳动力需求正好相等的情况下,因人力资源市场运转存在"摩擦"或者"不完善"而造成的失业;二是结构性失业,即因经济结构变动,造成劳动力供求结构上的失衡所引致的失业;三是周期性失业,即因经济周期或者经济波动引起劳动力需求不足、人力资源市场供求失衡所造成的失业;四是季节性失业,即因生产的季节性变化,导致就业岗位的定期减少而造成劳动者失业的状况;五是制度性失业,即因某种特殊的经济制度安排或者制度变更所导致的失业,有些学者亦称之为"体制性失业"。此外,程连升根据失业的表现形式,将失业分为显性失业和隐性失业。① 显性失业是

① 参见程连升:《中国反失业政策研究(1950~2000)》,社会科学文献出版社2002年版,第2~11页。

指劳动力人口有劳动能力和就业愿望却得不到满足的情形,一般表现为劳动者没有工作;隐性失业是指一般都有自己的工作单位或者劳动岗位,但是,劳动意愿没有得到最大的满足,从而经常处于失业或者半失业的闲置状态。

长期以来,中国关于"就业"和"失业"概念的理论界定缺乏相应的规范性。目前,中国的就业统计对就业、失业之间的界定,与国外既有联系又有区别。根据国家统计局的规定,中国的人力资源的范围是指劳动年龄内(16 周岁以上)、有劳动能力、实际参加社会劳动和未参加社会劳动的人员。人力资源不包括在押人员、在劳动年龄内丧失劳动能力的人员,以及 16 周岁以下实际参加社会劳动的人员。这些人员具体包括:(1)职工(含三资企业中的从业人员);(2)再就业的离退休人员;(3)私营业主;(4)个体户主;(5)私营企业或者个体从业人员;(6)乡镇企业从业人员;(7)农业从业人员;(8)其他从业人员(包括现役军人、民办教师、宗教职业者等)。另外,根据劳动保障部办公厅《关于再就业政策考核指标几个具体问题的函(劳社厅函[2000]227 号)》规定:"就业人员:指在法定劳动年龄内(男 16 ~ 60 岁,女 16 ~55 岁),从事一定社会经济活动,并取得合法劳动报酬或者经营收入的人员。其中,劳动报酬达到和超过当地最低工资标准的,为充分就业;劳动时间少于法定工作时间,且劳动报酬低于当地最低工资标准、高于城市最低生活保障标准,本人愿意从事更多工作的,为不充分就业。失业人员:在法定劳动年龄内,有工作能力,无业且要求就业而未能就业的人员。其中,虽然从事一定社会劳动,但是,劳动报酬低于当地城市居民最低生活保障标准,视同失业。根据其中对就业人员的定义,可以得出就业的定义:公民在法定劳动年龄内(男 16 ~ 60 岁,女 16 ~55 岁),从事一定的社会经济活动,并取得合法劳动报酬或者经营收入的活动。"这一定义虽然与国际劳工统计大会决议中的定义有较大的差异,但是,本书在使用有关数据时,还是按照国家统计局和劳动保障部的标准引用。

1.2.3 制度与就业制度

研究中国经济转型期就业制度,必须对制度与就业制度的涵义加以界定。

何谓制度？目前表述各异。中国社会科学院语言研究所词典编辑室所编《现代汉语词典》将其解释为，"要求大家共同遵守的办事规程或行动准则"①。柯武刚、史漫飞认为，制度是由人制定的规则。②舒尔茨认为，制度是一种行为规则，这些规则涉及社会、政治和经济行为，涉及法律秩序、制度安排以及风俗习惯和意识形态等。③张宇燕认为，制度一词在中文里的基本内涵是：以法令为主要表现形式的规则和以财产让渡为主要内容的规定。④在经济学著作中，人们通常把制度分为正式制度与非正式制度，把市场内在规则与共同体规范都归于非正式制度，把合约与国家立法都归于正式制度。本书所称制度，是指法律规则构成的制度主体，包括法律、行政法规、地方性法规、政府规章以及有关决定、命令等。

何谓就业制度？就业制度是国家权力机关和有关机关为满足就业的需要而建立的、并为社会所公认的行为规范，它包括国家法律以及权力机关制定的行政法规、地方性法规、政府规章和有关决定、命令等。从宏观角度看，就业制度分为计划型就业制度和市场型就业制度两大类型。计划型就业制度是计划经济体制的重要组成部分，国家对人力资源采取计划管理，统包统配；市场型就业制度是市场经济体制的重要组成部分，实行的是以人力资源市场为基础的自由择业、竞争上岗和合同化的用工制度。从微观角度看，就业制度是由一个个具体制度所构成的行为规范体系。本书所研究的就业制度，就限于上述宏观和微观两个层面。

就业制度转型与经济转型是相辅相成的。按照中国经济转型的轨迹，中国的就业制度必然伴随着经济转型而转型，以满足国家经济转型发展战略的需要。同时，中国就业制度转型也必然会带来人力资源市场的重组，就业制度作为人力资源市场的干预手段，就必须对此做出相应的调整和转型。如果因就业制度转型而带来的人力资源市场重组问题仅仅依赖市场机制自

---

① 中国社会科学院语言研究所词典编辑室编：《现代汉语词典（第5版）》，商务印书馆2005年版，第1756页。

② 参见［德］柯武刚、史漫飞：《制度经济学——社会秩序与公共政策》，商务印书馆2000年版，第32页。

③ Schults, T. W. Institutions and the Rising Economic Value of Man. Journal of American Agricultural Economics. Dec. 1968.

④ 参见张宇燕：《经济发展与制度选择——对制度的经济分析》，中国人民大学出版社1992年版，第108页。

身来解决的话,那么,即使不考虑"市场失灵"因素,至少也会带来更高的转型成本。这样,就业制度的投入就是必不可少的了。

1.3　研究思路与方法

经济学是一种思维方式,也是一种分析工具。就业制度研究应当借助经济学的思维方式和分析方法,这样才能使研究过程和研究成果更具有理论和现实意义。

1.3.1　研究思路

本书的基本研究思路有三:

第一,立足中国社会主义初级阶段基本国情和当前中国发展的阶段性特征,以中国经济转型期的就业问题为研究背景,从国外就业制度转型比较、中国就业制度转型轨迹和影响因素,以及中国就业制度转型的立法成果与评估、中国经济转型期就业保障制度的关系等层面,对中国经济转型期的就业制度作多视角的研究,最后就中国经济转型期就业制度的创新提出对策建议,力图将中国经济转型期就业制度的研究系统化、逻辑化。

第二,在对前人研究成果进行归纳梳理的基础上,运用经济学的基本理论和方法,并将新制度经济学、发展经济学的有关内容引入分析研究中,既注重对中国经济转型期就业制度的宏观分析,又注重微观分析。

第三,正确处理好借鉴国外经验与理论创新的关系。就业问题既有世界各国所具有的普遍性,又具有中国的特殊性,不能简单地套用西方国家的办法,而应当根据中国就业工作的实际,在充分吸收国外经验教训的基础上,进行必要的理论创新。

1.3.2　研究方法

本书主要运用了历史考察的方法、比较分析的方法、规范分析与实证分析相结合的方法、动态分析与静态分析相结合的方法、成本收益分析的方法,对中国经济转型期的就业制度作了研究。

(1)历史考察的方法

研究任何社会现象,都不能割裂历史的纵向联系。对此,列宁曾明确指出:"为了解决社会科学问题,为了真正获得正确处理这个问题的本领而不被一大堆细节或各种争执意见所迷惑,为了用科学眼光来观察这个问题,最可靠、最必需、最重要的就是不要忘记基本的历史联系,考察每个问题都要看某种现象在历史上怎样产生,在发展中经过了哪些主要阶段,并根据它的这种发展去考察这一事物现在是怎样的。"①本书在研究中国转型期就业制度时,力求运用这一方法对中国就业制度的变迁作一历史考察,从中汲取经验教训。

(2)比较分析的方法

就业制度研究是世界各国普遍关注的一个问题,虽然各国国情不同,就业制度设计也存在很大差异,但是,特殊性总是与普遍性连在一起的。康德在其《宇宙发展史概论》一书中说过:"每当理智缺乏可靠的论证的思路时,类比这种方法往往能指引我们前进。"②因此,通过比较分析,总结经验教训,启发思路,对研究工作是不无裨益的。本书试图运用比较分析的方法对就业制度作国际比较,为进一步完善中国经济转型期的就业制度提供有益的借鉴。

(3)规范分析与实证分析相结合的方法

一般来说,规范分析的方法重在对研究对象的理性判断,实证分析的方法侧重于对研究对象的客观描述。本书力求通过对中国就业制度转型的客观描述,并辅之以相应的分析,从而对中国就业制度转型作出理性判断,以使中国经济转型期就业制度的设计更具有科学性和实效性。

(4)动态分析与静态分析相结合的方法

中国就业制度转型,本身就意味着是一个动态发展的过程,而这个动态发展的过程,又往往是由若干个时间节点的静态所构成的。通过动态分析,有助于科学地把握中国就业制度转型的发展趋势;通过静态分析,有助于深化动态分析结果,更好地认识和把握中国就业制度转型中的相互关系。因此,本书无论是在规范分析还是实证分析中,既注重动态分析,又注重静态

---

① 《列宁选集》第 4 卷,人民出版社 1972 年版,第 43 页。
② [德]康德:《宇宙发展史概论》,上海人民出版社 1972 年版,第 147 页。

分析,力图使二者有机结合起来。

(5)成本收益分析的方法

成本收益分析方法是对制度进行评估时经常使用的方法之一,它有助于帮助人们获得制度设计的优先权和提高制度实施的经济效益。本书运用了成本收益分析这一方法,对中国就业制度转型的立法成果进行简要的评估。

1.4　研究内容与创新点

中国经济转型期就业制度的研究,是一个理论性和实践性都很强的课题,涉及内容广泛,研究难度较大。本书试图通过对中国就业制度转型若干问题的研究,旨在深化理论认识,并有所创新。

1.4.1　研究内容

本书主要从以下几个部分对中国就业制度转型作研究分析:

第1章为导论部分。主要分析和介绍本书的选题背景、研究目的和意义、研究思路与方法以及研究内容与创新点,同时对与本书有关的基本概念作出界定,旨在为写作本书奠定基础和作出铺垫。本书认为,中国经济转型期就业制度的研究,是一个具有重大时代意义的课题,选择这一研究主题,把中国经济转型期这一阶段性特征与就业制度这一带有根本性的问题结合起来研究,具有很强的理论研究价值和实践意义;对研究思路的介绍,旨在体现研究视角、研究特点和研究的主体个性等;对研究内容与创新点的介绍,旨在对本书的主要内容作一个概括性的介绍,以便从整体上把握本书的脉络;对与本书有关的概念作出界定,有利于理解其在本书中的真正涵义。

第2章是对国内外有关文献的综述,包括马克思有关就业与失业理论、西方就业与失业理论、新制度经济学的制度变迁理论以及国内理论界对中国经济转型期就业问题的研究等,旨在为研究中国经济转型期的就业制度提供帮助和借鉴。

第3章是关于国外就业制度转型比较及其启示。本书认为,当今世界就业形势的主要特点是:西方发达国家失业矛盾凸显,发展中国家隐蔽性失业问题突出,转型国家就业形势严峻;其发展趋势是:就业正在从生存型向保护型转化的进程中,就业矛盾已经从数量矛盾转化为结构矛盾和质量矛盾。① 本书通过对发达国家、发展中国家就业制度转型和经济转型国家就业制度的介绍和比较研究,从中得出一些启示。

第 4 章是对中国就业制度转型的历史考察。本书通过历史考察的方法,运用制度经济学的原理,考察中国就业制度从计划型到市场型的变迁过程,旨在为进一步完善中国经济转型期的就业制度提供历史经验和借鉴。

第 5 章、第 6 章、第 7 章和第 8 章是关于中国就业制度转型的影响因素分析。本书认为,中国就业制度转型取决于诸多因素的影响,随着宏观环境和微观环境的变化,就业制度必然有所反应并作出相应调整。其中,体制改革、经济增长、结构调整和国际环境等因素,直接影响到中国就业制度的转型。中国改革开放 30 年来由计划经济体制向市场经济体制转型,为中国就业制度转型创造了基本的体制环境;中国改革开放 30 年来经济的高速发展,为中国就业制度转型提供了良好的经济环境;中国改革开放 30 年来所有制结构、产业结构和城乡二元结构的不断调整,为中国就业制度转型指出了选择路径;经济全球化、中国加入 WTO 和国际劳工法实施等国际环境,对中国就业制度转型提出了挑战和发展机遇。

第 9 章是关于中国就业制度转型的立法成果及评估。本书首先对制定《中华人民共和国就业促进法》的必要性与可行性作分析,然后对《就业促进法》的立法原则、主要内容和特点作阐释,并运用定性分析和成本收益的方法,对《就业促进法》的实施效果作了简要评估。通过分析和评估,旨在进一步完善中国经济转型期的就业制度。

第 10 章是关于中国经济转型期的就业保障制度研究。本书认为,社会保障制度具有保障劳动者生活和促进再就业的双重功能,通过对就业与社会保障关系以及就业制度与失业保险制度、与城市居民最低生活保障制度、与劳动合同制度关系的研究,旨在创新社会保障制度促进再就业的功能。

第 11 章是关于中国经济转型期就业制度创新的对策研究。本书针对当前国际金融危机对中国就业制度的影响,提出了中国经济转型期就业制度创新的思路,包括:确立就业优先原则,建立以创业带动就业的制度,建立

---

① 参见《光明日报》2008 年 3 月 12 日,第 4 版。

和完善失业调控和失业保险制度,建立和完善统一开放、竞争有序的人力资源市场管理制度,完善职业教育和职业培训制度,等等。

第12章是结论与研究展望。本书在分析研究中国经济转型期就业制度的基础上,综合梳理出若干个有机联系的论点加以"点睛",并对本书研究的不足之处以及在国际金融危机大背景下的中国就业制度的研究前景作简要描述。

1.4.2 本书创新点

本书试图在以下3个方面有所创新:

第一,在研究视角上,选择了制度这一带有根本性的问题作为研究主题,把中国经济转型期这一阶段性特征与就业制度这一带有根本性的问题结合起来研究,试图从宏观与微观的结合上,深入探讨中国就业制度转型的过程及其特征,并提出进一步完善中国经济转型期就业制度的对策措施。特别是在当下国际金融危机引发全球失业潮的背景下,选择这一研究主题,更具有较强的实践意义。

第二,在研究内容上,立足中国社会主义初级阶段基本国情和当前中国发展的阶段性特征,通过对国外就业制度的比较研究和中国就业制度转型的历史考察,着重研究中国就业制度在促进就业中的基础性作用,深入分析体制改革、经济增长、结构调整和国际环境等因素对中国就业制度转型的影响,并以《就业促进法》为主线,对中国就业制度的框架体系以及就业保障制度进行了论述,提出进一步完善中国经济转型期就业制度的对策措施。

第三,在研究方法上,综合运用经济学的多种研究方法,既有理论阐释,又有实证分析;既有对中国经济转型期就业制度的深层次分析,又有对就业制度的国际比较,特别是在分析中国就业制度与经济增长、结构调整等方面的关系中,运用一定的模型和数据;在对中国经济转型期就业制度进行评估时,引入了定性分析和成本收益分析的方法。

第 2 章　国内外就业研究文献综述

就业理论是宏观经济学的一个重要组成部分,也是劳动经济学的主要内容。本书所指国内外就业研究文献包括:马克思的就业与失业理论、西方就业与失业理论、发展经济学的就业转换理论、新制度经济学的制度变迁理论,以及国内理论界对中国经济转型期就业问题的研究。这些理论及研究成果,既呈现出不同的时代特征,又与各国的经济制度、政治制度和社会意识形态密切相关。本书将前人的研究成果加以综述,有助于把握就业的规律性特征。

2.1　马克思的就业与失业理论

马克思是较早注重就业问题的经济学家,就业与失业理论在马克思经济学中占有十分重要的地位。马克思在分析就业问题时,不是简单地就事论事,而是在劳动价值论的基础上,把就业与失业问题纳入资本主义经济发展的整体框架中,通过分析劳动力成为商品的条件以及资本有机构成的趋势等,进而形成以资本有机构成为核心,以劳动力商品理论、相对过剩人口理论、人力资源市场①配置理论、失业与补偿理论为主要内容的独特的理论体系。马克思在研究资本主义劳动就业的同时,还在对未来社会主义社会的大致设想中,勾画了他心中理想的就业模式——社会主义普遍就业的思想。

---

① 关于"人力资源市场"一词,国内外经济学界通常称之为劳动力市场。根据中共十七大报告关于"建立统一规范的人力资源市场"的要求和《中华人民共和国就业促进法》关于"培育和完善统一开放、竞争有序的人力资源市场"的规定,本书除个别引文外,将劳动力市场统一称为"人力资源市场"。

2.1.1 劳动力商品理论

马克思在《资本论》第一卷第二篇论述货币如何转化为资本时,集中阐述了劳动力商品理论,对劳动力转化为商品的条件和劳动力的价值决定因素作了全面分析。马克思认为,在任何社会,劳动力都是社会生产的基本要素,劳动力大规模作为商品进行买卖,只有在特定历史条件下才存在。同其他任何商品一样,劳动力商品也具有价值和使用价值。马克思还区分了劳动力和劳动力的使用、劳动力的价格和使用劳动力所创造的价值等概念,指出,在资本主义制度下,劳动力是商品,工资是劳动力商品的价格,而劳动力的价格与劳动力的劳动贡献是有差额的。在此基础上,马克思揭示了就业和失业范畴的深层内涵。在马克思看来,所谓就业,就是劳动力作为商品出卖,实现其价值,其使用价值作为资本的要素进入生产过程;所谓失业,就是劳动人口作为商品停留在流通领域,未实现其价值,其使用价值未在生产活动中发挥作用。这表明,就业与失业的存在和产生直接与劳动商品的交换关系相联系。

2.1.2 相对过剩人口理论

马克思在1857～1858年的《经济学手稿》和1861～1863年的《经济学手稿》以及《资本论》中对相对过剩人口理论作了论述。相对过剩人口理论是马克思在对资本积累一般规律的研究中提出的。马克思指出:"资本积累不断地并且同它的能力和规模成比例地生产出相对的,即超过资本增值的平均需要的,因而是过剩的或者追加的工人人口。"马克思还从劳动力供给和需求两个方面,阐述了资本主义制度下存在相对过剩人口,从而造成工人大量失业的原因。马克思认为,资本对劳动力的需求,不是由总资本的大小决定的,而是由其中可变资本的大小所决定的。资本有机构成不断提高的结果,一方面,由于可变资本在总资本中所占比重日益相对减少,从而使资本对劳动力的需求相对缩小;另一方面,随着资本的进行,劳动力对资本的供给却日益绝对扩大。既然资本对劳动的需求在相对缩小,而劳动力对资本的供给却在绝对扩大,这就必然造成大量劳动者失业,形成相对过剩人口。马克思认为,这是"资本主义积累的绝对的、一般的规律",并且是"资本主义生产方式所特有的人口规律"。

2.1.3　人力资源市场配置理论

马克思从生产力、生产关系及其相互运动的角度,分析了人力资源市场配置问题。从生产力的角度,马克思着重指出商品经济是社会资源配置的过程;从生产关系的角度,则着重分析社会资源配置过程中的经济关系本质及其反映出来的特定生产的制度结构。马克思指出,无论是从生产力、生产关系还是从其相互关系看,劳动力商品化都是商品经济形成的起点和标志,其中生产关系是本质因素,它决定不同社会制度下的人力资源市场配置的基本特征和运动规律。与此相呼应,马克思还立足于生产力与生产关系二者的有机统一,揭示了人力资源市场配置的实质及其变动趋势。马克思认为,人力资源的市场配置具有两重规定性:一方面,人力资源的市场配置反映社会生产和分工的要求,实现资源的合理流动和优化配置;另一方面,又是现实社会生产关系的实现形式,是现实社会各种要素所有权的实现过程。马克思指出,人力资源市场配置只是特定社会生产方式所采取的一种形式,本质上是资本家凭借生产资料的垄断,控制和支配雇佣工人剩余劳动的过程。在《资本论》中,马克思不仅研究了劳动力商品的短期配置问题,而且还揭示了经济发展过程中长期影响劳动就业的发展趋势的主要因素,指出,当资本主义生产方式奠定以后,资本在一定程度上替代劳动,就会出现相对过剩人口,从而形成可以供资本支配的产业后备军,形成与经济的周期性发展相伴随的资本主义失业现象。

2.1.4　失业与补偿理论

马克思在阐述相对过剩人口理论的基础上,进一步分析了相对过剩人口的各种存在形式,包括流动的形式、潜在的形式和停滞的形式。流动的形式是指短期的失业,他们时而被排斥,时而在更大的规模上再被吸引;潜在的形式是指由于资本主义生产占领了农业,导致大批农民被排斥,这些过剩人口需要流入城市寻找工作,但是,在存在转移障碍时只能停留在农村,故而又称潜在的过剩人口;停滞的形式是指长期失业。马克思认为,这些劳动力"不断地从大工业和农业的过剩者那里得到补充,特别是从那些由于手工业生产被工场手工业生产打垮,或者工场手工业生产被机器生产打垮而没落的工业部门那里得到补充"。① 这说明长期失业者往往和产业结构、技术结构调整有关。由于分工发展,大规模机器(代表着先进的技术)的运用,使得一些劳动力被解雇,这属于结构性失业,但是,马克思所说的相对过剩人口的含义,远远超过结构性失业,至于同期性失业和摩擦性失业,虽然马克思的危机理论中涉及到失业,但是,马克思的相对过剩人口理论的核心是其长期的动态变动,并且沿着制度分析的方法,没有将周期性失业问题作为重点,尽管周期性失业服从于失业的长期变动规律。摩擦性失业作为暂时的失业现象,与马克思的制度的、长期的分析关联性不是很强,因而,马克思也较少谈及。马克思在相对剩余价值生产分析的基础上,论述了机器排挤工人以及所谓的补偿理论问题,这应看作是结构性失业相关的问题。所谓补偿理论,是指马克思针对一些资产阶级经济学家提出的"所有排挤工人的机器,总是同时地而且必然地游离出相应的资本,去如数雇佣这些被排挤的工人"的观点的批驳。从生活资料的角度看,马克思认为,减少了可变资本,会使对生活资料的需求下降,从而导致价格下降,如果这种状况持续较长时间且范围较广,生产生活资料的雇佣工人会被解雇(这是失业与通货膨胀替代关系的表现),其结果是,"机器不仅在采用它的生产部门,而且还在没有采用它的生产部门把工人抛向街头"。② 因此,只有迅速追加投资,才能雇佣一些被机器排挤的工人,而要使所有的工人全部就业,则追加投资的数量就要达到相当大的规模。

2.1.5　社会主义普遍就业的思想

马克思在世时,社会主义国家尚未建立,他对社会主义劳动就业问题的探索还处于设想阶段。按照马克思的设想,一旦无产阶级取得了政权,建立了社会主义制度,无政府状态的竞争和周期性的经济危机就会消失,由于对

① [德]马克思:《资本论》第 1 卷,人民出版社 1975 年版,第 705 页。
② [德]马克思:《资本论》第 1 卷,人民出版社 1975 年版,第 482 页。

劳动力的使用是有计划的,因而失业最终也会消失。在马克思看来,社会主义经济是建立在社会化大生产基础上的,社会化大生产是一种机器生产,它的技术基础是革命的,它通过机器、化学过程及其他方法,使社会内部分工发生革命,不断地使工人从一个部门、行业、企业转向另一个部门、行业、企业,形成劳动力的流动。① 社会主义劳动力的流动是有计划的,它要求劳动者与生产资料不仅在数量和质量上,而且在空间和时间上都相互适应,保持一定比例。一定量的已经物化在生产资料中的劳动,必须有一定量的活劳动与之相适应。这个比率在不同的生产部门是极不相同的,甚至在同一个产业的不同部门,也往往是极不相同的。只有实现劳动力资源的有计划配置,消除了资本主义社会的无序竞争,才能使经营者根据社会需求和技术进步的变化来调整自己的生产规模、产品结构以及技术结构。马克思认为,正是由于社会主义条件下劳动力资源的有计划配置,消除了资本主义社会生产对人力、物力、财力的巨大浪费;公有制的建立,使生产和消费变得很容易估计,按照需求调节生产也不再困难。同时,在社会主义制度下,生产力有了极大提高,只要合理组合起来,就能迅速生产出人们所需要的多种生活资料。因此,马克思断言,社会主义制度的建立消除了失业存在的条件。此外,马克思、恩格斯还对社会主义劳动者获得全方面发展的理论作了详细论述,认为,公有制使社会的每一个人都成为国家的主人,劳动不再是令人厌恶的、外在的强制劳动,而是真正的自由劳动,是为自己、为社会的劳动,劳动者享有平等的受教育权利,劳动者能够获得更多的闲暇来享受生活,在共产主义制度下,劳动将成为生活的第一需要。

2.2　西方就业与失业理论

西方对就业问题的研究起步较早,可以追溯到古典经济学派。但是,西方就业理论的真正形成,则是在 20 世纪 30 年代资本主义经济危机时期。时至今日,西方已经形成了各具特色、自成体系的就业与失业理论,主要包括:古典经济学派的自由竞争论、新古典经济学派的市场供求决定论、凯恩斯的有效需求不足论、新古典综合派的结构失业论、新自由主义的否定总量

---

① 参见[德]马克思:《资本论》第 1 卷,人民出版社 1975 年版,第 533 ~ 534 页。

就业论、新凯恩斯主义的劳动力市场论,等等。

2.2.1 古典经济学派:"自由竞争论"

古典经济学派是西方自由资本主义时期的主流经济学派,形成于 19 世纪 70 年代"边际革命"前。其代表人物是亚当·斯密、大卫·李嘉图。该学派的主要特点是:相信市场机制的完美性,认为,实际工资过高时,人力资源市场的供给就会大于需求,因而产生失业。但是,从中长期看,市场可以自发调节工资水平,解决失业问题。比如,被誉为市场经济学鼻祖的亚当·斯密,在其《国富论》中,用以自由竞争为前提的供给与需求的理论,研究了工资的短期决定与长期决定,为经济自由主义奠定了基础。① 相应地说,就业也是由市场这只"看不见的手"来自发调节的,劳动关系纯粹由私法来调整,政府不需要对就业和社会保障承担任何责任。

2.2.2 新古典经济学派:"市场供求决定论"

新古典经济学派产生于 19 世纪 70 年代"边际革命"后,至 20 世纪 30 年代凯恩斯主义经济学诞生之前,"萨伊定律"是新古典经济学的核心思想,也是其就业理论的基石。以萨伊、马歇尔、庇古为代表的新古典经济学派认为,劳动的需求与劳动的供给都取决于实际的工资水平,实际工资的高低决定了劳动的供给量和需求量是多少。在人力资源市场完全竞争的条件下,市场具有自动调节经济使其趋向或者达到充分就业均衡的机制和功能。一般情况下,名义工资具有完全弹性,成为调节人力资源市场的有效机制,使劳动力的供给和需求自动达到均衡,而人力资源市场均衡时所决定的就业量一定是充分就业,大量的、长期的失业量是不可能存在的。因此,充分就业是市场经济中的一种常态,即便出现失业或者失衡,也是偶然、自愿、暂时和局部的,经济中只存在自愿失业和摩擦失业。自愿失业是指劳动力不愿意接受现行工资或者不愿降低已经得到工资而造成的失业;摩擦失业是

---

① 参见[英]亚当·斯密:《国富论》(亦被译为《国民财富的性质和原因的研究》),商务印书馆 1996 年版。

指由于人力资源市场机制不完善,如信息传递不畅通、季节性工种转换、劳动力流动性不足等原因造成的失业。这两种失业形式的存在,是由竞争的不充分所造成的。因此,要解决失业问题,首先要解决人力资源市场竞争不充分的问题。新古典经济学派就业理论成立的前提是人力资源市场完全竞争,而实际上,人力资源市场完全竞争的假定是不能成立的,建立在这一假定基础上的充分就业理论,只能是假想中的"神话"。

2.2.3　凯恩斯:"有效需求不足论"

1929～1933 年的资本主义经济危机,给西方各国带来了空前规模的失业,动摇了传统的新古典经济理论所奉行的市场自动调节能使经济达到充分就业均衡的信条,产生了以凯恩斯就业理论为核心的宏观经济理论。凯恩斯的《就业、利息与货币通论》,从理论上否定了市场价格机制会自动调节经济实现充分就业均衡的传统。① 他认为,失业的原因在于有效需求不足。凯恩斯指出,在市场经济条件下,除了自愿失业和摩擦失业之外,还存在"非自愿失业",社会的就业量水平主要取决于有效需求水平。由于"边际消费倾向"、"资本边际效率"和"流动性偏好"这三大心理规律的作用,仅仅依靠市场的自动调节机制难以使经济达到充分就业②的均衡。具体而言,在经济活动中,消费者在"边际消费倾向"作用下,消费需求的增加总是跟不上收入的增加。消费需求不足会造成消费品生产过剩,减少生产者利润,从而降低生产者和投资者的利润预期,降低"资本边际效率",引发投资需求不足;再加上"流动性偏好"的作用,使得利率难以持续降低,将使投资需求更加不足。当出现有效需求不足时,经济中就存在非自愿失业。这样,人力资源市场就会发生供给与需求的严重失衡。为此,凯恩斯提出,必须放弃自由放任的经济原则,代之以政府干预的主张和政策,通过实施扩张性的财政政策和货币政策,来弥补社会有效需求缺口,提高就业和产出水平,以实现经济的充分就业均衡。凯恩斯关于有效需求的理论,也有其局限性。

---

① 参见[英]凯恩斯:《就业、利息和货币通论》,商务印书馆 1999 年版。
② 凯恩斯这里所指充分就业,不是指人力资源供给者的全部就业,而是指存在着一定的人们可以接受的失业,是"特定真实工资率之下,所能有的最大就业量"。换言之,充分就业与摩擦性就业和自愿失业是相容的,而不是互斥的。

由于他对需求的具体内容没有给予说明,如果长期实行刺激和增加需求的政策,势必导致通货膨胀,甚至出现"滞胀"的现象。

2.2.4　新古典综合派:"结构性失业论"

20 世纪 70 年代初,西方各主要资本主义国家的经济相继陷入"滞胀"困境,正统标准的凯恩斯经济理论的需求分析,无法对这种现象作出解释。于是,一些经济学家开始寻求新的失业理论来解释失业和通货膨胀并存的现象。以萨缪尔森和托宾等为代表的新古典综合派,提出了"结构性失业问题"。该学派力图从人力资源市场的结构特点,来阐释失业的特征及对通胀的影响。他们认为,人力资源市场是不完全竞争的,劳动力存在有不同工种、技术熟练程度之分;同时,对劳动力的供给和对劳动力的需求还有地区限制。这些必然会引起失业和工作空位并存。此外,因为强大的工会力量使货币工资存在刚性,所以,尽管社会存在大量失业,但是,货币工资却不下降。只要存在工作空位,货币工资就会迅速上升。于是,失业与工作空位并存,就转化为失业与货币工资上涨并存。由于货币工资上涨会引发物价水平上涨,最终失业与货币工资上涨并存转化为失业与通货膨胀的并发症。据此,新古典综合学派提出了完善人力资源市场和实行人力资源政策来解决结构性失业问题。新古典综合派运用微观分析、结构分析和制度分析的方法,补充了凯恩斯失业理论的不足,从而在一定程度上丰富和发展了失业理论,形成了当代西方经济学的主要理论和政策性主张,在西方国家产生了巨大而广泛的影响。

2.2.5　新自由主义:"否定总量就业论"

由于传统的凯恩斯主义经济理论无法解释20 世纪70 年代初西方世界的"滞胀"问题,使其理论及政策主张受到一些经济学家的批评和挑战,其中最具影响力的是"新自由主义",主要包括货币主义学派、供给学派和理性预期学派。新自由主义承袭新古典经济学的基本原理和命题,他们认为,只要市场机制可以在充分竞争下发挥作用,经济就可以维持在理想的充分就业均衡水平上,经济中的任何波动和失衡都是暂时的,不可能发生严重的失业问题。以弗里德曼（M. Friedman）为主要代表的现代货币主义学派,在就业理论方面提出"自然失业率"假说。他认为,失业率将在长期中处于自然率水平。他反对凯恩斯主义的财政政策以及"相机抉择"的货币政策,主张发挥市场机制的自发调节作用。供给学派反对凯恩斯主义的需求管理政策,主张通过减税政策实行供给管理,刺激投资。理性预期学派将"理性预期"概念引入就业问题分析之中,认为,经济活动主体会充分利用可以得到的一切信息,准确地预期到经济政策所造成的影响。因此,他们提出了政策无效性命题,认为过多的政府干预,只能引起经济混乱。为了保持经济繁荣,唯一有效的做法就是尽量减少政府对经济生活的干预,充分发挥市场机制的调节作用。现代货币主义学派、供给学派、理性预期学派的共同点是,否定凯恩斯的总量就业理论。

2.2.6　新凯恩斯主义:"人力资源市场论"

新凯恩斯主义是 20 世纪 80 年代产生的一个主张政府干预经济的新学派。该学派坚持了凯恩斯"非市场出清"①的基本信条,以其独特的研究方法和新颖的理论观点,复兴了凯恩斯主义。他们从微观经济学的角度解释了工资粘性、人力资源市场失灵和由此造成的失业问题,形成了人力资源市场理论。所谓工资粘性,是指工资不能随着需求的变动而迅速调整,工资易涨不易跌。新凯恩斯主义区分了名义工资粘性和实际工资粘性。因此,新凯恩斯主义的人力资源市场论包括名义工资粘性理论和实际工资粘性理论。其中名义工资粘性理论主要有交错调整工资论和长期劳动合同论;实际工资粘性理论包括隐含合同论、局内—局外人理论和效率工资论。

（1）交错调整工资论

交错调整工资论认为,合同机制和理性预期机制的存在使得名义工资有粘性,稳定工资的政策可以能会导致通货膨胀和失业并存。因此,政府应干预劳动工资合同,货币政策,应当使工资更具弹性,以提高就业率。

（2）长期劳动合同论

长期劳动合同论认为,长期交错的劳动合同将导致名义工资有粘性,即

---

① 市场出清（market clearing）是说一个市场供给和需求保持平衡;反之,即非市场出清,其含义是总供给大于总需求。

便存在理性预期,积极的货币政策仍然能影响实际产量和就业水平,从而维护了原凯恩斯主义货币政策有效性的信条。

（3）隐含合同论

隐含合同论从微观经济基础出发理解工资粘性,并通过隐含合同来阐明工资与非自愿失业的关系。

（4）局内—局外人理论

局内—局外人理论认为,经济中实际就业并非自动趋于长期均衡状态,而是随机形成就业均衡。因而,经济中的随机冲击将导致失业,政府若听任人力资源市场自行其是,失业将始终处于高水平。

（5）效率工资论

效率工资论强调工资的激励作用,认为劳动生产率高低依赖于企业支付给工人的工资水平。为了确保效率,企业愿意为工人支付高工资,高工资将使人力资源市场不能出清,从而造成失业。

此外,美国经济学家保罗·斯威齐还提出了"周期失业论"。他认为,周期性失业是由于经济运行的周期波动而产生的失业。周期性失业存在于对劳动的整体需求低的时候。当总支出和总产出下降时,失业在所有领域都会明显上升。引起这种失业的原因主要有:自然、货币、投资过度、创新、乘数与加速原理等学说。解决这种失业的主要对策是,研究经济周期运动的规律,政府加强对经济的调控(主要调节投资、影响边际消费倾向、调节乘数与加速系数)等。新老马尔萨斯主义者也提出了"人口增长失业论"。他们认为,工人失业的原因在于人口过多。由于人口的增长速度超过了资本积累的速度,超过了生产发展的需要,必然导致工人的失业。所以,他们提出解决问题的根本办法是节制生育、抑制人口的过速增长。人口增长失业论把人口增长过快视为引起失业的唯一原因,无视其他因素对失业的影响,从理论上讲是不全面的,实践中也不利于综合治理失业。

2.3　马克思就业理论与西方就业理论的比较研究

马克思就业理论和西方就业理论是目前最具有代表性的就业理论。对这两种就业理论加以比较评析,有助于理解二者形成的不同背景和分析路径,掌握其不同的内容体系,并可以从中为研究中国社会转型期的就业制度提供一些启示与帮助。目前,已经有不少学者对这两种就业理论作了较为深入的比较研究,其中,乔榛的研究最富有见地,其主要观点如下。①

2.3.1　两种就业理论形成的背景不同

马克思就业理论与西方就业理论的形成有着不同的背景。马克思就业理论形成于 19 世纪 60 年代。该理论分析的是资本主义生产方式发展初期发生的失业问题。对于资本主义发展初期的生产方式,马克思在《资本论》中有过非常细致的分析,即资本主义生产方式从简单协作开始。正如马克思所讲的,这种"许多人在同一生产过程中,或者在不同的但又互相联系的生产过程中,有计划地一起协同劳动"的劳动形式,在"历史上和逻辑上都是资本主义生产的起点"。资本主义生产方式的进一步发展取得了工场手工业的形式,这种形式又是以分工为基础的一种生产方式,而且在生产中表现出的是"一个以人为器官的生产机构"。而当资本主义生产方式发展到机器和大工业阶段,生产方式取得的是一次重大的革命性变革,"在工场手工业中以劳动力为起点,在大工业中以劳动资料为起点"。资本主义生产方式发展的这一历史阶段,是马克思政治经济学研究的对象,也是马克思就业理论的一个重要出发点。对此,我们过去关注得并不多,更多的研究集中在资本主义积累的一般规律,把失业或者相对过剩人口看作是资本主义积累的一种结果。而我们要把马克思的就业理论独立出来,仅仅关注相对过剩人口这个概念,还是远远不够的,必须在资本主义生产方式和资本主义制度这两个背景下,才有可以能理解马克思的就业理论。

西方就业理论较马克思就业理论来说,虽然有着比较丰富的内容,但是,其形成的时间相对较晚,这并不是因为失业问题本身对两种就业理论来说有什么不同。事实上,不论是马克思的就业理论,还是西方的就业理论,它们关注的都是资本主义的失业问题。而之所以面对同一个问题却形成了不同的就业理论,主要是因为它们研究的背景不同。马克思就业理论是在资本主义生产方式和资本主义制度这两个深刻的背景下研究资本主义失业

---

① 参见乔榛:《马克思就业理论与西方就业理论比较研究》,《经济学家》2006 年第 5 期。

的,而西方就业理论则是在失业问题比较严重的1929～1933年资本主义经济大危机的背景下形成的。这样说,可能让人难以理解,因为人们很容易在这之前的西方经济学理论中发现一些关于就业的思想。例如,古典经济学理论中,就有工资变动与劳动市场相关的论述,这被马克思称为经济学的教条。按照这个教条,"工资因资本的积累而提高。工资的提高刺激工人人口更快地增加,这种增加,一直持续到劳动市场充斥。因而,资本同工人的供给比较,只有到相对不足时为止。工资一旦下降,事情就会走向反面。由于工资的下降,工人人口逐渐减少,以致资本同工人人口比较又相对过剩了,或者像另一些人所说的那样,工资的降低和对工人剥削的相应提高,会重新加速积累。而与此同时,低工资又会抑制工人阶级的增长。这样一来,就又出现劳动供不应求、工资提高等等情况"。尽管以上的论述涉及了劳动就业的问题,但是,在实质上,古典经济学否认资本主义经济运行中出现失业,或者说出现长期的失业。既然认为资本主义不存在失业,那么就没有必要发展一种失业理论。正是从这个意义上说,西方经济学发展到古典和新古典阶段,是没有独立的就业理论的。而真正的就业理论,是在1929～1933年的资本主义经济大危机的背景下产生的。之所以把这次危机作为西方就业理论产生的背景,是因为这次危机彻底打破了古典经济学和新古典经济学坚持的资本主义经济不会发生失业,或者即使发生失业也可以由资本主义经济运行自行解决的信念。资本主义经济危机中出现的大量且长期的失业,使经济学家不能不面对这个问题,并加以理论分析,形成一个用以解释失业发生和治理失业现象的理论范式。

2.3.2 两种就业理论的分析路径不同

通过以上对马克思就业理论与西方就业理论不同背景的分析,可以发现,二者不仅关注资本主义发展阶段的不同,而且更主要的是,它们关注的资本主义层次不同。马克思就业理论根据的是反映资本主义本质的生产方式和经济制度的内容,而西方就业理论关注的是资本主义经济运行的现象。而这种不同背景,就决定了它们分析就业问题时所走的路径是不同的。

马克思在研究资本主义失业问题时,是根据资本主义生产方式发展的阶段性特点和资本主义制度的性质来分析的,即资本主义失业是随着生产方式的发展形成并演变的;而资本主义制度的一般规律所起的作用,则加深了失业发生的程度。也就是说,马克思是在生产领域研究资本主义失业问题的。西方经济学在研究资本主义失业问题时,是根据资本主义经济运行的特征来分析的,即资本主义失业是因为经济运行中出现失衡,而这种失衡或者是价格的问题,或者是由需求引起的。很明显,西方经济学是在交换领域研究资本主义失业问题的。这种不同的分析路径,决定了马克思就业理论与西方就业理论是完全不同的两个体系。

2.3.3　两种就业理论的内容体系不同

就业理论通常要涉及到失业的性质、原因、形式以及治理等内容。因此,比较马克思就业理论与西方就业理论,也要从这几个层面着眼。

马克思是在资本主义生产领域研究就业、失业问题的。因此,资本主义生产方式和生产关系就成为马克思分析就业问题的基础,包括对资本主义失业的一系列认识,都是建立在这一基础上的。一是从资本主义失业的性质看,马克思把失业看作是一种与资本主义制度密切相关的现象,认为资本主义失业是在资本主义生产方式发展基础上的资本主义制度的产物。二是从资本主义失业的原因看,马克思以资本主义生产为线索,分析了资本主义失业的原因。在马克思看来,资本主义失业,是资本主义生产方式发展的一种结果,资本主义生产方式的发展,既对失业产生影响,也对就业具有另外意义;同时,资本主义失业,还是资本主义生产关系发挥作用的一种结果,是资本主义制度使失业成为资本主义社会不可避免的一种现象。三是从资本主义失业的形式看,马克思对资本主义失业形式的归纳是非常明确的,即:"相对过剩人口是形形色色的。每个工人在半失业或者全失业的时期,都属于相对过剩人口。"过剩人口通常有三种形式:"流动的形式、潜在的形式和停滞的形式。"马克思对资本主义失业形式的分析,旨在通过使用相对过剩人口这一概念,反映失业具有资本主义制度的特征。而且把潜在的形式、停滞的形式归结为失业,主要是因为这两种形式是被排斥于资本主义生产方式之外的。了解到马克思对资本主义失业形式的这种背景,不仅有助于理解资本主义失业的形式,而且也是与西方经济学所讲的失业区别开来的一个重要特征。四是从资本主义失业的治理看,马克思对资本主义失业治理问题的分析并不多。根据资本主义失业的原因,有两个途径可以选择:一是改变专业化分工越来越发达的方式,但是,这是不可能被选择的。不过,马克思在批评资产阶级经济学家的补偿理论时,对生产方式变化引起就业增长所作的分析,不失为一种解决失业问题的思路。二是改变资本主义制度,这在马克思的选项中是唯一的选择。因为,只有改变了资本主义制度,才有可能有计划安排劳动力就业制度,才有可能从根本上治理失业问题。

西方就业理论对失业问题的分析主要集中在交换领域。人力资源市场价格和有效需求,是西方就业理论的两大基础,西方就业理论的内容体系就是建立在这些基础之上的。

首先,从资本主义失业的性质看,西方就业理论对资本主义失业性质的认识,因分析失业的具体基础不同而形成了不同的观点。古典经济学和新古典经济学以及新自由主义经济学的就业理论,都是以人力资源市场的自由调节为前提的,认为资本主义自由市场制度下是不会有失业的,或者说是不会有长期失业的。如果说,在资本主义自由市场下有失业发生,那么,这也属于自愿失业和摩擦失业。而这些失业并不影响资本主义经济的运行。凯恩斯主义经济学的就业理论,是建立在有效需求理论基础上的,属于这一派的经济学家认为,资本主义自由市场并不能达到充分就业,也就是说,失业是资本主义不可能克服的经济现象。不过,虽然该学派认为失业是资本主义不可能克服的,但是,他们却认为,这与资本主义制度没有关系,而是由于有效需求不足所致。至于西方就业理论中进行结构分析的经济学家,他们虽然也承认资本主义社会中必然会产生失业,但是,他们也认为,这种失业是与资本主义制度无关的技术之类的原因引起的。因此,西方就业理论关于资本主义失业性质的不同角度的分析,都把自己与资本主义制度划清了界限。

其次,从资本主义失业的原因看,西方就业理论中,对失业原因的分析主要集中在交换领域。人力资源市场和商品市场的不平衡,是西方就业理论解释失业发生的重要基础。一是认为,劳动力价格不能反映人力资源市场供求均衡,是失业发生的一个原因。最早分析这一关系的是古典经济学和新古典经济学的就业理论。建立在"萨伊定律"基础之上的西方传统就业理论认为,只要人力资源市场是完全竞争的,而且工资可以随人力资源市场供应变化而变化,那么,只要工人愿意接受现行工资水平,就都能够就业。

正如庇古所言:"只要有完全自由竞争……,就会经常有一般强烈的倾向将工资率与需求相连,使每个人都能就业。"西方传统就业理论的这一传统,不仅是古典经济学和新古典经济学的就业理论的主旨,而且现代化的新自由主义经济学的就业理论也遵循了这一传统,甚至新凯恩斯主义经济学的就业理论也借鉴了这一传统,以分析人力资源市场为什么出现"粘性工资",来说明失业在资本主义市场经济运行中的必然性。二是人力资源市场的结构性失衡也是失业发生的一个原因。西方就业理论从结构性失衡解释失业原因的观点比较多。在新古典经济学的就业理论中,就有因技术性原因造成摩擦性失业的分析,只不过这种分析的结论中把由此产生的失业看作是局部的、暂时的。而大量采用结构性因素分析失业的观点,则出现在后凯恩斯主义经济学和新制度经济学的失业解释中,包括人力资源市场技术结构的分析、人力资源市场部门结构的分析、人力资源市场制度结构的分析,等等。三是商品市场的有效需求不足,是失业发生的又一个原因,这是凯恩斯就业理论的基础。凯恩斯分析失业发生的问题时,脱离了人力资源市场,而是通过商品市场引致的劳动力需求来分析劳动力的供求失衡问题的。为此,凯恩斯引进了有效需求的概念。所谓有效需求,是指商品的总供给价格和总需求价格达到均衡状态时的社会总需求。这种有效需求受边际消费倾向、资本边际效率和灵活偏好的影响,常常表现为不足,结果使有些愿意就业的人找不到工作,成为非自愿失业者。

第三,从资本主义失业的形式看,西方就业理论对失业形式的认识经历了一个过程。在古典经济学和新古典经济学,甚至新自由主义经济学那里,失业被他们看作是暂时的、短期的现象。而这些失业在形式上或者是自愿的或者是摩擦的。用弗里德曼的话来说,这些都属于自然失业。在凯恩斯主义的就业理论中,失业被看作是经济运行中长期面临的现象,在形式上表现为周期性失业,即在经济繁荣时期,这种失业减少;在经济萧条时期,这种失业增加。还有一种失业是自 20 世纪中叶,随着技术变迁速度加快而越来越突出,这就是被后凯恩斯主义经济学、新制度经济学等学派的经济学家们所概括的结构性失业。这种失业形式反映的是失业与职位空缺并存的现象。萨缪尔森对这些失业形式加以归纳后,写进他的教科书,使我们可以直接看到失业的形式包括:自愿性失业、摩擦性失业、结构性失业和周期性失业这四种形式。如果在更深的层次上认识这些失业形式,那么,它们的一个共同的特点就是,撇开了失业的资本主义制度的性质。因此,它们与马克思就业理论中的失业形式有着根本性的差别。

第四,从资本主义失业的治理看,由于西方就业理论对失业原因的不同解释,决定了它们在失业治理上的态度。古典经济学和新古典经济学以及新自由主义经济学的就业理论,因为不承认自由市场制度下会发生长期失业,因此,它们并没有对治理失业提出积极的措施。如果说有治理失业的对策,那也只是保证自由市场的正常运行。凯恩斯就业理论因为改变了对失业的认识,认为失业是资本主义经济运行中难以克服的现象,因此,提出了积极治理失业的措施,即在有效需求原理的基础上,提出了扩张有效需求的对策,并直言这种有效需求扩张是市场自身不能解决的,要靠政府干预来为有效需求扩张提供支持。新凯恩斯主义经济学的就业理论认为,失业是资本主义经济的一种常态,而这种失业不仅与有效需求有关,而且还与人力资源市场的"工资粘性"有关。因此,治理失业既要求政府干预,又需要克服"工资粘性"。除了以上这些治理失业的对策外,针对结构性失业的职工培训,也是现代国家治理失业的普遍选择。因此,西方经济学对治理失业的对策,都是在资本主义制度的前提下所作出的选择。与马克思的治理资本主义失业的思路有着本质的区别。

2.3.4 两种就业理论的启示

基于中国社会转型期面临的严峻就业形势,在研究中国的就业问题时,既要立足中国国情,注重解决中国的实际问题,又要借鉴前人已有的就业理论成果,从中得到一些启示。

首先,马克思就业理论中有许多思想是需要深化的。失业是由资本主义生产方式发展和资本主义经济制度作用这二者共同引起的。因此,并不是资本主义经济制度一出现就有失业。这是因为,在资本主义生产方式发展的初期,资本主义经济制度作用的结果是增加就业而不是产生失业。只有资本主义生产方式发展到一定阶段,即机器和大工业阶段,资本主义经济制度的作用才体现出增加失业的功能。而具体地体现资本主义制度的这一功能又决定于资本主义经济的一般规律,即追求剩余价值的绝对规律。当我们说现代的资本主义企业开始承担越来越多的社会责任时,这种规律对失业的作用就大打折扣了。按照马克思的就业理论逻辑,可以演绎出这种趋势:中国目前面临的失业问题既有生产方式方面的原因,也有制度方面的原因。从生产方式对失业的影响看,随着社会主义生产的不断发展,实现效率更高的生产是社会主义生产的内在要求,这无疑是失业产生的物质基础;从制度对失业的影响看,社会主义经济制度的公有制和计划经济固然可以实现完全就业,但是,社会主义初级阶段的经济制度的特殊性使所有制多样化、计划经济缺乏现实性,这就决定了社会主义经济制度的特殊阶段,也是失业发生的一个条件。至于如何治理失业,这也可以从马克思的就业理论中汲取一些有用的思想。改变资本主义经济制度,进而实现对劳动力有计划的安排,固然是实现充分就业的一种选择。但是,在马克思就业理论中还有一点是我们过去不曾注意到的,那就是技术进步引起的分工发展和产业的扩张,可以带来就业的补偿。过去,我们更多地注意技术进步导致资本有机构成提高进而失业的问题。其实,马克思关于技术进步对就业的另一种影响的分析,具有的现实意义更为突出。对照中国目前的就业现状,造成就业越来越困难的一个重要原因,不是我们的劳动密集型产业不发展,而是技术进步不够,从而产业扩张受限。因为产业扩张的一个基本的规律是,相对的高技术产业是带动相对低技术产业发展的动力。高技术产业不发展,低技术产业的发展就会受到限制;只有不断地推动技术进步,才能推动高技术产业的发展,才能够形成一个不断扩张的产业结构,就业也因此获得更为广阔的空间。这不仅可以解释为什么像美国这样的国家,随着技术进步,就业问题并没有越来越严重,还可以理解中国在早几年大学生比例还不高的情况下,为什么会出现失业高峰等问题。

其次,西方就业理论也不是没有可以为我们提供启示之处。西方就业理论非常关注自由市场竞争对就业的积极意义。这对于中国这样一个经济转型的国家来说,具有的现实性是很明显的。由于市场经济不完善,特别是人力资源市场不完善,因此,在沟通劳动力供求方面存在着许多梗阻的现象。这无疑是中国目前失业的一个原因。进一步讲,也是中国治理失业的一个重要的出发点。另外,西方就业理论中对结构失业的关注,也可以为研究中国失业提供一些借鉴。在中国经济转型期,发展严重不平衡的经济结构,使得结构性失业问题非常突出。因此,西方就业理论中提出的职业培训计划,对于治理中国的失业问题也有着重要的借鉴意义。

2.4　发展经济学派的就业转换论

世界近代发展史表明,实现工业化的过程,必然是一个农业劳动力转向非农生产的过程。20 世纪 50 年代以后,以刘易斯、费景汉、拉尼斯、托达罗、钱纳里、塞尔昆、威廉·配第和舒尔茨等为主要代表的发展经济学家,在二元经济结构发展模式下探讨了就业转换问题。

2.4.1　刘易斯:二元经济结构转换论

美国经济学家刘易斯在其发表的《劳动力无限供给条件下的经济发展》论文中,提出了二元经济结构下的劳动力转移模式。[①] 刘易斯认为,在发展中国家存在着"二元经济结构"。他把发展中国家经济划分为两个部门:一个相对先进的城市工业部门和一个相对落后的传统农业部门。城市工业部门的工资水平取决于传统农业部门的收入,在略高于农村生存收入的不变工资水平上,农业富余劳动力就会不断流向城市工业部门。由于发展中国家一般都是农业国,拥有丰富的劳动力,因此,只要现代工业部门扩大生产规模,它就可以按照现行不变的工资水平获得所需的劳动力。从这个意义上说,刘易斯把现代工业部门的劳动力供给看成是无限的。随着农村中低生产率的富余劳动力全部转移到城市工业部门,农业富余劳动力边际产出会由于劳动力减少而提高,农业劳动者的收入与工业劳动者的收入相等。按照刘易斯的劳动力转移理论,解决就业问题的主要途径是扩大现代工业部门的资本积累和生产规模,从而加速农业富余劳动力的转移,结束劳动力的无限供给趋势,实现人力资源市场的供求平衡。刘易斯模型的一个要义是,利用农业部门的隐性失业劳动力来支持现在工业部门的资本积累;其最大缺陷是,只单纯强调城市工业部门扩张,而忽视农业自身的发展;同时,他对在资本积累中的技术进步因素也没有充分考虑。

---

① Lewis, W. A. Economic Development with Unlimited Supply of Labour. The Manchester School, May 1954.

2.4.2　拉尼斯-费景汉:就业转换三阶段论

美国经济学家拉尼斯和费景汉在《美国经济评论》上合作发表了一篇题为《经济发展理论》的论文,在刘易斯假定前提不变的情况下,提出了一个新的人口流动模型,修正了刘易斯模型的缺陷,进一步丰富和发展了刘易斯理论,人们称之为"拉尼斯-费景汉模型"。[①] 这个模型与刘易斯模型的最大区别是,把发展中国家就业结构转换分为农业劳动力处于无限供给状态、农业中边际产出大于零的劳动力开始出现、农业富余劳动力全部被吸纳和出现完全农业商品化转折点三个阶段,分析了经济结构转换中就业结构转换的条件和阶段,并把农业富余劳动力转移由一种无障碍过程,转变为一种有可能受阻的三个阶段发展过程,比较清楚地描述了工业部门和农业部门之间的发展关系。他们还特别强调,在传统经济向现代经济的转型中,农业富余对工业部门和农业富余劳动力转移的决定意义,提出了农业劳动生产率提高和剩余增加,是直接决定经济顺利发展的内生变量,农业增长能使现代部门和传统部门达到均衡发展水平,为农业富余劳动力转移理论赋予了新的内容。

2.4.3　托达罗:控制乡—城人口流动论

随着发展中国家工业化过程中超城市化现象的出现,农业富余劳动力流动呈现出十分复杂的状况。在这种情况下,美国发展经济学家托达罗在其发表的《欠发达国家中劳动力流动和城市失业的模型》论文中,提出了新的劳动力流动模型,回答了农业富余劳动力为什么会不顾城市失业人口的存在而继续转移的问题。[②] 托达罗模型的政策含义是,面对城市存在大量失业的现实,探讨了怎样放慢农业富余劳动力流入城市的速度,控制乡—城人口流动的规模,解决日益严重的城市失业问题。这种旨在通过加快农业

---

① Fei,C. H. and Ranis, G. A Theory of Economic Development. American Economic Review. September,1961.

② Todaro,M. P. A Model of Labor Migration and Urban Unemployment in Less Developed Countries. American Economic Review. March 1969.

发展消化农业富余劳动力、减轻城市就业压力并最终消除二元经济的思路,对解决农业大国的失业问题,具有特殊的启迪意义。

2.4.4　钱纳里、塞尔昆:就业结构转换与产业结构关系论

钱纳里等认为,在发达国家工业化演进过程中,农业和工业产值份额的此消彼长,农业人口也相应地向工业转移,农业产值和劳动力向工业的转换基本是同步的。但是,发展中国家产值结构转换普遍优先于就业结构转换。① 在工业化起始阶段,产值比重比就业比重大约高25个百分点,要实现农业产值和劳动力向工业的转换同步,需要人均国民生产总值达1500美元以后。其原因是,发展中国家在经济增长模式的选择上越来越多地采用节约劳动的先进技术,现代工业部门创造产值的能力大大高于创造就业机会的能力,就业结构的转换在初期必然是相当缓慢的。发展中国家的工业品价格偏高,农产品价格偏低。因此,相比之下,就业结构变动指标比产值结构变动指标更能真实地反映产业结构变动状况。对于发达国家来说,当人均国民生产总值达到300美元时(国际上定义为"刘易斯转折点"),工业化加速发展,国家投资策略开始转向,经济开始走上稳定协调高速发展阶段。而对发展中国家来说,历史条件完全不同,现代大工业对劳动力的需求性大大下降。因此,发展中国家的农业富余劳动力不可能一开始就直接被吸收到采用现代工业技术的现代工业部门,而是首先被吸收到劳动比较密集、技术不太先进的工业部门。当达到"刘易斯转折点"时,虽然工业比重已经占主导地位,但是,劳动生产率和技术水平并没有达到发达国家水平。各国的实践都表明,非农产业产值结构转换中点在人均200美元,就业转换中点在人均400美元,平均中点在300美元。也就是说,当结构转换经过"刘易斯转折点"达到平均中点,即完成一半时,经济便向第二阶段过渡。此时,二元结构消失,经济转换结束,工业化开始加速。钱纳里等的理论,对分析发展中国家就业转换具有重要意义。

----

① 参见[美]钱纳里、赛尔昆:《发展的形式1950~1970》,经济科学出版社1988年版,第32页。

2.4.5 配第—克拉克：产业结构转型和升级论

早在 17 世纪,英国经济学家威廉·配第就发现,世界各国的国民收入水平差异和其形成不同的经济发展阶段,关键在于产业结构的不同。他在《政治算术》一书中指出,制造业比农业,商业比制造业能够得到更多收入。这种产业间相对收入的差距,会导致劳动力从低收入产业向高收入产业移动。① 英国另一位经济学家克拉克提出了三次产业分类法,并得出结论:随着经济的发展和人均国民收入水平的提高,劳动力首先由第一产业向第二产业转移,当人均国民收入水平进一步提高时,劳动力便向第三产业转移。因而劳动力在产业间的变动趋势和分布状况是,第一产业的劳动力将逐渐减少,第二、第三产业的劳动力将逐步增加。②

2.4.6 舒尔茨："人力资本论"

人力资本理论形成于 20 世纪 60 年代,其代表人物是舒尔茨等。该理论认为,首先,人力资本是人类向自身进行的投资而形成的知识和技能,是人口质量的提高。劳动者的劳动能力由于人力投资的差别将呈现异质性。其次,投入于人的教育与培训、健康以及劳动力流动的资本对经济增长有着不可替代的作用,现代经济增长很大程度上依赖于人力资本的提高。单纯地增加厂房、机械设备等物质资本的投资,而不相应地增加人力资本投资,会使劳动力质量成为经济增长的限制因素,使资本吸收率低下。第三,人力资源市场政策必须由"消极"转向"积极",即从以保障失业者的生活为目标转向充分开发利用劳动力资源为目标,用人力投资,即人力政策解决失业与职位空缺的矛盾。③ 舒尔茨的人力资本理论的提出,对于指导全球化时代提高劳动者就业技能具有重要的意义。

---

① 参见[英]威廉·配第:《政治算术》,商务印书馆 1978 年版。
② 参见方甲:《产业结构问题研究》,中国人民大学出版社 1997 年版,第 27～39 页。
③ Schultz,T. W. Investment in Human Capital. American Economic Review. 1961;3.

2.5　新制度经济学的制度变迁和制度边缘理论

20世纪中叶以后,新制度经济学迅速崛起并快速发展。新制度经济学利用正统经济理论去分析制度的构成和运行,并从中发现这些制度在经济体系运行中的地位和作用。新制度经济学派认为,制度是一个社会的规则体系和组织体系,决定了人们相互关系,构成了人们在政治、经济或者社会方面发生交易的激励结构,因而"制度至关重要",没有适当的制度,任何意义上的市场经济都是不可能的。作为一种不同于以往的制度分析理论,新制度经济学把制度作为经济活动中的一个内生变量,通过对供求关系的分析,探讨发展中国家经济发展的制度障碍和制度创新问题,它强调经济发展不可能是纯粹的经济现象,而是受到政治、法律、制度等诸多因素的影响。20世纪70年代,诺思等人开创了制度变迁理论,其核心是从经济学的角度,考察了制度产生、交替和促进的过程,强调制度变迁决定经济发展和社会变迁,并可能从根本上改变社会经济发展。

2.5.1　诺思-戴维斯:制度变迁理论

诺思和戴维斯提出了"制度环境"和"制度安排"这两个概念。制度环境是一系列"规制经济和政治活动的基本的政治、社会和法律的根本规则(规制选举、产权和契约权利的规则就是这些根本规则的若干例子)"。制度安排是一种"规制经济单位之间合作与竞争方式的安排。制度安排可能是最接近于制度一词的最通常使用的定义"。诺思认为,"制度提供了人类相互关联、相互影响的框架,确立了构成一个社会或者更确切地说是构成一种经济秩序的合作与竞争关系"。诺思还从制度演进的历史角度谈到制度的功能。[1] 诺思还认为,"在整个历史中,人类通过设计制度,以创造秩序和降低交易的不确定性。与经济学的标准约束一起,它们规定了选择集,决定了交易成本与生产成本,由此决定了从事经济活动的生产率与可行性"。[2]

---

[1]　North, D. Structure and Change in Economic History. Yale University Press, 1983:202.

[2]　North, D. Institutions. Journal of Economic Literature. No. 1, 1991.

这里,诺思实际上是将制度的功能视为创造秩序和降低交易的不确定性。此外,诺思还通过对新古典经济增长模型的历史反论,揭示了制度对经济发展的重要作用。他认为,人们经常所论及的投资的增加、劳动投入量的扩大、技术进步等因素,并不是经济增长的原因,它们本身就是增长;而真正决定增长的是制度。一种能够提供适应个人刺激的有效制度,才是经济增长的决定因素。也就是说,制度提供了一种经济的刺激结构,随着该结构的演进,它规划了经济朝着增长、停滞或者衰退变化的方向。因此,从一定意义上讲,在经济发展中,制度起着决定性的作用。

1976 年,诺思和戴维斯在研究美国经济增长问题的基础上,出版了《制度变迁与美国经济增长》一书。在该书中,作者运用成本—收益比较法,对制度变迁的基本动力、诱因和过程作了分析,构建了一个比较成型的制度变迁的理论框架,即诺思—戴维斯模型。该模型专注于制度需求方面的分析,指出:人们出于对自身利益不断增进的要求,会不断地寻求能够带来更高利益的制度安排。当一项新制度能够比原制度带来更多利益时,就会获得一种“外部利益”或者是“外部利润”。比如,通过设计能够降低信息成本的制度,不仅可以克服市场失灵并促进不完全市场的发展,而且还能够降低交易费用,增加社会的净收益。同时,制度需求也受诸多因素的影响,比如宪法秩序。诺思指出:宪法是用以界定国家的产权和控制的基本结构,它通常包括确立生产、交换和分配基础的一整套政治、社会和法律的基本规则,其约束力具有普遍性,是制定规则的规则,被视为政权的根本准则。宪法一旦变化,就会深刻影响对制度的安排和需求。诺思在对制度变迁的动态历史考察中,还在 20 世纪 80 年代提出了“路径依存”理论,以此理解长期经济变化,并解释历史上不同地区、不同国家发展的差异。诺思认为:“由于缺少进入有法律约束和其他制度化社会的机会,造成了现今发展中国家经济的长期停滞不前。”因此,他主张发展中国家要取得发展,光靠移植发达国家的先进制度是没有用的,必须不断打破对原有路径的依存关系。

诺思认为,制度变迁与技术进步具有相似性,即推动制度变迁和技术进步的行为主体都是追求收益最大化的。他提出了制度变迁的原则和一般过程,认为不同的行为主体(如个人、团体和政府),推动制度变迁的动机、行为方式及其产生的结果可能是不同的。但是,它们都要服从制度变迁的一般原则和过程。制度变迁的成本与收益之比,对于促进或者推迟制度变迁起着关键作用,只有在预期收益大于预期成本的情形下,行为主体才会去推动直至最终实现制度的变迁。反之亦然,这就是制度变迁的原则。在美国历史上,金融业、商业和人力资源市场方面的制度变迁,都是为了实现社会总收益的增加而同时又不使个人收益减少。制度变迁的一般过程可以具体分为以下五个步骤:第一,形成推动制度变迁的第一行动集团;第二,提出有关制度变迁的方案;第三,根据制度变迁原则对方案进行评估和选择;第四,形成推动制度变迁的第二行动集团,即起次要作用的集团;第五,两个集团共同努力去实现制度变迁。[①]

诺思的上述理论,从动态的角度揭示了制度变迁过程中的独有机制——路径依存,这对发展中国家在反思和设计本国的发展战略时,无疑具有很大的参考价值。但是,在诺思的分析中,忽视了对制度供给问题的探讨。

2.5.2 哈特-法伊格:制度边缘理论

这一理论把非正规就业视为国民经济体系中客观存在的有机成分,侧重于研究正规与非正规经济活动在制度和管理属性上的差别。经济人类学家哈特首先提出了非正规经济(也译为非正式经济)的概念,他将城市劳动者划分为货币工作雇佣和自我雇佣两种类型。非正规就业属于自我雇佣,即劳动者不依靠政府创造机会而自主就业。广义地讲,非正规就业是不注册、不纳税的经济活动中的就业,非正规部门是指介于城市现代部门与传统农业部门之间的、主要吸纳城市非熟练工人、失业者和农村流入劳动力的经济活动单位。从这个意义上说,非正规经济并非像国际劳工组织所描述的那样是工作机会不足状况下穷人的生存机制,而是在国家严格控制的经济制度下市场力量的真正爆发。

法伊格从新制度经济学的视角出发,在地下经济的总框架下将与非正规经济相关的经济活动分成非法经济、未申报经济、未登录经济和非正规经济4部分。这些类别之间在很大程度上相互重叠,一般而言,非正规经济同

---

① 参见[美]道格拉斯·诺思:《经济史中的结构与变迁》,上海三联书店、上海人民出版社1994年版。

时也是未申报、未登录的。这些类别中最需要区分的是非法经济与非正规经济,非法经济指的是对违反法律的物品、服务的生产和传播,而非正规经济则大多是合法的。

2.5.3　拉坦:诱致性制度变迁理论

拉坦在《诱致性制度变迁理论》一文中,对诱致性制度变迁进行了较完整的说明。诱致性制度变迁模型认为,当某一新结构的收益超过制度变迁的成本时,就会产生新的制度;如果制度不发生变迁,那么就说明变迁的成本超过了收益。拉坦还将制度变迁或曰制度创新定义为:(1)一种特定组织的行为变化;(2)该组织与其环境之间的相互关系的变化;(3)在一种组织的环境中支配行为相互关系的规则的变化。①

拉坦在诺思等人对制度需求问题研究的基础上,提出了制度供给与制度需求同样重要的观点。拉坦着重分析了"诱致性变迁"中的制度供给问题,指出,一个社会所拥有的社会知识的存量大小,是影响制度变迁的一个关键因素。同时,拉坦还考察了制度供给过程中的集体行为,指出,当制度在团体层次上予以供给时,会遇到严重的"搭便车"问题,这就需要提供超常规的经济利益激励。拉坦认为,"对制度创新的需求"主要由技术变化引起,而且,要素禀赋和生产需求对于制度变革来说是同等重要的源泉。制度变迁不一定是革命性的,而是一个渐进的过程。而"制度创新的供给"受到达成社会一致(或者平息反对意见)的成本的巨大影响。一种形式的制度变迁,要花费多少成本才能为社会所接受,取决于既得利益集团的权力结构,同时,它也在很大程度上取决于文化传统和意识形态。

2.6　西方关于科技进步对就业问题影响的研究②

20 世纪是科学技术快速发展的世纪,也是科学技术对就业问题的影响

---

① 参见[美]V. W. 拉坦:《诱致性制度变迁理论》,载《财产权利与制度变迁》,上海三联书店 1994 年版,第 333 ~ 339 页。
② 参见部风涛:《乐观与悲观——20 世纪西方关于科技进步对就业影响的争论》,《中国社会保障》2009 年第 1 期,第 32 ~ 33 页。

越来越明显、越来越受到世人所关注的世纪。科学技术的快速进步,推动了社会经济的快速发展,对社会物质财富的增长以及生活水平的提高产生了积极影响。对此,在理论界是一个不争的事实。但是,科学技术对就业问题的影响,在学术界尤其是西方学术界引起了截然不同的认识和迥异的观点。概括起来,可以归纳为一句话,那就是:从相互交错到相互对立的乐观论与悲观论的过程。全面梳理和系统考察 20 世纪西方关于科技进步与就业问题关系的争论,不仅有助于我们客观准确地把握科学技术进步对就业问题的影响,而且还可以帮助我们更好地认识和把握科学技术进步对当代中国就业问题的深刻影响,从而更好地提出与中国经济社会发展相适应的就业政策与建议。

2.6.1　悲观中的乐观:20 世纪初西方关于科技进步与就业问题的争论

20 世纪初期,新古典学派从整体均衡理论与要素替代理论出发,认为,正如供求之间的一种平衡可以通过价格机制在商品市场获得一样,劳动力和资本的价格也可以在劳动力和资本之间实现供求的平衡。换句话说,新古典学派经济学家认为,失业不可能长期存在,因为永远都会有一种清理人力资源市场的工资率存在并发挥着作用。正如冯·米塞斯所说,工资不足较之就业不足是一种好事,因为失业人员所想得到的不是工作而是工作的报酬,关键点不是失业者找不到工作,而是他们不愿意在他们可以在人力资源市场上能够得到的某种工资标准以下的工作。新古典学派认为,科技进步可以能导致一些暂时性失业,但是,在商品和要素市场的有效运作下,新技术的使用不会引发基本的经济问题。①

20 世纪 30 年代,奥地利学派对技术进步与就业问题的关系给予充分关注。早期,奥地利学派的代表尤金和巴韦克指出,技术进步可能由于引起投资预期收益的变化而导致就业不稳定。奥地利学派的著名代表哈耶克,在 20 世纪 30 年代将由于技术进步而导致的就业变化,解释为投资的真实

---

① Christopher Freeman. Technological Change and Full Employment. Basil Blackwell, 1987:26 – 27.

收益率与银行所收取的利率之间不平衡的结果。他说,由于技术进步使得新的投资机会更具吸引力,一种较高的投资水平往往在利息率提高到足以抑制这种投资以前就已经发生;在其后的一段时间里,当这种新的投资被消化以后,失业就会发生。从总体上说,奥地利学派并不认为由于技术进步所导致的失业问题具有长期性,而是认为这种失业只具有暂时性。

随着科学技术发展速度的不断加快和新机器新设备的不断出现和利用,就业问题的持续存在和不断加剧,西方社会对科学技术的进步对就业问题的影响也越来越重视。但是,他们的认识也表现出复杂性。在英国,根据丹尼尔进行的调查,尽管企业体力劳动者与商店体力服务人员中,赞同和支持技术进步的比例占明显优势,但是,对各种技术进步变化持抵制态度的比例也比较高。一些体力劳动者最初对各种技术进步表现出怀疑态度,而在后来,他们中对各种技术进步表现出怀疑态度的比例明显下降(见表2.1)。

表 2.1　20 世纪初英国企业与商店体力服务员对
技术变化的最初态度和后来态度比较①

工人态度(%)		全部(%)	受影响的体力工人(%)			商店体力服务员(%)		
			先进技术变化	传统技术变化	组织变化	先进技术变化	传统技术变化	组织变化
最初的态度	强烈支持	25	22	40	14	34	48	30
	轻微支持	13	18	18	2	19	18	8
	复杂感觉	22	22	17	27	21	15	15
	轻微怀疑	17	22	16	10	17	13	7
	非常怀疑	23	16	9	45	10	5	41
后来的感觉	强烈支持	37	32	53	27	46	58	33
	轻微支持	28	31	29	27	29	26	14
	复杂感觉	24	29	14	28	15	12	30
	轻微怀疑	10	4	2	23	7	2	2
	非常怀疑	2	3	2	2	3	1	2

资料来源: W. W. Daniel, Workplace Industrial Relations and Technical Change, Frances Pinter, 1987:66.

---

①　先进技术变化是指包括由计算机管理的工厂、机器和设备在内的新的微电子技术的变化;传统技术变化是指不包括新的微电子技术在内的新工厂、机器和设备的变化;组织变化是指不包括新工厂、机器和设备的工厂组织和工作实践的变化。

1937 年,美国国家资源委员会提出了《技术发展趋势与国家政策》的研究报告,指出:"不久的将来的发展趋势是,技术的进一步发展将使劳动生产率超过 1929 年以前,这种进步的程度在不同的工业中会有差别,但是,由于我们的经济制度还没有表现出一种能够尽快作出必要调整的能力,因技术进步所导致的脱节将持续表现出一系列严重的工业、经济和社会再调整问题。"显然,该报告认为,科学技术的发展和应用,将会对就业问题带来严重影响。报告同时强调,有利于技术进步的发明创造源源不断,社会变化也就会继续下去,技术性失业是新的发明的悲剧性影响。但是,技术进步不仅可以毁掉一些工作机会,而且也可以创造一些工作机会。[1]

2.6.2 乐观中的悲观:战后初期西方关于科技进步与就业问题的争论

第二次世界大战后,尤其是自动化技术的开发和应用,使得西方社会对技术进步与就业问题的关系更加关注。熊彼特将技术进步导致的就业问题称之为周期性技术失业。他说:"经济学家们习惯将周期性失业和技术性失业加以区分和对比,但是,从我们的模型来看,周期性失业基本上就是技术性失业。技术性失业是我们整个过程的核心,而且如果联系到技术发明阶段来说,技术性失业从本质上也是周期性的。事实上,在我们的考察中,那些被延长了的非正常失业时期,刚好与技术发明快速扩展、制度对技术因素的反应支配商业发展的状况的时期相吻合,如 19 世纪的 20 年代和 80 年代。"[2]自动化技术在战后西方国家的快速发展和应用,使西方国家社会经济也出现少有的快速增长,此时失业问题尽管存在,但是,较之第二次世界大战以前的 30 年代,其严重程度明显下降。于是,西方社会对科学技术进步对就业问题的影响的态度开始表现出一定的差别性和复杂性。例如,20 世纪中期的美国民众,对技术进步与就业问题的影响表现出矛盾性和模糊性。1959 年,罗伯特·S.李就美国人对自动化的评价进行了调查,他提出

① A. J. Jaffe. Technology and Jobs: Automation in Perspective. New York, 1968:26.
② Christopher Freeman. Technological Change and Full Employment. Basil Blackwell, 1987:31-32.

的问题是:从总体上说,你认为自动化是一件好事、一件坏事或者好坏兼有
的事? 调查结果显示:35%的美国人认为自动化是一件好事,55%的人认为
自动化是一件好坏兼有的事,6%的人回答没有感觉,4%的人认为自动化是
一件坏事。李对这种调查结果作出这样的评论:自动化具有有利影响的观
点相信,自动化可以带来人们生活得更加富裕和方便,可以促进人们生活水
平的提高,人们可以获得更多自由支配的时间,日常生活也将更加有趣和充
满快乐;自动化具有不利影响的观点则相信,自动化将对人们尤其是工作产
生不利影响,自动化将导致大量失业,老年人将处于困难之中,小企业的经
营将更加困窘。关于自动化及其影响的上述两种不同观点表明,民众对自
动化的认识和态度的模糊,大多数人认为这项技术方面的进步具有积极和
消极方面的双重影响。1965 年,路易·哈里斯进行的另一项调查表明同样
的结果,他指出,一方面人们认为"自动化提高了生产效率并提供了更好的
物美价廉的产品"及其他一些有利之处;另一方面,人们也抱怨自动化"增
加了失业、限制了没有受过教育的人的机会"等等。①

　　理论界对技术进步与就业问题的关系的认识,也表现出前后的不一致
性。比如,研究技术进步与就业问题的著名学者杰夫在 1951 年指出:"失业
是一种周期性现象,技术进步在短期内由于资本与劳动力不能流动而导致
失业,这种失业需要时间加以调整。但是,技术性失业通常会在经济周期中
随之而来的复苏中得以解决。"②然而,到 1968 年,他又强调技术进步可能
导致的失业,指出,从短期来说,技术变化至少可以在三个方面导致就业变
化:(1)一种新的生产工艺在一个工厂的采用往往减少对劳动力的需求。
例如新型打字机的采用导致印刷业中雇佣人数在 20 世纪 60 年代初的急剧
下降;(2)新的生产工艺的采用,给一个工厂带来了超过生产同类产品的其
他工厂的竞争优势,由于后者损失利益,它往往要解雇一些工人,如果企业
容量有效增长,前者往往不必减少雇佣人数,也许还会增加雇佣人数。(3)
一种新发明或者新技术代替以前的发明或者技术,许多在设备陈旧的工厂
中工作的工人将失去工作。例如,汽车的出现导致汽车工业雇佣人数的快

---

①　A. J. Jaffe. Technology and Jobs: Automation in Perspective. New York, 1968:33 - 34.

②　A. J. Jaffe and C. D. Stewart. Manpower Resources and Utilization. New Yrok, 1951:
120.

速增长,却使马车制造业雇佣人数急剧下降。①

另一些学者认为,科学技术进步将会带来就业机会的增加。琼斯指出,20世纪50~60年代,科学技术的发展变化没有明显地导致就业问题严重恶化。他指出:"技术性失业在20世纪50~60年代没有成为一个主要问题的原因,不是因为技术的空白或者技术扩散比较慢,而是因为,技术本身在发展中培育了技术扩散的补偿机制,经济体制的发展也在推动了这种补偿机制的出现。"②曾经获得诺贝尔经济学奖的西蒙指出:"人们担心自动化会造成失业,事实上……生产创造了需求和购买力;同样,生产力的提高也创造了就业机会。人们不应当消极地惧怕环境的变化,而应当积极地去适应环境的变化。"美国劳工部也一度指出:"微处理机和自动化技术将带来许多人意想不到的新职业,其数量可能比人们原来预想的要多得多。"

与上述这些模糊性或者乐观性观点相对比,美国工会的一项研究报告认为:"先进技术带来的希望被宣传得过分了,尽管新兴技术会创造越来越多的新职业,但是,其数量与其取代的职位不相适应。"③美国联邦政府在1964年和1965年先后发表《总统人力资源报告》,其中1964年的报告用较多的篇幅论述技术进步与就业的关系,并提醒公众注意技术进步正在成为包括就业问题在内的许多社会问题的重要原因之一。报告指出:"尽管从总体上说技术进步使经济发展获得了益处,但是,技术的快速发展已经成为给许多工人与社区带来沉重负担的一个主要问题。技术变化可能是不断增长的社会繁荣和个人财富的关键因素,但是,它也导致新需求的增长与旧需求的下降,导致政府政策的重新调整。"④

2.6.3　乐观与悲观共存:20世纪中期西方关于科技进步与就业问题的争论

20世纪70年代以后,微电子技术的不断发展,计算机与信息技术的快

---

① A. J. Jaffe. Technology and Jobs: Automation in Perspective. New York, 1968:14.

② Christopher Freeman. Technological Change and Full Employment. Basil Blackwell, 1987:47 – 48.

③ 朱传一主编:《科学技术发展与美国就业问题》,劳动人事出版社1985年版,第22~45页。

④ A. J. Jaffe. Technology and Jobs: Automation in Perspective. New York, 1968:12.

速应用,特别是 20 世纪 70 年代中期以来持续时间很长的经济危机,西方失业率长期居高不下等,使得西方社会从 20 世纪 80 年代以来对科学技术进步对就业问题的影响再次表现出极大关注。然而,关于技术进步与就业问题的关系的争论更加激烈。

20 世纪 80 年代,以弗里曼、克拉克和索蒂为代表的新熊彼特派认为,将要构成下一个经济上升阶段的动力的新技术系统基础的基本发明和创新,与上一个经济发展周期直接相连。这些发明和创新可能以较小的规模出现在小工厂或者大公司的分支机构,最初这些产业的经济力量与就业规模可能微不足道,但是,一旦下一个经济上升期开始出现,这些新的部门就会创造大量新的就业机会,并刺激相关行业的发展,带来相关行业就业的增加。当经济上升期发展到一定阶段,新经济部门的技术与传统的技术越来越完善,并使这些部门发展成为资本密集型产业,于是,它们取代劳动力的作用就会超过创造就业机会的作用。随着经济萧条不断继续,经济的常规衰退与技术因素带来的结构性衰退造成的直接结果就是普遍失业(见表 2.2)。

美国一些政府部门或供职政府的专家否认科学技术进步带来了严重的失业问题。美国劳工统计局的研究表明,20 世纪 80 年代,对美国劳动力市场产生重要影响的是周期性失业、结构性失业和技术性失业,但是,由于技术进步而导致的失业在三者中处于最不重要的位置,整个 80 年代,美国职业结构变化中的 15% 可以归因于科学技术因素,85% 则是可以在经济的结构性和周期性运动中找到答案。① 曾作为卡特总统经济咨询委员会主席的舒尔茨认为,科学技术进步与应用所导致的失业是一个"不真实的问题","假如它是一个问题,那么它也已经被过分强调了。……科学技术进步并不必然会增加失业率。人们在一个地方失去工作,通常会在另一个地方得到工作。先进技术本身不会导致一种严重的失业问题。"里根政府的劳工部长布鲁克同样指出:"技术变化在过去并没有降低工作岗位的总体水平。当然,也存在一些特定的职业已经被技术变化所伤害的特殊情况。但是,同样真实的情况是,技术变化的整体影响确实增加了就业和更高的生活

---

① Eli Ginzberg. Technology and Employment: Concepts and Clarifications. London, 1986: 35.

水平。"①

　　还有一些人认为,科学技术的发展与应用,正在对就业问题产生直接的消极影响。1985 年,美国北卡罗莱纳州州长亨特在谈论科学技术进步对美国就业问题的影响时指出:"现在美国各个社区对专家们所谓的技术性失业或者结构性失业,不仅熟悉而且感到非常紧迫,失业由于我们的工人、工厂和技术陈旧而发生。对于多数美国人来说,技术的变化今天好像成为一种黑暗的和有威胁的力量。"

表 2.2　新熊彼特派关于新技术系统发展不同阶段特点对劳动力就业影响比较②

项　　目	初始阶段	复苏与繁荣阶段	滞胀阶段	萧条阶段
对工业部门劳动力	小规模的创造就业效果。高比例的熟练工人,工程师和技术人员。在职和在研究和发展中的培训和学习。	生产扩展产生巨大的创造就业效果。迅速建立和扩大新的培训和教育设施。新技能供不应求。工资迅速增加。	就业增加减慢,随着资本的集约化,某些工作越来越简单。	就业停止增长。失业人数上升。除了合理化投资不断取代劳动力之外,就业还受到经济普遍衰退和萧条趋势的影响。
对其他部门和服务业的就业影响	微不足道,但有想象力的工程师、经理和投资者们已开始进行相应的计划和投资。	相当大的二次效果,主要是创造就业,但是逐步转向取代劳动力。	劳动力取代效果,因为新技术已经完全确立,并大幅度降低了成本。	随着新技术广泛进入传统行业和服务业,劳动力不断被取代。

资料来源: Carlton Rochell. Dreams Betrayed: Working in the Technological Age, Massachusetts, 1987:83.

　　当代美国社会还对政府应不应该采取措施来应对这一问题存在争议。1985 年,来自美国伊利诺斯州的参议员波尔·西蒙明确指出,劳动权应当被认为同言论自由和法律面前的平等同样重要的公民权利,政府必须采取有效措施,建立各种组织协调劳动者、企业和社会的各种力量,应对由于技术进步对就业带来的影响。而美国当时的劳工部长布鲁克则指出:"我不认为需要一种应对技术变化对长期就业带来影响的联邦政策。事实上,技

　　①　Carlton Rochell. Dreams Betrayed: Working in the Technological Age. Massachusetts, 1987:4 - 6.

　　②　参见[英]库姆斯等:《经济学与技术进步》,商务印书馆 1989 年版,第 165 ~ 171 页。

术对长期就业的这些影响,从历史的角度来说是积极的,技术创新和最近的工作手段的进步,从总体上说创造的就业机会多于被其所取代的就业机会。"①

1976 年,法国财政部总稽核西蒙·诺拉提出的一份研究报告指出,一个世纪以来,最引人注目的变革都具有科学技术方面的基础,这就很容易使人们设想到,人类的未来将是由技术来控制的,法国社会对科学技术进步对就业问题的影响的态度具有矛盾性,"悲观论者强调这里包藏着的一些危险:失业的增加,社会的僵化,生活的平庸化";"乐观论者相信奇迹已经近在眼前,信息处理技术等于信息,信息等于文化,文化等于解放和民主。"诺拉还将科技进步与经济发展联系起来,并从短期和长期影响两个方面阐述了科学技术进步对就业问题的影响。他指出,信息技术将使生产力得到快速发展,这样,在最初阶段将会使失业问题更为严重,特别是在服务业中。但是,如果措施得当,科技进步将会增强法国经济竞争力,有助于恢复法国的外贸平衡,这种平衡是任何经济增长的先决条件。科学技术进步"目前有加剧失业的危险,而将来有增加就业的可能,这两者之间的矛盾只有在激起新的需求强烈的刺激下才能得到解决。……任何失误或者两个政策中无论哪一个的步子过快,都会碰到传统的障碍:外贸逆差或者不可以忍受的高失业率。新的信息技术会给新的经济增长铺平道路,但是,同时要对它加以控制"。②

德国社会同样十分关注技术进步与就业问题的关系。德国学者汉斯-赫尔曼·哈特维希指出:"机器使人的工作效率更高,它们驱赶着人们,同时也控制着人们。""微电子技术不是我们通向未来世界的钥匙。它对人类和制度起着分裂作用。但是,它又是不可以避免的。""对新技术可能带来的问题采取不闻不问的态度是不理智的。这些问题是向人类及其制度提出的一个迄今未知的挑战。目前,各个国家及其政府已经深深卷入这场技术革命。各工业国的政治、经济、技术都密切地联系在一起。因此,对新技术所产生问题采取及时、行之有效的对策,乃是他们的责任。各国的社会团体

---

① Carlton Rochell. Dreams Betrayed: Working in the Technological Age. Massachusetts, 1987:91 - 92.

② [法]西蒙·诺拉、阿兰·孟克:《社会的信息化》,商务印书馆 1985 年版,第 7 ~ 11 页。

也应当本着受害成员的利益作出适当的反应。科学应当向人们阐明积极的前景。"①

德国前副总理兼外交部长汉斯-迪特里希·根舍在1983年指出:"我们当中很多人拒绝技术进步的原因,主要是害怕新技术破坏环境,害怕新技术夺走工作岗位。……新技术被认为是'扼杀职业的凶手',它夺走了人们的工作岗位。"根舍接着指出,新技术开始应用时,"肯定会丢掉一些工作岗位,这是人们直接看到的后果。但是,另一方面,又产生了新的工作岗位,……只有当我们的国民经济跟不上研究和革新的水平,我们成了新产品的纯进口国的时候,我们也许才不得不为新技术加剧失业而担忧"。②

日本社会对科学技术进步与就业问题的关系也十分关注。日本著名的信息社会学家松田米津指出:"自动化的社会影响既有积极面,也有消极面。由于人们将日益从做工维持生活当中解放出来,将会有更多的闲暇时间用于个人的需要。但是,维持生活的劳动由自动化取代,这可能导致更多的人失业。"坂本秀行也指出:日本的官方报告曾经预言,信息化社会的出现将迎来生机盎然的自由国家,但是,现实情况并非如此。"信息化社会不止意味着生趣盎然的自由国家的到来,而且必然是失业自由的国家的到来。……信息化社会没有就业的自由,只有失业的自由。"③

日本经济计划厅国民生活局1983年提出了《信息社会与国民生活——以技术问题为中心》的研究报告,报告指出:"正如产业革命的初期阶段发生砸碎机器的运动一样,在向信息社会的发展过程中,也会出现失业率上升,侵犯私生活等社会问题,还可能出现阻碍变革的行动。"日本国民生活审议会在报告中还指出了在走向信息社会过程中,针对科学技术对就业问题的影响应当采取的基本对策:(1)对于在企业自动化过程中产生的就业机会减少问题,将根据各产业、各企业实际情况,缩短劳动时间,开发多种就业形式,通过工作分配和调整来缓和这一矛盾;(2)为了顺利进行工作调

---

① 现代国际关系研究所选编:《世界新产业革命》,时事出版社1984年版,第31~33页。

② 现代国际关系研究所选编:《世界新产业革命》,时事出版社1984年版,第64~65页。

③ 潘培新、亦舟编:《信息社会论和新技术革命》,世界知识出版社1988年版,第275~296页。

动,防止不适应现象或者紧张感,应当完善教育及职业能力的开发等训练体制;(3)开创随着信息技术的进步而产生的新产业和新职业种类,扩大雇佣机会;(4)在促进新产业发展的基础上,纠正起制约作用的制度和惯例。①

一些国际组织在科学技术进步与就业问题的认识方面,也存在一些歧异。国际劳工组织对科学技术进步对就业问题的影响提出了含糊其辞的观点。1984 年出版的《世界劳工报告》指出:高技术对劳动力的直接影响也许是比较小的,它的长期影响将戏剧般地改变就业分布,其结果将是"劳动力市场上技工的供应与需求之间处于一种不平衡状态,就业的这种部门分布也许会影响就业在国家之间的分布"。② 同年,经济合作与发展组织在讨论科学技术进步对就业的影响时指出,科学技术进步对就业的影响"从短时期看是悲观的,从长时期看是乐观的"。③

罗马俱乐部④同样认为,有关科学技术进步对就业问题的影响是一个存在争议的问题。该组织指出,微电子学发展论者和革命论者最大的分歧是对待就业的看法,前者认为微电子技术和所有其他早期的技术发展一样,在过渡时期出现失业以后,就会扩大产品需求,开辟新的市场,创造新的就业。微电子革命论者则认为,微电子技术将大大提高各部门的劳动生产率,全面消除就业岗位。这样,采用传统的方法来解决失业问题已经不行,尽管电子工业本身会创造一些工作岗位,但是,它与其造成的失业情况相比较,是微乎其微的。微电子技术革命论者的乐观看法是,就业、半就业、失业和休假等概念都将失去其原来的意义,从而仅仅剩下广义的职业概念。人们将为接受更多的教育而推迟参加工作、提前退休、脱产接受教育和再培训。一个人一生中将只有很短一段时间从事传统意义的所谓生产性就业。⑤ 罗马俱乐部主席雷利欧·佩切伊在谈到自动化对就业机会的影响时也指出:

---

① 潘培新、亦舟编:《信息社会论和新技术革命》,世界知识出版社 1988 年版,第 266 页。

② Carlton Rochell. Dreams Betrayed:Working in the Technological Age. Massachusetts, 1987:44.

③ 潘培新、亦舟编:《信息社会论和新技术革命》,世界知识出版社 1988 年版,第 131 页。

④ 罗马俱乐部创建于 1968 年,是一个研究未来社会发展的非政府性国际组织。

⑤ 参见中国科技情报研究所《快报》编辑部编:《世界新产业革命动向》,科学技术文献出版社 1984 年版,第 104～105 页。

"自动化创造的职位多于被取消的职位的说法是不切实际的,一旦自动化走到极端,就将成为结构性失业的根源。"①

2.6.4 乐观与悲观对峙:当代西方关于科技进步与就业问题的争论

20 世纪 90 年代以后,快速发展的信息通讯技术,对西方国家的就业问题产生了直接影响。但是,针对信息通讯技术对就业变化的影响,在西方社会同样出现两种明显不同的观点,西方国家学者将这两种观点概括为悲观与乐观两种。

悲观的观点认为,信息通信技术由于实行自动化和合理化而破坏就业机会;由于使劳动者在不同时间和地点工作而使其孤独化;同时,由于信息超负荷而强化了工作压力,打破了雇主和雇员的传统关系,将为雇主将风险转移给其雇员创造新的机会,能使技能和能力下降,趋向完成单一的机械任务;由于降低工人工作技能,削弱劳动者的集体谈判能力,增加非全日制合同等因素而使劳动者收入减少;由于监视和外包加工以及非全日制工作的威胁,使就业工作陷入绝境,使老年劳动者和妇女退出劳动力市场,导致就业分散化与新的就业合同,削弱集体谈判制度和就业法规;由于权利集中和控制而导致社会分裂,使工作强度增加;由于无时无地不存在工作压力,而使工作取代生活。

乐观的观点则认为:信息通信技术由于开发新的市场和人力资本而创造就业,能使劳动者互相沟通,并激励劳动者的能动性,打破雇主和雇员的传统关系,能为雇员丰富工作经验和提高技能减少限制,使技能和能力提升,有利于发挥完成多项工作任务的创造力;由于能够提升劳动者的技能以及技术短缺,而使劳动者的收入增加;由于增强各组织间的联系,而使职业前途得以扩大,为脆弱群体提供新机会,使雇主和雇员之间的界限变得模糊,从而减少对传统就业保护和就业法规的需要,并要求新的就业保护和法规,导致更多的个人灵活性和选择自由,减少工作的体力负担,工作与日常

---

① 朱传一主编:《科学技术发展与美国就业问题》,劳动人事出版社 1985 年版,第 22 ~ 45 页。

生活相结合并服从于日常生活;由于可以根据家庭和个人生活需要调整工作,使得工作与日常生活相结合,并服从于日常生活(参见表 2.3)。

表 2.3 当代西方关于科技进步与就业问题学术观点比较

就业质量层面	悲观观点	乐观观点
就业机会	信息通信技术由于实行自动化和合理化而破坏就业机会。	由于开发新市场和人力资本而创造就业。
工作关系	由于使劳动者在不同时间和地点工作而使其孤独化,同时由于信息超负荷而强化了工作压力;打破雇主和雇员传统关系,为雇主将风险转移给雇员创造新机会。	能使劳动者互相沟通,并激励劳动者的能动性;打破雇主和雇员的传统关系,能为雇员丰富工作经验和提高技能减少限制。
技能	能使技能和能力下降,趋向完成单一的机械任务。	使技能和能力提升,有利于发挥完成多项工作任务的创造力。
收入	由于降低工人工作技能、削弱劳动者的集体谈判能力、增加非全日制合同等因素而使劳动者收入减少。	由于能够提升劳动者的技能以及技术短缺而使劳动者的收入增加。
职业前途	由于监视和外包加工以及非全日制工作威胁,使就业工作陷入绝境。	由于增强各组织间的联系而使职业前途得以扩大。
歧视	使老年劳动者和妇女退出劳动力市场。	为脆弱群体提供新机会。
就业保护和集体谈判	导致就业分散化与新的就业合同,削弱集体谈判制度和就业法规。	使雇主和雇员间界限变得模糊,减少对传统就业保护的需要,并要求新就业保护。
权利和自治	由于权利集中和控制而导致社会分裂。	导致更多的个人灵活性和选择自由。
工作强度	使工作强度增加。	减少工作的体力负担。
健康	长时间操作计算机带来健康问题。	工作与日常生活结合并服从于日常生活。
工作与生活之间的关系	由于无时无地不存在工作压力而使工作取代生活。	由于可以根据家庭和个人生活需要调整工作,使工作与日常生活相结合,并服从于日常生活。

资料来源:国际劳工局:《世界就业报告(2001 年)信息经济中的就业问题》,中国劳动社会保障出版
    社 2002 年版,第 105~106 页。

    总之,西方国家关于科学技术进步与就业问题的关系所存在的长期争论表明:科学技术进步对就业问题的影响既是一个历史的现象,也是一个现

实的问题。科学技术进步对就业问题的影响越来越受到人们的关注,至少说明科学技术进步正在成为影响主要西方国家就业机会变化的重要因素。但是,由于分析问题的角度不同,西方社会对科学技术进步与就业机会变化的关系的认识和观点也就存在差别,这又使得对科学技术进步与当代主要西方国家就业的变化进行全面系统的研究显得尤为必要。

2.7 国内理论界对中国经济转型期就业问题的研究

中国改革开放以前,在传统的计划经济体制下,囿于对社会主义性质问题的狭隘理解以及"统包统配"的就业方针,国内理论界一直否认失业问题的存在,认为"失业是资本主义制度下的一种社会现象"。改革开放以来,随着中国改革开放事业的发展,商品经济不断发展,市场经济因素进一步增强,国内理论界对就业问题的研究不断深化,特别是对中国经济转型期所面临的严峻就业形势和就业问题也给予越来越多的关注,并取得了一系列理论突破和研究成果。

2.7.1 关于就业与失业基本理论的研究

国内理论界对就业与失业基本理论的研究,主要观点体现在以下几个方面:

(1)市场经济失业论

20 世纪 80 年代末以来,隐性失业显性化:一批批农业富余劳动力涌向城镇寻找就业机会,而大批城镇就业者也因企业倒闭、停产或者半停产而"下岗"失业。于是,国内理论界的一些学者首先提出了"商品经济失业难免论",到 1992 年以后,就发展成为"失业是市场经济的伴随物"。持这种观点的学者认为,只要有市场和价值规律的作用,只要技术还在进步,失业就不可避免,不能认为失业与社会主义制度在本质上是不兼容的,更不能简单地用是否存在失业作为衡量姓"社"姓"资"的标准。汪大海在《挑战失业的中国》一书中指出,由于当代社会主义社会与资本主义社会同处于现代市场经济大背景下,通过市场竞争来优化配置人力资源,并都在追求技术进步,提高技术构成,故两种社会制度的社会都必然存在部分劳动者失业的现象,两种社会制度在失业问题上并没有本质的区别。①

（2）自然失业论

自然失业是宏观经济学中的一个重要命题,也是目前国内理论界关注最多的一个问题。蔡昉等在《就业弹性、自然失业和宏观经济政策》一文中指出,自然失业率是一种持续现象,由于国有企业改革和加入 WTO 后产业结构调整的加剧,中国当前阶段失业率的重要特征是"自然失业率高,并且构成较大份额"。②

（3）总量性失业与有效需求不足性失业论

总量性失业论认为,失业和农村富余劳动力增多的根本原因在于中国劳动力总量供大于求。鉴于中国经济运行的人口基础以及总需求不足的现实,国内理论界普遍将其与就业和失业问题连接起来,提出了总量性失业与有效需求不足性失业的观点。王诚在《当前经济增长中的失业治理》一文中认为,中国失业的根本特征是"总量性失业",即"由于总供给和总需求的非充分就业均衡所引发的失业",并预测,在今后较长时期内,总量性失业不可以避免。③ 李培林在《中国就业面临的挑战和选择》一文指出,导致中国当前失业增加的另一个重要因素是"有效需求不足"。④ 王诚认为,中国庞大的人口基数以及每年的新增劳动人口,经济增长创造的就业岗位根本满足不了就业增加需要。因此,有效需求不足性失业理论总是与人口决定理论相联系,必须提倡大力增加对劳动力的有效需求,以提高就业率。

（4）结构性失业论

结构性失业论认为,在中国,由于各领域经济发展的不平衡,产业结构的调整和技术结构的升级,以及教育结构的不合理,必然造成经济发展过程中的结构性失业。但是,国内理论界对结构性失业在认识上却存在一定分歧。李培林认为,"在现代化的过程中,产业结构的升级和技术创新的加快,使技术和资本对劳动的替代优势日趋强化。在农业生产领域,大量的人力和畜力耕作被机械耕作业取代;在制造业,大量的手工操作过程变成了机

---

① 参见汪大海:《挑战失业的中国》,经济日报出版社 1999 年版,第 9 页。
② 参见蔡昉、都阳、高书文:《就业弹性、自然失业和宏观经济政策》,《经济研究》2004 年第 9 期,第 18 页。
③ 参见王诚:《当前经济增长中的失业治理》,《浙江社会科学》2000 年第 5 期。
④ 参见李培林:《中国就业面临的挑战和选择》,《中国人口科学》2000 年第 5 期。

器的流水线;在管理领域,电脑的广泛使用使很多人脑的工作岗位缩减"。虽然我们不能简单推定"技术和资本在经济增长中的贡献越大,失业状况就会越加严重",但是,"20世纪90年代中期以后,在农业富余劳动力还在大量向非农产业转移的时候,工业不是在大量吸纳劳动力,而是开始饱和吐出劳动力,服务业缓慢增长的就业机会,难以容纳同时来自农业和工业外溢的劳动力"。尽管持这种观点的人不在少数,但是,王诚认为,行业垄断也是造成结构性失业的重要原因。牛润霞在《技术变迁中的失业问题研究》一书中,选择了技术变迁中的失业问题作为研究对象,诠释了技术变迁与失业的关系。① 毛炳寰在他的《制度创新与持续性就业——中国转型时期的失业政策选择》一文中,否认结构调整是导致中国当前失业增加的根本原因,而是将失业归咎于"人力资本投资体制的失败"。②

(5)周期性失业论

周期性失业论认为,周期性失业与经济波动剧烈程度及波动长短周期有关,经济增长大起大落,必然引起就业超常波动,引发失业。新中国成立以来,中国经济先后发生过12次波动,其中每次大紧缩,均造成了一定程度的周期性失业。对此,吕秉梅在《论城市失业理论的短期与长期对策》一文中指出,在经济扩张阶段,由于投资的带动,市场需要旺盛,企业生产任务偏紧,不仅减少了隐性失业,而且还增加了对企业外的劳动力需求,城市就业压力得到一定缓解;在经济紧缩阶段,由于紧缩银根,投资下降,社会需求不足,导致企业产品积压,隐性和显性失业都会增加。③

(6)摩擦性失业论

摩擦性失业是与中国人力资源市场功能、社会保障能力以及政府制度有关的。国内理论界对就业问题的研究大多涉及这个范畴。杨宜勇在《中国转轨时期的就业问题》一书中,系统研究了中国人力资源市场的"行政分割",其观点具有一定代表性。④ 他认为,中国人力资源市场分割一般分为

---

① 参见牛润霞:《技术变迁中的失业问题研究》,人民出版社2007年版。

② 参见毛炳寰:《制度创新与持续性就业——中国转型时期的失业政策选择》,《中国人民大学报刊复印资料》2001年第1期。

③ 参见吕秉梅:《论城市失业理论的短期与长期对策》,《江西社会科学》2000年第7期。

④ 参见杨宜勇:《中国转轨时期的就业问题》,中国劳动社会保障出版社2002年版。

两种情形:一种是纵向的人力资源市场分割,即劳动力职位等级的客观界限,亦称技术分割,这种分割源于劳动者个人的素质以及受教育培训程度的差距;另一种分割是横向的人力资源市场分割,即人力资源市场行政性分割。这些分割都可能导致摩擦性失业的发生。

2.7.2　关于中国经济增长与就业增长关系的研究

经济理论研究表明,经济增长是就业增长的基础和条件;没有经济增长,就不可能有就业的增长。但是,在中国经济高速增长过程中,为什么还会出现大量失业问题呢? 对此,中国经济学界多年来一直给予高度关注,而且,这方面的研究大多都是通过实证分析来说明中国经济运行背离或者遵循奥肯定律的。归纳起来,主要有以下三种观点:

(1)经济增长没有带来就业相应增加

蔡昉、王美艳在《非正规就业与劳动力市场发育——解读中国城镇就业增长》一文中,通过对中国城镇劳动参与率的估计,来进一步估算中国的真实失业率。他们认为,经济增长的就业弹性“数字”在下降,说明经济增长没有带来显性的就业增长。① 龚玉泉、袁志刚在《中国经济增长与就业增长的非一致性及其形成机理》一文中也持此观点。② 胡鞍钢的研究结果明确显示,中国跨入 21 世纪的最大挑战是处于高经济增长、低就业增长状态。

(2)经济增长率与就业增长率处于一个比较稳定的状态

邓志旺、蔡晓帆、郑棣华在《就业弹性系数急剧下降:事实还是假象》一文中认为,经济学界据以分析的就业弹性只是名义就业弹性,所得出的就业弹性下降趋势只是一种假象。他们在对中国隐性失业进行估计的基础上,得出了中国实际就业弹性并没有急剧下降的结论,并认为,中国近 20 年的经济增长,对就业增长的拉动能力仍然保持在一个比较稳定的水平,所谓

---

① 参见蔡昉、王美艳:《非正规就业与劳动力市场发育——解读中国城镇就业增长》,《经济学动态》2004 年第 2 期,第 24～28 页。
② 参见龚玉泉、袁志刚:《中国经济增长与就业增长的非一致性及其形成机理》,《经济学动态》2002 年第 10 期,第 35～39 页。

"高经济增长,低就业增长"的矛盾并不存在。①

（3）经济增长与就业效应具有一定的阶段性

冯煜在《中国经济发展中的就业问题及其对策研究》一书中认为,从就业弹性变动的轨迹看,20 世纪 80 年代是中国高就业弹性阶段,经济增长对就业的拉动作用较大;到了 20 世纪 90 年代后,这种拉动作用逐步减小,就业弹性出现较大程度的下降。② 陈桢在其博士论文《中国经济增长的就业效应问题研究》中认为,一定的经济增长在不同的经济体和不同历史时期所带来的就业效应会有所不同,甚至差异很大,这主要取决于宏观经济环境及由此所决定的经济增长方式。与完全市场化国家不同,中国正处于经济转型时期,经济增长对就业增长的扩张效应要受到经济系统之外的诸多因素的约束,宏观经济环境对中国就业增长具有比较强的影响。

至于导致经济高增长、就业低增长的原因,从经济学界研究的结论看,可以归纳为以下五个方面:一是经济转型时期效率机制的逐步增强造成隐性失业向显性失业转化,最突出的是国有企业改制中职工下岗本身就是资源配置效率调整的结果;二是中国人力资源市场不健全、市场分割等因素造成摩擦性失业规模较大,职业转换频率较低;三是当前中国经济结构的调整造成失业队伍日益庞大;四是就业制度与相关政策约束性较大;五是资本深化、技术进步对就业的冲击。

2.7.3　关于二元经济结构下农业富余劳动力转移问题的研究

中国是典型的二元经济结构形态。在工业化进程中,中国面临的问题是,不仅城镇就业压力很大,而且还始终要面对大规模的农业富余劳动力的转移问题。目前,理论界对中国农业富余劳动力转移问题的研究,大多认为发展经济学的相关基本原理与中国的实际差距很大。

周天勇在《托达罗模型的缺陷及其相反的政策含义——中国剩余劳动

---

① 参见邓志旺、蔡晓帆、郑棣华:《就业弹性系数急剧下降:事实还是假象》,《人口与经济》2002 年第 5 期,第 37 ~ 41 页。

② 参见冯煜:《中国经济发展中的就业问题及其对策研究》,经济科学出版社 2002 年版。

力转移和就业容量扩张的思路》一文中认为,中国以往采取了一系列与托达罗理论模型相吻合的政策措施,如严格的户籍管理制度等,这些政策和措施不仅没有解决中国的城市化和劳动力的流动问题,反而抑制了中国的城市化进程。因此,应当采取与托达罗模型反其道而行之的做法,如取消户籍制度,利用城乡收入差距引导农业富余劳动力向城市流动等。① 何景熙在《开源断流:寻求充分就业的中国农村劳动力非农化转移理论与模型》一文中,通过对托达罗模型的反思,提出了"开源断流"模型,其主要政策含义为:一是农业富余劳动转移的目的在于增加经济收益。不论城镇还是农村,本地还是外地,工业部门还是非工业部门,只要预期净收益高于本地农业部门,就会形成农业富余劳动力的转移。因此,应当建立城乡一体的人力资源市场,加强劳动力职业信息的发布,清除一切制度性障碍,促进农业富余劳动力转移。二是要切实遏制农业富余劳动力的过快增长,这样才能使农业富余劳动力就业不充分的问题得以解决。②

　　一些学者还观察到刘易斯的二元经济模型在中国的应用也有其局限性。朱农在《离土还是离乡——中国农村劳动力地域流动和职业流动的关系分析》一文中,将农业富余劳动力的流动分为地域流动(迁移)和职业流动(从事非农职业)。他通过建立模型和进行实证分析认为,劳动力的地域流动和职业流动都具有很强的选择性。与地域流动相比较,就地职业转移对劳动力的知识水平和技术要求相对较低;而"迁移可以看成是一种人力资源的积累",它一般可以带来职业上的"升级"。③ 胡雪萍在《劳动力迁移理论与中国农业剩余劳动力转移》一文中认为,通过资本积累和高速工业化来实现农业富余劳动力转移的二元经济理论的核心政策主张,并不适宜于中国的具体国情。④

---

① 参见周天勇:《托达罗模型的缺陷及其相反的政策含义——中国剩余劳动力转移和就业容量扩张的思路》,《经济研究》2001年第3期。
② 参见何景熙:《开源断流:寻求充分就业的中国农村劳动力非农化转移理论与模型》,《人口与科学》2002年第2期。
③ 参见朱农:《离土还是离乡——中国农村劳动力地域流动和职业流动的关系分析》,《世界经济文汇》2004年第1期。
④ 参见胡雪萍:《劳动力迁移理论与中国农业剩余劳动力转移》,《宏观经济研究》2004年第4期。

此外,近几年来,理论界对中国是否将出现"刘易斯拐点"①问题进行了广泛讨论。人们见仁见智,认为"刘易斯拐点"终究会到来已经是不争事实,但是,对这个"拐点"到来的"确切时间"却引发了很多争议。蔡昉在《"刘易斯拐点"催化增长方式转变》一文中认为,劳动力从无限供给到短缺的转变,被称为"刘易斯拐点"。② 在拐点到来之前,劳动力无限供给,存在"人口红利"③。改革开放以来,随着中国人口老龄化和人口抚养比的触底反弹,"人口红利"可能到 2013 年时消耗殆尽。他指出,人口抚养比下降一个百分点,对人均 GDP 增幅的贡献为 0.115 个百分点。这样算下去,改革开放期间,中国人口的抚养比对人均 GDP 的贡献大约占 27%。如果这个因果关系继续成立,那么,从 2013 年开始,人口抚养比每上升 1 个百分点,将导致人均 GDP 增幅下降 0.115 个百分点。他认为,实际上存在两个"刘易斯拐点",第一个到来时,需要涨工资才能雇到需要的劳动力;第二个到来时,城乡实现了一体化,即城乡边际劳动生产率达到相等。前一个转折点已经到来,后一个则是更长期的过程,持续 20~30 年是有可以能的。吴敬琏曾说过,蔡昉提出的"剩余劳动力无限供应的状况已经改变,这个拐点——叫做'刘易斯拐点'——已经出现"。潘璠在《我国是否将出现"刘易斯拐点"》一文中,赞成"人口红利不可能无限延续"的观点,也赞成提高农民工待遇,但是,他不认同"刘易斯拐点的到来时间不会很久"的判断,而且他对过去"剩余劳动力无限供应"以及将面临"由过剩向短缺的转变"的说法,也存有质疑。其理由为:首先,包括拐点在内的刘易斯模型是有一定局限性的,在刘易斯模型问世后的几十年中,失业状况一直存在,反而愈演愈烈,而农业富余劳动力由农村向城市流动的步伐一天也没有停止过,所谓拐点并未真正出现;其次,中国的工业化进程仍任重道远,在可以看得见的未来,中国面临的主要矛盾仍然是劳动力的相对过剩;第三,所谓"剩余劳动力无限

---

① 刘易斯在其著名的人口流动模型中认为,在工业化过程中,随着农业富余劳动力向非农产业的逐步转移,农业富余劳动力逐步减少,直到再也没有富余劳动力了。简言之,劳动力从无限供给到短缺的转变,被称为"刘易斯拐点"。

② 参见蔡昉:《"刘易斯拐点"催化增长方式转变》,《财经》2008 年第 17 期。

③ 社会出生率从高向低转变中,少儿比例降低,劳动力人口比例上升,老龄化还未达到较高水平时,人力资源相对丰富,社会抚养负担较低,可以为促进经济增长贡献人口"红利"。简言之,人口负担系数小于或者等于 50%,劳动力无限供给,称为"人口红利"期,亦称人口机会窗口期。

供应"和"由过剩向短缺转变"的提法都不尽准确,近几年屡次出现的"民工荒"只是一种假象,并非真正意义上的劳动力短缺信号,而是因为市场信息不对称和制度设计不合理所致。潘璠最后的结论是,假如发展中国家在经济发展进程中确实存在着一个"拐点",那么,中国离真正意义上的拐点还有很大距离。而实际上并不存在这个拐点,至少这个拐点是隐形的、渐进的。① 曹玲丽在《中国人口"红利"了吗?》一文中指出,"人口红利说"是西方近年研究人口年龄结构变化与经济关系时提出的新学说,哈佛大学公共卫生学院的布隆教授和威廉姆森等人,1997 年在对亚洲经济和人口的研究中提出了"人口红利理论",之后被中国一些学者引用。② 中国人民大学人口与发展研究中心侯东民认为,无论城乡,就业问题一直是中国社会面对的严峻问题。这种人口与经济关系,总体上很难用享受"红利"描述。人口机会窗口的说法提出了一个一直没有得到很好解决的问题,就是如何看待人口负担比和人口抚养比,这两个概念是不一样的。中国高失业率的国情使得人口负担比要比人口抚养比更符合现实情况。中国人民大学人口发展与研究中心另一位学者周祝平亦认为,把中国经济的成就简单归功于所谓"人口红利"是站不住脚的。他举例说,如果把中国的情况和亚洲"四小龙"(新加坡、韩国、中国香港和中国台湾)的发展经验进行对比,这些地区都是人口规模很小的经济体,把这么小的区域的经济崛起归功于人口转变是没有说服力的。陈颐在《由"刘易斯拐点"引发"比较优势"的忧思》一文中指出,要抛开对"拐点"到来时间的争论,关注这个"拐点"对于现实有何意义,会产生哪些影响,这才有意义。他认为,必须考虑与"人口红利"相伴随的劳动力"比较优势陷阱"——当过分依赖廉价劳动力优势时,久而久之便会失去创新的能力,以致在"人口红利"枯竭时处于不可以持续发展的境地。③

---

① 参见潘璠:《我国是否将出现"刘易斯拐点"》,《光明日报》2007 年 6 月 26 日。

② 参见曹玲丽:《中国人口"红利"了吗?》,《台港澳报刊参阅》2008 年第 36 期,第 8~9 页。

③ 参见陈颐:《由"刘易斯拐点"引发"比较优势"的忧思》,《光明日报》2007 年 7 月 10 日。

2.7.4　关于制度与就业关系的研究

笔者认为,理论的价值在于指导实践并在实践中寻找新的理论生长点。由于新制度经济学以制度为研究对象,重点研究制度变迁的原因、规律和模式,因而成为研究中国经济转型问题的一个被广泛应用的理论。① 宋德勇等认为,从计划经济向市场经济转型,就是一个大规模的制度变迁过程。市场经济体制的框架和基础组织要通过制度变迁过程来实现;经济转型过程中运行机制和所有制的转换,企业组织和政府管理体制的变化,激励约束机制的完善等,都是制度变迁的过程。②

早在 20 世纪 40 年代,张培刚就在国际经济学界第一次从理论上和历史上系统地提出了农业国工业化理论。张培刚在哈佛大学写成的博士论文《农业与工业化》中,把人口、资源或者物力、社会制度、生产技术、企业家的创新管理才能等五种因素,作为发动和定型工业化进程最重要的因素,社会制度就是其中之一。他认为,制度因素既可能是工业化的发动因素,又可能是工业化的限制因素。同一种社会制度,在一定时期,对于某些国家或者地区的工业化,可能主要起发动因素的作用;而对于另一个国家或者地区,则可能主要起限制因素的作用。即使对于同一个国家或者地区,一种社会制度在一个时期可能主要起发动作用,而在另一个时期则可能主要起限制作用。究竟如何判断,他认为,要根据时间、地点等主客观条件而定。张培刚还分析了制度因素对工业化进程的阻碍,认为这些阻碍一方面可能来自国内的制度安排、制度结构和制度环境,如企业产权制度,市场制度以及宏观经济和政治管理体制等,对经济发展的制度作用尤为明显;另一方面可能来自国际的制度因素,如国际惯例、国际协定以及国际政治经济秩序等。③ 近些年来,张培刚结合中国的发展实践和其他发展中国家的实践,提出了制度创新扮演着经济发展的发动因素的角色的观点。他认为,制度创新从根本上保证了社会和经济的制度环境,从而发挥着内在地推动工业化进程的作

---

① 参见郜风涛:《新型工业化与制度创新初探》,《中国法学》2007 年第 1 期。
② 参见宋德勇:《经济转型问题研究》,华中理工大学出版社 2000 年版,第 31 页。
③ 参见张培刚:《农业与工业化》,华中工学院出版社 1984 年版,第 71、82~85 页。

用。因为,任何一项制度安排都界定了人们选择和获取信息和资源的空间范围,规定了社会交易的基本规则,同时更为重要的是决定了经济行为主体的动力来源;而制度的创新则意味着将提供更有效的经济组织,也将调动工业化过程中经济行为主体的主动性和创造性。与此同时,制度创新又将有利于推动思维方式的变革和价值观念的更新,以及社会经济生活诸方面基础性的调整和整体性变革。因而,从某种意义上讲,制度创新就成为农业国工业化更为重要的一个发动和推动因素。

林毅夫在《关于制度变迁的经济学理论:诱致性制度变迁与强制性制度变迁》一文中,通过对国家作为一种制度供给力量在制度变迁中的作用的考察,提出了制度变迁中强制变迁理论,强调国家干预在制度变迁中的重要性。① 他认为,强制性变迁是由政府以法令形式推行的变迁,它既可以出现在对现有收入进行分配的形态中,又可以出现在自发性的制度变迁之中,特别是在正式制度变迁中,政府的作用尤为突出。还有人认为,中国经济体制改革就是经济制度结构的变迁,其特征是诱致性制度变迁。杨瑞龙认为,中国选择的是一种政府主导型制度变迁方式。在中国渐进式改革的初始阶段,权力中心是改革的倡导者和组织者,权力中心的制度创新能力和意愿是决定制度变迁方向的主导因素。这样一种供给主导型制度变迁方式具有纵向推进、增量改革、试点推广、利用已经有组织的资源推进改革等特征,它在以较低的摩擦成本启动市场化改革方面发挥了重要的作用。但是,由于这种制度变迁方式的内在规律性,它在完成过渡方面有着不可逾越的障碍,因此,必须由这种方式逐步向中间扩散型制度变迁方式转变,发挥地方政府的特殊作用,最终过渡到需求诱致型制度变迁,从而完成向市场经济的过渡。②

总之,在中国的新制度经济学研究中,具体有两条研究思路:一是所谓政府主导论,认为通过政府供给新制度安排来实现制度变革;二是所谓交易观,即制度变革是经济活动中各当事人面临获利机会而自发从事制度创新。

---

① 参见林毅夫:《关于制度变迁的经济学理论:诱致性变迁与强制性变迁》,原载美国《卡托杂志》1989 年春/夏季号,后收入陈郁等翻译的《财产权利与制度变迁》,上海三联书店、上海人民出版社 1994 年版。

② 参见杨瑞龙:《我国制度变迁方式转换的三阶段论》,《经济研究》1998 年第 1 期,第 3~10 页。

中国的制度变迁实际上是内部规则与外部规则不断冲突与协调的演化过程,组织和社会成员对规则有相应的理解,若供给特定的环境条件,两者会达到激励兼容,结果内部规则与外部规则的演变会相互促进;但是,更多的时候由于政府迟滞或者带有强制行为,会损害内部规则的发育。为了缓解内外竞争压力,降低创新风险,政府不得不逐步缩小外部规则的作用边界,退出直接的制度创新活动,这就是市场化的本质。所以,社会秩序的形成不仅有赖于外部规则作用边界的塑造,更依靠新的内部规则对旧的传统的成功改造。计划安置型就业制度的主要特征及其弊端表现为企事业单位与就业者的劳动关系界定模糊、缺乏激励约束机制、失业机制不健全、居民就业严重依靠政府、就业门路狭窄、就业权利不平等和隐性失业严重等。计划安置型就业制度的成因:一是劳动力非商品化假定;二是固定就业边界与收入多形态化;三是职业等级歧视与福利水平差别;四是就业均衡:需求对供给的忍让。经济转型时期就业体系的制度"双轨"与"双隐"同在、就业制度供给不足和供给过剩并存、供给主导型和诱致性变迁并举。

2.7.5　关于影响中国就业弹性因素分析的研究

中国就业弹性下降受诸多因素的影响。盛仕斌、徐海在《要素价格扭曲的就业效应研究》一文中认为,要素价格扭曲是造成中国失业增加和GDP就业弹性下降的根本原因。[1] 常进雄在《中国就业弹性的决定因素及就业影响》一文中,通过设计因素变量、建立模型的实证研究,证明了要素禀赋条件并不构成影响中国就业弹性变化的重要因素这一判断。[2] 龚玉泉、袁刚从微观层面着手分析,从企业在利润最大化约束下以劳动力的边际产值等于其工资成本时的劳动力使用量出发,认为中国经济转型时期,经济增长方式转变导致企业有效劳动的实际增加,对就业弹性变化产生一定的作用。冯煜认为,国有企业改革和就业体制转变,直接对就业弹性产生很大影响,20世纪90年代就业弹性系数下降,主要是由于大量的体制性失业导致的。袁志刚在《中国就业报告》一书中,把资本的过度投资和过度积累看

① 参见盛仕斌、徐海:《要素价格扭曲的就业效应研究》,《经济研究》1999年第5期。
② 参见常进雄:《中国就业弹性的决定因素及就业影响》,《财经研究》2005年第5期。

作是导致技术进步加快的决定条件,从而得出技术进步对中国 GDP 的就业弹性产生重要影响的结论。① 焦利芳、云玉强在《科技进步与增加就业的关系探析》一文中,还从技术进步促进产品开发、社会分工和生产规模扩大等角度展开分析,得出技术进步促进就业总量增加的同样判断。② 李向亚、郭继强在《中国就业弹性急剧下降的原因解析》一文中认为,经济结构变动对中国就业弹性的影响很大,中国第二产业就业弹性的下降是整个经济就业弹性下降的主要驱动力,从更深层次来看,第二产业中的工业部门是技术密集性产业,创新不足引起的核心就业的不足,是中国就业弹性较长时间内处于较低水平的根本因素。③

2.7.6　关于劳动经济理论的研究

劳动经济学理论研究的进展主要有:中国作为人口年龄结构相对轻的人口大国,在工业化进程中必须充分发挥人力资源丰富的比较优势,大力发展劳动密集型产业,并参与国际分工和交换,以增加资本积累;农业富余劳动力向城镇转移是工业化、城镇化的必然趋势,必须打破城乡分割的就业体制,促进农业富余劳动力转移;在计划经济转向市场经济以后,劳动力就业体制和就业方式改革必须适应劳动力自主择业和自由流动的客观要求,市场机制在人力资源配置中应当发挥基础性作用;由于劳动力总量上的供大于求以及劳动力成本受市场竞争机制的约束,在社会主义市场经济条件下失业现象不可避免,政府在实施积极的就业政策以扩大就业的同时,必须建立和完善社会保障体系;中国劳动力总量供大于求与高技能劳动力供给不足并存,出路是调整教育结构,加强职业技术教育和职业培训;随着经济的发展和人均国民收入水平的提高,劳动分配关系问题日益突出,在国家制定法律来调整的同时,也要建立健全员工与企业之间的协商机制,以维护各个利益相关者的合法权益。

---

① 参见袁志刚:《中国就业报告》,经济科学出版社 2002 年版。
② 参见焦利芳、云玉强:《科技进步与增加就业的关系探析》,《科技进步与对策》2003 年第 11 期。
③ 参见李向亚、郭继强:《中国就业弹性急剧下降的原因解析》,《经济体制改革》2003 年第 5 期。

2.7.7　关于结构调整与扩大就业问题的研究

一般来说,产业结构的调整与升级,是以资本有机构成的提高为基本特征的。由此,一些人认为,结构升级必然带来就业岗位的减少。蔡昉在其《坚持在结构调整中扩大就业》一文中指出,不能将产业结构的调整简单地理解为从劳动密集型产业转向资本密集型产业。[①] 实际上,产业结构升级的核心是发展方式的转变,即从单纯依靠要素投入的增长模式,转向更多地依靠生产率提高的增长模式,而并不必然是产业的生产要素密集度的此消彼长。蔡昉认为,从这个认识出发,中国保增长的目标是可以建立在结构调整和就业扩大并重基础上的。主要理由是:

(1)从产业演进规律看,调整结构与扩大就业并不矛盾

产业结构集中反映了一个国家的工业化水平。从产业演进规律看,经济发展就是产业结构从低级到高级不断演进的工业化过程。在这一过程中,农业产值占国民生产总值的比重不断下降,而工业和服务业比重不断上升;劳动力也随着结构变化,依次从农业转移到工业、服务业。从区域结构看,工业化过程还会使三次产业在发展程度不同的地区呈梯度分布,引起资本、劳动力等生产要素在区域间的转移与配置。从理论上说,一个国家在工业化进程中,如果按照正常的发展规律,产业演进应与就业结构趋向一致,两者不存在根本性冲突。

但是,由于中国工业化起步晚、发展快,具有明显的赶超特征,形成了重工业过重的产业结构。尽管改革开放以来,随着市场在资源配置中的基础性作用的发挥,产业结构失衡问题得到缓解,但是,这还未从根本上改变工业过重、服务业滞后的基本特征。2005 年,中国三次产业结构中工业比重仍高达47.3%,服务业比重为40.2%。服务业比重远远低于60%以上的世界平均水平,凸显出中国服务业的不发达。服务业是劳动密集型行业,其发展滞后必然带来就业的不充分。从重工业内部结构看,中国的工业化主要依赖于大规模的资本与物质投入,即使在经济年均增长率高达10%以上的情况下,就业问题依然突出。这表明,大规模的投资可以拉动经济的增长,

---

① 参见蔡昉:《坚持在结构调整中扩大就业》,《求是》2009 年第 5 期,第 27~29 页。

却不能有效地实现就业的同步扩大。要实现二者的同步增长,根本上要求转变经济发展方式,以产业的均衡发展带动就业规模的扩张。

正是中国产业结构的不尽合理,使就业问题在这次国际金融危机的冲击下显得更加突出。作为发展中大国,制造业和服务业是吸纳劳动力的两大部门,在中国仍然有很大的发展空间与潜力。而这两个部门的发展能不能带来相应的就业增长,关键在于中国经济发展能否根据资源禀赋条件,充分发挥劳动力资源丰富的比较优势,推进产业结构的调整与升级。

因此,应对国际金融危机的冲击,短期内主要以大规模投资拉动经济增长为主,扶持劳动密集型的中小企业长足发展,以保增长促进就业。从长远看,应当把这次国际金融危机作为转变发展方式的契机,着力调整产业结构,以更加均衡的产业比重替代工业过重的结构,以更加具有可持续性的发展方式替代过分依赖物质投入的发展方式。当前,产业结构调整要与扩大就业有机结合起来,千方百计在结构调整中创造就业岗位。一方面,在技术进步路线上,要充分发挥市场机制作用,鼓励选择劳动密集型技术,推动劳动密集型产业发展;另一方面,在政策层面上,要尽快消除制约多种经济成分和中小企业发展的制度瓶颈,大力发展服务业。

(2)从地区差距看,中国有条件在结构调整中扩大就业

从空间看,推动三次产业在区域间的合理有序转移,也是中国产业结构调整的关键环节。根据经济学原理,经济学家将产业国际间转移的规律概括为雁阵模型。这个模型形象地描述了独立经济体之间的产业转移和承接关系。由于发展阶段的不同,当先行国家或者地区劳动力出现短缺、劳动密集型产业失去比较优势时,后起国家或者地区正处于劳动力资源丰富、产业发展不充分阶段,因而承接了转移产业。如果按照这样的模型,在中国东部地区人均收入提高、劳动力成本提高的情况下,似乎劳动密集型产业会转移到一些劳动力成本低廉的邻国。一些跨国投资者也的确把部分生产企业转向印度、越南等国。但是,这种转移既可以发生在国际间,也可以在同一国度的不同区域间有序接替。对中国来说,更加符合规律的情形将表现为,在东部地区进行产业结构升级的同时,中西部地区将承接劳动密集型产业,实现更快的发展。

中国幅员广阔、人口众多,地区之间存在着较大的发展差距和资源差异。因此,产业结构变化的雁阵模型完全可以在国内各地区之间得到延续。

东部地区在劳动力和土地成本提高的条件下,更多地应依靠自主创新,加快产业结构的升级。与此同时,广大中西部地区仍然具有丰富的劳动力资源,土地成本相对低廉,可以承接从东部地区转移出来的劳动密集型产业。这样,东部地区的产业升级与转移,与中西部地区的产业承接就成为一个完整的过程。在一定程度上,东部地区产业的劳动密集程度可能有所降低。但是,中西部则由于承接了转移的产业而创造出更多的就业机会,由此形成产业优化升级与就业扩大的统一。

一个国家劳动密集型产业的比较优势不仅取决于劳动力成本,还取决于劳动生产率。前者与比较优势成反比,后者与比较优势成正比。进入21世纪以来,中国制造业劳动力成本即工资水平虽然提高很快,但是,劳动生产率大体保持了与工资水平相同的增长速度,两者的增长速度在世界上都是遥遥领先的。在劳动生产率的总体提高中,中西部地区发挥了重要的作用,2000~2006年间,中部和西部地区制造业工资的年均提高速度分别为10.9%和9.2%,都快于东部地区的7.8%,但是,这两类地区仍然与东部地区存在工资差距。同期,中部和西部地区的劳动生产率的提高速度分别为25.1%和19.2%,也高于东部地区的16.6%,并且绝对水平高于后者。这表明,2004年以后,在东部地区制造业工资有所提高,劳动密集型产业的比较优势不再显著的情况下,中西部地区在这些产业上的比较优势明显上升。

历史经验告诉我们,经济不景气时期正是进行创新和产业重组的大好时机。这是因为,一方面,企业竞争压力加大,创新成为生存的必需;另一方面,生产要素价格相对低廉,有利于进行重组。例如,返乡农民工为中西部地区带回有制造业技能的人力资源,劳动者接受更多教育和培训的机会成本也下降了,投资者和创业者可以利用这个时机积聚人力资源;一些企业一部分机器设备处于闲置状态,通过市场低价转让与租赁,可以大幅度降低产业形成的投资门槛;适度宽松的货币政策、积极的财政政策以及鼓励性的产业政策,也为东部的产业升级和中西部的产业转移承接,创造了良好的政策环境。

(3)实施有利于扩大就业的经济社会政策

当前国际金融危机既给中国的经济发展提出了挑战,也为中国经济发展方式的转变提供了机遇。在国际金融危机的冲击下,传统发展方式走到了尽头,而被迫进行调整。在这一过程中,一部分不能与时俱进的企业将被淘汰,一些没有实现优化升级的产业会降低在经济中的比重,这些企业和产业的率先发展地区会进入一个增速减缓的调整期,直至以更可持续的发展方式再次崛起。而相对落后的地区,则可以利用承接转移产业的机会,实现经济的跨越式发展。

由于各地区所处的经济发展阶段不同,它们具有不同的比较优势,东部地区的产业升级和中西部地区对产业转移的承接,都是产业结构的优化和发展方式的转变,由此,将促进区域间的协调发展。为了有效提高产业格局变化和生产要素重新组合的效率,产业结构升级与承接应当在政府有效配套的经济和社会政策引导下进行,从而最大限度地降低结构调整的代价。

一是要把应对挑战的短期宏观经济政策与转变发展方式这个根本而长期的任务结合起来。促进经济增长的投资政策,要围绕发展方式的转变,引导产业升级、转移和承接,使之更加符合转变发展方式的要求。为了启动国内需求,中国政府安排了规模庞大的投资,分配给中西部地区的部分已经超出了常规的比重。要把大规模投资转化为就业和消费需求的扩大,不仅需要引导地方配套投资更有助于东中西三类地区之间的产业转移与承接,还需要通过产业政策的调整和投融资体制的改革,吸引民间资本进入更多的投资领域。

二是要围绕提高劳动者素质和劳动生产率这个核心,实施教育超前发展战略。教育和培训既是应对当前挑战的必要举措,也是保持经济可持续增长的迫切要求。培训是教育的补充,在当前情况下加强培训,不仅有助于改善求职者的就业能力,也有利于提高企业的竞争力,从而实现整体经济的更快恢复。研究表明,在现在的基础上,如果将制造业中职工的学历全部提高到高中程度,企业劳动生产率则可以提高24%。采取这样一种政策,对劳动者个人的收益也是巨大的,并可以调动起家庭投资教育的积极性。如果把目前城乡劳动力受教育年限提高至 12 年,即完成高中教育,城镇劳动力教育收益率可以提高 17%,农村劳动力教育收益率则可以提高 21.1%。这既是短期扩大内需的一个着力点,更是实现长期经济增长的一个支撑点。

三是要实施更加积极的就业政策,实现东中西一体化和城乡统筹的就业及社会保障。把社会保障纳入积极就业政策范围,是具有中国特色的成功经验。在亚洲金融危机时期,中国在有效治理失业和下岗问题的同时,建立了以三条保障线为基础的城镇社会保障体系,保持了经济稳定增长和社会和谐发展。这次国际金融危机对中国就业影响最大的是农民工。有关数据表明,到春节前夕,全国大约有15.3%的农民工失去了工作,或者找不到工作。当前,应着眼于保持经济社会持续稳定发展,在努力拓展就业岗位的同时,把农民工纳入积极就业和社会保障政策范围,加快建立东中西一体化和统筹城乡的社会保障体系,通过提高社会保障覆盖率刺激消费需求。这既是应对国际金融危机冲击的重要政策工具,也是促进城乡社会和谐的根本途径。

四是要创造良好的政策环境,使创业与产业升级、转移和承接相互促进。各地区应当把就业指导、信息服务和就业扶持等政策,扩大至城乡所有需要就业的对象,着力消除对农业富余劳动力的政策歧视。这包括将农业富余劳动力纳入就业援助、职业培训和技能鉴定等就业政策范围,把税收减免、信贷担保和岗位补贴等政策覆盖到进城求职农业富余劳动力,提高农业富余劳动力的就业和创业能力。目前,大学毕业生等新进入市场的青年劳动者,面临着前所未有的就业困难。在正常的经济增长情况下,青年就业遇到的难度就比其他群体要大,失业率也更高;在经济增长减速,就业机会减少的情况下,即使一些企业努力不解雇现有员工,也会大幅度减少对新人的雇佣。近几年,在每年需要解决的就业人群中,各类毕业生大约占一半。因此,各地出台的扶助就业和创业的措施,应当重视青年人就业,以让他们学有所用。

综观国内理论界对中国经济转型期就业问题研究的成果,可以说对推动中国就业理论的创新与发展,发挥了重要作用。但是,大部分学者对中国就业问题的"制度性"因素的重视和研究还不够,需要进一步深入思考。

第 3 章　国外就业制度转型比较及其启示

世界上大多数国家都从各自的实际出发,不断探索建立和完善适合本国国情和本国经济发展阶段性特征的就业制度,并把实现充分就业作为宏观经济的重要目标,通过加大财政投入、加强职业培训、发展人力资源市场中介、提供公共就业服务等措施,最大限度地创造就业机会,减缓因经济转型、结构调整、城市化进程而带来的失业压力。本章将通过对当今世界主要发达国家、发展中国家和部分经济转型国家就业制度的比较研究,从中概括出一些成功经验和失误教训,以期为完善中国经济转型期的就业制度提供借鉴。

3.1　发达国家的就业制度

世界上主要发达国家因其地理、文化、经济制度等方面的差异,其就业制度各有其自身的特点。而且,随着发达国家经济社会的发展,就业制度也在不断地发展变化。这里将在介绍发达国家经济发展不同阶段解决就业问题的制度措施的基础上,集中分析发达国家就业制度转型的趋势、根源和影响。

3.1.1　发达国家在经济发展不同阶段的就业制度和措施

世界上主要发达国家都把建立和实施有效的就业制度放在重要的位置上,而且在经济发展不同阶段分别采取了不同的就业措施,以此扩大就业。这里,仅选择英国、德国、美国、日本等几个主要发达国家的就业制度作简要介绍。

(1)英国的就业制度和措施

20世纪初,英国处于经济不景气时期,日益严重的失业问题引起英国社会的强烈关注。于是,英国政府于1905年制定了《失业工人法》,为失业者创造就业机会。该法规定:建立贫困委员会,其职责是熟悉劳动状况,对申请者进行区分,如委员会确认申请者的确渴望获得工作,却由于他们无法控制的原因而暂时得不到工作,就可以为申请人寻找工作。但是,由于种种原因,该法的执行并未发挥其应有的作用(参见表3.1)。

表3.1　1906～1914年英国《失业工人法》执行情况

年份	伦敦地区执行情况				地方执行情况			
	贫困委员会数	被救济人数	收入	支出	贫困委员会数	被救济人数	收入	支出
1906	29	92876	46757	32718	85	180906	80775	55996
1907	29	60416	138121	133682	76	152801	106723	94063
1908	29	54613	186350	138098	69	150971	91108	87589
1909	29	136589	127363	155586	95	376043	189009	171893
1910	29	82349	146176	144728	87	236094	110638	128943
1911	29	51823	87832	101999	65	149087	74293	81586
1912	29	37643	109572	106975	45	105819	55990	58835
1913	29	30662	103654	98317	43	87921	54559	59032
1914	29	16349	62483	71516	30	47318	37631	41437

资料来源:丁建定:《科学技术进步与就业问题》,中国劳动社会保障出版社2007年版,第185页。

在英国工业化、城市化、非农业化的进程中,英国著名的就业问题专家贝弗利奇针对人力资源市场缺乏有效调节机制的情况,有针对性地提出了两项措施:一是建立劳动介绍所调节人力资源市场;二是建立失业保险制度为失业者提供经济救济[1]。著名政治家温斯顿·丘吉尔提出了建立一种全国性劳动介绍制度与失业保险制度的主张和建议。他指出:"劳动介绍所制度不会创造更多的新的就业机会,它们的主要作用是组织现在的就业,并

---

[1]　Derek Fraser. The Evolution of the British Welfare State. London,1982:170.

借此减少由于就业变化而带来的劳动力之间的摩擦和浪费。"①贝弗利奇和丘吉尔的主张和建议,对 20 世纪初英国就业制度的制定和实施产生了重要影响。1909 年,英国议会批准了《劳动介绍所法》。该法规定:贸易部可以在它认为适当的地方建立劳动介绍所,或者接收已经建立的各种性质的劳动介绍所,可以在财政部批准的情况下,向已经由劳动介绍所为其找到工作、申请人不得不履行的前往者提供经费。如果故意对依法建立的劳动介绍所弄虚作假以便得到工作,将被处以罚金。该法实施后,英国各地开始建立劳动介绍所,到 1910 年 2 月,已经建立并开放 61 个,1911 年 2 月达到 175 个,到 1914 年 2 月增加到 423 个;在劳动介绍所登记的申请人,1910 年 9 月为 140 万人,1914 年已经达到 200 万人。②《劳动介绍所法》的公布实施,成为 20 世纪英国就业制度建立和发展的基础。1909 年,英国还制定了被认为是世界上第一部就业服务方面的法律——《劳工交换法》;此后,英国又先后颁布了《失业保险法》(1920 年)、《残疾人就业法》(1944 年)、《就业与训练法》(1948 年制定,1973 年修订)等法律。

自 20 世纪 60 年代起,英国的农工综合体迅速发展。这种综合体分为三大部门:一是负责提供农业生产资料、技术、信贷和咨询服务的前导部门;二是直接从事农业生产的部门;三是负责农产品加工、包装、贮运和销售的后续部门。通过大力发展农工综合体,英国的农业富余劳动力有相当一部分转移到了农工综合体的前导部门和后续部门。

20 世纪 70 年代以后,随着科学技术的快速发展、社会经济结构的重大变化,以及长期持续的经济萧条,英国政府采取措施推动和保护工人就业。1970 年,英国颁布《同工同酬法》(1983 年修订);1975 年,英国颁布《就业保护法》和《性别歧视禁止法》;1976 年,英国实施新的《社会保障法》。1979 年,以艾萨克切尔为首相的保守党执政后,采取激进的改革方式,1988 年制定了《就业法》;1995 年出台了《残疾人歧视法》,并颁布了《失业保险法》,对 1976 年失效的失业保险制度进行全面改革,扩大了失业保险制度的覆盖面等。1997 年,以布莱尔为首的工党上台执政,提出了"第二代福利"

---

①　Robert R. James edited. Winston S. Churchill: His Complete Speeches, 1897—1963, New York, 1974: 1240 ~ 1245.

②　Jose Harris. Unemployment and Politics: A Study in English Social Policy, 1886—1914, Oxford, 1984: 295.

的思想。布莱尔认为,在劳动力供给方面,要消除劳动者对福利的依赖,鼓励人们工作。为此,一是明确职业培训的重要性,培训的目的旨在提高劳动者的素质,使劳动力供给在数量上和质量上更符合劳动力需求的要求,并把职业培训作为劳动者的终身需要。二是改革社会福利制度,使失业者转变为就业者,以保证劳动力供给,减少失业。一方面,降低失业救济金标准,严格限制给付条件;另一方面,提高社会保障税率,减轻财政负担,放弃最低工资保障制度,对工作时间不作限制。三是限制工会的作用。限制工会对工资、失业人员再就业条件等方面的干涉,工会会员数量逐年减少,使工会不得不更多地与政府和雇员合作,从而达到减少罢工、削弱人力资源市场竞争性对劳动力供给影响的目的。与此相适应,在劳动力需求方面,英国政府一方面大力发展新兴产业和中小企业,扩大劳动力需求;另一方面,把发展新兴产业尤其是高新技术作为创造就业岗位的重要渠道,高新技术产业具有带动相关性非技术和服务性就业岗位的作用,可以不断降低劳动力成本,从而使之成为吸引外国投资的一大优势。

(2)德国的就业制度和措施

德国的资本主义发展比较晚。19世纪末20世纪初,德国资本主义经济加速发展,但是,到了两次世界大战之间,经济危机使德国经济陷于严重的困境,失业问题开始加剧,解决失业问题便成为德国政府必须面对的一个重要问题。因此,建立就业促进和保护制度就成为德国的重要任务。其间,德国先后颁布了一系列有关促进就业和保护就业的法律,主要有:1918年的《工人保护法》和《劳动时间法》;1922年的《工作介绍法》、《工业法院法》、《家庭劳动法》、《劳动扩张法》、《劳动仲裁法》;1926年的《劳动法院法》;1927年的《职业介绍和失业保险法》;以及1931年实施的《志愿工作法》、1932年实施的《义务劳动法》、1934年实施的《国民劳动秩序法》等。通过立法,逐步建立起德国的就业促进制度体系。

第二次世界大战以后,德国政府把促进就业作为社会政治经济发展的重要目标,不仅在宏观经济政策和国家政治行为中制定有利于促进就业的措施,而且在人力资源市场和就业培训等具体方面采取有效措施,在尽可能提供较多就业机会的同时,尽可能提高劳动力素质,增强他们的社会适应能力和竞争能力,促进德国社会就业的发展。从德国就业工作发展的历程看,战后德国就业大致经历了消极的人力资源市场政策、积极的人力资源市场

政策、激活人力资源市场政策 3 个历史阶段。① 20 世纪 60 年代,德国经济
增长趋缓,其促进就业的政策主要包括:扩大财政支出拉动需求,对劳动关
系调整强调三方协调机制,注意央行集权对金融政策的调整等。1967 年,
德国颁布《促进经济稳定增长法》,提出了俗称为"魔力四边形"的总体经济
目标,成为世界上第一个用法律形式把充分就业、经济增长、通货稳定和对
外经济平衡确定为宏观调控四大目标的国家。1969 年,德国联邦《就业促
进法》出台,将人力资源市场政策从"消极"转向积极,把失业保险作为兜底
措施,把失业人员尽快重返人力资源市场视为重点。同时,发挥政府扶持的
积极作用,政府启动信贷,尤其是抵押贷款等资金支持措施。德国联邦《就
业促进法》是《社会法典》中相对独立的第三部分,它与《联邦增加就业岗位
法》、《联邦残疾人康复法》、《青少年就业保护法》、《促进老年工人临时工
作法》、《解雇保护法》等相互配套,组成了联邦德国的就业促进法律体系。
德国联邦《就业促进法》的主要内容包括了职业介绍、职业指导、职业培训、
失业保险、就业经费、管理机构等方面。几十年来,他们根据本国的情况不
断修改完善,对促进就业、完善就业管理、加快人力资源市场的发展、调整劳
动力供需结构,发挥了积极作用。德国就业制度的安排不仅包括营利性的
职业机构,也包括非营利性的职业介绍机构。1994 年,德国出台《就业支持
法》,允许在得到政府许可的情况下,开办私营职业介绍所,弥补了国家
垄断职业介绍所带来的不足,缓解了人力资源市场结构单一的矛盾。德国
职业介绍制度非常严格,对于非法用工、低报酬雇佣外国人、就业准入等都
有明确规定。德国一方面积极推行亲和服务,拉近就业者的距离;另一方面
通过开设电话咨询服务,在互联网发布就业信息,以提高工作效率。同时,
还积极推行便捷式服务,使失业保险金的发放、就业咨询、职业培训指导在
同一场所进行,极大地方便了失业人员寻找工作。

随着科学技术的进步,对劳动力素质要求的不断提高已经成为从根本
上应对就业问题的重要措施。为此,20 世纪 60 年代以后,德国颁布实施一
系列法令,推动职业教育与职业培训的发展,提高劳动者的职业技能,如
1969 年的《联邦教育法》和《职业培训法》,1970 年的《联邦教育促进法》,

① 参见黄春梅:《西方发达国家劳动就业政策的比较研究及其启示》,《求是》2005 年第
4 期。

1981 年的《职业培训促进法》等。德国的职业教育与职业培训包括职业教育、职业进修和改行培训 3 种类型,这些不同类型的职业教育与培训制度,为大多数劳动力提供了比较充分、系统的职业培训,不仅提高了他们的职业技能,而且提高了稳定就业的自觉性,有利于德国整个劳动力队伍素质的提高和人力资源市场适应性的提高,更有助于扩大和促进全社会的就业水平。第二次世界大战以后,德国经济发展速度相对较快,失业率相对较低,这与德国实行积极的职业教育与职业培训制度不无关系。

　　德国还高度重视促进失业人员再就业工作。2003～2005 年,德国对人力资源市场进行了重大改革,用就业促进制度代替失业保险制度。因为,失业保险主要强调的是对雇员失业前、失业后的生活保障,通过对失业人员发放一定的失业金来保障他们的基本生活;而就业促进制度除了有维持工人基本生计的功能外,还有让工人重新就业的功能。德国就业促进制度的主要含义是:尽量保障不让工人失业,即使失业,也要尽早实现就业。为此,德国通过加强人力资源市场研究、职业咨询和职业介绍、对失去工作的人进行职业培训、开发工作岗位、发放开工不足补助金等措施促进人员就业,争取达到并保持较高的就业水平,不断改善就业结构以减轻或者消除因失业给国民经济及个人利益带来的不利影响。在改革之前,没有享受失业保险的失业人员有救助的需要,主要是通过失业救济和社会救济来解决的,两者的待遇不一样:享受失业救济的,由联邦劳工部实施,并促进其就业;享受社会救济的,由当地政府提供其基本生活保障,其就业能力较弱。德国 2005 年的改革,将两者融为一体:失业救济人员是那些有工作能力又需要救济的人群,由联邦政府劳工局和地方政府共同管理,待业保障费用完全由政府支出,联邦政府出大头,地方政府出小头。费用的主要支出项目包括:职业再培训、待业人员找工作的交通费、个人营销费、对雇佣待业人员企业的工资补贴、对做待业促进工作和培训待业人员的机构进行补贴等。2008 年 10 月,德国有 300 万失业人口,其中,失业保险人口 100 万,待业保障人口 200 万。有工作而不去工作的人就进入 100 万失业保险人口之中①。

　　此外,德国还采取其他措施,促进特殊群体的就业。德国政府对已经找到工作却因缺乏路费而难以前往的就业者提供贷款或者其他帮助,以保证

---

　　①　参见向春玲:《德国社会保障制度的改革》,《学习时报》2009 年 5 月 11 日,第 2 版。

他们能够顺利就业。政府对残疾人群体提供专门的就业恢复补贴,帮助他们尽快恢复健康,并为他们的就业提供特殊帮助。当一些经济部门或者企业不景气时,德国政府往往给予财政方面的帮助,以使其生产保持连续性,不致引起在这种行业或者部门工作的人失去工作。① 比如,德国鲁尔区钢铁冶炼业发达,曾是德国经济的火车头。20 世纪 70 年代,全球发生经济危机,鲁尔区的钢铁生产也陷入困境,其传统产业结构被迫转型,留下了庞大的失业队伍。德国政府为此专门制定政策和措施,解决鲁尔区的失业问题。一是在失业工人层面,政府要求年纪大的提前退休,其余的接受培训。经培训,一部分失业者继续从事升级换代的采煤或者炼钢工作,另一部分转移到其他工业领域就业。二是在企业层面,政府减少了对煤炭、钢铁、造船等部门的资助,只资助环保、废厂房利用等项目,把省下来的资金用于帮助老工业基地投资生产新产品,扶持当地新兴产业、服务业和中小企业。三是为了适应产业转型对人才和技术的需求,自 1961 年起,德国政府开始加大投资办学的力度,使鲁尔区成为欧洲大学密度最高的地区。另外,鲁尔区几乎所有的城市都建有技术开发中心,全区总计有 30 个技术中心和 600 家新技术公司。鲁尔区于是顺利完成了从煤钢业向高技术和服务业的转型。

(3)美国的就业制度和措施

美国政府制定和实施就业制度的时间始于两次世界大战之间,其间出现的严重经济萧条不仅影响了欧洲主要资本主义国家,也影响到美国社会经济的发展。在持续多年的经济大萧条中,美国的失业问题开始加剧。为使美国经济有效走出危机,1933 年罗斯福出任美国总统后,开始采取积极措施,即以“罗斯福新政”为代表的经济与社会政策。其中,1935 年颁布的《联邦社会保障法》,对美国就业制度和失业保险制度的建立产生了直接影响。该法令对就业的概念作出规定,指出:“就业”是指在由美国政府承担责任,并建立有雇主与雇员劳动关系的任何行业提供任何劳务,同时明确“农业劳动力”等 8 种情况不属于就业的范畴。在这一时期内,美国政府还制定和实施了其他一些有关就业的法令,如 1935 年的《联邦职业介绍法》,规定了就业与人力资源开发方面的标准等;1936 年的《公平劳动标准法》,规定了与劳动就业相关的一些重要标准,如最低工作标准、工作时间标准、

---

① 参见丁建定:《德国的就业保障和就业促进政策》,《中国社会保障》2003 年第 5 期。

保护未成年人;1945 年,美国国会通过战后第一部《就业法》,明确规定:所有有劳动能力的美国公民都有权利获得有用的、有报酬的和有规则的全日就业,等等。

美国政府全面制定和实施就业制度和措施,始于 20 世纪 60～70 年代。这一时期,科学技术发展对社会经济以及人力资源市场的影响更加明显,美国就业制度的主要内容也发生了明显变化,即为适应科学技术的发展,把加强职业技术培训、提高劳动力知识素质、技术水平和市场竞争能力作为就业制度的重要内容。这一时期,美国政府颁布实施了一系列有关就业问题的法令,主要有:1962 年的《人力资源开发与培训法》;1963 年的《职业教育法》和《同工同酬法》;1964 年的《就业机会法》;1967 年的《工作刺激计划》和《就业年龄歧视法》;1971 年的《紧急就业法案》;1972 年的《公平劳动机会法》;1973 年的《就业机会法》。1973 年,美国政府将以往所颁布实施的各种有关职业技术培训的法律加以综合,合并成为一部《综合就业与培训法》,1977 年对《综合就业与培训法》进行修改;1978 年又向国会提出关于扩大和修改《综合就业与培训法》的建议。1974 年的《青年就业与示范教育计划法》;1983 年的《就业培训合作法》,等等。这些法令对美国职业技术培训与教育的目标作了具体规定,主要包括:一是提供就业调查,包括职业定向和咨询;二是提供教育和技能训练,使接受培训者有进入人力资源市场的能力;三是提供自谋职业培训;四是提供工作经验,增加就业可能性;五是把一部分依靠社会福利生活的人变为依靠自我劳动生活者。

20 世纪 90 年代以后,随着经济全球化的逐步发展,美国的就业问题出现了以下几个新的特点①:

首先,从劳动力供给考察,美国劳动力供给量总体上呈不断增长的态势。1950 年,劳动力供给总量为 6220 万人,占人口总数的 59.2%。1996 年,劳动力供给总量 13230 万人,占人口总量的 66.6%。美国劳动力供给增长除受人口自然增长因素影响以外,移民和劳动力参与率是构成美国不同于其他国家影响劳动力供给的重要因素。美国移民政策的核心,是力图吸引各国优秀人才和投资者。据不完全统计,第二次世界大战以后,美国以

---

① 参见黄春梅:《西方发达国家劳动就业政策的比较研究及其启示》,《求是》2005 年第 4 期。

移民方式吸引各国移民,特别是高级人才就达 50 万人之多。美国男性劳动力参与率从 1980 年的 77.4% 下降到 1995 年的 75% ,2005 年降至 72.9% 。而美国女性劳动力参与率从 1980 年的 51.5% 上升到 1995 年的 58.9% ,2005 年上升至 61.7% 。美国劳动力参与率由 1980 年的 63.8% 上升到 1995 年的 66.6% ,2000 ~ 2005 年为 67.1% 。美国劳动力参与率的提高,在很大程度上是由女性劳动力参与率提高带来的,从而使劳动力供给总量增加。

其次,从劳动力需求考察,美国对劳动力有极大的需求量和极强的吸纳能力。几十年来,美国劳动力需求基本处于持续上升趋势。1960 年,美国就业指数为 100,1995 年,美国就业指数为 190。同期,日本为 150,西欧各国为 120。1975 ~ 1990 年,美国新增就业人口为 3500 万人,年均增长2.3% 。美国就业总量的增长,同样也伴随着劳动力需求结构的变化。20 世纪以来,美国第一产业的就业人数比重处于不断下降过程,第二产业就业人数比重先扬后抑,第三产业的就业比重一直处于上升趋势,20 世纪 90 年代以来,已经达到 70% 以上。这些变化反映了美国经济转型、产业升级对劳动力需求的影响。产业结构的变化,必然带来职业技能结构的调整,从而反映出职业技能结构调整对劳动力需求的影响。从总体上看,随着美国经济增长对科技、管理等先进技术、现代手段依赖程度的提高,低技能劳动力的需求正在减少,高素质、高技能劳动力需求趋旺。1979 ~ 1990 年,科技、管理人员就业增长率最高,年均增长 3% ~ 4% ,低技能劳动力的就业增长为 –1% 左右。从受教育程度看,受到良好教育的劳动力需求在增加。1994 年,美国全部就业人口受教育程度比例为:高中以下的就业人口为 10.2% ,高中毕业为 33.7% ,大专毕业为 27.8% ,大学以上为 28.3% 。按照美国将劳动力教育水平和技能分为 6 个等级的标准,20 世纪 80 年代中期,美国劳动力的平均等级为 2.6 级,占全部劳动力的 70% 。2000 年的平均等级上升到 3.6 级,占劳动力总数的 58% ,40% 的劳动力需要达到 5 ~ 6 级,只有 2% 的工作岗位维持在一级和二级。

第三,从人力资源市场框架及其运行看,在美国,人力资源市场主要包括以职业介绍和就业服务、媒体广告、人际网络的职位信息传播为主要内容的人力资源市场信息传递机制,以劳动力供求关系决定劳动力价格为主要内容的工资机制,以劳动者对就业机会的集体所有权和自由企业制度为主要内容的工会与集体谈判机制。人力资源市场主体双方有充分的选择权，政府的责任主要是维护人力资源市场的公开、公平和公正。政府就业援助的主要对象是低收入者。美国人力资源市场的这种框架，决定了其运行机制就是遵循市场原则，使人力资源配置处于最优状态。同时，运用市场机制和协商办法，确定供求双方的均衡劳动力价格。美国就业政策体现了"自由择业与自由雇佣"的原则，只有在双方协商一致的情况下，通过合同等契约方式实现劳动的交换。但是，政府也比较注重对人力资源市场的干预，并通过立法和行政行为来维护人力资源市场秩序，实施对劳动者权益的保护。

第四，从就业政策的变化看，美国的就业政策由消极转为积极。长期以来，美国的就业政策偏重于失业救济以及政府对解雇和裁员的限制等方面。20世纪60年代以后，经济增长导致产业结构调整加速，带来了就业结构的急剧变动。美国开始由消极的就业政策向积极的就业政策转变。一是把改善劳动力供给结构作为积极的人力资源市场的重点，围绕增强劳动力的就业能力和适应性，加强职业培训和继续教育；二是顺应产业结构调整和升级的要求，采取引导人口流动的政策，调整国内劳动力的布局，每年吸引上百万的失业人员和求职者从北部流向南部，从城市流向农村；三是通过实施伤残人员康复计划，改变过去对伤残人员的单纯救济方式，开展自主自强教育和专门的职业培训，使他们成为自食其力者。

第五，从就业对策机制看，1973年第一次石油危机时，欧洲失业率上升，美国就业率反而转为平缓上升。20世纪80年代，在欧洲平均失业率高达10%左右时，美国失业率在6%左右。弗里德曼认为，由于结构性原因和信息传导障碍等因素，一个社会一般存在5%~6%的失业率。根据这个自然失业率的理论假定，美国接近充分就业的水平。1990年，美国经济开始衰退，失业率超过7%。1994年，美国经济复苏，失业率开始下降。1998年初，美国失业率为4.9%。2001年，美国经济发生衰退，当年美国的失业率从年初的4%迅速上升到年底的5.8%，一年内失业人口猛增260万人。2007年下半年，美国发生次贷危机，到同年12月失业率为5%。美国劳工部2008年6月6日公布的数字显示，美国同年5月的失业率从同年4月的5%升至5.5%，是2004年10月以来的最高点。布什政府2008年6月表示，失业率高是美国经济减速的标志，他呼吁美国国会将其减税措施永久化。美国失业率之所以保持在社会经济可以承受的范围，除得益于经济增长以外,也得益于政府干预所制定的一系列"反解雇"和"反裁员"等稳定职业的保障办法,实施反失业。一是把改善劳动力供给结构作为职业培训的重要内容,使之成为促进就业的根本途径。美国政府要求建立企业裁员的预先通知制度,以便使地方政府、工会、州失业工人局能迅速对失业工人进行培训,帮助他们寻找新的岗位。二是把发展中小企业作为扩大就业需求的重要手段。据统计,美国有 2000 多万个企业,其中 99% 是小企业,小企业的销售额占国内生产总值的 50% 左右,就业人数占总数的 53%,失业人员自主创业或者到小企业就业已经成为美国就业的一个明显特点。美国政府为小企业的发展提供各种有效的支持,如各州设立小企业开发中心,推广为小企业服务的就业培训计划;建立"小企业孵化基地",以低价租赁方式提供创业场地、设备和工具;动员教育、科研、经济等部门对小企业提供技术、信息、信用担保、市场分析、政策咨询、开业指导等帮助,促进小企业的发展。1994 年,美国就业人数增长 330 万,其中 62% 在小企业就业。三是通过建立"劳动力投资体系"解决就业问题。近几年来,美国就业市场供需差距逐渐扩大,产业结构不断调整,而劳工的知识和技能转型相对滞后。为了解决这一问题,美国劳工部于 20 世纪末开始建立"劳动力投资体系",在政府主导下,集商业、教育和其他相关部门的力量,将就业服务和教育培训推向社区,在供需之间建立直接沟通方式。在此基础上,2000 年 7 月,被称为美国最大规模的一次就业体制改革的法律——《劳动力投资体系法》颁布并正式生效,从而确立了包括职业分析、择业推荐、就业培训和从业调查这样一个"一站式"服务体制的法律地位。"一站式"服务体制的特点主要是:快捷迅速,服务面广;服务多样化与个性化相结合;实行免费服务。这对促进劳动力培养和流动发挥了重要作用。

(4)日本的就业制度和措施

日本在战后的社会经济发展,可以分为 3 个时期,即:1945~1955 年的复兴时期,1955~1973 年的高速增长时期,1973 年以后的低速增长时期。[①] 战后日本社会经济发展的阶段性,使其就业制度也呈现出明显的阶段性特征。

---

① 参见复旦大学日本研究中心编:《日本社会保险制度》,复旦大学出版社 1996 年版,第 3~12 页。

经济复兴时期(1945～1955),日本的就业制度与措施以促进大量失业人口就业为主。战后日本社会经济几近崩溃,使得大量人口无法就业,普通民众生活陷入困境之中。为了解决这些问题,日本政府根据社会经济发展的需要,制定了有关就业法规,主要有:1946 年的《紧急就业政策纲要》和《劳动关系调整法》,1947 年的《职业安定法》、《就业保障法》、《劳动标准法》和《失业保险法》,1949 年的《煤矿离职者临时措施法》等。日本政府采取的主要就业措施是:分散就业人口,恢复和发展工业,大力发展公共事业,提供就业机会,争取使更多的人口能够找到工作,从而使日本渡过了战后就业危机的难关。

经济高速增长时期(1955～1973),日本的就业制度与措施以争取充分就业、满足劳动力不足为主。这一时期,日本社会经济快速发展,国内劳动力出现明显不足。与此同时,日本开始进行产业结构调整,使得就业结构在调整初期出现了不少问题。为了解决这些问题,日本于 1958 年颁布实施《职业培训法》,1959 年颁布实施《最低工资法》,1960 年颁布实施《促进残疾人就业法》,1961 年颁布实施《农业基本法》,1963 年修改《职业安定法》,1966 年颁布实施《雇佣对策法》或者译作《就业措施法》,1969 年颁布实施《人力资源开发促进法》和《职业能力开发促进法》,1971 年颁布实施《老年人职业稳定法》,1972 年颁布实施《劳动安全卫生法》和《保障男女平等就业法》等。这些法律主要确立了充分就业的方针,要求一切可以就业的人们尽可能就业;正式建立起由政府实施的专业职业技术培训和由私人企业主办的民间职业技术培训,以满足快速发展的现代工业对高技术、高素质工人的需要;通过法律规范,对劳动力就业结构进行调整,以适应产业结构调整的需求;要求农业劳动力专项工业部门保障快速发展的日本现代工业对劳动力的需求。

经济低速增长时期(1973 年以后),日本的就业制度与措施主要以解决失业为主。这一时期,日本社会经济发展的速度明显减低,失业问题开始凸显出来。为了解决不断严重的失业问题,日本于 1974 年颁布实施《雇佣保险法》,1983 年颁布实施《对夕阳产业工人安定就业特别措施法》,1985 年颁布实施《职业能力开发促进法》,1988 年颁布实施《劳动关系调整法》,1991 年颁布实施《中小企业劳动力确保法》、《缩短中小企业工作时间法》、《高龄人员雇佣安全法》、《残疾人雇佣促进法》、《男女雇佣机会均等法》,

1996 年制定《正确运用临时工介绍机构和改善临时工工作条件法》,并对《就业派遣法》作了修订,1999 年颁布实施《就业和人力资源开发组织法》等。

同时,日本政府还采取了一系列积极的就业政策,主要包括:一是加快产业结构调整。大力发展第三产业,扶持中小企业的发展,为社会创造更多的就业机会。二是进一步加强职业安定工作。依法建立多种职业安定所,为民众提供有关就业和职业安定的全面服务。三是建立系统的就业管理和服务机构,加强对人力资源市场的管理。四是进一步强化职业技术培训,提高劳动力职业技术水平和市场竞争能力。五是开始重视外部劳动市场的作用,培养具有外部劳动市场就业能力的劳动者,从 20 世纪 90 年代后期开始,大幅度放宽了人才对外派遣的限制。日本有关就业的法律制度框架如图 3.1 所示。

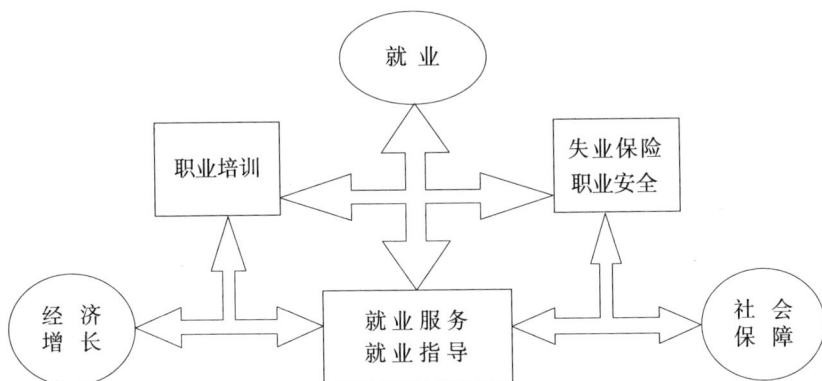

图 3.1　日本有关就业的法律制度框架
资料来源:根据国际劳工研究所课题组材料整理。

总之,经过近一个世纪的发展变化,西方主要发达国家逐步建立起一整套系统完善的就业制度体系。这些制度体系虽然存在一定的差别,但是,它们的主要原则和内容仍具有很多共同性,集中体现在:都注重建立和完善人力资源市场机制,实现人力资源市场的规范化发展;都注重通过宏观经济政策的实施,创造就业机会,促进就业增长;都注重加强与就业政策相关的制度建设,依法推动就业政策的实施;都注重职业技术培训与教育,增强劳动力的市场竞争能力;都注重提供公共就业服务,促进失业人员再就业;都注重失业保险制度建设,促进失业保险制度与就业制度相互促进和相互协调,等等。

3.1.2　发达国家就业制度转型的根源

关于发达国家就业制度转型的原因,经济学界众说纷纭。归纳起来,主要有以下 3 个方面:

(1)凯恩斯主义就业政策的失灵

新自由主义认为,20 世纪 70 年代,西方国家之所以出现经济滞胀和大规模失业,主要原因就是凯恩斯主义就业政策的失灵。他们认为,导致凯恩斯就业政策失灵的主要原因有:一是凯恩斯主义就业政策的时效性。弗里德曼(M. Friedman)根据其理论认为,凯恩斯就业政策只具有短期效应。自然失业率,是指在没有货币干扰的情况下,人力资源市场和商品市场的自发供求力量发挥作用时应有的、处于均衡状态下的失业率,它取决于技术水平、风俗习惯、资源数量等因素,而与货币无关。货币数量只能在短期内影响实际产量和就业量,而在长时期内,由于人们的"适应性预期",只能影响价格(包括货币工资),不能影响实际变量;理性预期学派以"理性预期"理论进一步指出,只要政府的经济政策能为人们准确预期,则不论在短期还是在长期,政府的经济政策都是无效的。所以,凯恩斯主义就业政策不仅在长期而且在短期也是无效的。从凯恩斯主义劳动就业政策实施一段时间后所出现的经济滞胀和大规模失业的现实来看,凯恩斯主义劳动就业政策的确存在着时效性问题。二是凯恩斯主义就业政策的效率性。财政投资的效果一般较差,以扩张性财政政策为主要手段的凯恩斯主义就业政策就存在着一定的效率性问题。三是周期性失业向结构性失业的转变。凯恩斯主义就业政策所针对的主要是由经济波动引起的周期性失业。对于周期性失业,采用凯恩斯主义的劳动就业需求管理政策在短期内可能是有一定效果的。但是,目前西方各国所面临的主要是由科技进步、产业结构变化以及人力资源市场的僵化所引起的结构性失业。OECD 将结构性失业定义为"非加速通货膨胀失业",即不存在通货膨胀率上升或者下降趋势情况下的失业。因此,对于结构性失业,不能再采用凯恩斯主义的劳动就业需求管理政策,而应当采取新自由主义的微观就业供给管理政策、人力资源管理政策,并改革僵化的人力资源市场,实行就业灵活化政策等。

本书认为,2008 年下半年,由美国次贷危机引发的国际金融危机和当下世界各国政府所采取的刺激经济方案、促进就业的政策表明,对凯恩斯主义就业政策,不能持简单的肯定或者否定态度。问题的关键是,必须正确处理好政府力量与市场机制的关系,找准市场机制与政府宏观调控关系的"点",把握好一个"度"。既要充分发挥市场机制在激励竞争、优化资源配置等方面所具有的不可替代的作用,也要看到市场机制固有的缺陷,重视发挥政府的宏观调控作用,绝不能犯"市场幼稚病"。有这样一个例子,2008年,弗里德曼[①]在广东访问时,看到当地正在大规模地推广可以再生能源发电,不由得大发感慨:美国要是能变成中国一天就好了,利用这一天,美国就可以像中国那样依靠政府力量来推广新能源以及采取其他的引导市场的措施。然后,第二天再重新恢复到原来的自由市场体制。这说明,弗里德曼这位极端市场论者,也不得不承认市场不是万能的[②]。

（2）经济全球化对传统就业政策的冲击

经济全球化已经成为当今时代的基本特征。发达国家就业政策变革的深层原因就根源于经济全球化的迅速发展,它既是经济全球化的必然结果,同时又是经济全球化进一步发展的客观要求。具体来讲,经济全球化对传统就业政策的冲击主要集中在 3 个方面:一是经济全球化编制了各国实施劳动就业宏观需求管理政策的自主权。经济全球化在某种意义上就是市场经济的全球化,参与经济全球化的国家首先必须使本国经济迅速地或者渐进地转向市场经济,这就意味着要弱化政府的宏观需求管理政策;另外,在经济全球化时代,各国制定的财政政策、货币政策以及汇率政策等越来越受到外部因素的制约,这也增加了宏观需求管理政策实施的难度。比如,欧盟委员会实行的"广泛经济政策指导方针",就使欧盟各国在大规模失业面前丧失了采取扩张性财政、货币等宏观需求管理政策的自主权。二是经济全球化使"高工资、高福利和高税收"的劳动就业政策难以维持。在经济全球化时代,自由贸易的迅速发展以及生产要素自由流动性的增强,使"高工

---

① 弗里德曼是美国当代美国主张新自由主义的代表人物,他的作品《世界是平的》,主要就是主张全球化和极端市场化,其观点影响甚大。

② 参见《光明日报》2009 年 3 月 17 日,第 10 版。

资、高福利和高税收"所造成的额外劳动力成本以及其他产品成本不能再加入产品价格之中,从而使"高工资、高福利和高税收"的就业政策失去了经济基础。这是因为,低劳动力成本、低福利和低税收新兴工业化国家以及发展中国家贸易的增加,将具有较高额外生产成本的产品排斥在了国际市场之外;跨国公司也可以通过跨国采购、国际分包以及生产基地的外移,避免这些额外的生产成本。另外,经济全球化使国际竞争进入了一个新时代,维持"高工资、高福利和高税收",就意味着经济竞争力的丧失。三是经济全球化时代生产方式、工作组织方式以及就业模式发生的根本性变革,侵蚀了传统就业政策的基础。传统的就业政策是与工业化时代的福特式生产方式相适应的,它以福特式的大规模、正规就业为基础。而在全球化时代,"弹性生产"已经取代福特式的"刚性生产",并推动了企业工作组织方式的内部改造和外部改革。在企业内部,它导致工作组织方式向着分散决策、减少等级和以项目为基础的工作团队方向演变,以适应易变的产品市场和产品生命周期缩短的需要;在企业外部,它通过扩大外包加工等形式,促进了灵活就业方式的发展。目前,在西方国家的大多数企业内部,就业变得日益板块化和具有"好莱坞模式",企业中只有很少一部分是基本的核心雇员,其他大部分则属于变化的(附属或者边缘的)临时雇员。当有项目时,企业以核心雇员为主,并招募大量临时雇员组建生产团队;在没有项目时,则解雇临时雇员。而在企业的外部,外包就业、承包就业、独立就业以及自营就业等灵活就业方式,也得到了迅速发展。所有这些生产方式以及劳动就业方式的变革,都促使就业政策向着更加灵活化的方向发展。

(3)持续高失业率加剧了传统就业政策的危机

首先,持续高失业率使政府财政不堪重负,促使劳动就业政策向着"激活性"方向发展。以德国为例,多年以来,德国失业大军一直维持在400万人左右,失业率为10%左右。居高不下的失业率继续承受巨额失业补贴,这迫使政府对现行的就业政策进行"激活性"改革。2004年6月30日,德国政府和联邦参议院就联邦德国成立以来人力资源市场上最为重要的一项改革措施达成一致意见:将失业救济和社会救济合并为第二阶段失业金。今后,失业者领取失业保险金的时间将从现在的32个月缩短至12个月,之后就只有领取第二阶段失业金。除此之外,在发放第二阶段失业金时,个人的私有财产和家庭收入也将更多地考虑进去。同时,将实行更为严格的规定,促使失业者重新进入人力资源市场,即使新工作的工资和待遇不如以前。这种"激活性"就业政策出台的主要原因,不是政界总结经验和教训的结果,而是国家、企业和劳动者都已经不堪重负。失业津贴、失业救济以及失业培训等与失业有关的事业一年的支出大约为 830 亿欧元,相当于德国国内生产总值的 4%①。其次,持续的高失业率对社会的和谐与稳定也造成了巨大的压力,迫使就业政策向着提高就业率方向发展。持续的高失业率极易使失业者陷入长期失业之中,而长期失业者一旦与人力资源市场脱节过久,再重新就业的机会将越趋下降。如果对他们进行失业培训,则不仅成本高、经济效益差,而且还可以能与市场需求不相符。所以,长期失业对于社会和谐与稳定极为不利,其结果是社会整体人力与社会资本逐渐受到侵蚀。研究也表明,持续的高失业率与青少年犯罪、吸毒等社会问题,有着极为密切的因果关系。

3.1.3　发达国家就业制度转型的影响

如前所述,发达国家就业政策的变革有其客观根源,并且这种变革也在一定程度上促进了人力资源市场的灵活化,提高了就业率。如实施新自由主义就业政策变革的美国和英国,从 20 世纪 80 年代以来,一直保持着较低的失业率,被称为"就业奇迹"。但是,发达国家就业政策的新自由主义变革也产生了一系列新的问题,主要有:

(1)劳工权益保障的问题

劳工权益又称劳工权利或者工人权利,是指法律所规定的处于现代劳动关系中的劳动者,在履行劳动义务的同时所享有的与劳动有关的社会权益。1998 年,国际劳工大会通过的《关于工作中基本原则和权利宣言》明确规定,在经济全球化背景下,保障劳动者权益有 4 个方面,即:结社自由并有效承认集体谈判权利,消除一切形式的强迫劳动,有效废除童工、消除就业歧视。从历史上来看,劳工权益的保护同政府的有效干预、强大的工会和集体谈判密切相连。从第二次世界大战结束到 20 世纪 70 年代中期,由政府主导的集体谈判一直是欧美国家调整劳资关系的主导方式,这种政府居间

---

① 参见查瓦斯基:《德国劳动力市场的改革》,德国之声 2004 年 7 月 2 日。

制定规则、劳资双方地位对等、平等进行谈判的三方面合作机制,有效地保护了劳工的权益。但是,自劳动就业政策的新自由主义变革以来,随着政府对人力资源市场干预的减少、工会力量的削弱以及集体谈判的分散化和低层次化,这种对劳工权益具有保护作用的三方合作机制遭到了破坏。自此,资本的权利得到了进一步的扩张,劳动相对于资本处于前所未有的弱势和依附性地位,劳工的权益不断受到损失。里斯本小组将就业政策的这种新自由主义发展趋势称之为"资本主义的过度放纵",它使资本主义重新回到了资本占绝对支配地位的竞争资本主义时代。目前,劳工权益保障已经成为一个世界性的社会问题,也成为反全球化运动的中心之一。

(2)贫富差距过大的问题

就业政策的新自由主义变革,在促进人力资源市场灵活化、提高就业率的同时,也进一步加剧了贫富差距的扩大。以美国为例,美国国会预算办公室2003年的一份报告指出,尽管20世纪90年代以来美国经济持续增长,并使失业率达到了30年来的最低水平,但是,与此同时,美国贫富家庭之间的收入差距进一步拉大,达到了近70年来之最。占美国人口总数1%的最富有的人,所占有的财富超过占人口总数40%贫困人口所拥有的财富总和,富人财富在整个国民收入中所占比例从1979年的7.5%上升到2000年的15.5%;美国经济政策研究所等机构发表的一份研究报告也显示,过去10年中,处于收入最高层的20%的美国家庭的平均年收入增加了17870美元,而处于收入最底层的20%的家庭的平均年收入仅增加110美元。对于美国贫富差距扩大的原因,美国华盛顿预算及政策优先中心和经济政策研究所的两份报告都指出,虽然造成贫富差距过大的原因多种多样,但是,政府所实行的新自由主义就业政策无疑是其重要原因。如促进经济发展、增加就业的减税政策,不是减缓,而是加速了贫富不均的趋势。自1977年以来,美国减税政策已经使最富有的1%家庭年平均少交税4万美元,超过了中等收入家庭全年的收入。另据美国财政部的估计,2001年5月,国会通过的税法所减的税中,高收入的20%家庭将占78.5%,而低收入的60%家庭所减的税只占7.5%,并且,"社会安全网的减弱"以及"没有有效的劳工法来调节集体论价的权力",都促使了贫富差距继续扩大。

(3)不确定性就业与"工作贫困"增加的问题

就业政策的新自由主义变革,虽然有助于提高就业率,但是,这些新增

加的就业大部分属于不确定性就业(precarious job)①形式,其主要特征是:
劳动契约具有过渡或者短暂性,通常一份工作的时间不超过一年;工作时间
弹性化;薪资水准比全职就业者低;被排除在一般社会保障之外。国际劳工
局《世界就业报告(2001)》指出,虽然稳定性就业仍然在工业化国家中占主
流,但是,不确定性就业占总就业的比例在趋于增加。② 在 1990 年至 1999
年间,欧盟的这一比例从 13% 增加到 16%,全欧洲从 13% 增加到了 15%,
所有经合组织成员国从 14% 增加到了 16%。不确定性就业之所以成为目
前人们关注的目标,还不仅在于这类就业在整体就业市场中比重的不断上
升,而是这类工作与贫困之间有着密切的联系,它是目前社会不平等与贫困
的主要原因。在美国,由于这种不确定性就业的增加,出现了一种新的贫
困,即"工作贫困"(working poor)。大卫·史普勒在《工作的穷人:在美国
所看不到的》中指出,所谓"工作贫困"是指,虽然每日都辛勤工作,但是,仍
处于贫困之中。根据美国人口普查局 2003 年度经济报告公布的数据,美国
的贫困人口连续两年上升。2001 年美国贫困人口增加了 130 万,是 10 年
来的首次增加;2002 年贫困人口又增加了 170 万,达到 3460 万人,占美国
总人口的 12.1%。更为重要的是,这些贫困者大多是有工作的。缅因州经
济政策中心发表的一份调查报告《工作勤奋,收入落后》指出,在被调查的
300 户贫困家庭中,大部分都有全职工作,在双亲家庭中,52% 是两个人都
在工作,并且 21% 的被访者从事两份以上的工作。导致他们贫困的原因,
只是他们的工作具有不确定性,并且报酬太低③。

(4)"劳工边缘化"与"社会排斥"加剧的问题

就业政策的新自由主义变革,不仅给美英等发达国家的"就业奇迹"蒙
上了一层阴影,而且随着就业政策新自由主义变革在世界各国的逐渐推行,
也给大部分经济转型国家以及发展中国家的劳动就业带来了一场灾难。如
在东欧国家的经济转型中,普遍出现了就业率下降的现象。保加利亚就业
率下降最多,在 1989 ~ 2000 年间,下降的最大幅度达到了 34.3%。这种令

---

① 所谓不确定性就业,指的是介于长期失业与就业之间,而在人力资源市场上处于较
不稳定且无保障的就业形式。

② 参见国际劳工局:《世界就业报告(2001)》,中国劳动社会保障出版社 2002 年版,第
12 页。

③ 参见《华盛顿观察》周刊 2004 年第 6 期刘见林文。

人遗憾的倒退局面的出现,主要归咎于世界银行和货币基金组织所倡导的新自由主义就业政策;同样,在新自由主义泛滥的拉美国家,2002 年的失业率达到了创纪录的 9.1%,不仅比改革前高出 1 倍以上,而且比经济大衰退的 20 世纪 80 年代也高很多。大规模的失业,加剧了"劳工边缘化",将越来越多的劳工排斥在人力资源市场的边缘而不能进入较稳定的核心人力资源市场。"劳工边缘化"最严重的社会后果是,进一步加剧了"社会排斥",使"边缘化劳工"不仅在经济上,而且在社会关系上、心理上、政治参与上和文化上长期处于匮乏之中。就业政策的新自由主义变革之所以给大部分经济转型国家以及发展中国家的劳工就业带来一场灾难,其根源就在于新自由主义及其就业政策从其本质上来讲,"是资本主义全球化意识形态的理论表现",是适应资本主义经济全球化的一种政策主张。

3.2　发展中国家的就业制度

第二次世界大战以后,原来沦为殖民地、半殖民地的地区先后获得解放,成为政治上独立的民族国家。但是,它们在经济上依然贫穷落后,面临着实现工业化的艰巨任务,组成了数量众多的发展中国家。几十年来,发展中国家的人口膨胀导致劳动力的迅猛增长,远远超过其经济增长所提供的就业机会。因此,就业问题一直是困扰发展中国家的一个难题。

3.2.1　发展中国家就业形势严峻

根据有关资料,第二次世界大战以来,发展中国家就业形势的严峻性主要表现在以下几个方面:

(1)失业率不断攀升

相关资料表明,1960 年,发展中国家的失业人口总数为 3646.66 万人,至 1990 年,增加到 8869.3 万人,增长了 146%,年均增长率超过 4%,平均失业率从 6.9% 上升到 8.2%。进入 20 世纪 90 年代后,由于为数众多的发展中国家经济不景气,公开失业率平均达到 15%,远远高于 20 世纪 90 年代以前 8.2% 的水平。

（2）失业率明显偏高

与同期的发达国家相比,发展中国家的失业率从20世纪60~90年代,每个时期高出发达国家约4~6个百分点。这表明,发展中国家就业的总体压力较大,而且在解决就业问题上,制度措施没有发达国家那么奏效。

（3）失业率高低不一

20世纪90年代以前,在所有发展中国家中,拉丁美洲地区失业率最低,大致处于4.7%~6.1%之间(1973年后又下降为5.5%);非洲地区失业率最高,一般处于7.7%~9.9%之间;亚洲地区失业率水平居中,大致处于6.8~8.3%之间。① 这种差别,既有自然条件的限制,也有发展水平的影响。

总之,发展中国家正面临着失业和不充分就业并存、经济增长吸纳就业的能力正在下降的严峻形势。也就是说,发展中国家劳动人口严重过剩,农业富余劳动力比重较大,劳动者受教育程度较低,不充分就业问题突出。拉丁美洲国家面临的主要问题是失业率高、劳动报酬减少和就业不稳定。由于国内储蓄率和投资率较低,正规经济部门吸收就业能力弱,过分依赖外资,一旦外部环境急剧变化,其经济增长和就业水平都会受到极大的冲击。印度、巴基斯坦等国家人口压力大,农业富余劳动力比重大,现代部门创造就业岗位严重不足,非正规经济中的不充分就业现象十分普遍,低收入和贫困问题突出。韩国、泰国、新加坡等新兴工业化国家,受金融危机冲击,原本比较平稳的就业形势发生了剧烈变化,失业率大幅度上升。1990年,韩国失业率为2.5%,1999年,上升为6.3%。同期,新加坡失业率由1.7%上升到4.6%,泰国的失业率由2.2%上升为4.3%。

3.2.2　发展中国家就业不足的成因

20世纪50年代后期到70年代,不少学者和国际组织开始对发展中国家的失业和就业不足问题予以关注。发展经济学家认为,发展中国家除了存在发达国家的公开性失业以外,还存在着大量的非公开性失业;发展

---

① 参见［美］麦克尔·P.托达罗:《经济发展与第三世界》,中国经济出版社1992年版,第204页。

中国家失业的严重性不仅体现在公开失业率提高，而且还反映在隐蔽性失业规模巨大。所谓隐蔽性失业，是指边际劳动生产率等于或者接近零时的就业，也就是说，如果从总就业中撤出一部分劳动者而不会使总产量减少，被撤出的劳动者就是处于隐蔽性失业的人数。隐蔽性失业是发展中国家存在的突出问题，它在发展中国家的城市和农村都存在，尤以农村最为普遍，因为农村既是富余劳动力的发源地，也是富余劳动力的储存地。

造成发展中国家就业不足的原因极为复杂，总体上来看，除发展中国家经济落后和生产力不发达外，主要还有以下几个原因：

（1）人口出生率过高

目前，世界人口增长量的88%出现在发展中国家。相关统计数据表明，发达国家的年均人口增长率由20世纪50年代的1.3%降至80年代中期的0.6%，而在同期，发展中国家的年均人口增长率为2%，20世纪70年代甚至达到2.5%，数倍于发达国家的增长速度，形成了所谓的"人口爆炸"。发展中国家人口的过快增长，使得劳动力数量激增，超过了经济发展所需要的劳动力，出现了劳动力供给充沛与劳动力需求不足的矛盾，从而导致公开失业和隐形失业的增加，也使得过快的消费增长削弱了储蓄和投资的边际倾向，进而阻滞经济的发展，反过来又影响了经济发展中劳动力的吸纳能力。

（2）就业转型与扩张困难

一个时期以来，在对发展中国家的劳动力转移和就业问题研究的文献中，不论是发展中国家的就业乐观派，还是悲观派，不论是从宏观均衡角度，还是微观均衡视点，抑或是从传统部门到现代部门的结构思路，都忽视了制度安排不同与就业转型速度、城镇就业容量多少之间的关系。而且，从刘易斯到托达罗，包括马克思的近代大机器工业和工人失业理论，考虑的都是经济发展初劳动力从农村传统农业向城市第二产业的转移，近代工业模式中劳动力的就业，没有区分城市中第二产业和第三产业在资本有机构成上的不同，没有考虑大规模企业与微型和中小企业的不同，以及两种产业和两类企业在不同工业化阶段所转移吸收劳动力能力的不同。周天勇、张弥认为，在20世纪60~70年代中，许多发展中国家的农业富余劳动力严重过剩，加之城镇失业，这与它们实行的计划经济、行政管制和进口替代工业化战略密切相关。① 在这种战略和体制下,微型和中小企业及第三产业不能得以理想的发展。在这种体制和工业化战略实施中,往往出现资本有机构成很高的重化工业企业与当地农村毫无经济联系的现象。在限制人口流动的发展中国家,城市化的水平推进很慢,第三产业得不到发展;在允许人口流动但实行进口替代工业化战略的国家,则由于轻工产业比例小,农民破产后到城市里没有就业机会,很明显的一个例子就是巴西的工业化。巴西工业化的特征为贪大求快,盲目发展资本密集型大企业,造成国内很高的失业率。对于后发展国家来说,劳动密集型产品出口阶段对于经济的健康发展十分重要,能吸收大量的劳工,带来广泛的现代化动员与技术普及,较为广泛地分配经济增长带来的财富等等。巴西越过劳动密集型产业的发展,不仅未完成出口导向的转变,而且所形成的资本和技术相对密集的产业结构也是畸形的,被称之为"资本密集的进口替代附带出口繁荣"。在这种模式中,出口创汇难以支持进口原料和资本货币的需求,于是靠国际贷款来维持生产。这样既背上了沉重的外债包袱,又使廉价劳动力的优势得不到应有发挥,广大人民被排斥在经济发展过程之外,高失业成为巴西一大严重社会经济问题。发展中国家农业富余劳动力过剩和城镇失业严重的一个非常重要的原因,应当是体制失效和进口替代工业化战略的失败。

(3)其他影响就业的因素

除前述原因外,还有其他一些影响就业的因素:一是在经济结构上,农业比重较大,城乡收入差距悬殊,导致劳动力人口大量涌入城市,增加了城市劳动力的供给,而城市的低就业弹性,又导致对劳动力需求减少;二是许多发展中国家从 20 世纪 80 年代开始实行开放政策以来,引入新自由主义的经济竞争机制,加之外国的先进技术和廉价商品以及经济全球化和贸易自由化,对发展中国家的市场和民族工业造成巨大冲击,导致一些企业不得不进行调整、裁减人员,或者一些中小企业纷纷倒闭破产,导致失业人数增加;三是受经济市场化改革的影响,政府取消了对企业的补贴和保护,将竞争机制引入企业内部和企业之间,造成一些劣势企业的关停并转,迫使工人下岗失业。

---

① 参见周天勇、张弥:《劳动力转购和就业容量的中外比较》,《审计与理财》2006 年第 3 期。

3.2.3　发展中国家的就业制度转型

发展中国家针对巨大的就业压力,开始通过立法或者采取其他相关的政策措施,来促进和扩大就业。

(1)刺激经济增长以增加就业

一个由发展中国家决策者组成的委员会(该委员会的主席是斯坦福大学曾经获得诺贝尔奖的经济学家迈克尔·斯彭斯)曾公布一个《发展报告》。该报告指出,20世纪90年代和21世纪初,许多人都忽视了增长的作用,现在压倒一切的挑战,就是让更多的穷国加入经济高速增长国家的行列。增长不是一切,但是,它却是一切的基础。经济快速增长往往出现在那些有着有效政府领导的国家。① 上述观点不无道理。

进入21世纪以来,发展中国家广泛实施经济改革制度,推动经济快速增长,以增加就业。比如,印度政府自1991年以来开始着手经济改革,改革10多年来,印度的经济增长率已经上升到年均6.3%,2003年第四季度更是飙升到10.4%。而从1950年到1980年的30年,所谓的"印度增长率"年均仅为3.6%②。2006～2007财政年度,印度GDP增长率达9.4%。印度财政部长奇丹巴拉姆满怀信心地说,尽管受世界经济的影响,2008～2009财政年度,印度经济增长率仍将会达到9%。再如,越南通过采取一系列改革措施,从2000年开始,每年的经济增长率都超过7.5%,在过去的10多年中,经济总量翻了一番。一些发展中国家还借助实施正确的贸易政策来促进经济增长。如墨西哥积极吸引外国直接投资,促进国内经济发展,近年来共接收外国直接投资300亿美元;近几年来,越南也依靠其外向型经济的推动,仅2004年出口总额就达近250亿美元;又如,东南亚国家的经济增长是以劳动密集型产业为基础的,1985～1991年,泰国、马来西亚、菲律宾和印度尼西亚4国的制造业年平均增长率为11.48%。发展中国家正是借助刺激经济的快速增长,以此增加就业。

(2)促进中小企业发展以创造就业机会

中小企业是经济发展中最活跃的微观主体,是维护社会稳定和促进经

---

① 参见《发展中国家如何实现经济高增长》,《参考消息》2008年6月7日,第4版。

② 参见李保民:《印度如何治理失业》,中国互联网新闻中心2004年3月。

济增长的重要力量,也是创造就业机会和技术创新的源泉。为此,发展中国家均把依法促进中小企业发展作为创造就业机会的一个重要举措。比如,韩国通过立法,对中小企业采取了全方位、多层次的综合扶持政策,先后制定了《中小企业基本法》、《中小企业振兴法》、《中小企业调整法》、《中小企业创业支持法》和《限制垄断的公平交易法》,明确规定优先培育中小企业,对其有计划地实行现代化,鼓励并指导其协作化,组织其经营和技术革新的指导和研修,组织创业支援等。这种强有力的支持,使得中小企业成为韩国劳动力就业的"半壁江山",到了20世纪90年代初,韩国中小企业的就业人数已经占总就业人数的65%。再如,秘鲁于1991年公布实施《就业促进法》。在该法第五篇"促进就业"的第二章"城市非正规部门企业的重建计划"中,明确规定支持城市非正规部门小企业重建计划,以提高生产水平,增加就业机会。实施小企业重建计划的主要措施是简化注册手续,使较小的生产企业正规化,对小企业在技术和生产上提供帮助,对工人进行职业培训和再培训,为小企业引进优先的信贷项目,建立信托基金制度等。同时,在该法第六篇"特殊企业"中,还规定了"暂时性工作企业"和"辅助性工作企业",以求尽可能地扩大就业机会。又如,巴西小企业过去须缴纳的税种很多,导致企业雇员越多赋税越重,影响了企业雇人的积极性。针对这种情况,1997年3月,巴西政府改变政策,宣布对小企业实行"单一税"政策,即不论企业雇员多少,只对这类企业征收一种综合性的税,从而极大地鼓励了小企业多雇职工,为社会提供了更多的就业机会。

(3)实施灵活就业制度以扩大就业

在发展中国家,灵活就业已经成为近几年来解决就业问题的重要手段。自营就业、家庭就业和微型企业等灵活就业经济,被称为巨大的"劳动力海绵"。相关资料表明,家庭就业以非洲贫困国家最为集中,亚太地区一些国家(如孟加拉国、印度、巴基斯坦、泰国等)和拉丁美洲国家的家庭就业劳动者的比例也较高。1998年,拉丁美洲国家城市劳动力在非正规经济部门就业的比例达到46%。秘鲁的《就业促进法》专门设置"促进自我就业"一章,规定了采取促进自我就业的措施,并将其作为国家创造新的工作岗位的一项长效机制和对社会市场体制建设的一种支持手段,鼓励失业者通过建立小型或者微型企业,参加管理小股东计划或者建立工人合作社的方式,获得和实现充分的、生产性的和自主选择的就业。印度政府大力资助小规模劳动力密集型农业基础工程，项目周期一般为 3 ~ 12 个月，为农业富余劳动力提供就业机会，就地创造就业，最近 20 年来累计创造了 40 多亿个工作日。泰国政府坚持城乡统筹就业，规定在农忙季节，允许全国各类企业近 20% 来自农村的职工回家务农，工厂保留其工作岗位和工人身份。这样，既确保了农业生产，也保证了企业不会因此而流失拥有技能的农民工。

（4）加强职业教育和培训以促进就业

加强职业教育和培训是促进就业的重要途径，发展中国家对此都给予高度重视。韩国以失业者再就业为中心，采取多种形式的职业培训，建立失业救济、职业培训、咨询一条龙的服务体系。韩国、印度、印度尼西亚和马来西亚等国家采取措施加强对农业富余劳动力的就业培训，特别是高度重视劳动力转移过程中的教育与培训，推动农业富余劳动力向第三产业的转移，如印度尼西亚农业人口从 1970 年的 63% 降至 1994 年的 41%。秘鲁在其《就业促进法》第一篇中，专门对"职业培训"作了规定，规定了对年轻人的培训、就业前的实际培训和学绩合同等内容。

（5）建立和完善失业保障制度以促进再就业

为了保障失业人员的基本生活，一些发展中国家也像发达国家一样，建立和完善了失业保障制度，并把失业保障与促进再就业结合起来，鼓励失业者努力重新工作，从消极地保护失业者转变为积极地促进再就业。比如，印度专门为失业者构筑了"安全网"。该人口大国的社会保障体系主要包括公共分配系统、社会保险和一些专门针对农业工人的保障性措施。特别是针对农业工人规定了最低工资的《最低工资法》，保护佃农和劳动者利益的《租佃法》等，鼓励建立向农闲季节的农业工人提供就业的农业合作社组织；印度政府还拨款推进国家农村就业保障计划，在乡村地区创造更多的就业机会。韩国政府把稳定失业者的生活作为其综合就业对策的主要内容，规划制定了扩大失业补助的支付范围，明确了失业补助标准，并适当延长补助支付时间等；韩国政府还实施公共就业工程，仅 2000 年就投入了 1.1 万亿韩元的资金支持，总计帮助 61 万人实现了再就业。

3.2.4　印度促进就业的主要措施[①]

印度目前的总人口为 10 亿多人,其中 7 亿人在农村,劳动力数量超过 4 亿,作为世界第二人口大国,印度面临着巨大的就业压力。近年来,印度在促进经济较快发展的同时,采取多种措施促进就业,取得了一定成效。印度在促进就业方面的一些做法,对我国具有一定的借鉴意义。

印度就业现状的特点,可以概括为“三高”:一是不充分就业比例高。2005 年,印度官方公布的失业率为 6%,但实际上不充分就业人数约占整个就业人数的 6.5%。特别是女性就业比例更低一些,仅相当于男性就业率的一半。二是非正规组织就业比例高。在印度,正规组织是指有雇员 10 人以上的国有和私营经济组织,而 10 人以下的为非正规组织。据印度有关统计表明,印度的全部从业人口中,有 93% 就业于非正规组织。三是失地农民比率高。由于印度在城市化过程中缺乏必要的人口控制,大量失去土地的农民集中涌入城市,致使城市失业问题更加严重,由此引发一系列社会问题。印度促进就业的主要措施包括以下几个方面:

(1)把促进就业作为政府的一项重要职责

印度由于人口众多,经济发展水平相对较低,就业问题已经成为影响其经济社会发展的主要社会问题。印度把促进就业作为政府的一项重要职责,高度重视解决这一问题,政府中有 4 个部门参与就业问题的研究和处理。一是国家计划委员会,主要负责拟定就业发展规划,把就业发展纳入国民经济计划。二是联邦劳工部,主要负责制定就业政策和提供就业服务,工作重点是促进劳动者在正规组织中就业。三是城市事务与就业部,重点关注城市贫困人口,特别是非正规组织的扶贫和就业问题。四是农村发展部,主要负责解决农村就业问题。各部门在职能有所分工和侧重的同时,又互相协作,共同采取措施促进就业发展。

(2)把实现充分就业列为经济发展计划的重要目标

失业和就业不充分是导致印度民众贫困的一个重要原因。因此,印度

---

① 参见郜风涛:《印度促进就业的措施及一些启示》,《经济日报》2007 年 9 月 19 日,第 16 版。

的经济发展计划始终把实现充分就业列为经济计划的重要目标之一,在每个五年计划文件中,都把实现充分就业列为基本目标,通过大力推行各种就业计划,努力创造更多就业机会。但是,由于认识上的偏差和政策措施不具体,前5个五年计划未对各部门、行业的就业增长作出具体规划,而依赖于经济增长自动增加就业机会,结果导致失业问题越来越严重。从第6个五年计划开始,计划文件对扩大就业的总体目标进行了按部门的分割性规划,并注意发展劳动密集型项目来增加就业岗位,收到了一定效果。尽管印度的"七五"计划和"八五"计划中都存在着对就业平均增长率高估等问题,但从总体上看,印度的失业率得到了一定程度的控制,经济计划对扩大就业所做的部署和对相关部署的落实对缓解就业压力、促进就业发展发挥了重要作用。

(3)把促进就业与扶贫济困紧密结合

印度在城市化进程中,大批农村居民涌入城市,成为城市贫困阶层的主要组成部分。目前,印度约有1亿人口生活在贫困线以下,为了解决城市贫困人口的脱贫问题,印度城市事务与就业部采取了一系列措施:一是提供基本居住条件,通过软贷款和贫民窟改善计划,力争到2007年解决贫困群体的居住问题。二是加强就业能力建设,比如:为自谋职业者提供资金帮助,个人在积累5%自由资金基础上,可向银行申请80%的贷款,然后政府提供15%的补贴。依托社区提供就业培训和就业服务,主要是调查了解贫困居民需求,确定培训项目和计划等。三是提供公益性就业岗位。政府千方百计为贫困群体提供工艺劳动岗位,工资按日计算,使贫困居民的基本生活得到保证。总之,在印度政府所实施的扶贫计划中,都包括有关于扩大就业的措施,扶贫计划中的扩大就业措施不同于就业计划,它是通过援助贫困户使之逐步具备自我发展能力,从而实现自我就业和最终脱贫。

(4)保障和促进农村居民就业

通过开展"国家乡村就业计划"和"农村无地人口就业保证计划"等活动,保障和促进农村居民就业。国家乡村就业计划由印度中央政府发起,从1981年4月起执行。实施这一计划主要是为了在乡村地区创造更多的就业岗位,从而在一定程度上改善穷人的生活状况。农村无地人员就业保证计划开始于1983年8月,其目的主要是扩大乡村无地人员的就业机会,同时加强乡村基础设施建设,中央政府负责整个项目的费用支出,仅"六五"

计划期间,该项计划的总支出就达到了 60 亿卢比。通过开展上述活动,印度乡村居民的就业机会大幅增加,生活水平有了一定程度的提高,同时,乡村基础设施等的建设取得了显著进步。

印度是一个有 7 亿农村人口的大国,农村的贫困人口和就业一直是制约印度经济发展的主要问题。为了解决好这一问题,2005 年 9 月,印度议会制定了《国家农村就业保障法(NREGA)》,该法共 6 章,分别对农村地区就业保障、就业保障计划与失业津贴、执行和监督机构、国家及邦就业保障基金的建立及其审计、法律责任、适用范围等问题作了详细、具体的规定。这是印度独立后最具有历史意义的重要法律之一。《国家农村就业保障法(NREGA)》规定:在本邦农村地区,邦政府应当在每一个财政年度内,为有成年(18 周岁)家庭成员且自愿做无须特殊技能的体力劳动的居民户,提供不少于 100 天的有薪就业保障,每日工资标准不低于 60 卢比,并按周支付工资,在任何情况下,不得迟于完成工作任务之日起两周内支付。就业申请人就业申请被接受起,在 15 日内仍未得到工作的,就业申请人有权依照本法规定享有每日失业津贴。该项目的资金 90% 来自中央政府,具体实施主要由各个邦(省级)政府负责,并由其选定的机构具体管理和决定用途。为了保障《国家农村就业保障法(NREGA)》的实施,该法还规定,在中央和各邦政府成立"就业保障委员会",并明确其职责。对邦以下的区级村、中级村、村庄大会以及区项目协调人、项目官员等的职责均作出具体规定。目前,已有 50% 的中央政府资金到位,保证在 200 个区范围内提供这样的就业机会。印度政府提出,在未来 3 ~ 5 年内,该项计划将逐渐覆盖整个印度农村(600 个区)。同时,该法还规定,中央政府应当设立国家就业保障基金,经国会以法律形式拨款,中央政府可以通过赠与或者贷款的方式,向国家基金提供其认为该基金所需的资金,邦政府可以设立邦就业保障基金,并予以公告。

3.3　经济转型国家的就业制度

20 世纪 80 年代末 90 年代初,苏联、中东欧国家采取"激进式"转型方式,先后开始了从传统的计划经济向自由市场经济的转型。以俄罗斯为代表的这些转型国家,奉"休克疗法"为圭臬,期望在短时间内完成政治经济制度的彻底转变,迅速实现私有化,以求得促进经济社会的迅猛发展。这种"激进式"的改革付出了相当沉重的经济和社会代价:一方面,由于经济组织行为对新体制的非适应性以及社会预期调整变化,在很大程度上造成国民经济增长滞缓和经济回升的较长周期;另一方面,由于政治动荡,财政状况恶化等,也酿成严重的通货膨胀和失业人口剧增等社会"瘫痪性"的症状。

3.3.1 经济转型国家的失业率水平

研究世界经济的专家们在描述苏联、中东欧经济转型国家失业问题时,大都使用了"爆炸性"一词,俄国经济学家称此为"崩溃性失业"。苏联、中东欧等经济转型国家在转型过程中,失业率迅速飙升,甚至出现高至两位数的失业率,大多数经济转型国家的失业率高于10% ~ 15%(见表3.2)。

表3.2 经济转型国家的失业率水平①

年份 \ 国别	斯洛文尼亚	保加利亚	罗马尼亚	俄罗斯	斯洛伐克
1997	7.1	13.7	9.0	9.0	11.5
1998	7.0	14.0	9.5	9.5	11.0
1999	7.0	12.0	10.0	10.0	11.0

资料来源:《经济合作与发展组织》,《经济展望》1998年第6期,第63页。

在迅速飙升的失业人口中,特别令人关注的是失业时间超过12个月的长期失业者,其所占的比重较大。比如,在保加利亚,一个失业人员在12个月内(从失业之日起)找到一份工作的机会远远低于其他国家,相对于波兰是6∶1,相对于西班牙是8∶1。据国际劳工组织《1996 ~ 1997年世界就业问题》研究报道,苏联、中东欧国家的失业问题有两个特点:一是长期失业者占失业人口总数的1/4 ~ 2/3,这反映出经济转型国家失业问题的深度和严重性;二是年轻人的失业率是经济转型国家平均水平的2倍,约有30%多

---

① 1998年和1999年为预测数。有关资料显示,2000年,俄罗斯的失业率为11.4%,波兰为16.7%,斯洛伐克高达18.9%;2002年,保加利亚的失业率为17.7%。

的失业者年龄在 25 岁以下。这种严重的失业问题,是经济转型国家制度变迁所带来的经济严重失衡的必然反映。在计划经济体制下,低效率的资源配置方式形成的长期大规模的"隐性失业"和"在职失业",在经济转型后迅速凸显并转化为"公开失业"或者称之为"制度变迁性失业"这一"突发性失业增长"现象。虽然,近几年来经济转型国家的失业率有所下降,但是,长期失业、隐性失业和人们因丧失信心而退出人力资源市场等现象,将日益成为严重的经济社会问题,成为制约经济社会发展的重要因素。

3.3.2 经济转型国家就业不足的成因

苏联、中东欧等经济转型国家之所以出现就业不足或者说严重的失业问题,国内外学者对其原因从不同的视角都作出过分析。笔者认为,程连升所作的分析具有一定的代表性。程连升指出主要有三个原因:一是由于采取了激进式的经济体制和政治体制的转型,原来的政治经济秩序包括对外经济秩序很快被摧毁,而新的体制和秩序不可能在短期内建立起来,因此,导致了生产的大幅度下降,国民经济出现负增长,这就势必带来失业人数的急剧上升。二是经济需求水平下降。从国内来看,急剧的通货膨胀使职工实际工资大幅度下降,导致居民消费水平的降低和国内需求水平的急跌;从对外贸易来看,1991 年,经互会宣告解体和苏联各共和国的独立,使得苏联、中东欧国家之间原本拥有的贸易关系无以维系,而一时间与西欧的经济联系又无法建立起来,从而使其普遍经历了外贸的急剧下降。三是经济转型也要求将原来国有企业中存在的大量隐性失业人员(隐性失业占劳动力的比例约为 15% ~30% 之间)转化为公开的失业人员。在保加利亚、匈牙利和斯洛伐克,官方报道的失业率直至 1989 年仍然很小,但是,到 1993 年,这三个国家的失业率达到 12% ~16% 的水平。这种高失业率正是实现急剧制度变迁而必须付出的沉重代价。①

---

① 参见程连升:《中国反失业政策研究(1950 ~2000)》,社会科学文献出版社 2002 年版,第 279 页。

3.3.3　经济转型国家的就业制度转型

面对就业不足和严重的失业问题,经济转型国家从20世纪90年代中期开始采取了一系列措施,以控制失业、促进和扩大就业,并取得了一定的成效,其基本就业制度和政策措施包括:

(1)赋予居民就业权利的法律地位

俄罗斯和中东欧等经济转型国家在步入市场经济轨道的过程中,加快了就业促进的法制化进程。为了解决日益严重的失业问题,这些国家通过加强就业立法,为推动就业奠定法律基础。波兰政府修改《劳动法》,进一步放宽了就业限制,改进劳动就业中介工作,还制定了《就业与失业法》。2001年,俄罗斯制定并通过了新的《劳动法》,确立社会成员的就业权利,规定了劳动者周工时不得超过40小时,最低工资水平不得低于有劳动能力者的最低生活标准等。1996年通过并直至2003年已经8次修改后的《俄罗斯联邦居民就业法》,明确规定国家实施旨在促进居民实现充分、生产性和自由选择的就业权利的政策,就业政策由"国家保障的充分就业改为市场竞争条件下的自由选择就业"。俄罗斯法律规定了公民自由选择工作岗位的基本权利,甚至公民拥有在境外独立寻找工作的权利,并规定公民享有免费从就业机构获得咨询、职业指导、心理帮助、职业培训、转业培训、技能提高培训和获得信息的权利,以及对国家就业机构及其工作人员的决定、作为和不作为可以向其上级就业机构申诉,直至向法院起诉的权利。

(2)把促进就业的目标纳入发展规划和计划

1994年,俄罗斯就业总局与有关部门联合制定了《1994年联邦促进就业纲要》和《职业指导计划》。《1994年联邦促进就业纲要》对联邦的就业政策、目标、任务作了明确规定,使之成为国家经济社会发展规划和政策纲要体系的重要组成部分;各地区参照"纲要",制定地方计划,分别加以实施。职业指导计划旨在全社会范围内促进青年、残疾人和其他困难群体就业。据中国共青团中央国际联络部调研资料载,为了贯彻纲要精神,俄罗斯在1994年度提出了安排110万人临时就业的计划,其中58万人从事临时工作和社会性工作,如雇佣失业人员做环保工作、养老院服务工作等。在军工企业相对集中地区,发展大型社会公共工程,以吸纳失业人员再就业。①
捷克政府 1999 年结合国家经济发展战略,制定了中长期《国家就业计划》,
2002 年和 2003 年又相继出台了年度《就业行动计划》,对《国家就业计划》
中的改革进行补充和完善。

(3)建立失业保障制度

俄罗斯、中东欧等经济转型国家在较短时期内,已经建立起比较系统的
失业保障制度。20 世纪 90 年代中期以来,俄罗斯对旧体制下的社会保障
制度进行了一系列改革和调整,失业保障制度随之逐步完善起来;还成立了
辅助就业机构、再就业培训中心、失业救济中心、失业心理帮助中心等机构,
为失业者再就业提供服务;建立就业基金,用人单位按照工资总额的 1.5%
缴费,主要用于失业救济,并规定对下岗人员享有 3 个月时间寻找工作,其
间,企业必须以平均水平为其发放工资,逾期仍没有找到工作的转入失业基
金救济范围;失业救济金按照失业前最后 1 个月工资水平的一定比例计算,
即不能超过最低生活标准,也不能低于最低生活标准的 30%。2001 年,保
加利亚颁布实施的《失业保护与就业促进法案》规定,失业救济金数额不能
低于最低收入的 8%,不能高于最高收入的 150%,领取时间的长短由失业
者服务时间的长短以及年龄决定,且不能超过 12 个月;《强制与任选社会
保险法规》规定,失业救济金可以占到平均月收入的 60%。直到最近,保加
利亚的失业救济金数额才达到税前收入的 60%。捷克也规定,失业者可以
领取工作最后一个月工资的 60%,期限为 3 个月,期满后减为 50%,期限仍
为 3 个月,半年后仍不能再就业者可以领取一定数额的社会救济。波兰于
20 世纪 90 年代末出台了《就业与失业法》,取代了 1989 年颁布的《就业
法》。新法的主要变化在于突出了严格发放失业津贴的条件。此外,还有
一些经济转型国家制定了企业对失业职工的补偿措施,如立陶宛《劳动法》
规定,雇主在劳动者非意愿情况下解除劳动合同须支付中断劳动关系补偿
金,视劳动者在本企业工龄长短不同,一次性支付 1~36 个月的平均月工
资。斯洛文尼亚《劳动法》规定,雇主单方提出解除劳动合同,须向失业者
支付至少 6 个月的最低工资或者一次性支付一笔补偿金,连续工龄满 9 个

---

① 此资料参阅了中国共产主义青年团中央国际联络部编:《问题·对策·实践——国
外青年就业和再就业调研资料汇编》。

月以上的失业者,有权获得原工资70%的失业补偿等。

(4)重视就业培训与就业服务

俄罗斯、中东欧等经济转型国家高度重视就业培训,大都制定了就业培训的中长期计划,建立了相应的机构、基金和运作程序。俄罗斯、捷克、爱沙尼亚、罗马尼亚、匈牙利、波兰、保加利亚等都建立了比较完善的职业培训机构。俄罗斯政府专门为长期失业者制定了"失业者俱乐部"和"新起点"计划,对失业公民,就业机构安排其参加培训、转业培训和技能提高培训。残疾人、期限超过6个月的失业人员、退役军人及配偶、普通学校的毕业生、初次寻找工作的人,享有参加培训的优先权。职业教育和专门培训机构承担这类培训活动。目前,全俄有各类职业培训学校3000多所,其中一部分专门面向失业人员、残疾人和转业军人。失业人员参加由就业机构安排的培训,还可以按照规定获得助学金。助学金的标准根据不同的失业原因而有所不同,一般按照其本人失业前3个月平均工资的一定百分比或者最低生活标准计发,甚至还规定被派遣到异地参加职业培训的,由就业机构为其支付路费和异地居住所需费用。在俄罗斯,就业培训方式灵活多样,就业机构、职业教育机构、大学生等都参与进来,形成了一个相当广泛的失业培训网络。参加培训的人既包括下岗职工、青年学生,也包括残疾人、转业军人、辍学的16岁以下的少年等,受培训人员范围很广。这对于扩大就业、促进社会稳定以及经济的恢复性增长,具有积极作用。

(5)制定鼓励扩大就业的财税政策

俄罗斯在20世纪90年代初经济转型之后,经济严重下滑,失业大规模出现。为此,政府采取了一系列财税措施,以刺激经济,促进就业。一是大力发挥中小企业在接纳就业方面的积极作用。在原有《俄罗斯联邦国家小企业支持法》基础上,2001年,普京总统又提出了《扶持和发展小企业国家政策构想》新计划,提出了进一步完善小企业立法、简化和减少税收、提供资金信贷支持等8项措施。俄罗斯财政部还把激励中小企业发展作为2003～2005年国家10大重点社会经济政策之一。《俄罗斯联邦居民就业法》规定,国家通过金融信贷、投资和税收政策,发展临时就业和自主就业,鼓励灵活就业等。前几年,俄罗斯经济呈现较快增长,就业矛盾得以明显缓和,与鼓励中小企业发展的各项优惠政策密切相关。匈牙利在1990年经济转型前实行全民就业,不存在失业问题,经济转型后的1991年,匈牙利制定了《关于促进就业和为失业者提供保障的法案》,后又经多次修订,该法明确规定了政府为扩大就业渠道而采取的财政手段和措施,包括无偿赠款或者低息贷款方式向企业投资、为企业提供工资补贴等。保加利亚政府专门制定了"森林恢复和保护计划",向承包荒山野岭从事植树造林工作的失业者免费提供树种和苗木,并给予税收方面的优惠;政府向因土地私有化而失业的农民低价或者免费提供国有山地;在海滨或者高山滑雪旅游区,政府则允许失业者开办家庭旅店和餐馆,并在货款、税收等方面为其提供方便。这些措施对解决黑海沿岸地区和高山旅游区的失业问题起到了很大作用。

3.4　国外就业制度转型的主要趋势

关于国外就业制度转型的主要趋势,目前,经济学界有一些不同的看法。王伟、孔德威认为,自 20 世纪 80 年代以来,国外的就业政策发生了根本性的变革。这种变革的总趋势是放弃凯恩斯主义的就业政策,奉行新自由主义的劳动就业政策。① 与古典自由主义和新古典自由主义一样,新自由主义以推崇市场机制、反对国家干预为基本特征。一个时期以来,新自由主义取代了凯恩斯主义,成为居于主流地位的理论思潮和政策主张,在英美等传统的自由化国家盛行,欧洲等传统福利国家所进行的就业政策改革也具有非常明显的新自由主义特征。2003 年,欧盟委员会宣布了《新欧洲就业战略》(2003～2010)。Thomas Court(法国)认为,"《新欧洲就业战略》体现了彻头彻尾的新自由主义日程安排",主要表现在:一是《新欧洲就业战略》依旧从属于重点放在金融和物价稳定方面的新自由主义经济政策。在就业战略必须服从于"广泛经济政策指导方针"下,《新欧洲就业战略》就只局限于"结构性"(即微观经济方面)政策,而不能再采取对就业具有重要影响的"协同性"货币、财政等宏观经济政策。二是《新欧洲就业战略》以新的"充分就业"代替传统的"充分就业",将提高就业率作为就业政策的目标。传统的"充分就业"意味着每一个想工作的公民都能找到一份体面的工作,只存在一小部分的"摩擦性失业"。而新的"充分就业",则只意味着就业率

---

① 参见王伟、孔德威:《西方国家劳动就业政策的变革》,《河北师范大学学报(哲学社会科学版)》2005 年第 2 期。

所能达到的最高值,即到 2010 年使欧盟的就业率提高到 70%。这种以提高就业率为目的就业政策的新理念是,如果所有的信息和机会都已经提供给劳动者,而他们其中的一些人仍不愿意调整自己的薪酬期望或者努力提高自己的劳动技能,那么,失业就成为公民的一种自愿选择,即"自愿性失业"。三是《新欧洲就业战略》强调就业数量,忽视了就业质量,它所强调的是放松对人力资源市场的管制和人力资源市场的灵活性,而忽视了工作条件、工作安全以及职业健康等就业质量问题。里斯本小组认为,就业政策的新自由主义发展趋势主要表现在:一是充分就业政策被放弃,失业救济受到限制;二是用于反社会贫困的财政政策被削减,在富裕的工业化国家反社会贫困日益让位于自愿的公民倡议;三是社会保障措施被不断缩减;四是用于促进机会平等的资金被取消。① 概括起来讲,国外就业政策变革的主要趋势表现在以下几个方面:

(1)充分发挥市场机制的调节作用

前面已经论及,新自由主义主张放弃凯恩斯主义的就业需求管理政策,奉行新自由主义的就业供给管理政策。面对 20 世纪 30 年代的经济大萧条和大规模失业,凯恩斯以货币工资刚性、价格刚性、流动性陷阱和利率在长期缺乏弹性等为分析前提,提出了有效需求理论。根据有效需求理论,凯恩斯进一步提出了促进经济发展和增加就业的政策主张,认为单纯依靠市场力量是不能迅速有效地使经济恢复均衡的,只有实行积极的财政、货币等宏观经济政策,才能解决有效需求不足问题,从而使经济在充分就业的水平上保持均衡发展。在 20 世纪 30~70 年代,西方各国所实行的就业政策就是这种凯恩斯主义的就业需求管理政策。但是,从 20 世纪 80 年代开始,面对严重的经济滞胀和大规模失业,西方国家逐步放弃了凯恩斯主义的就业需求管理政策,奉行新自由主义的就业供给管理政策。新自由主义就业供给管理政策的核心是,政府将促进就业的宏观需求管理转变为微观供给管理,通过减税刺激资本和劳动供给,并以此促进经济发展、增加就业。其理论依据是,决定经济增长和就业增长的主导因素不是需求,而是供给,但是,只有降低边际税率才能保障资本和劳动供给的不断增加。因为:一是就业机会与雇佣工人的成本直接相关,政府的高税率,特别是高工资税率,将在劳动

---

① 参见里斯本小组:《竞争的极限》,中央编译出版社 2000 年版,第 64 页。

的供求之间打入一个"楔子",增加雇佣工人的成本,从而减少雇佣工人的就业机会。同样,政府的高税率也将在资本的供求之间打入一个"楔子",增加资本供给和需求的成本,导致资本供给不足和投资引诱的削弱,并最终造成经济停滞和失业增加。二是高税率将阻碍劳动者的"向上流动",从而降低劳动者的积极性和劳动生产率。古典经济学认为,影响劳动供给的主要因素是劳动力的价格(工资率)、劳动者受教育的程度、职业以及地域分布等,其中,工资率是影响劳动供给的内生变量,其他因素是外生变量。这样,劳动的供给曲线在劳动的收入效应和替代效应相互作用下成为一种"后弯曲线"。供给学派则认为,在一个动态演进的社会中,由于存在着贫富之分,人们极富"向上流动"的欲望,期望通过提供更多的劳动获得更多的报酬而"向上流动"。但是,在高税收社会中,由于大量劳动收入被抽走,使这种希望变得渺茫。因此,高税率特别是高的边际税率将导致工作积极性和劳动生产率下降。美国政府在20世纪80年代就实行了大规模的减税政策,并有力地促进了就业的增长,从1981年到1987年1月,全美新增加1300万个就业机会;2003年5月,美国国会通过了新的减税法案,计划在今后10年内减税3300亿美元。布什政府认为,减税将进一步刺激经济增长和降低失业率。

（2）减少政府对人力资源市场的干预

新自由主义认为,人力资源市场的僵化是大规模失业产生的重要原因,要改革僵化的人力资源市场,放弃管制,减少政府和工会对人力资源市场的过多干预,推行人力资源市场灵活化政策。所谓人力资源市场僵化,是指由于存在工资刚性、劳动力流动性差等问题,人力资源市场不能适应外部经济发展变化的一种状态。政府和工会对人力资源市场的过多干预,被认为是形成人力资源市场僵化的根本原因。第二次世界大战以后,工会在人力资源市场中发挥着越来越大的作用,西方国家也出台了一系列旨在缓和劳资关系、保护劳动者权益的政策措施,这些政策措施涉及工资标准、劳动力成本、解雇、雇佣、工作日、工作环境和工作安全等各个方面。新自由主义认为,政府和工会对人力资源市场的这些干涉,只会使人力资源市场变得更加僵化,不仅不能促进就业、保护劳动者,而且会因减少劳动者的就业机会而最终损害劳动者的利益。这是因为:首先,最低工资标准的初衷是为了保护最底层劳动者的利益,但是,它也可以能使工资标准高出"市场出清"水平,而使最底层劳动者长期处于失业状态。所以,它只是保护了就业者的利益,而使失业者进一步被排斥在了人力资源市场之外。另外,虽然根据效率工资理论,较高的工资标准能提高劳动生产率、减少旷工和跳槽,但是,如果政府通过最低工资立法而强迫企业提高工资,那么,劳动生产率的提高就可能被工资的增长所抵消。近年来劳动经济学的许多实证研究也表明,最低工资对就业所产生的影响即使是积极的,也必然是微乎其微的①。其次,严格的解雇程序和高额的解雇补偿费的目的是为了增加就业的稳定性,但是,它同时也会增加就业的不确定性。因为,面对严格的解雇程序和高额的解雇费,企业会采取分包合同形式解雇非正规行业的工人,从而使非正规就业增加,降低就业的稳定性。另外,严格的解雇程序和高额的解雇补偿费在降低劳动力流动性的同时,也降低了工人的劳动积极性和创造性,影响了企业竞争力的进一步提高,并最终危及劳动者就业的稳定性。第三,过多的、矛盾的和不清晰的规定,限制了劳资双方谈判的余地,使他们不能根据变化了的情况达到对双方都有利的合同。因此,新自由主义主张实行就业灵活化政策,改革僵化的人力资源市场。就业灵活化政策的核心是,通过放松管制、减少政府和工会对人力资源市场的过多干预,使劳资双方根据人力资源市场的供求情况,自行确定劳动者的雇佣、工资标准、工作时间、福利待遇、解雇和劳动保护等,从而在宏观上使人力资源市场确保劳动供给可以随总需求的增长而适度扩张,在微观上允许企业在较短的时间内获得必要的人力资源组建生产团队,生产产品,提供服务,以适应外部经济环境的快速变化。其具体措施有:一是废除企业不得解雇工人的制度,扩大企业解雇工人的自主权,并降低企业解雇工人所承担的经济赔偿;二是推行弹性工资和协议工资制,充分发挥工资在人力资源市场中的调节作用;三是实行更为灵活的弹性工作制,如减少工时、设置部分劳动和临时工作岗位等;四是取消全国性的产业集体谈判,实行分散化的企业级集体谈判;五是削弱工会的力量,限制工会的权利。

(3)改革社会保障制度激活就业

社会保障制度的建立,被认为是"解雇劳动者的胜利",它使雇佣劳动者及其家庭不再处于不稳定的状态,并为他们的将来提供了保障,使他们不

---

① 参见夏业良:《最低工资制能否战胜贫穷?》,《经济观察报》2001年10月8日。

再受人力资源市场变化、失业、疾病以及年龄等因素的影响,而且社会保障制度的建立,改变了工作的性质,使工作成为人们获得社会地位、融入社会经济生活的一种手段。但是,在工作日益变得不稳定、失业增加、贫困范围扩大的情况下,新自由主义对这种福利性的社会保障制度提出了质疑。新自由主义认为,过分慷慨的社会保障制度以及人们对社会福利的过分依赖,使失业者不愿重返竞争激烈的人力资源市场,是导致持续高失业率的重要原因。因此,新自由主义主张改革社会福利制度,实行激活性(activation)就业政策。激活性就业政策的核心是,通过改革社会保障制度,严格失业保障资格申请,缩短失业保障期限,降低失业保障水平,并将保护性就业政策与积极的就业政策相结合,从而"激活"失业者,促使他们积极地重返人力资源市场,以工作代替福利。激活性就业政策被认为是消极的保护性就业政策向积极的就业政策转变之后,就业政策发展的第三阶段。目前,激活性人力资源市场政策已经成为西方国家就业政策的基石。减少保护性人力资源市场政策,增加积极的人力资源市场政策,严格失业津贴的申请,缩短享受失业津贴的时间,降低失业保障水平,已经成为欧洲就业政策改革的方向。1996 年,美国通过了《个人责任和工作机会法》,1999 年,英国通过了《福利改革与养老金法案》,对各自的社会保障制度进行了重大改革,其共同的改革方向是"从福利到工作"或者称"工作福利",也就是说,在保留社会保障基本功能的同时,恢复市场的激活机制,从简单地保护失业者,转变为促进失业者再就业。

3.5　国外就业制度转型的启示

中国是世界上最大的发展中国家,也是人口最多、人力资源最丰富的国家,目前正处于经济转型的关键时期。经济转型所带来的隐性失业显性化和经济结构调整所造成的结构性失业等矛盾,一时还难以从根本上加以解决,就业形势依然十分严峻。如何解决中国经济转型期的就业问题,从对发达国家、发展中国家和经济转型国家就业制度转型的比较分析中,我们可以得到以下几点启示。

3.5.1 立足本国基本国情

世界千差万别,不同的国家有不同的国情。因此,必须从本国的具体国情出发,不断探索适合本国国情的经济发展和就业制度转型的路径。对此,我们可以从国外就业制度转型的经验和教训中得出结论。

瑞典是一个人力资源短缺的国家。尽管如此,就业的结构性矛盾仍然十分突出。20世纪80年代中期,瑞典政府进一步开放市场,提高市场自由化程度,导致物价上涨,居民收入降低,国内需求萎缩;20世纪90年代又进行了税收改革,提高员工工资,致使企业人工成本上升,从而导致1991~1994年连续4年GDP负增长,全国减少就业岗位60多万个,失业率高达15%。在这种情况下,瑞典政府采取一系列宏观调控措施,如调整产业结构、抑制通货膨胀、控制工资过快增长,促进劳动力结构调整,积极发展各类企业特别是发展小企业,完善人力资源市场服务体系等,促进了经济的复苏和发展。其中,吸取市场经济国家解决就业问题主要依靠人力资源市场政策的教训,采取积极的就业政策与宏观经济政策相互协调、相互配套的办法,提高了政策实施的整体效应。为了不使大量失业人员边际化,政府将失业人员纳入积极的人力资源市场计划,实施培训创业等措施,努力改善劳动力供给结构,降低了公开失业率。1997~2002年,瑞典经济出现恢复性增长,积极的就业政策与宏观经济政策对促进经济增长和就业增长的效应开始显现,就业增长进入第二次世界大战以后的最好时期。

战后,日本面临着经济社会的重大转型,日本政府针对本国人多地少、资源短缺的特点,对农业富余劳动力转移进行了有效干预。1971年,日本通过一项法案,要求在政府指导下,促进工业和农业、城市和农村协调发展。日本政府还制定了一项国家和地区相结合的指导性发展计划,规定从1971年至1975年,在城市郊区建立各类工业园区,吸纳农业人口就业。到1975年8月,日本有813个城镇实施了这项计划,建成了机电、金属加工、运输机械等各类工厂686家,吸纳的劳动力半数左右是农业富余劳动力。

与上述情况相反,长期以来,由于受经济制度、经济结构、政治环境和发展战略的影响,大多数发展中国家迅速扩张本国的现代工业部门,往往倾向于使用资本密集型技术,脱离了本国的资源比较优势,其结果是,造成了城市工业部门就业需求较低,就业增长速度较慢。特别是在 20 世纪 50 年代后期到 70 年代,许多发展中国家学习苏联的体制,有的实行计划经济、国有制和进口替代的工业化战略,有的虽然不实行计划经济体制,容许私人经济发展,但是,行政管制较严格,并且实施的是进口替代的工业化战略。因此,从体制上和工业化战略道路上看,其结果必然是农村中形成大量的隐性失业,或者在城市中形成严重的失业问题。到了 20 世纪 90 年代以后,许多发展中国家开始实行开放政策,引入新自由主义的经济竞争机制,造成一些劣势企业的关停并转,迫使工人下岗失业。

中国就业制度的转型一定要吸取国外就业制度转型的经验教训,立足中国社会主义初级阶段基本国情和当前中国发展的阶段性特征,探索出中国特色的就业制度转型的路子。

3.5.2　实施积极的就业政策

就业是公民的基本权利,促进就业是政府的基本职责。因此,无论是发达国家,还是发展中国家、经济转型国家;无论是在经济快速增长时期,还是在经济大萧条时期,各国政府都始终把促进就业作为经济社会发展的优先目标,在制定宏观经济和社会政策时,在宏观调控经济增长速度、应对通货膨胀问题时,在制定税收、货币政策时,在制定外交政策、签订外贸合同时,都要考虑到给国内就业带来的影响。在特定的历史时期,有些国家甚至通过赤字财政、通货膨胀的手段来提高就业率。如在美国总统克林顿执政时,推行了振兴美国的计划,其中"增加公共投资和私人投资,创造就业机会"是其计划的一大要点。该计划明确提出,投资 600 亿美元用于小企业税收优惠,目的在于提高就业率。正是由于这样不遗余力地努力,才使得美国的失业率从 1992 年的 7.4% 下降到 1999 年的 4%。

国际组织也把促进就业作为优先发展的目标。各国政府首脑在联合国世界社发首脑会议通过的《宣言》中承诺,将促进充分就业作为经济和社会政策的一个基本优先目标,并实行"能够最大限度地促进创造就业机会的经济增长模式"。联合国在会议后的国别就业政策调查报告中提出,各国政府在作出政策选择时,政策设计要促进宏观经济稳定和财政税收平衡;部门政策应当做到通过长期性市场激励措施,促进劳动密集型经济增长;政策和体制应当保证人力资源市场有效而公正地进行;政策应当致力于人力资源开发;制定目标明确的计划以降低贫困和促进社会融合。2001年底,国际劳工组织召开"全球就业论坛",会议通过的《全球就业议程》提出:"工作是人们生活的核心,不仅是因为世界上很多人依靠工作而生存,它还是人们融入社会、实现自我以及为后代带来希望的手段,这使得工作成为社会和政治稳定的一个关键因素。"创造就业机会不应当再被看作是经济政策的"副产品",而需要用一种新的眼光来看待位于整个发展中的大就业问题。《全球就业议程》强调:"使经济增长和繁荣的潜力得以发挥的基本条件是,生产性就业被置于经济和社会政策的核心位置,使充分的、生产性的和自由选择的就业成为宏观经济战略和国家政策的总目标。"

中国是一个人口大国,与其他国家相比,就业压力更大。因此,中国政府更应当把实施积极的就业政策、促进和扩大就业,作为经济社会发展的优先目标。

3.5.3　完善就业法律体系

法律作为一种社会系统,具有社会控制、冲突解决、适应社会变化、规范实施等功能。美国学者E.博登海默曾说过:"如果法律制度的主要目的在于确保和维护社会机体的健康,从而使人民过上有价值的和幸福向上的生活,那么就必须把法律工作者视为社会医生,而他们的工作则应当有助于法律终极目标的实现。……个人之间或者群体之间争议问题的长期存在,也必须被看作是社会健康的一个问题,因为不必要的破坏性的敌意和冲突的长期存在,并不会有益于社会中和睦和幸福的生活。因此,我们可以说,法官和律师——通过共同努力而使争议得到公平合理的裁决——就是执行社会医生的任务。如果一个纠纷根本得不到解决,那么社会机体上就可能产生溃烂的伤口;如果此纠纷是以不适应的和不公平的方式解决的,那么,社会机体上就会留下一个创伤,而且这种创伤的增多,又有可以能严重危及人们对令人满意的社会秩序的维护。"①国外促进就业的实践经验表明,用法

---

① [美]E.博登海默:《法理学——法律哲学与法律方法》,中国政法大学出版社1999年版,第505页。

律手段解决就业这一涉及全局性的重大社会问题,是最基本也是最有效的办法。国外在其经济社会发展进程中,通过逐步出台并完善相关法律制度,构建了比较完善的就业法律体系,包括如何促进就业、保障就业、防止失业、扩大就业渠道、反就业歧视等。在这些法律中,无论是在就业前的促进就业的法律,就业中的稳定就业的法律,还是失业保障与促进再就业的法律,实际上都起到了促进就业、扩大就业的法律保障作用。

当前,中国的社会主义市场经济体制已经初步建立,在实施依法治国、建设社会主义法治国家基本方略的背景下,运用法律手段促进就业还有很大的空间和潜力。因此,加快建设中国特色的就业法律体系,是应对当前严峻就业形势的战略选择,也是建立促进就业长效机制的根本所在。

3.5.4 建立失业保险制度

失业保险制度,被西方学者称为"安全网"、"减震器",是世界上大多数国家为失业者和再就业者所提供的一种社会化服务。为了保持社会的稳定,国外政府高度重视失业保险制度的建立和完善。一是通过制定政策措施,对企业裁员实行控制,特别是对正在向市场经济转型的国家来说,更要重视对企业裁员的限制。二是通过完善的失业保障救济制度,保障失业者的基本生活需要。但是,通过考察发现,只有西方发达国家所建立的失业保险制度比较完善,绝大多数发展中国家大都没有建立专门的失业保险制度,经济转型国家的失业保险制度也不够健全。可见,失业保险制度的完善程度,与一国的经济发展水平有着直接的关系。

中国已经建立了失业保险制度,但是,还需要在认真总结失业保险制度实施经验和存在问题的基础上,进一步完善这项制度,以适应中国就业制度转型的实际需要。

第4章　中国就业制度转型的历史考察

中华人民共和国成立 60 年来,中国的就业制度转型总是与国家的经济、政治、社会、文化制度相伴而生的,经历了漫长的制度转型过程,并且随着中国经济体制从计划经济到市场经济的转型,不断走向成熟。

4.1　中国就业制度转型的轨迹

目前,国内理论界对中国就业制度的转型轨迹,尚未形成一致的看法。姚裕群在《走向市场的中国就业》一文中,将中国就业制度的发展划分为建国初期和"一五"时期、"大跃进"和调整时期、"文化大革命"时期、改革前期、治理整顿和深化改革时期五个阶段,并对每个时期就业中存在的问题、就业制度及其特点作了分析研究。① 林嘉等在《劳动就业法律问题研究》一书中,将中国劳动就业制度的发展划分为计划型劳动就业制度阶段和从计划型劳动就业制度到市场型劳动就业制度的过渡阶段两个阶段。② 程连升通过对中国反失业政策的研究,提出了过渡时期、计划经济时期、转型经济时期、初步市场经济时期的中国反失业政策的四阶段论,③等等。

本书认为,从中华人民共和国成立以来中国经济、政治、社会发展的背景和特点看,中国就业制度的转型可以划分为 3 个阶段,即:统包统配的计划调控阶段(1949 ~ 1979 年)和体制内计划调控与体制外市场调节相结合

---

① 参见姚裕群:《走向市场的中国就业》,中国人民大学出版社 2005 年版,第 133 ~ 160 页。

② 参见林嘉、杨飞、林海权:《劳动就业法律问题研究》,中国劳动社会保障出版社 2005 年版,第 31 ~ 34 页。

③ 参见程连升:《中国反失业政策研究(1950—2000)》,社会科学文献出版社 2002 年版,第 61 ~ 183 页。

的双轨阶段(1979～1992 年)、市场导向型就业机制阶段(1992 年至今)。

4.1.1 统包统配的计划调控阶段

从 1949 年 10 月 1 日中华人民共和国成立到 1978 年年底中共十一届三中全会召开,是中国就业制度实行统包统配的计划调控阶段。统包统配的计划调控就业制度的主要内容包括:就业统一介绍制度和统一招收制度、全国统一的就业招收和调配制度、城乡分割的就业制度等。

(1)建立就业统一介绍制度和统一招收制度

中华人民共和国成立初期,中国面临的一个最大问题就是巨大的就业压力。仅从旧中国遗留下来的城镇失业人员就达 400 万人,相当于在职工人数的一半。此外,农村破产的农民也有几千万①。针对旧中国遗留下来的失业问题,中共中央明确指出,各级劳动局要设立劳动介绍所,帮助失业工人办理失业登记和就业介绍。同时,政务院颁布了《关于救济失业工人的指示》,规定"在招雇新工人和职员时,由当地劳动部门设立劳动介绍所统一介绍"。中央政府劳动部也颁布了《失业技术员工登记介绍办法》,规定公营、私营企业需要雇佣技术员工,应当在劳动介绍所备案,由劳动介绍所统一介绍,备案范围还包括企业雇佣的人员。同时规定,跨省、区雇佣和调配人员的审批手续,在省内的由省级劳动部门审批,在大行政区内的由大区劳动部门审批,在大行政区之间的由中央政府劳动部门审批。这样,全国性的统一就业制度的基础就初步得到确定。

随着国民经济的恢复和发展,就业需求日益增长,失业人员登记范围也进一步扩大。为了满足当时经济发展对人力资源资源配置的要求,控制劳动力供给的数量与规模,1952 年,政务院颁布了《关于劳动就业问题的决定》,要求推行劳动力就业由统一介绍到统一调配的过渡,具体包括:国营、私营企业需要雇佣人员,要预先提出用人单位和待遇,由劳动部门审查,并由劳动局所属的劳动力调配机构统一介绍,在指定的失业人员中选择;未经批准,不得自由招雇。同时规定,不得雇佣在职技术人员,不得到外地或者

① 参见陈云:《关于经济工作和财政工作的报告》,载《中华人民共和国三年来的伟大成就》,人民出版社 1953 年版,第 78 页。

乡村招雇,严格制止从农村招工。新建扩建的工矿企业需要招收职工,应当提出劳动力使用计划,报劳动部门审批,并由劳动部门按照计划调配供应劳动力。在3年国民经济恢复时期,通过全国统一的就业制度,不仅安置了147万失业人员再就业,而且为经济建设提供了大量的劳动力。可以这样认为,中国的就业制度首先是从解决失业人员安置入手而逐步形成的,从一开始就体现了劳动力高度集中管理的特点,通过严格限制农业富余劳动力向城市的流动,对城市居民实行特殊的保障就业措施,以保证农业积累满足城市工业发展的需要。

(2)实行全国统一的就业招收和调配制度

全国统一的就业招收和调配制度,主要是根据当时建筑行业的特点,从建筑业开始建立的。其原因是:中国原来的建筑队伍,不仅力量薄弱,而且十分分散,把他们组织起来,实行统一管理,以适应经济建设的需要。早在第一个五年计划前,东北地区就实行了建筑工人的统一调配制度,后来逐渐扩大到关内各地。当时,先是由工会组织、建筑部门和劳动行政部门共同管理,以后归劳动部门管理,工会和建筑部门配合。1953年,中共中央提出了过渡时期的总路线,中国开始进入有计划的经济建设时期。根据第一个五年计划的规定,1953年以后,大批工厂、矿山、交通运输企业和城市民用建筑陆续开工兴建,其中,1953年国家确定的重点建设项目就有130多个,全国房屋建筑面积2700多万平方米,基本建设投资占国家财政支出的1/3。这样宏大的建设规模,是中国历史上前所未有的。在这种情况下,如何保证基本建设所需要的劳动力,使重点工程顺利完成,是当时劳动力管理工作的一项重要任务。为了满足建筑企业的就业需求,确保劳动力供给,急需建立新的劳动力管理制度来代替旧的劳动力管理制度。同时,建筑工人工作季节性强,流动性大,也需要组织起来,统一调配,以保证施工单位的需要,避免失业。在这种情况下,国家先后在各城市建立了管理建筑工人的专门机构,制定了建筑工人的调配办法,开始了对建筑工人有组织地调配工作。到1953年底,全国已经有93个城市设立了建筑工人调配专管机构,为基本建设单位调配劳动力。如1953年,东北地区为基本建设单位调配建筑工人共计27万人次,北京市调配9万多人次,天津市调配12.6万多人次,有些地区还制定了建筑工人调配办法。1954年,中央人民政府劳动部提出在大规模经济建设时期,劳动部门的工作重点应当由救济失业工人转向对建筑工人的调配,并制定了《建筑工人调配暂行办法》。自此,在全国范围内统一了建筑工人的招收和调配制度。

随着经济建设的迅速发展,各个部门都需要大量补充劳动力,而当时全国普遍存在着劳动力大量多余和分布不合理的现象:一方面是沿海城市劳动力多余,另一方面是某些重点建设地区劳动力不足;在企业间,一方面是老企业技术力量积压浪费,另一方面是新建企业技术力量缺乏。为了克服这种劳动力不均衡现象,保证重点建设项目顺利进行,有必要在国民经济各部门之间、不同地区之间建立统一的劳动力招收和调配制度。因此,1955年以后,劳动力的统一招收和调配制度又从建筑业扩大到工矿企业和交通运输等各部门。1955 年 5 月,中央人民政府劳动部规定了劳动力统一招收和调配的基本原则、办法和劳动部门的管理权限,即:在劳动部门统一管理之下,由企业主管部门分别负责进行。在招工方面,企业招用工人和技校学生,统一由劳动部门进行,机关和事业单位招用人员,报当地劳动部门备案。在调配方面,企业之间劳动力的余缺调剂主要由主管产业部门在本系统内进行。为了避免同类职工相向调动和远距离调动,造成浪费,由地方劳动部门进行地区平衡调剂。各部门、各地区之间的劳动力余缺调剂以及抽调技术工人支持内地重点建设,由劳动部门管理。在劳动力计划方面,各部门和各地区根据国家批准的劳动计划,编制本部门、本地区的年度劳动力计划,劳动部门进行部门之间、地区之间的劳动力调配。这标志着中国以招收和调配为主要内容的就业制度的进一步确定。这种就业制度的创建,在当时条件下,防止了劳动力的私招乱雇现象,保证了劳动力的稳定和职工的职业安定,有助于解决部门之间、地区之间、企业之间劳动力余缺的矛盾,减少了窝工浪费,支援重点建设地区,对经济发展所需要的劳动力的供给发挥了重要作用。

(3)实行城乡分割的就业制度

1955 年 8 月,政务院发布《市镇粮食定量供应暂行办法》,强化了城市居民的粮食供给与计划消费模式,导致粮食供应制度的城乡分割而派生出后来的户籍制度对农民进城就业形成隔阻,从此,中国农村居民就业就被排斥在城市以外。这种城市就业制度违背了人力资源配置的规律。1957 年上半年,国家劳动部提出改变劳动就业由国家"包下来"的政策,实行"统筹兼顾,适当安排",允许辞退和流动,推行劳动合同制。1958 年,刘少奇在中央政治局扩大会议上提出了两种教育制度和两种劳动制度的设想,指出"固定工"只能减少,不能增加。然而,由于用工制度的改革政策与工资、保险、福利等制度不配套,在实施过程中遇到重重困难,最终被迫停顿。1958年1月,全国人大常委会第91次会议讨论通过了《中华人民共和国户口登记条例》(以下简称户口登记条例)。该条例规定:"公民由农村迁往城市,必须持有城市劳动部门的录用证明、学校录取证明或者城市户口登记机关准予迁入证明,并向常住地户口登记机关申请办理迁出手续。"自此,以阻断人口在城乡之间自由流动的户籍制度便应运而生。

上述政策、法令,从就业、粮食、户口等方面对农业富余劳动力进城进行了严格的限制,使农民即使看到城市预期收益也无法或者难以分享,中国城乡二元经济结构在计划经济时期表现得尤为明显。此后,中国在社会主义经济建设中,长期推行计划经济体制下的统包统配的计划控制就业制度,历时达30年之久。在此阶段,中国基本上不存在一般意义上的劳动市场,也几乎没有职业介绍机构,统包统配的计划控制机制成为中国人力资源配置的最主要、甚至是唯一的手段。

4.1.2 体制内计划调控与体制外市场调节相结合的双轨阶段[①]

从1978年年底中共十一届三中全会召开到1992年中共十四大召开,是中国就业制度实行体制内计划调控与体制外市场调节相结合的阶段。其间,以1987年提出"社会主义有计划商品经济体制,应当是计划和市场内在统一的体制"为标志,中国的就业制度进入了开始发挥市场机制作用的阶段。体制内计划调控与体制外市场调节相结合的就业制度便应运而生,其主要内容包括:"三结合"就业方针、劳动合同制、农业富余劳动力就业政策等。

(1)实行"三结合"的就业方针

20世纪70年代末,由于城市本身人口增长过快以及"文化大革命"期间已经招收的1300万农民工仍留在城市,加之政府政策允许90%(约1500

---

① 参见郜风涛:《中国经济转型期就业制度的回顾与评析》,《中国劳动》2009年第2期,第14~16页。

万)以上的"上山下乡"知识青年返城,使得中国形成了一个失业高峰,城镇登记失业率达到了 5.9%,出现了严重的"待业"问题。

为了缓解日趋严重的就业压力,1980 年,中央及时召开了全国劳动就业工作会议,提出:"在国家统筹规划和指导下,劳动部门介绍就业,自愿组织起来就业和自谋职业相结合"的"三结合"方针。这一方针的实质是"以生产资料公有制为主体,多种经济并存"的经济政策在就业政策上的体现,它的提出是对中国原有就业制度的突破,表明中国就业制度的指导思想发生了重大转变——开始由长期依靠计划经济来促进就业的单一轨道转向同时鼓励城镇居民"自愿组织起来就业和自谋职业"的多元化轨道上来,而且实施效果也非常明显。国家劳动部(1997)统计资料显示,1979~1984 年间,全国共安置 4500 多万人就业,占全国城镇劳动力总数的 36.8%,城镇失业率也陡降到 1.9%(见表 4.1)。

表 4.1　1979~1984 年中国失业与就业情况

年份	城镇失业人数 (万人)	城镇失业青年 (万人)	城镇登记失业率 (%)	当年就业人数 (万人)
1979	567.6	258.2	5.4	902.6
1980	541.5	382.5	4.9	900.0
1981	439.5	343.0	3.8	820.0
1982	379.4	293.8	3.2	665.0
1983	271.4	222.0	2.3	628.3
1984	235.7	195.9	1.9	721.5

资料来源:国家劳动部:《中国劳动统计年鉴(1997)》,中国统计出版社 1997 年版。

(2)实行劳动合同制

中国的劳动合同制度,是随着经济体制改革不断深化而逐步建立和发展起来的。1986 年以前,劳动合同制度开始试行时,仅适用于国有企业招用的临时工;1986 年 7 月,国务院发布了《国营企业实行劳动合同制暂行规定》,该规定明确要求,所有城镇新就业的人员统一实行劳动合同制,在平等自愿和协商一致的基础上,以书面形式明确双方的责任、义务和权利;劳动合同期满,即终止执行,原合同可以续订。但是,企业形式上的合同往往变成了事实上的固定工,企业并不能按照自身生产的需要来辞退企业内部的富余人员。这表明,政府对国有企业的控制依然存在,计划体制遗留下来的局限性仍然很明显。到了20世纪90年代,中国才将劳动合同制度逐步推广到各类企业的全体职工,实行"全员劳动合同制"。

(3)实施农业富余劳动力就业政策

20世纪80年代末,中国农业富余劳动力数量维持在1.3亿的水平上,占农业富余劳动力总数的1/4以上。1989年以来,大批农业富余劳动力无序流入城市寻找工作,出现了"民工潮",造成庞大的就业压力。为了解决农业富余劳动力的出路问题,1990年4月,国务院印发了《关于做好劳动就业工作的通知》,其中明确提出要合理控制农业富余劳动力的转移,减轻城镇的就业压力。此外,中国政府还实行了在农村就地转移就业的政策,包括深化农业生产、大力发展农村工副业和养殖业以及乡镇企业等政策措施,鼓励农民进入小城镇投资、务工,参与和推动小城镇的经济发展,等等。

此外,中国政府还有意对传统的体制机制进行了一系列的改革。体制内的就业制度开始偏向依靠市场机制来提高效率。表现在:一是在招工制度方面,国务院制定了《国营企业招用工人暂行规定》,确立了通过考核与择优录取的招工办法,使得招收的劳动者能满足其生产和工作的需要,劳动者个人也能在一定程度上使自己的工作意愿得到满足;二是在用工制度方面,国务院制定了《国营企业实行劳动合同制暂行规定》和《国营企业辞退违纪职工暂行规定》,企业在开始对新招收的工人中实行劳动合同制的基础上,可以辞退违纪职工,从而基本解决了计划经济体制下职工一次分配终身、能进不能出的问题,择优录取有了制度上的保证;三是在工资制度方面,将企业的工资总额同其经济效益之间建立起更加密切的关系,标志着分配主体开始由政府转向企业。四是在企业职工待业保险方面,国务院制定了《国营企业职工待业保险暂行规定》,明确要求宣布破产企业的职工、濒临破产企业法定整顿期间被精简的职工、企业终止并解除劳动合同的职工、企业辞退的职工,可以享受待业保险。

总之,在这一阶段,中国政府就业制度改革后的实施效果应当说是比较理想的:在体制外部门,中国的人力资源市场开始自发地产生,客观上提高了对中国人力资源的配置效率——就业岗位迅速增加,城镇失业率稳步下降;在体制内部门,计划经济下形成的僵化的用工制度和工资制度有了向市场机制转型的突破口,就业的所有制结构和产业结构也变得更为合理。但是,此阶段并没有处理好人力资源市场与就业制度(政府介入)之间的相互关系。尤其在体制内部门,从实际操作的结果来看,受就业的影响,企业事实上还远没有取得用工自主权,企业形式上的合同工往往变成了事实上的固定工,企业并不能完全按照自身生产的需要来辞退企业内部的富余人员。这说明,政府对国有企业的人事控制权依然存在,计划体制遗留下来的局限性依然很明显,用市场来配置人力资源的高效性还远远未能得到充分的发挥。不过,纵使这一阶段的改革极为有限,各项改革措施还是从客观上促进了中国人力资源市场的从无到有。

4.1.3　市场导向型就业机制阶段

从 1992 年 10 月中共十四大召开至今,是中国就业制度开始进入实行市场导向型就业机制阶段。以中共十四大确立社会主义市场经济体制的改革目标为标志,中国的就业制度进入了以制度创新为主要内容的新阶段。市场导向型就业机制的内容主要包括:确立市场就业导向、实施积极的就业政策、制定有关就业的法律制度等。

(1)确立市场就业导向

根据中共十四大关于建立社会市场经济体制的目标,1993 年末,原劳动部提出,要实行"国家政策指导下的市场就业",培育和发展人力资源市场,依法确定和调整新型劳动关系。1994 年 8 月,原劳动部制定了《促进劳动力市场发展,完善就业服务体系建设的实施计划》,明确要求加强人力资源市场建设,通过市场就业来促进就业发展,不断扩大城乡就业。1997 年11 月,原劳动部根据中国就业发展的新形势,提出了"市场调节就业、劳动者自主就业、政府促进就业"的就业工作方针。

20 世纪末和 21 世纪初,伴随着改革开放的深化、经济结构的调整,中国在经济快速增长的同时,又迎来了一个新的失业高峰,给市场就业格局带来了新的问题。与此同时,如何将具有计划经济时期"铁饭碗"的国有企业职工或者称旧体制的"中人"尽快导向市场就业的体制,完成与国有经济战略性调整和与国有企业改革相伴随的人员调整任务[1],即完成解决国有企

---

　① 　参见于法鸣主编:《建立市场导向就业机制》,中国劳动社会保障出版社 2001 年版,第 10 页。

业富余人员分流下岗和再就业问题的任务,以过渡到全面的市场就业格局,就成为一个需要认真研究和推动解决的问题。此外,与市场就业相关的政策还有:为劳动者建立社会保障体系;保障劳动者的平等就业权利及劳动报酬等权利;保障市场经济条件下弱者——妇女和残疾人的就业权利,扶助残疾人就业等。

(2)实施积极的就业政策

中国在总结多年促进就业再就业经验的基础上,借鉴国际成功经验,于2002年制定出台了积极的就业政策,并于2003年进一步完善。中国积极的就业政策包括以下5个方面的主要内容①:

一是以提高经济增长对就业拉动能力为取向的宏观经济政策。包括继续实施积极的财政政策和稳健的货币政策,以保持较高经济增长速度,鼓励发展中小型企业、第三产业、多种所有制经济、劳动密集型产业,发展灵活就业形式,提高就业弹性,创造更多的就业岗位。

二是以重点促进下岗失业人员再就业为取向的扶持政策。对下岗失业人员从事个体经营的,实行免征税费,提供小额贷款;对服务型企业吸纳下岗失业人员实行减免税费和社保补贴;对国有大中型企业通过主辅分离等办法分流安置本企业富余人员兴办的经济实体,免征企业所得税。对有劳动能力和就业愿望的男50岁以上,女40岁以上的就业困难下岗失业人员,实施再就业援助,并实行社保补贴和岗位补贴等。

三是以实现劳动力与就业需要合理匹配为取向的人力资源市场政策。包括对下岗失业人员提供免费职业介绍、免费再就业培训。在各级公共职业介绍机构中,实行求职登记、职业指导、职业介绍、培训申请和社会保险关系接续等"一站式"就业服务。对下岗失业人员自谋职业和自主创业,实行工商登记、税务办理、劳动保障事务代理等"一条龙"服务。发展人力资源市场信息网及其公开发布系统,提供及时、便捷的就业信息服务。

四是以减少失业保持社会稳定为取向的宏观调控政策。统筹规划、分步实施国有企业关闭破产和改制改组,把握关闭破产工作力度。合理引导

---

① 参见郑斯林:《在经济发展和结构调整中扩大就业,在深化改革和保持稳定中促进就业》,载《中国就业论坛:全球对话与共识》,中国劳动社会保障出版社2004年版,第20～21页。

和规范企业的规模性裁员。对关闭破产的企业,政府、企业要共同做好人员安置工作。对正常生产经营企业裁减人员,政府要进行指导和规范,防止失业规模过大、失业时间过于集中。同时,鼓励国有大中型企业通过主辅分离、辅业改制分流安置富余人员,对将富余人员安排在辅业企业的,给予减免税费的扶持,避免企业改组时产生大量失业人员。继续完善失业保险制度,充分发挥失业保险在保障失业人员基本生活和促进失业人员再就业方面的积极作用,使失业人员尽早重新回到人力资源市场,实现再就业。

五是以既能有效地保障下岗失业人员基本生活,又能积极促进再就业为取向的社会保障政策。包括完善下岗失业人员的社会保险关系接续办法,做好接续服务等。

(3)制定有关就业的法律制度

中共十四大确立社会主义市场经济体制的改革目标后,中国于 1993 年对《宪法》进行了修改,以国家根本大法明确了"国家实行社会主义市场经济"。1994 年 7 月,中国制定了《劳动法》,确立了国家促进就业的义务,并明确规定了"劳动者享有平等就业和选择职业的权利",这标志着中国在法律上确立了市场导向型的就业制度。1996 年 5 月,原劳动部、全国总工会等部门发出了《关于逐步实行集体协商和集体合同制度的通知》,从此,集体协商和集体合同制度在全国逐步推行。1999 年,国务院办公厅转发了原劳动和社会保障部《关于积极推进劳动预备制度加快提高劳动者素质的意见》,要求从 1999 年起在全国城镇普遍推行劳动预备制度,并把实施的对象从新生劳动力扩大到包括国有企业下岗职工在内的其他求职人员。此外,还推行了职业教育、职业培训、职业技能鉴定和职业资格认定等相关制度。随着社会主义市场经济体制的不断深化和完善,中国加速了建立市场导向型就业制度的步伐。2007 年 8 月,中国进行就业制度创新,专门制定了《就业促进法》,建立起一系列面向全体劳动者的促进就业制度,形成了较为完整的促进就业工作体系,成为中国就业工作的一个重要里程碑。对此,本书第五章将作具体介绍和评估,这里不再赘述。

4.2 中国就业制度转型的诱因

一般认为,制度转型有两种类型,一种是政府主导型制度转型,另一种是企业和个人自发创新制度转型。政府主导型制度转型,主要表现为打破僵化的体制、放宽各种管制,体现体制、机制的创新。企业和个人自发创新制度转型,是企业个人首先产生制度转型的强烈要求和冲动,并自觉成为创新的主体,政府因势利导,支持个人和企业的制度创新,这种自下而上的变革,最终推动新制度的产生和新体制的形成。

4.2.1　中国传统就业制度的特征

中国传统就业制度作为中国经济体制的重要组成部分,反映了当时经济和社会发展的基本要求。基于当时对社会主义本质的片面理解,认为社会主义国家就必须以充分就业为目标,而要实现充分就业,就应当用行政的而非经济的手段,用计划的而非市场的办法来动员、组织、分配人力资源。这种就业制度主要有以下几个特征:

(1)以计划手段推行就业统招统配

在劳动力供给上,实行国家大包大揽的就业体制,劳动部门根据各部门、各地区的劳动力计划对劳动力实行集中统一招收和配置,用人单位往往出于对国家计划的刚性作用的认识,不大考虑人力资源微观配置效果,考虑更多的可能还是用人数量,因为在企业拥有行政级别的情况下,职工数量是企业比规模、上级别的一个重要标准。一方面,企业与政府劳动部门形成了事实上的"谈判机制",通过讨价还价的办法实现人力资源的配置;另一方面,一旦这种"谈判机制"形成,就在客观上加剧了计划配置人力资源固有的供求信息不对称的矛盾,加上企业无法自主辞退职工,绝大多数职工"固定工"化。能进不能出的用人制度,必然带来冗员的产生,导致企业劳动效率的下降。

(2)高积累导致低工资、高福利的分配格局

在当时的历史条件下,几乎所有的社会主义国家都采取了"赶超型"的发展战略①。这种违背国家比较优势的发展战略,要求重工业部门有超常

---

① "赶超型"发展战略:20世纪50年代,中国经济为了在短期内赶上英国,超过美国,制定了重工业发展的战略。于是,中国便出现了重工业偏重,轻工业偏轻的状况,造成了资源的极大浪费。

规的积累,其结果必然是提高工业品的价格,压低农产品价格,降低劳动力成本,以此完成这个积累过程。同时,国家对劳动力供求统一控制,全国实行统一的工资制度,工资不可能成为调节劳动力供求的内生变量,工资实际上成了国家给职工配发的生活费,这就使得职工的工资水平很低。在计划经济条件下,既然职工将一部分劳动所得以利润的形式交给了国家,得到的仅仅是人为压低的工资,国家便通过公有制企业职工实行普遍的高福利政策,其中最为重要的就是强化个人保障,一个人一旦进入用人单位,就几乎没有失业风险。此外,还有养老、医疗、工伤等社会保险待遇,以及职工住房、子女教育、福利等,都统统由国家包下来。这种就业制度虽然有利于工业部门高投资和高积累目标的实现,但是,也同时造成了用人单位内部大量的隐性失业,使国家背上了沉重的社会保险和福利负担。

(3)城乡就业分割强化了二元经济结构

重工业多为资本密集型产业,发展重工业就必须在当时的情况下采取"以农补工"的做法,这不仅导致了农村投资的严重不足,而且也要求农民继续留在土地上,使得农业富余劳动力的转移受到极大限制。国家在农村实行严格的城乡人口流动隔绝政策和广泛的农村集体就业制度,农村的集体化形式经历了从"互助组"、"初级合作社"到"高级社"的逐级演变。1958年,随着"大跃进"高潮的掀起,农村集体化的步伐迅速加快,迅速实现了由"高级社"向"人民公社"的过渡。自此,"人民公社"制度在农村生活的各领域一直占据着统治地位。人民公社内部实行"政社合一"的制度,它既是经济组织,又是政权组织;既管理生产建设,又管理财政、粮食、贸易、民政、文教、卫生、治安、民兵和调解民事纠纷及其他基层行政事务,实行工农兵学商相结合,成为经济、文化、政治、军事的统一体。在人民公社内的农村就业体系里,农民不再保留任何形式的生产和劳动的自主权,其劳动时间、劳动内容都由生产队统一安排,劳动者丧失了就业的选择权。农业富余劳动力的个人消费品分配,实行工分制和供给制相结合,其中供给部分一般占70%~80%左右。人民公社通过"政社合一"的组织形式,控制了农业富余劳动力向城市的流动,城乡隔绝的户籍制度实际上取消了城镇较高的工资水平对农业富余劳动力向城市流动的拉力作用,强化了农业富余劳动力流向城镇的制度壁垒。因此,在传统就业体制下,中国劳动力在城乡间的流动,并没有像一些经典的"二元经济"模型所描述的那样,随着一国工业的进程,传统部门中的劳动力逐步被转移到生产率较高的现代部门中去。恰恰相反,在传统就业制度下,几乎不存在农业富余劳动力向城镇的自由流动。而且,人民公社的无限就业,使政府把农村视作容纳更多就业的"蓄水池",导致大批城镇无法就业的待业青年涌向农村,如"上山下乡",出现了中国所特有的与经济发展规律相悖的劳动力逆向流动。

(4)劳动力缺乏必要的流动性

劳动力就业实行国家计划配置,劳动供求关系既不能反映劳动力价格变化对劳动力供给的影响,也不能反映企业生产对劳动力的需求状况。劳动力一旦通过国家计划安置进入就业过程,企业和职工个人基本没有选择自主权,劳动力固定下来以后就很少流动,表现为企业间、行业间、地区间劳动力极少出现国家调配以外的大规模或者经常性的流动。

4.2.2　计划经济条件下的就业矛盾导致就业制度转型

如前所述,传统的就业制度是以城乡劳动力分割、城市就业统包统配、低工资高福利为主要特征的,它是在计划经济条件下产生和发展并与国家确定的重工业优先发展相对应的,在当时的历史条件下有着积极作用。但是,其弊端也日益凸显:一是对"包下来"的统一分配和安置人员,不管生产和工作是否需要,一律安置工作,不能辞退,结果是许多单位人浮于事,一个人能干的事几个人干,企业冗员现象非常严重;二是职工一旦成为固定工,即使不能发挥技术业务专长,非经组织批准,也不能到别的单位工作,劳动者没有选择职业的权利;三是职工普遍没有生产积极性,劳动纪律松弛,坐吃社会主义的"大锅饭";四是对以后劳动就业观念的改变,树立就业竞争意识带来了极大的困难。直到今天,受这种体制的影响,对扩大就业,促进下岗失业人员再就业的负面作用仍然不可小视。可以说,这种制度造成了冗员的大量产生,使失业隐性化,降低了人力资源配置效率,严重妨碍了劳动生产率和经济效益的提高,不利于经济社会的发展,也不利于提高人民的生活水平。

随着中国经济体制由计划经济体制向有计划的商品经济体制的转换,在经济社会发展中计划经济的成分逐渐减少,市场经济成分逐渐增加。在这种背景下,传统的计划就业制度与日益扩大的企业招人、用人要求产生了矛盾。在计划经济条件下建立的高度集中的就业制度与当时城市就业安置需求之间的矛盾冲突日益明显。最为突出的表现是大批"上山下乡"的知识青年返回城市,要求提供就业机会,而城市积累的大批待就业人员等待就业,从而使得 1978～1979 年中国的就业形势愈加严峻,就业矛盾愈加尖锐。在经济发展无法提供足够满足劳动力就业岗位的情况下,传统的就业安置办法已经不能完全适应经济社会发展的客观要求,必须尽快加以改革。

4.2.3　市场经济条件下的竞争导致就业制度转型

新制度经济学的代表人物之一诺思认为,制度变迁所得利益超过所需成本时,就可以能发生制度变迁。因此,交易成本在制度安排的选择中具有重要意义。制度作为一种"公共物品",与其他物品一样,其变迁是制度的替代、转换与交易过程。它依照制度从低效益向高效益的路径演变,最终由制度的供给与需求变动决定。实际制度供给的约束条件是制度的边际转换成本,即边际转移成本等于市场的边际交易成本。影响制度需求的因素主要包括:宪法秩序、制度设计成本、现有知识成本及其社会科学知识的进步、实际新制度安排的预期成本、现存制度安排、规范性行为准则、上层决策者的净利益等。

从制度需求角度看,追求利益最大化的单个行为主体,总是试图在给定的制度约束条件下,谋求确定预期对自己最为有利的制度安排和权利界定。一旦行为人发现制度的不均衡和外在利润的存在,就会产生制度变迁需求,这种需求能否转变为新的制度安排,取决于赞同、支持以及推动这种制度变迁的行为主体集合与其他利益主体的力量对比是否处于优势地位。如果力量优势明显,则原有的制度安排和权利界定将被新的制度安排和权利界定所替代,最后国家通过法律等形式,确定有利于占支配地位的行为主体的制度安排和产权规则,从而导致制度变迁。

从制度供给角度看,供给主导型制度变迁是在一定的宪法秩序和行为的伦理道德规范下,由权力中心提供新的制度安排的能力和愿望所主导的,而这种能力和意愿主要决定一个社会的各既得利益集团的权利构成或者力量对比。供给主导型制度变迁的主要特征有:一是在政府主体与非政府主体参与制度安排的社会博弈中,由于政府主体在政治力量与资源配置权力上均处于优势地位,因此,政府主体是决定制度供给方向、形式、进程及战略安排的主导力量。这种优势地位又取决于政府集权的程度、财务集中的程度以及权力中心在国民中的威望等因素。二是由于目标函数与约束条件的差异,政府主体与非政府主体对某一新的制度安排的成本与收益的预期值是不一样的,这就难以避免出现非政府主体对制度的需求与政府主体对制度供给的差异,即存在制度供求上的矛盾。在这种情况下,只有重新调整利益结构,改变政治力量对比,才能增加制度供给。可见,政治经济因素对制度供给具有决定性作用,而恰恰精英的政治经济成本和利益,是对制度变迁的性质和范围作出解释的关键。

制度变迁在"预期净收益超过净成本"的情况下发生。但是,这种变迁并非都是朝着生产率提高和经济增长的方向发展的。人们所追求的是在"预期净收益超过净成本"的情况下,促进生产率提高和经济增长能够实现或者降低成本的制度变迁。正如诺思所说:"使各个组织在重新构造市场的过程中,必须认识到这一点,他们必须创造出真正的制度变迁以实现或者降低交易成本。要达到这个目的,我们既要考虑经济因素,也要考虑政治因素,既要考虑经济市场,也要考虑政治市场。"①经济制度变迁是如此,就业制度变迁也是如此。只有当老百姓的制度变迁需求与政府的制度供给一致时,就业制度的变迁才有可能出现,而导致这种制度变迁的动力就是竞争。经济竞争使人们强烈要求就业市场化,政治竞争使决策者更加知民情,逐渐改变我们的就业制度。因此,理解竞争是理解国家建立并不断改善经济制度,尤其是就业制度的关键。

当前,中国就业制度转型既体现了政府的意志,也体现了民意的充分表达。国家促进就业制度的不断完善,使就业的公共决策更多地接近于现实,同时也意味着公共选择效率的提高。这样,人力资源市场的帕累托改进就有可能出现。

4.3　中国就业制度渐进式转型的路径

中国面对 20 世纪 80 年代初严峻的就业形势,以"三结合"为起始点,

---

① 诺思认为:一个国家的政体起着根本性的、至关重要的作用,它仍然决定着我们的经济结构和发展。因此,制度变迁不仅取决于经济因素,而且取决于政治因素。

开始引入了一些市场因素。但是,促进城镇就业制度转型的标志性措施,是
1986 年劳动合同制度的全面推行和失业保险制度的初步建立。从宏观角
度看,中国就业制度转型遵循了渐进式改革的路径,这也是中国改革、发展、
稳定总体思路下就业工作的必然选择。

在具体转型过程中,由于在 20 世纪 80 年代中期,城市放松了对农业富
余劳动力的限制,在城乡收入差别的作用下,农业富余劳动力开始向城市流
动,而且这种流动完全是在市场机制的作用下进行的。一方面,农民进城就
业,是在人力资源市场机制作用下进行的,他们根据人力资源市场的价格信
号,在进行流动成本与收益比较之后,对进城就业作出抉择,并与城市开展
了激烈的岗位竞争;另一方面,农民进城就业,对传统的就业机制产生了强
大的冲击,对人力资源市场的发展起到了推波助澜的作用,正如刘易斯所指
出的那样,城市资本积累不仅成为经济发展的唯一动力,而且也成为农业富
余劳动力转移的唯一动力。中国无限的劳动力供给,使城市现代工业部门
在现有的工资水平上能够得到其所需要的任何数量的劳动力,城市现代工
业部门和劳动力供给具有完全弹性。与此同时,尽管当时国有企业的就业
仍然实行有限保护,但是,另一股力量——非国有部门就业的市场化,带动
了国有部门就业观念的更新和平等竞争、自主择业、自主用人机制的形成。
国有部门就业于 20 世纪 90 年代末与市场就业并轨,最终推动了传统就业
到市场导向型就业的转变。

就业机制的转换,也促进了企业用工制度、工资分配制度以及社会保险
和福利制度的改革。企业依照《中华人民共和国劳动法》(以下简称劳动
法)的规定,可以自主用人,劳动者可以自主择业。随着企业用人机制的逐
步形成和发展,工资开始成为反映劳动力供求状况、引导劳动力流动的重要
杠杆。同时,与就业制度转型相适应的还有社会保障制度的变迁。为了防
止就业机制市场化转型带来的职业波动,国家愈来愈重视社会保障制度的
建设,建立了比较健全的养老、医疗、工伤、失业和生育保险体系,20 世纪 90
年代中期又建立了城市居民最低生活保障制度。为了加快国有企业职工下
岗分流,从 1993 年开始,国家实施了“国有企业下岗职工再就业工程”;
1998 年,国家又推出了国有企业下岗职工基本生活保障和再就业等一系列
政策措施。进入 21 世纪,国家在加快人力资源市场培育和发展的同时,在
改善劳动力供给结构、加强人力资源能力建设、扩大就业、促进就业、推动公

共职业服务等方面采取了一系列的办法,不仅保证了就业制度转型的路径继续朝着市场经济发展的方向不变,而且加强了相关配套制度的建设,为中国最终实现由传统就业制度到以市场为导向的现代新型的就业制度的转型奠定了坚实的基础。

4.4　中国就业制度转型的主要经验

改革开放30年来,中国就业制度发生了极大的变化,国内外学者从不同视角和层面对其经验进行了总结并给予充分的肯定。最有代表性的研究成果是中国社会科学院人口研究所所长蔡昉发表的《中国就业制度改革的回顾与思考》一文。该文认为,中国的就业增长和结构变化是30年改革开放和发展的结果。理解就业的增长和结构变化机制,是认识中国改革开放和发展的一个重要侧面;反过来,这个时期特殊的就业问题以及就业制度转型的过程与成绩,也需要在改革开放和发展的大背景下进行研究,才能更深入地认识其本质。①

4.4.1　人力资源市场发育遵循经济改革整体步骤与逻辑

中国在改革开放时期的经济增长,是一个二元经济转换的过程;中国特殊的改革开放和发展变化,又赋予这个过程一系列中国特色。

(1)中国的现实与刘易斯理论模型是一致的

中国在如何通过经济增长和产业结构变化创造就业机会、消除劳动力无限供给这一特征上,其现实与刘易斯理论模型是一致的。一方面,在实现二元经济结构转化之前,中国农村存在着大量的富余劳动力,城乡人力资源市场处于制度性分割状态,并由此形成了农村向城市转移劳动力工资水平长期停滞等,这是这个阶段的显著特点;另一方面,伴随着改革和发展的迅速推进,即人力资源市场的发育和人口红利被充分利用,迎来了中国经济发展的重要转折点,人力资源市场也因此进入到一个更为成熟的发展水平。

①　参见蔡昉:《中国就业制度改革的回顾与思考》,《理论前沿》2008年第11期。

（2）人力资源从计划配置向市场配置的机制转型

中国二元经济结构转换，同时又是从计划经济向市场经济转型的过程，集中表现为人力资源从计划配置向市场配置的机制转型。在经历就业迅速扩大和遭遇人力资源市场冲击的同时，就业形式和就业增长方式发生了巨大变化。通过实施积极的就业政策和强化人力资源的市场配置，中国强劲的经济增长一直伴随着城乡就业的快速增长。这个趋势在 20 世纪 80 年代后期开始的国有企业固定工就业制度改革，以及 20 世纪 90 年代后期国有企业进行减员增效改革以来并没有改变。但是，就业结构以及推动就业增长的构成因素却发生了巨大变化，非公有经济、中小企业以及非正规部门成为扩大就业的主力军。这表明，人力资源的市场配置机制在扩大就业中，逐步取代了计划经济的配置机制。

（3）中国就业制度转型是在经济全球化背景之下实现的

经济全球化的总趋势是国际贸易的空前发展。中国在劳动力的质量和价格上体现出来的资源比较优势，通过确立劳动力密集型产品在国际市场的竞争地位而得到发挥。中国改革开放 30 年中，世界经济正迎来新一轮全球化高峰，中国通过加入 WTO，深深地融入经济全球化过程中，并成为最大受益者。在世界贸易总量迅速增长的同时，中国对外贸易以更快的速度增长。此外，资本在世界范围的流动与配置，为中国提供了来自外部的更有效的资源配置能力。

遵循经济改革整体逻辑与步骤，中国人力资源市场的发育总是伴随着农村家庭承包的实行及其效果的显现，以农业富余劳动力这种生产要素的重新配置为标志而起步，并逐渐推进到城市，以渐进和激进结合的方式进行的。

4.4.2　农业富余劳动力重新配置与城乡一体化

中国的经济改革是 20 世纪 70 年代末从农村开始的，起步于农村家庭承包制。这种改革对农业生产产生了巨大的激励效果，并且大幅度地提高了生产效率，大大节约了农业劳动时间，形成了公开的劳动力富余，从而开始了人力资源重新配置的过程。可以说，家庭承包制这个农业经营的基本制度，对于农户劳动力的重新配置具有更加重要的作用，即它除了具有调动劳动者积极性的基本效能之外，同时也通过给予农户安排劳动时间、决定劳动方式和劳动内容的自主权,从而解放了农业富余劳动力这一最重要的生产要素。因此,可以把这项改革看作是人力资源市场改革的出发点和认识过程的逻辑起点。

从转移的途径和过程看,农业富余劳动力转移依次有以下几个步骤:第一步是农村内部从以粮为纲的种植业部门向林牧渔业部门转移,使农业内部的生产结构和就业结构得到了调整;第二步是在农村内部向以乡镇企业为主要载体的非农产业转移;第三步是农业富余劳动力跨地区和向城镇的流动。

各种制度障碍的逐渐拆除是劳动力得以跨地区流动的关键。20世纪80年代以后,政府逐步解除限制农业富余劳动力流动的政策。随着农业富余劳动力就地转移渠道日益狭窄,1983年,政府开始允许农民从事农产品的长途贩运和自销,第一次给予农民异地经营以合法性。1984年,政府进一步放松了对劳动力流动的控制,甚至鼓励劳动力到临近小城镇打工。到1988年,中国政府则开了先例,在粮票制度尚未取消的情况下,允许农民自带口粮进入城市务工经商。20世纪90年代,在对待农业富余劳动力流动的政策倾向上,中国政府与地方政府之间、劳动力流出地政府与流入地政府之间产生了分野。即便存在不同的政策倾向和政策的周期性摇摆,中国中央政府和地方政府仍然分别采取了一系列措施,适当放宽了对迁移的政策限制,特别是对户籍制度进行了一定程度的改革,使劳动力流动的积极作用进一步显现。

中国政府对农业富余劳动力转移重要性的认识,对于改革的推进作用十分明显。从2000年开始,中国政府制定政策,积极支持和鼓励农业富余劳动力的流动,并明确提出改革城乡分割体制,取消对农民进城就业的不合理限制的指导性思路,这就是被称为城乡统筹就业的政策。这一政策倾向被明确写入2001年公布的《第十个五年计划纲要》和2006年公布的《第十一个五年计划纲要》中,并且通过改善流动人口的就业、居住、子女教育、社会保障条件,使之逐步成为可以执行的措施。这一政策变化,顺应了经济社会发展的阶段性变化要求,是中国政府对现实中制度需求所作出的积极反应。与此同时,地方政府对户籍制度改革的力度也明显加大。近些年来,大多数省市在户籍制度改革方面都作出了颇为不凡的动作。一个具有共性的改革,是尝试建立城乡统一的户口登记制度。到2007年,全国已经有12个省、自治区、直辖市相继取消了农业户口和非农业户口的二元户口性质划分，统一了城乡户口登记制度，统称为居民户口。此外，很多城市还进一步放宽了落户条件，以准入条件取代各类进城人口控制指标。但是，改革遇到了种种难题，其中最突出的问题是，户籍制度实际上并不是一个简单的人口登记制度，其核心是户口背后所包含的福利差异。当改变了户籍登记的归类方式或者放宽了落户条件之后，现行的城市财政体制和公共服务体制却无法应对加大了的负担。其结果是，户籍登记方式虽然改变了，但是，其实质内容并没有改变，也就是说，作为统一的居民户口，居住在农村的那部分的人口，乃至按照条件落户在城市的新居民，仍然不能平等地享有城市人口所享有的社会福利、社会保障和公共服务。经过一个周折之后，户籍制度改革的路径更加清晰了：户籍制度改革的实质并不在于是否放宽了入籍的条件，其根本在于是否把福利因素与户籍身份相剥离，目的就是要形成一个城乡一体化的人力资源市场和城乡统筹的公共服务体系。目前，与户籍身份附着在一起的种种福利因素，如社会保障、社会保护、教育获得以及其他公共服务，都处于改革的过程中。中国中央政府加大工作力度，把缩小城乡公共服务差距作为重要的政策目标加以实施，地方政府也认识到，把户籍制度与种种福利因素的改革相结合，将是更加有效地改革户籍制度的途径，从而形成一种相互补充、相互促进的关系。这样，既有助于政策的调整和制度改革的推进，也抓住了改革的实质内容。

随着劳动力流动政策环境的逐步改善，农业富余劳动力流动的规模和范围大幅度提高，形成了人类和平历史上最大规模的流动劳动力群体。在这种自由流动择业和就业过程中，农民工的工资地区差异逐渐缩小，他们与城市普通劳动者之间的工资差异也趋于缩小。根据经济学原理，这种工资趋同，正是人力资源市场一体化程度提高的标志。而且，伴随着人力资源市场供求关系的改善，在出现全国范围内"民工荒"现象的情况下，长期不涨的农民工工资，也开始以较快的速度提高。

4.4.3　城市就业冲击与人力资源市场发育

中国城市就业制度的改革是从增量开始的。1980 年，中国政府推行在国家统筹规划和指导下，劳动部门介绍的就业、自愿组织就业以及自谋职业的"三结合"就业模式,第一次突破了城市劳动力配置的完全计划化,形成了一个边际意义上的政策调整,它与对产业结构调整和所有制多元化的最初认同是相互补充的政策。20世纪80年代,开始了国有企业放权让利式改革,企业在使用劳动力方面的自主权不断扩大。1987年开始的"搞活固定工制度"的城市就业制度存量改革,在要求企业招收新工人一律实行劳动合同制、企业与职工自愿签订劳动合同的同时,也涉及到企业的原有职工,这标志着城市以国有企业为重点的就业政策改革的全面开展。随着国家逐步扩大国有企业的各项经营自主权(包括劳动用工权),企业管理者开始具有筛选、解雇职工的合法权,也有权根据企业效益和职工的表现决定和调整工资水平。这个制度条件具备以后,随着企业竞争压力的提高,企业的雇佣行为就倾向于市场化了,"铁饭碗"也在改革中逐渐被打破。

　　20世纪90年代末以来,在职工大批下岗、城市失业率上升的情况下,中国政府实施了一系列就业政策措施,缓解人力资源市场的压力。这些政策措施涉及到政府、企业和劳动者等不同层面。可以说,在促进就业和再就业过程中,政府扮演着不可替代的角色,凡涉及到就业、再就业的重大政策实施、特殊困难群体的就业扶持、重要制度的建设和重要服务体系的建立,政府都参与其中,承担了主要责任。虽然政府对促进就业、再就业起到了重要的作用,但是,就业岗位归根结底不能依靠政府来创造。一方面,中国人力资源市场在经历20世纪90年代末的冲击之前,非公有经济已经获得了很大的发展,为应对城市职工下岗、失业的严峻局面作出了一定铺垫。另一方面,通过打破城乡之间、地域之间、部门之间和所有制之间的制度分割,矫正生产要素价格信号,从而为利用人力资源市场促进就业奠定了基础,这比政府自身去扶持的效果要大得多。因此,在政府实施的积极就业政策中,最明显的莫过于对人力资源市场机制作用的发挥。

　　中国改革开放以来强劲的经济增长,一直伴随着城市就业的快速增长。这个趋势在20世纪90年代末经历人力资源市场的冲击之前并没有改变。1995～2005年10年间,即使不考虑农村进城劳动力就业,城市就业也增长了43.5%。而这种就业增长,主要是通过改革以来非公有制经济和非正规部门的扩大来推动的,由逐步得以发育的人力资源市场机制来配置的。2002年以来,按照国际劳工组织标准计算的城镇失业率稳中有降,国有企业下岗职工基本生活保障向失业保险并轨已经完成,同时,城镇登记失业率也呈现下降的趋势。

20 世纪 90 年代后期,国有企业在进行旨在减员增效的就业制度改革之前,由于当时国有企业的"大锅饭"还没有被打破,虽然非公有制经济得到了一定的发展,但是,其吸纳就业的作用主要还是边际上的。一旦城镇就业制度得到根本性的改革,尽管在一段时间里发生了较为严峻的下岗和失业现象,但是,通过包括下岗再就业政策、失业保险制度、基本养老保险制度和最低生活保障制度的重建,也能保证就业的基本平稳过渡;同时,通过经济的持续增长和人力资源市场的发育,也将有利于就业的扩大,最终实现人力资源由市场配置的改革目标。

4.4.4　人力资源市场转型和发育的特征

中国人力资源市场的转型和发育,虽然在一些特定时期也发生了一些相对激进的事件,但是,从改革的整体和发展过程,并结合就业增长和结构变化的实际情况看,中国人力资源市场的转型和发育,始终保持着稳健、渐进的推进节奏,在改革中并不处于滞后地位。其特征主要体现在以下 3 个方面:

(1)增量调整与存量调整两种改革方式并用

中国经济改革的特点是以增量调整为主的渐进方式,这是经济学界的普遍看法。然而,中国人力资源市场的转型与发育,却综合运用了渐进和激进的两种方式。如前所述,中国人力资源市场在经历 20 世纪 90 年代末的冲击之前,非公有经济已经获得了很大发展,为冲击发生时应对城市职工下岗、失业的严峻局面做了一定的铺垫。同时,由于城乡人力资源市场在此前得到发育,虽然遭受冲击,但是高速的经济增长同步地创造了大量的就业机会,不仅化解了严峻的人力资源市场冲击,而且通过各种市场化的途径促进了就业、再就业、创业和劳动力流动,使城乡就业增长实现了一个新的跨越。

(2)数量调整和价格(工资)调整两种改革方式并用

国外经济转型国家的经验表明,由于经济转型时期的经济增长衰退,在人力资源市场的调整中,当以数量调整为主时,则出现严重的失业现象,造成社会动荡;而当以价格(工资)调整为主时,由于工人工资大幅度下降,就会产生严重的贫困现象,从而导致社会不安定。中国的就业制度的转型经历了若干步骤,把两种调整方式加以综合利用,最大限度地发挥了改革的正面效应,消除了调整的负面效应。在改革较早阶段,通过边际改革的方式进行了工资的调整。通过吸引农业富余劳动力进入城市人力资源市场,以及用新的机制吸纳新增劳动力,把计划经济时期和改革初期形成的制度性工资调整到接近市场均衡的水平。随着这个新生劳动群体规模的扩大,总体工资水平逐渐接近市场均衡水平。但是,对于已经在国有企业和城镇集体企业就业的工人来说,制度性工资却成为既得利益,难以调整,同时形成了大规模的冗员。继而借人力资源市场冲击的时机进行了数量调整。一方面,大规模的失业和下岗,以一定的代价实现了数量调整;另一方面,失业群体在实现再就业过程中,只能接受市场形成的工资水平,从而不得不进行工资的调整。而工资调整的结果,通常意味着人力资源在越来越大的程度上通过市场配置,以此实现扩大就业的目的,进而消除数量调整的负面影响。

(3)"自下而上"和"自上而下"两种改革方式并用

中国就业制度的转型过程,具有明显的激励兼容性特点,即城乡劳动者追求收入增长与各级政府追求提高居民收入、缩小收入差距的目标,在扩大就业这个点上达到相会。在整个人力资源市场转型过程中,一方面,城乡劳动力在寻求就业机会时,必然会突破制度的束缚,自发地跨越城乡、地区、部门和所有制界限;另一方面,政府为应对这种劳动力流动性增强的新情况和新的制度需求,必须有节奏地放松制度限制,并相应地对传统体制进行改革。特别是在遭受人力资源市场冲击的特殊时期,为了应对严峻的人力资源市场压力,政府不仅着眼于通过社会保障体系的建立对失业群体进行社会保护,更重要的是利用各种有效手段扩大就业,并在实践中逐步确立就业优先的政策制定和实施原则。因此,这种上下结合的改革方式,保证了政府职能行使与市场作用发挥改革方向的一致性。

作为改革特别是人力资源市场发育以及经济发展的结果,中国经济已经进入了一个发展阶段的转折点。鉴于这个转折点以劳动力无限供给性质的逐渐改变为表征,因此,不妨借鉴发展经济学的现成名词,将这个转折点称为"刘易斯拐点"。这个拐点的到来,并不意味着就业制度转型的完成,而是标志着制度变迁的一个新阶段的来临,也是对中国经济发展方式转变、人力资源市场制度模式选择等提出的新的任务。因此,中国政府必须采取更加积极的措施加以应对。

第 5 章　中国体制改革与就业制度转型

中国就业制度转型总是与国家经济体制、政治体制的变革相伴而行的。特别是中国改革开放 30 年来由计划经济体制向市场经济体制的转型,为中国就业制度转型创造了基本体制环境。

5.1　中国农村经济体制改革与就业制度转型

中国的经济转型始发于农村经济体制改革。最初,家庭联产承包责任制的推行,极大地调动了中国农民生产经营的积极性和农村经济的增长。1979 年,一些地区对农村生产就实行了"定工作到作业组,联系产量计算报酬,超产奖励"的责任制方式。1980 年,中央对贫困农村地区的政策进一步放宽,一些落后地区首先推行了被后来冠名为家庭联产承包责任制的"包产到户"或者"包产提留到户"的生产经营制度。随着 1984 年人民公社政社合一体制的瓦解和基层生产队组织的解体,全国普遍建立起了以家庭联产承包为主的责任制,即所谓集体统一经营与农户分散经营统分相结合的双层经营体制。生产关系的调整,极大地解放了传统体制对农村生产力的束缚。农村经济资源自由支配以及农业产品的比较利益极大差异,导致了乡镇企业异军突起,成为农村新的经济增长点。中国广义上的农业即第一产业的增加值增长,在农村经济体制改革的初期阶段,达到了建国以来的最高历史水平,1981 ~ 1984 年,分别增长 7%、11.5%、8% 和 12.9%。客观上讲,20 世纪 80 年代前期,农村经济增长主要得益于农村经济体制的变革,是体制转轨对劳动力潜在水平释放的结果。

中国农村经济体制的变革,首先引起农村"吃大锅饭"分配方式的毁灭。新的生产经营和分配制度的建立,启动了农村劳动供给行为向利益最大化方向的实质性转变进程。主要表现在:一是对土地投入的有效劳动增

加,与生产队组织存在时期"出工不出力"的劳动供给行为形成鲜明的反
差。二是在耕地资源有限、农村劳动人口庞大、劳动资源不能在农业内部全
部实现最大效率配置的情况下,劳动供给向农业部门之外转移。其中,乡镇
企业、农业产业化发展,就是农村经济资源在更广泛的空间内转移配置的一
种理性选择。当然,这与国家和地方政府的鼓励政策是分不开的。三是在
中国工业化和城市化加快发展的进程中,城市用工制度的松弛和户籍制度
在许多领域对就业约束的减弱,诱发了农民进城务工的利益动机增强。中
国一度出现的"民工潮",就是这一时期农村劳动供给行为转变的真实写
照。事实上,"民工潮"也是农民工收益——成本比较以及在低工资待遇下
的劳动——闲暇比较的劳动供给的行为选择,其决策依据是利益最大化或
者效用最大化。因此,中国农村经济体制改革对农村人口的劳动供给行为
的影响是深远的,特别是它直接影响到中国就业制度的转型。关于这一问
题,将在本书"中国城乡二元结构对就业制度转型的影响"部分作进一步具
体研究,这里不再赘述。

5.2　中国城市经济体制改革与就业制度转型

城市经济体制改革始于1984年,国有企业改制是城市经济体制改革的
一条主线,一个时期内的改革大都围绕国有企业改制进行。中国城镇就业
制度乃至整个就业制度的转型,在很大程度上都是与国有企业改制联系在
一起的,都是为国有企业改制服务或者说是由解决国有企业所产生的下岗
失业等人力资源市场问题所决定的。下岗失业作为国有企业改制带来的最
主要的人力资源市场结果,它使得中国的就业制度经历了最困难,同时也是
最卓有成效的过程。

纵观中国改革开放30年的历史,国有企业改制大体可以分为以下4个
阶段:一是以经济责任为主的股份制试点阶段;二是建立现代企业制度试
点、上市、"放小"阶段;三是明确大企业公司化方向和健全法人治理结构阶
段;四是以新的国有资本管理体制为基础的改制阶段。① 国有企业改制在

---

① 参见"国有企业制度研究"课题组:《国有企业改制:发展阶段及存在的问题》,国研
网2004年2月4日。

很大程度上导致了企业治理结构的优化,企业的决策机制更能适应市场变化和竞争的要求,激励和监督机制相对能够兼容,从而激发了企业的市场扩张能力,直接促进就业需求增加。

国有企业改制,不可避免地带来人力资源市场的重组。因此,促进国有企业就业机制的转换,形成新的就业和再就业机制也就自然而然了。正是由于受国有企业改制的影响,中国城镇就业制度在改革开放 30 年中发生了重大转型。杨伟国认为,在 20 世纪 90 年代以前的一元时代里,就业人员主要依赖于国有企业吸纳。到了 20 世纪 90 年代初开始的二元时代里,主要是探索并实施企业安置与市场配置相结合的就业机制,实现人力资源配置从计划为主到市场为主的转变。从 1997 年开始的三元时代,主要是基于国有企业改制的市场化要求,以及对再就业工程二元机制的改善,开始着手解决国有企业人员的“存量”部分,即国有企业参与市场的主干部分和企业富余人员集中的场所——再就业服务中心,以创立一个从企业到市场的中间衔接机制。最后是始于 21 世纪初的多元时代,它与三元时代最大的不同在于:从下岗转向失业,明确市场经济机制;从生活保障转向再就业制度,明确从保护性政策为主转向市场导向型就业制度为主;从行政管理手段转向发挥市场配置机制的作用。① 陈淮在《就业形势的回顾与展望》一文中认为,从长期看,再就业政策的目标应当是,建立市场对劳动力的优化配置机制和政府对社会就业水平的规范化调控机制。②

这里需要关注的一个焦点问题是,改制和没有改制的国有企业在扩大就业方面有何差异,或者说,改制后的国有企业是否会因效率机制的形成而从根本上抑制就业的扩大,甚至比没有改制企业的扩大就业能力还弱? 回答这个问题,需要从理论和实证两个视角出发加以分析。首先,从理论视角看,在研究转型经济的就业效应时,人们经常使用布兰查德(Olivier Blanchard)所设计的两部门模型。这两个部门为国有部门(用 s 表示)和私营部门(用 p 表示),并假设国有部门生产质量一般的产品,私营部门生产质量较好的产品。这样,就能为避开对所有制的空泛讨论而建立一个可比平台。

---

① 参见杨伟国:《转型中的中国就业政策》,中国劳动社会保障出版社 2007 年版,第 175 ~203 页。

② 参见陈淮:《就业形势的回顾与展望》,国研网 1998 年 2 月 4 日。

这里将生产函数设定为：

$$Y_i = F(L_i, K_i) \quad i = s, p \tag{5.1}$$

其中，Y_i、L_i 和 K_i 分别表示 i 部门的产出、就业和资本。

假设私营部门产品的质量度量可以用国有部门产品的 $(1+\theta)$ 倍来表述，以 Ps 和 Pp 分别表示国有和私营部门的产品价格，则有：

$$Pp = (1+\theta)Ps \tag{5.2}$$

在产品市场上，如果两部门的产品价格相同的话，市场机制将会导致经济中只生产私营部门的产品，因为用同一价格购买质量较好的产品，意味着消费者的效用相对增加。那么，国有部门将因产品没有市场需求而不会存在。

但是，在经济转型过程开始之前，国有部门主导整个经济。如果忽略造成资源配置扭曲的过程（国有部门实际享受到的各种政府保护，如，投资、信贷、税收等），而把资源配置扭曲的结果抽象为两个因素造成的：国有部门享受的补贴和对私营部门的额外征税。如果令表示国有部门享受的补贴率，表示私营部门承担的惩罚性或者额外税率，国有部门和私营部门能够同时存在，那么，要实现某种方式的市场均衡，其条件必须满足：

$$(1+\sigma)Ps = (1-\tau)Pp \tag{5.3}$$

根据关系式(5.2)和(5.3)，有：

$$\frac{1+\sigma}{1-\tau} + 1 + \theta \tag{5.4}$$

上式说明，在经济转型之前，补贴和征税的共同作用使得生产质量较差产品的国有部门能够得到生存。

进一步分析，用 W 表示名义工资，实际工资（用私营部门表示）表示为 $w = W/Pp$，并假定每个部门短期内资本量是给定不变的，那么，国有部门和私营部门的就业需求函数可以分别描述为：

$$L_S = K_S f\left[\frac{W}{P_S(1+\sigma)}\right] = K_S f\left[\frac{w(1+\theta)}{1+\sigma}\right] \tag{5.5}$$

$$L_P = K_P f\left[\frac{W}{P_P(1+\tau)}\right] = K_P f\left[\frac{w}{1+\tau}\right] \tag{5.6}$$

经济转型之前，两部门就业需求的均衡关系由图5.1中左图的国有部门就业需求线 SS 与私营部门的就业需求线 PP 之交点 A 所决定，此点对应实际工资水平。图示为平面两纵轴坐标形式，纵轴为相对于私营部门产品价格的实际工资;横轴表示就业量,国有部门就业需求由横轴左起至右依次增大;私营部门就业需求由横轴右起至左依次增大。

在经济转型的前期或者短期内,国有部门享受的补贴程度减弱,亦即 σ 减少,导致由式(5.5)表述的国有部门的就业需求曲线向左移动,即发生 SS →SS*,形成新的均衡点 B,造成的失业由 AB 表示。当然,这只是在私营部门的额外税率不变的假定下所反映的一种情况。事实上,中国诸多经济成分之间,尤其是国有经济与非国有经济之间,尽管目前在政府政策的公平性上还存在一定的不平等,但是,与计划经济体制时期相比,已经发生了很大变化,也就是说,在 σ 减少的同时,τ 也在降低。

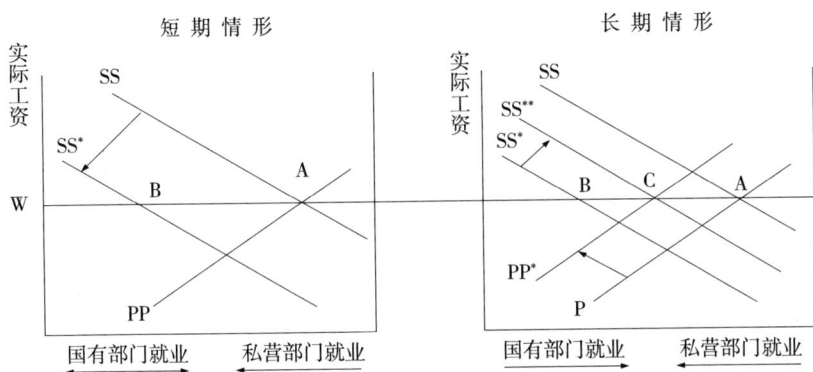

图 5.1　经济转型就业的短期与长期效应对比

在经济转型后期或者长期内,除特殊垄断行业之外,政府对国有部门的补贴和对私营部门的惩罚性税收将被彻底取消,即 σ→0,τ→0。对于 τ→0,这意味着由式(5.6)表述的私营部门就业需求曲线将会向左上方移动,即发生 PP→PP*,形成新的均衡点 C,就业增加量为 AC。但是,σ→0 并不意味着由式(5.5)决定的国有部门的就业需求曲线一直左移,因为国有经济的景气状况在转型过程中所忍受的震荡到达最低谷后,注定会回升。当 σ =0 时候,企业已经基本上建立起市场化机制,国有经济领域产权多元化所产生的国有制实现形式的变革,使其与私营部门在市场上的竞争力提升,导致市场反应曲线抬升,经济活动增强,扩张生产与争夺市场份额,就业需求也会逐步上升。比如,在图 5.1 中,国有部门就业需求曲线向左移动到 SS* 后,将会再度向右移动,发生 SS*→SS**,形成新的均衡点。此点正好与私营部门的均衡点 C 相吻合,就业增长由 BC 所示。

　　由此可见,国有企业改制造成的下岗、失业现象,只是长期以来旧体制下形成的隐性失业的显性化,而且具有暂时性。在长期中,国有企业的现代企业制度真正建立起来以后,其市场行为与私营部门并无两样,在利益最大化的目标下,生产规模扩张同样能够增加就业需求。

　　其次,再从实证的视角看,据新华社《经济参考报》2005年11月5日报道,根据国际金融公司、北京大学和澳大利亚国立大学联合开展的一项抽样调查显示,国有企业改制并不是造成失业加剧的原因;相反,国有企业改制反而有利于防止失业。民营化和产权多元化的国有企业的员工失业率,比独资国有企业低35%。改制和私营化的企业与没有改制和完全国有的企业相比,更能维持较低的下岗率,保持较高的工资上涨水平。尽管国有企业在刚开始改制时分流了很多富余人员,但是,在随后几年里,或者总的来说,其保留的工人数多于未改制企业保留的工人数,改制不是造成人员下岗的直接原因,实际上,人员的分流在改制开始前好几年就已经呈现加速趋势了。这项调查涉及中国11个城市近700家企业,被调查企业的员工平均人数为800人,高于全国平均水平,其中约8成为制造业企业,14%为服务行业企业,5%为第一产业的企业。调查表明,在中国各种形式的国有企业改制中,引入外部投资者的改制对企业业绩的正面影响最大,对于产值增长和就业扩大具有很大贡献。这一调查结果,与前面所述理论模型所作的推理结论是一致的。①

5.3　中国财税投资体制改革与就业制度转型

　　深化财税投资体制改革,是完善宏观调控体系的重要组成部分,对促进就业制度转型有着积极的作用。但是,长期以来,中国的财税投资体制改革不到位,不能较好地适应解决就业问题的实际需要,在一定程度上成为中国就业制度转型的体制性障碍。

---

　　①　以上分析参考了陈桢博士学术论文《中国经济增长的就业效应问题研究》。

5.3.1　中国财税投资体制中的问题

改革开放 30 年来,中国的财税投资体制存在着诸多问题,需要加大改革力度,为中国就业制度的转型创造条件和环境。其主要问题是:

(1)财税制度改革滞后

中国改革开放 30 年的实践表明,非公有制经济特别是中小企业的数量和运行质量以及它们在市场经济中的效率,不仅对中国经济的稳定发展具有不可忽视的作用,而且也是解决中国劳动力就业问题的重要途径,它可以根据市场新的消费需求开辟新的投资,提供产品与服务,从而为社会提供更多的就业岗位。中国目前的就业结构变动和国外的经验都表明,民营企业吸纳劳动力的能力和就业人数在整个人力资源市场中所占的份额远远大于国有大中型企业。以 2004 年全国经济普查中工业企业的数据为例,全国有 28178 家国有工业企业,资产总计 6.5 万亿元,所雇佣的从业人数为 1273 万,也就是说,为支持一个国有企业从业者,国家需要投入 50.9 万元资产。相比之下,全国民营工业企业有 124 万家,资产总值 11.6 万亿元,不到国有工业企业资产的两倍,而它所雇佣的从业人数为 6040 万元,每个就业机会只用了 19.2 万元的资产。这就是说,国有工业企业为创造一个就业机会,其所要投资的资本是民营工业企业的 2.6 倍。未来中国就业机会该从哪里产生,已经不言自明。但是,中国目前的财税制度改革远远滞后于民营经济特别是中小企业的发展,尤其是由于税法改革的滞后,还存在着抑制投资与消费的消极因素,致使民营中小企业投资的门槛提高,投资的成本与风险增加,民间投资的热情降低,从而减弱并阻碍了就业的扩展。

(2)财政政策市场化机制缺失

现行财政政策仍然是以政府投资为主,政府投资成为拉动经济增长的重要动力,尽管政府投资需要大量的配套资金。但是,在市场化程度不高、仍以计划为主的条件下,配套资金也仅仅局限于国有商业银行、地方政府和特定的国有企业,很少有民营企业资金的介入。由于民间资本受到排挤,市场机制在资源配置上的效率不高,对扩大就业的影响就有限。另外,政府投资的方向主要在基础设施、公用事业等领域,而这些项目由于高新技术和设备的使用,资本对劳动吸纳的就业率呈下降趋势,导致吸纳的就业人数相对减少,诸多大型投资项目只见机器穿梭,不见人员出没,皆缘于此。

(3)财税投资效应有限

目前,政府投资对基础设施和房地产的影响比较大,这些行业的利润上升。然而,由于新技术、新设备的应用,单位资本对劳动力的吸纳程度在降低,而且,投资项目转化为低收入阶层的收入比重也不高,大多都转化为高收入阶层的收入,如工程承包者,这种差距抑制了当前的消费需求,又阻碍了消费结构的升级。从经济学上讲,平均消费倾向是随着收入的增加而递减的,即收入越高,消费在收入中所占的比例就越小;收入越低,消费在收入中所占的比例就越大。而降低收入群体所具有的较高的恩格尔系数与边际消费倾向的特征,将通过较强的投资乘数效应发挥出更大的有效需求的作用,最终带来显著扩大就业规模的结果。相反,由于只能增加一部分人的收入,无法增加更多人的收入,而高收入人群所具有的较低的恩格尔系数与边际消费倾向的特征,通过较弱的投资乘数效应制约扩大有效需求,最终削弱扩大就业的效应。

5.3.2　中国财税投资体制改革与就业制度转型的政策选择

鉴于财税投资体制改革中存在的上述问题,必须加大力度深化财税投资体制改革,完善公共财政体系,推进基本公共服务均等化,实行有利于科学发展的财税制度,实现财政投资职能向社会服务职能的转变。要通过财税制度的改革和调整,降低创业成本,减轻民营经济的税费负担,让民营企业为社会创造巨大的就业机会,成为增加社会就业的主渠道,从而为中国就业制度从计划型向市场导向型的转型创造良好的财税投资体制环境。

(1)实施积极的财政政策

要通过法的形式,明确规定国家实行有利于促进就业的财政政策。财政政策是政府根据宏观经济规律的要求,为达到一定目的而制定的指导财政工作的基本方针、准则和措施。履行促进就业职责是政府公共服务职能的重要体现,也是公共财政投入的重要方向。促进就业在各国政府实施的政策中都占有重要地位,而实施适当的公共财政政策,更是各国政府制定政策的核心内容。在市场经济国家的公共财政预算中,用于实施就业政策的资金投入均占相当比重,并且建立了一套完整的运行机制。中国就业问题的长期性、艰巨性和复杂性,决定了促进就业是一项长期的战略任务,必须建立长期的制度性的财政投入机制,确保就业平稳持续增长。

(2)实行税收优惠政策

要以法的形式,明确规定促进就业的税收优惠政策。税收优惠是政府通过税收制度,按照预定目的免除或者减轻纳税义务人税收负担的一种形式。税收优惠政策具有受益面广、受益人直接以及受益快等特点,是促进就业政策中最有效的手段之一。根据供给学派的观点,过高的税率不仅不会增加税收收入,反而会由于抑制投资、降低人们工作的积极性而阻碍经济增长,从而降低税收收入;而较低的税率可以培植税源、扩大税基,从而增加税收收入。美国《福布斯》杂志 2005 年发布的"全球税务负担指数"称,中国税务负担排在全球第二。有研究统计数据表明,在中国,税费总额已经占到 GDP 的 1/4。因此,中国必须加快税收体制改革,实行有利于促进就业的税收政策。要实行有利于促进就业的税收政策,必须以促进经济发展为出发点,以增加就业容量、提高就业弹性为目的。这样,才能从长远和现实的角度使税收政策对促进就业发挥重要作用。

(3)建立政府投资和重大建设项目带动就业的制度

政府投资是指政府作为独立经济主体,运用财政手段或者其他政策手段参与的投资活动,包括中央政府投资和地方政府投资。实践证明,政府投资对经济增长、居民收入、就业等具有重要作用。重大项目的选择和决定,主要应当以该项目能否增强一个地区发展后劲或者提升城市形象,能否真正改善民生、提高人民群众生活质量和能否有效促进区域经济社会发展为依据,这不仅是改革投资体制的要求,更是政府的执政理念和执政能力的具体体现。有关数据表明,中国的经济增长主要是靠投资拉动的,政府投资每提高一个百分点,就会拉动就业增长 0.14 个百分点。正是如此,世界上几乎所有市场经济国家均将安排政府投资和确定重大建设项目作为致力于解决就业问题的重要内容。在《俄罗斯联邦居民法》(2003 年)、《西班牙王国就业法案》(2003 年)等法律中,都将有效发挥政府投资和重大建设项目带动就业的作用,作为政府履行职责、积极促进就业的重要内容而作出明确规定。

为了有效发挥政府投资和建设项目带动就业的作用,面对当下国际金融危机的冲击,中国政府努力通过扩大投资,实现保增长和保就业,计划到

2010年加大投资4万亿元,主要用于建设保障性安居工程、农村基础设施建设、铁路、公路和机场等重大基础设施、医疗卫生、文化教育事业发展、生态环境建设、自主创新和结构调整、地震灾区灾后重建各项工作、提高城乡居民收入、全面实施增值税转型改革、加大金融对经济增长的支持力度等。这些投资开始逐步到位,就业拉动效应将逐步发挥出来(见图5.2)。

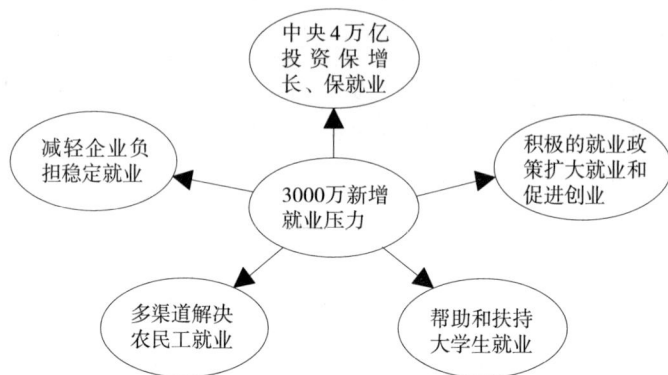

图5.2　多管齐下化解就业压力

资料来源:根据2009年3月17日《人民日报》有关资料绘制。

另据《人民日报》2009年3月17日报道,2009年,中央财政还专门安排420亿就业资金,较2008年增加160多亿元,增长66.7%(见图5.3)。这420亿元资金是促进就业的直接投入,以实施更加积极的就业政策。其使用方向主要包括:提高劳动者就业能力,如培训补贴等;支持创业,如小额担

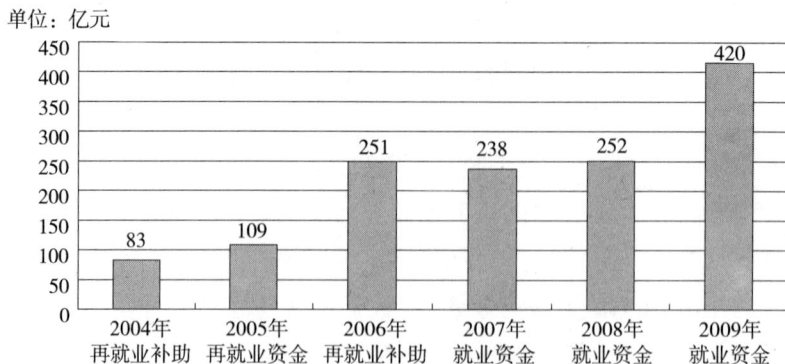

图5.3　2004~2009年中央财政就业投入情况

资料来源:根据2009年3月17日《人民日报》有关资料绘制。

保贷款的贴息;针对就业困难群体的政策性补贴,如岗位补贴、社会保险补贴;针对农民工及大学毕业生就业的投入等。

可以预见,在多渠道、针对性强的政策措施作用下,中国的就业形势将在趋于稳定的基础上,逐步向正常状态恢复。

第6章　中国经济增长与就业制度转型

经济增长与就业有着密切的关系,是影响就业的最直接因素,它构成了中国就业制度转型的基本经济环境。一般认为,经济增长能带动就业增长,就业增长反过来也能促进经济增长。但是,经济增长与就业增长之间有时存在着明显的非一致性,从而对就业制度转型构成约束。

6.1　中国经济增长与就业增长关系的理论分析

要弄清经济增长对中国就业制度转型的影响,就必须从理论上弄清经济增长与就业增长的关系。李俊锋、王代敬、宋小军在《经济增长与就业增长的关系研究——两者相关性的重新判定》一文中,对其作了较为深入的分析。[①] 本书拟在此基础上作进一步分析。

6.1.1　基于生产函数视角的分析

宏观经济学通常借助于生产函数来研究经济增长,总量生产函数可以表示为:

$$Y_t = A_t f(L_t, K_t) \tag{6.1}$$

上式中,Y_t、L_t 和 K_t 顺次为 t 时期的总产出、投入的劳动量和投入的资本量,A_t 代表 t 时期的技术状况。根据生产函数可以进一步得到一个描述投入要素增长率、产出增长率与技术进步增长率之间的分解式:

$$G_Y = G_A + \alpha G_L + \beta G_K \tag{6.2}$$

---

① 参见李俊锋、王代敬、宋小军:《经济增长与就业增长的关系研究——两者相关性的重新判定》,《中国软科学》2005 年第 1 期,第 64 ~ 68 页。

上式中,G_Y 为产出的增长率,G_A 为技术进步的增长率,G_L 和 G_k 分别为劳动和资本的增长率;α 和 β 为参数,它们分别是劳动和资本的产出弹性。

通过对增长率分解式进行比较静态分析可以看出,经济增长是技术进步、资本积累和劳动力增加等因素长期作用的结果。经济增长与就业增长应当是互动的、正相关的。经济的较快增长必将会推动就业的相应增长,降低失业率。

6.1.2 基于奥肯定律的分析

1962 年,美国经济学家阿瑟·奥肯(Arthur Okun)根据美国的统计资料,测算出一条关于实际 GNP 增长率与失业率之间关系的经验规律,即:若一年实际 GNP 增长率超过潜在 GNP 增长率的 2.5% ,可以使失业率降低 1% 。人们把这一规律称为奥肯定律,其公式为:

$$g = (Y - Y_1)/Y = a(U - U_1) \tag{6.3}$$

上式中,g 是事实上的失业率给该国 GNP 造成的损失的百分比;Y 为潜在的 GNP,Y_1 为事实上的 GNP;a 为每 1% 的失业率给该国 GNP 造成损失的百分比;U 为实际失业率,U_1 为自然失业率。该公式可以进一步变为:

$$U = [(Y - Y_1)/aY - U_1] \tag{6.4}$$

由于 a 和 U_1 一般是常数,失业率就由潜在 GNP 和实际 GNP 的差额 $[(Y - Y_1)/aY - U_1]$。鉴于 a 和 U_1 一般是常数,失业率就由潜在的 GNP 和实际的 GNP 的差额$(Y - Y_1)$来决定。由此得出结论:经济增长是解决失业问题的根本出路,只有经济增长了,就业才有可能增长。

6.1.3 基于有效就业理论的解释

有效就业是指经济增长过程中劳动力边际生产力大于零的就业。劳动力边际生产力小于或者等于零的就业,就是无效就业。有效劳动需求量就是在利润最大化的约束下,以劳动力的边际产品价值等于劳动力价格为原则的劳动力使用量。

有效就业理论认为,经济增长的源泉离不开劳动投入的增加。当经济体中存在大量无效就业人员的情况下,增长过程中需要增加劳动工时时,经济单位就不必增加新的劳动投入,而是通过有效利用无效就业人员,提高有效就业率,从而以提高劳动生产率来增加产出。其中有效就业率是有效就业人数和总就业人数的比率,用公式表示为:

$$R_{EE} = \frac{N - N_i}{N} = \frac{N_e}{N} \qquad (6.5)$$

上式 R_{EE} 表示有效就业率,N 为总就业人数,N_e 为有效就业人数,N_i 为无效就业人数。劳动生产率是指劳动产出与劳动耗费的比率,用公式表示为:

$$R_L = \frac{Y}{N} = \frac{Y}{N_e + N_i} \qquad (6.6)$$

上式中,R_L 表示劳动生产率,Y 为产出。在总就业人数(N)一定时,当有效就业率(R)提高,说明无效就业人数(N_i)减少,有效就业人数(N_e)增加。由于有效就业人数边际产出大于零,所以产出(Y)就增大,从而劳动生产率(R_L)就增大。这表明,有效就业率与劳动生产率成正比关系。在短期,资本投入和技术被看作是固定不变的,因而,短期的生产函数就简化为:

$$Y = N \cdot R_L \qquad (6.7)$$

在存在隐性失业(亦即存在无效就业,有效就业率小于 1)时,经济增长过程中就业总量(N)不会发生明显变化,劳动生产率(R_L)的提高就可以带来产出(Y)的增加。进而得出这一传递机制:有效就业率的提高使劳动生产率提高,最终使产出增加,经济实现增长。

根据上述理论,经济增长的过程将伴随着有效就业人数的增长。理论上,只有当完全消化无效就业人数(即有效就业率等于 1)时,只有产出增加,才能增加就业,降低失业率。但是,在现实的一个经济体中,不同的经济单位的有效就业情况各不相同。有效就业率等于 1 的经济单位,有效就业即等于统计意义上的名义就业。因此,经济增长带动的就业增长就会显示在统计报表上,而那些有效就业率小于 1 的经济单位,有效就业量则不等于名义就业量,增长过程中带动的有效就业的增长就反映不出来。但是,考虑到劳动差异和行政政策等因素的影响,有效就业率小于 1 的经济单位,有时也会有名义就业的增长,这就必然会大大低估经济增长对就业的拉动效应。也就是说,由于经济增长直接带动的是有效就业的增长,当总的名义就业量和有效就业量不一致时,得出的经济增长与就业增长的相关性就会不一样,甚至截然不同。然而,经济增长都是带动就业增长——有效就业增长的,只不过是这种有效就业增长不可能被完全反映出来而已。

基于有效就业理论,重新对中国的经济增长和有效就业增长进行定量回归分析,以检验其是否符合上述结论。收集数据的关键在于对有效就业量的估算,而有效就业人数 = 总就业人数 - 隐性失业人数。这样,难点就转化为对隐性失业的测算。根据目前学术界认可的测算表,可以推算出中国1986 ~ 2000 年的有效就业人数,进而得出其增长率(见表 6.1)。

表 6.1　中国 1986 ~ 2000 年 GDP 增长率、有效就业增长率与有效就业弹性

年份	有效就业人数（万元）	GDP 增长率（%）	有效就业增长率（%）	有效就业弹性
1986	24769	8.8	7.0	0.795
1987	26550	11.6	7.2	0.621
1988	28526	11.3	7.4	0.655
1989	29048	4.1	1.8	0.439
1990	35661	3.8	—	—
1991	37908	9.2	6.3	0.685
1992	42807	14.2	12.9	0.908
1993	45001	13.5	5.1	0.378
1994	48585	12.6	8.0	0.635
1995	51844	10.5	6.7	0.638
1996	55355	9.6	6.8	0.708
1997	59599	8.8	7.7	0.875
1998	60439	7.8	1.4	0.179
1999	61578	7.1	1.9	0.268
2000	65238	8.0	5.9	0.738

资料来源:国家统计局:《中国统计年鉴》,中国统计出版社,1987 ~ 2001 年以及相关计算。

运用同样的计算工具,来检验中国经济增长与有效就业增长的相关关系,其计算结果(见表 6.2)。

由表 6.2 的结果来看,GDP 增长率每变化 1%,则有效就业增长率变化

0.818%,相关系数高达0.744,F检验值也大于检验水平值。这表明,中国的经济增长(X)和有效就业增长(Y)之间有明显的正相关关系,经济增长拉动了有效就业的增长,在中国同样存在着经济增长和就业增长的互动机制。

表6.2　中国经济增长与有效就业增长的相关关系的回归检验

回归方程	有效就业平均增长率(%)	GDP平均增长率(%)	相关系数 r 值	F 检验值
Y = -1.859 + 0.818X	6.15	9.79	0.744	14.907

6.2　中国经济增长与就业状况分析

改革开放以来,中国经济持续快速增加,GDP年均增速为9.8%。与此相适应,在劳动力总量增加较多、就业压力很大的情况下,中国就业总量保持了持续稳步增长,就业结构进一步优化。但是,就业形势依然很严峻。

6.2.1　中国经济增长状况

中国30年来经济的高速增长,很大一部分生产力是靠改革开放释放出来的。特别是中共十四大提出建立和完善社会主义市场经济体制的改革目标后,中国宏观经济运行经历了一系列变化。20世纪80年代末至90年代初,中国政府采取对投资、贷款、货币投放、消费等紧缩政策,抑制通货膨胀,导致了1992年和1994年出现了经济高增长和就业的低增长,使大量农业富余劳动力回流到农村和农业。

随着经济的继续扩张和快速发展,到1997～1998年,中国形成了一定稳定的买方市场,宏观调控转向通过积极的财政政策和稳健的货币政策扩大内需、控制通货紧缩。然而,在整个"九五"期间和"十五"期间的头几年里,就业增长率却很低,有14个地区甚至出现了就业负增长。

到了"十一五"期间,中国政府高度重视转变经济发展方式,在宏观调控中充分考虑对就业的影响。特别是在2008年,面对复杂严峻的国内外形势,中国经济增速虽然出现回落,但是,全年的GDP仍然保持在9%的增长率,对于世界经济增长的贡献超过 20%①。这表明,中国经济的基本面仍然是良好的(见图 6.1、图 6.2)。

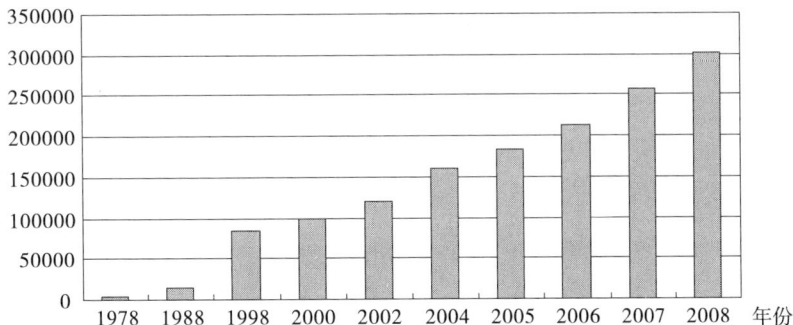

图 6.1 1978～2008 年中国 GDP 情况

资料来源:根据国家统计局《中国统计摘要(2008)》及有关材料绘制。

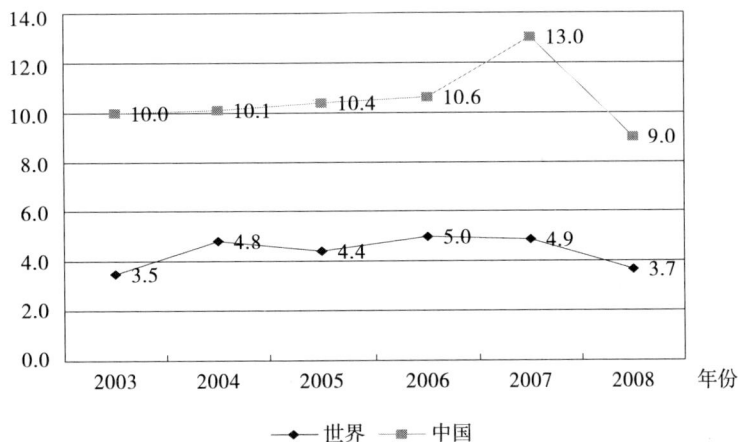

图 6.2 中国和世界经济增长率比较

资料来源:根据国家统计局《中国统计摘要(2008)》及有关材料绘制。

---

① 根据 IMF 统计,2008 年世界经济增长率平均为 3.7%,其中,发达经济体增长率为 1.4%,新兴和发展中经济体增长率为 6.6%。

6.2.2　中国就业的基本情况

据《经济日报》2008 年 3 月 9 日报道,中国改革开放 30 年来,随着经济持续快速增长和积极就业政策的实施,特别是中共十六大以来,中共中央、国务院更加关注民生,将就业工作摆到经济社会发展的突出位置,继续实施和完善积极的就业政策,使中国就业规模不断扩大,就业结构渐趋合理,市场就业机制初步建立,新增就业人数不断扩大,主要体现在以下几个方面:

(1)就业规模稳步扩大,新增就业人数继续增加

2003～2007 年,是中国就业压力依然较大的时期:一是劳动年龄人口增长进入高峰期;二是由于 20 世纪 90 年代中后期国有企业下岗人员增加而造成的结构性矛盾仍然突出;三是农业富余劳动力向非农领域转移的速度加快。面对上述就业形势,国务院审时度势,实施了积极的就业政策,有力地促进了就业和再就业工作;加之经济快速增长的拉动,5 年中,全国平均每年城镇新增就业 1000 多万人,农业富余劳动力转移就业 800 万人(见图 6.3、图 6.4、图 6.5、图 6.6、图 6.7)。

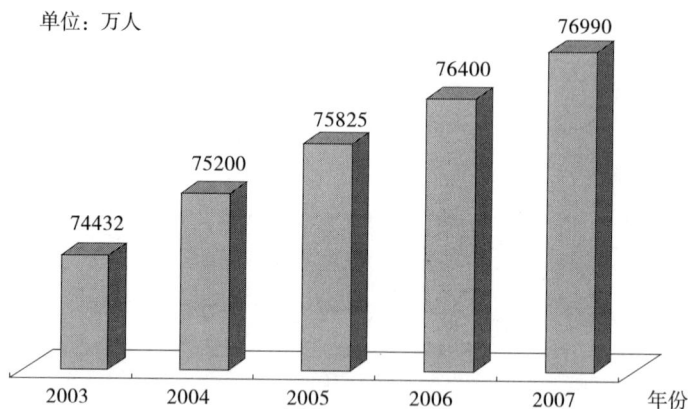

单位: 万人

图 6.3　2003～2007 年全国年末就业人员情况

资料来源:根据国家统计局《中国统计摘要(2008)》绘制。

(2)就业结构进一步优化

第二、三产业就业人员比重继续提高,其中制造业、批发和零售业就业增加人数最多。5 年中,国家加大了对劳动密集型产业的扶持力度,促进了

单位：万人

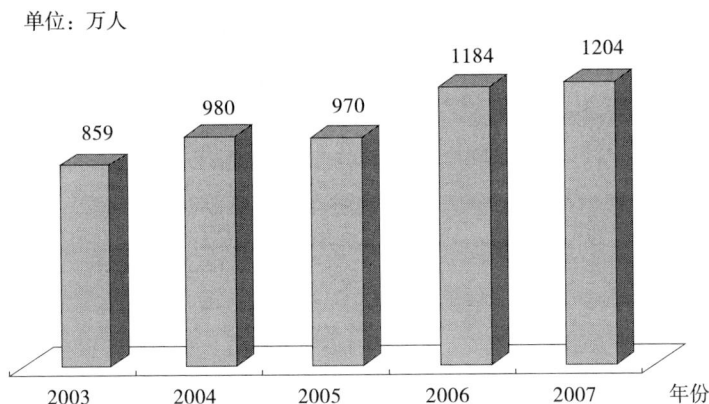

图 6.4　2003～2007 年全国城镇新增就业人数

资料来源：根据国家统计局《中国统计摘要（2008）》绘制。

单位：万人

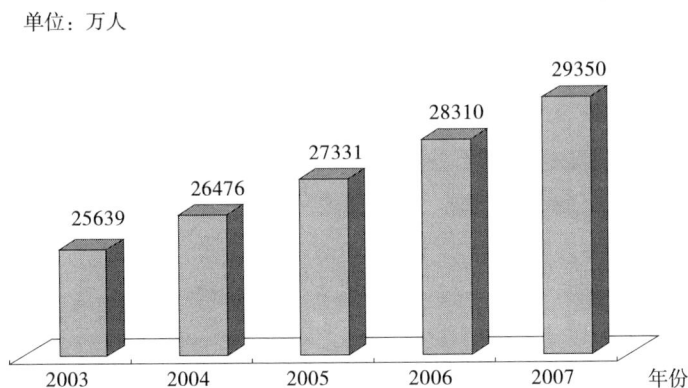

图 6.5　2003～2007 年全国城镇就业人员情况

资料来源：根据国家统计局《中国统计摘要（2008）》绘制。

劳动密集型产业的发展，创造了大量的就业机会，进一步优化了就业结构。2003 年以来，制造业就业人数是国民经济各行业中就业人数增加最多的行业。同期，批发和零售业、住宿和餐饮业等行业也居于各行业就业人数增加量的前列。据天津、辽宁、浙江等省市统计，第二、三产业就业人员比例持续提高，其中辽宁省 2005 年至今已经开发出 38.2 万个公益性岗位，帮助零就业家庭成员实现就业。

(3)积极的就业政策体系逐渐完善

在新增就业人数不断扩大的同时,积极的就业政策体系逐渐完善。2003 年,中国就把就业纳入国民经济和社会发展宏观调控目标,逐渐建立和完善了劳动者创业的财税、金融、工商、场地等方面的政策体系,整合不同群体的创业就业政策,为劳动者创业提供政策环境。在国家政策的推动下,各地在制定经济和社会发展战略时,都把积极的就业政策作为一项重要的政策取向。据了解,江苏省泰州市 5 年来两次制定和调整了促进就业和再就业的政策文件,形成了一套包括税费减免、社保补贴、岗位开发补贴、职位培训补贴、职业介绍补贴、职业技能鉴定补贴、小额担保贷款等在内的积极的就业政策体系。

总之,从 2003 年以来的情况看,中国就业工作的成就是显著的。但是,中国有 13 亿多人口,是世界上人口和劳动力最多的国家,同时又处在经济体制深刻变革、社会结构深刻变动的关键时期,在今后较长阶段都将面临着人口基数大、劳动年龄人口总量大、农业富余劳动力规模大、就业困难群体数量大、就业结构性矛盾突出等困难。因此,努力扩大就业,满足劳动者就业需求,是中国在较长时期内面临的重要任务,需要我们继续实施积极的就业政策,努力处理好劳动力供求总量和就业结构的关系,解决好城镇就业压力加大和农业富余劳动力向城镇转移加快的矛盾,协调好新增劳动力就业和下岗失业人员再就业的问题,努力实现"社会就业比较充分"的目标。

6.2.3 中国经济总量与就业总量的关系简析

中国经济的长期、持续增长,为劳动者提供了大量就业机会。尤其是在改革开放初期,如 1979~1981 年间,每一个百分点的经济增长,就会拉动就业增长 0.44 个百分点,相当于 180 万个左右的就业机会。但是,随着经济社会的发展,经济增长对就业的拉动作用逐渐减少,到 20 世纪 90 年代,就业弹性降低到 0.1% 以下,相当于每一个百分点的经济增长,只能带动 70 万个左右的就业机会。总体看来,在 20 世纪 80 年代,经济增长对就业增长的拉动较大;从 20 世纪 90 年代以来,经济增长对就业增长的拉动作用逐步减少,并一直稳定在相对低的水平上(见图 6.8)。

单位：万人

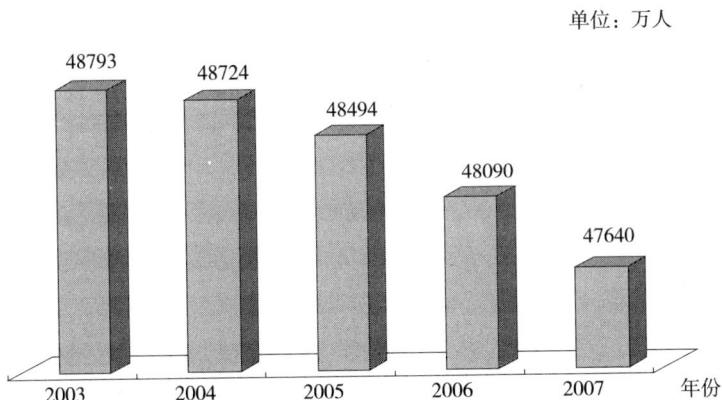

图 6.6　2003～2007 年全国乡村就业人员情况

资料来源：根据国家统计局《中国统计摘要(2008)》绘制。

登记失业率：%

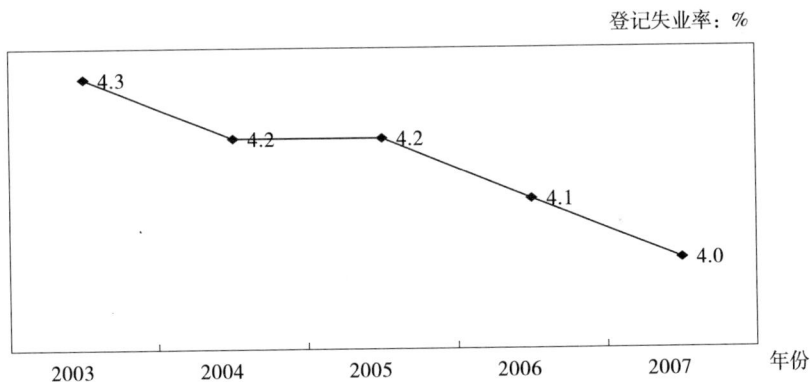

图 6.7　2003～2007 年全国城镇登记失业率

资料来源：根据国家统计局《中国统计摘要(2008)》绘制。

　　从图 6.8 显示出的就业弹性下降趋势看,在经济增长中,生产要素的相对密度发生了变化,即劳动含量(不包括人力资本因素)逐渐下降,而资本(包括物质资本和人力资本)的相对含量不断加大,中国经济的资本和知识密集程度正在逐渐增加。

　　中国经济增长中就业弹性系数的变动还表明,在经济同样处于高速增长的情况下,20 世纪 80 年代从业人员同样保持了快速增长的速度,年增长在 3% 左右;而在 20 世纪 90 年代,从业人员增长只有 1% 左右(见表 6.3)。

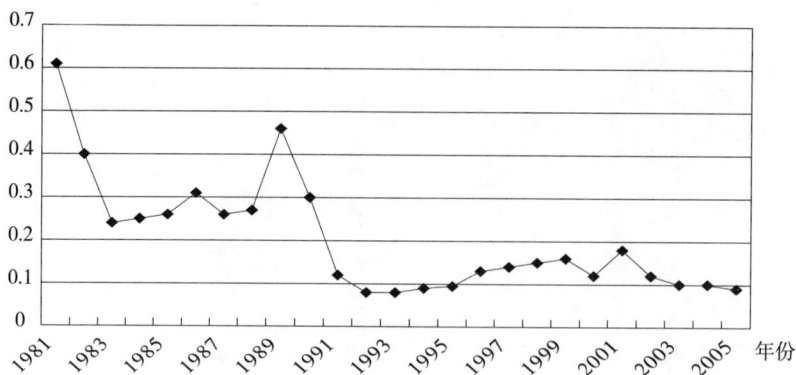

图 6.8   1981～2005 年中国就业弹性系数

资料来源:根据国家统计局《中国统计摘要(2008)》绘制。

表 6.3   中国不同时期的经济增长与就业增长

年份	GDP 增长率(%)	从业人员增长率(%)	就业弹性系数
"六五"期间	10.71	3.32	0.310
"七五"期间①	8.90	2.63	0.295
"八五"期间	12.00	1.00	0.100
"九五"期间	8.27	1.15	0.140
"十五"期间②	8.70	1.06	0.122

资料来源:根据《中国统计年鉴 2005》数据推算。

6.3   中国就业总量预测

根据就业增长率 = 就业弹性 × GDP 增长率的计算公式,以经济增长率确定平均 7% 为条件,在不同的就业弹性变化情形下,可以预测,未来 10 年的就业总量是不同的。

情形一:就业弹性稳步提高

就业弹性按照每两年提高 0.01 的标准,假定 2005～2006 年的平均

---

①   1990 年数据由于根据普查数据调整与此前数据不具有可比性,故"七五"期间只计算 1986～1989 年前 4 年的数据。

②   "十五"期间为 2001～2004 年数据。

0.14 到 2015 年达到 0.19 这样一个方案进行测算,结果表明:2015 年,中国就业总量将达到 85075 万人。其中,"十五"期间每年增加 705 万个就业岗位,"十一五"期间每年增加 824 万个就业岗位,2011～2015 年间,每年增加 1022 万个就业岗位(见表 6.4)。

表 6.4　就业弹性稳步提高下的就业总量

年份	就业弹性	经济增长率 (%)	就业总量 (万人)	就业岗位净增量 (万人)
2005	0.14	0.07	75845	736
2006	0.14	0.07	76589	743
2007	0.15	0.07	77393	804
2008	0.15	0.07	78205	813
2009	0.16	0.07	79081	876
2010	0.16	0.07	79967	886
2011	0.17	0.07	80919	952
2012	0.17	0.07	81882	963
2013	0.18	0.07	852913	1032
2014	0.18	0.07	83958	1045
2015	0.19	0.07	85075	1117

情形二:就业弹性缓慢增加

每 4 年增加 0.01。2015 年,中国就业总量将达到 83673 万人。其中,"十五"期间,每年增加 692 万个就业岗位;"十一五"期间,每年增加 735 万个就业岗位;2011～2015 期间,每年增加 841 万个就业岗位(见表 6.5)。

表 6.5　就业弹性缓慢增加下的就业总量

年份	就业弹性	经济增长率 (%)	就业总量 (万人)	就业岗位净增量 (万人)
2005	0.13	0.07	75793	683
2006	0.13	0.07	76483	690
2007	0.13	0.07	77179	696
2008	0.14	0.07	77935	756
2009	0.14	0.07	78699	764

年份	就业弹性	经济增长率 （%）	就业总量 （万人）	就业岗位净增量 （万人）
2010	0.14	0.07	79470	771
2011	0.14	0.07	80249	779
2012	0.15	0.07	81091	743
2013	0.15	0.07	81943	851
2014	0.15	0.07	82803	860
2015	0.15	0.07	83673	869

情形三:就业弹性稳定在 0.13 的水平上

2015 年,中国就业总量将达到 82979 万人。其中,"十五"期间,每年增加 692 个就业岗位;"十一五"期间,每年增加 702 个就业岗位;2011 ~ 2015 期间,每年增加 735 个就业岗位(见表 6.6)。

表 6.6　就业弹性维持不变下的就业总量

年份	就业弹性	经济增长率 （%）	就业总量 （万人）	就业岗位净增量 （万人）
2005	0.13	0.07	75793	683
2006	0.13	0.07	76483	690
2007	0.13	0.07	77179	696
2008	0.13	0.07	77881	702
2009	0.13	0.07	78590	709
2010	0.13	0.07	79305	715
2011	0.13	0.07	80026	722
2012	0.13	0.07	80755	728
2013	0.13	0.07	81490	735
2014	0.13	0.07	82231	742
2015	0.13	0.07	82979	748

由于中国第三产业将保持较快的发展速度,而第三产业的就业弹性为 0.53,将拉动总体就业弹性的升高;加上加入 WTO 后,依据国际比较优势发展生产,中国的劳动密集型产业还将进一步得到发展,也拉动总体就业弹性的升高。因此,就业弹性不可能降低,实现情形二应当是有把握的。如果中

国能够进一步推动第三产业的发展,加快城市化步伐,经过努力,实现情形一的目标也是有可能的。

6.4　中国经济增长和就业增长与就业制度转型的关系

中国改革开放 30 多年来,经济一直处于高速增长时期。但是,为什么在 20 世纪 80 年代就业快速增长,而到 20 世纪 90 年代就业增长率明显下降了呢? 导致这种明显非一致性的原因是多方面的,除了中国就业模式发生了巨大转变外,还有一个重要原因就是制度因素。

可以认为,到目前为止,就业增长变化中制度因素发挥着主导作用。中国不同时期就业制度的调整,对就业弹性的影响非常大。虽然经济增长与就业增长有着密切的关系。但是,就业弹性并不能完全反映经济增长与就业增长之间的必然联系。

改革开放以来,中国就业制度的转型经历了由计划调控向市场调节配置的重大改革,积极的就业政策日趋健全,公共就业服务体系不断完善,政府促进就业的职能得到了较好的发挥,就业制度实现了从"统包统配"到市场就业的过渡,人力资源市场发挥了基础性配置作用。改革开放初期,在国家的统筹规划和指导下,劳动部门介绍就业、自愿组织起来就业和自谋职业相结合的"三结合"就业方针,打开了就业的多种渠道,开始确立劳动者就业的主体地位。改革企业用工制度,实行劳动合同制,确定了企业用人的主体地位。实施"劳动者自主择业、市场调节就业、政府促进就业"的市场就业方针,明确建立市场导向的就业机制。就业渠道趋于多元化,就业形式日益灵活多样,各类劳动者平等参与市场竞争,市场机制在中国人力资源配置中的基础性作用越来越明显。但是,在就业制度的具体设计上,还不能完全适应社会主义市场经济体制下促进就业工作的实际需要。这说明,中国就业制度转型的任务还十分繁重,仍需要通过就业制度的不断创新,以此消除各种各样的扭曲,建立和完善就业的激励机制,促进经济增长与就业增长的良性互动。

第7章　中国的结构调整与就业制度转型

　　改革开放以来,中国经济一直处于结构调整的过程之中,特别是从中共十六大提出全面建设小康社会、走新型工业化道路以后,中国加快了结构调整的步伐,所有制结构、产业结构和城乡二元结构的调整进入了一个新的时期,结构调整因素对就业的影响也越来越明显,在结构调整中扩大就业已经成为一个必然的选择;同时,也给中国就业制度转型指明了路径选择。

7.1　结构调整与就业结构变动的一般规律[①]

　　结构调整主要包括所有制结构、产业结构和城乡二元结构的调整。在西方经济学中,一些经济学家曾就产业结构和城乡二元结构调整与就业结构变动的一般规律作出阐释,而对所有制结构调整与就业结构变动却较少论及。

　　最早对产业结构与就业结构变动关系的研究者可以追溯到17世纪英国古典政治经济学家威廉·配第。他认为,部门之间相对收入上的差距,是劳动力在产业部门之间流动的重要原因,并由此推定,在社会经济增长中,各产业的变动具有规律性,即随着时间的推移和社会经济的发展,从事农业的人数较从事工业的人数将趋于相对下降,而从事工业的人数又较从事服务业的人数趋于相对减少。这样的结构转化显示了部门或者产业间要素的流动和转移,而发生要素产业转移的根本诱因是各个产业部门的收入差异。

　　19世纪30年代,英国经济学家柯林·克拉克在威廉·配第思想的基础上,依据费希尔提出的三次产业分类法,通过对20多个国家总产出和部门劳动力投入的统计分析,发现了人均国民收入水平与结构变动之间的内在关联,并揭示出劳动力在三次产业之间分布结构变化的一般规律:一是农

---

　　① 参见张培刚主编:《发展经济学教程》,经济科学出版社2001年版,第493～496页。

业劳动力占全部人力资源的比重从 80% 的不发达时期经过若干年的发展，会下降到 7%~8% 的发达国家水平。二是从事第二产业的劳动力比重与人均国内生产总值增长同步增加，但是，在接近 40%~50% 水平时，通常情况下就会开始稳定下来。三是第三产业具有高收入弹性，吸引大量劳动力就业，即使农业和工业劳动力占总量的比重停止增长，它所容纳的劳动力份额仍然在增长之中。此外，克拉克还从横断面分析比较中印证了他的这一发现，即人均国民收入水平越高的国家，农业劳动力在整个劳动力中所占的比重就相对较小，而第二、第三产业的劳动力所占比重就相对越大；反之，人均国民收入水平越低的国家，农业劳动力在整个人力资源中所占比重相对就越大，而第二、第三产业的劳动力所占比重相对就越小。鉴于克拉克所揭示的就业结构变动规律与配第的研究发现极其相似，后人便将其统称为"配第-克拉克定理"。

被西方经济学界誉为"美国 GNP 之父"的西蒙·库兹涅茨认为，产业结构的变动，必然带来就业结构的相应调整。经济发展的初期，社会人力资源集聚在生产效率低下的农业部门；随着科技的发展，在工业革命之后，现代工业部门兴起，越来越多地承接了大量的劳动力就业，农业部门的就业逐步减少而让位于工业部门；当代技术进步步伐加快，又使得工业部门劳动生产效率空前提高。在这种情况下，既排斥劳动力过多进入，又为以商业、金融、技术服务为主的第三产业快速发展提供了新的机遇，使得大量劳动就业逐步转向以第三产业为主。库兹涅茨对各国国民收入和劳动力在产业间分布结构的变化规律的概括，被后人称之为"库兹涅茨法则"。

此外，西方经济学界长期以来还对城乡结构演进、工业化和城市化过程中农村劳动人口转移问题给予高度关注，形成了一系列重要理论。其中，美国经济学家刘易斯创立的农业富余劳动力转移的"二元结构模型"，以及费景汉、拉尼斯等学者对二元结构模型的进一步发展，具有典型的代表意义。刘易斯在观察到不发达国家的社会经济结构中广泛存在劳动生产效率低下的传统农业部门和效率相对高的现代城市工业部门相并存格局的基础上，将劳动力流动限定在两部门之间发生联系，并创立了经典的二元经济结构理论。在刘易斯模型中，劳动力由农村向城市、由农业向工业的转移过程，被认为是由实际收入水平差异所决定的。只要城市工业部门的一般工资水平高于乡村农业部门，农业劳动者就会具有离开土地并向城市工业部门转移的愿望。只要维持一定的工资比例水平,并且城市工业具有扩张就业岗位的能力,那么,农业劳动力向城市转移就一定会成为现实抉择。只要这一过程持续下去,农村和城市、农业和工业终将达到均衡发展,最终消除二元结构差异。之后,经济学家费景汉和拉尼斯进一步修正和发展了刘易斯两部门劳动力转移模型,提出了3个阶段划分论,使二元结构理论更具现实性和解释力,被统称为刘易斯-费-拉尼斯模型。

7.2　中国所有制结构变化与就业制度转型

中国经济体制改革的一个重要标志,就是所有制的变革。目前,中国已经从过去完全公有制的单一经济形态向以公有制为主体、多种经济成分共同发展的经济形态转变,形成了新的所有制格局。这种变化具有深远的社会结构意义,其突出表现是,它深刻地影响了中国的就业结构,使人力资源配置方式发生了质的变化,劳动的供给和需求越来越多地依靠市场规则来决定。

7.2.1　中国所有制结构与就业结构变动的总量分析

在中国经济转型的进程中,国有经济和集体经济实力不断增强。与此同时,个体、私营等非公有制经济也获得快速发展。据国家统计局统计,2007 年 1 ~ 11 月,全国共有企业单位 323793 个,全部从业人员平均为7664.3 万人。其中,大中型企业有 32154 个,全部从业人员平均为 4057.7万人;国有及国有控股企业有 21067 个,全部从业人员平均为 1755.4 万人;集体企业有 14203 个,全部从业人员平均为 267.2 万人;股份制企业有180346 个,全部从业人员平均为 3885.4 万人;外商及港澳台投资企业有64541 个,全部从业人员平均为 2239.9 万人;私营企业有 166842 个,全部从业人员平均为 2141.7 万人。到 2007 年年底,个体、私营企业从业人员为7891 万人[①],占 2007 年全国就业总人数 76990 万人的 10% ,占全国城镇就

---

① 参见国家统计局编:《中国统计摘要——2008》,中国统计出版社 2008 年版,第 134 ~135 页。

业人数 29350 万人的 26.88%。

另据国家工商总局统计,到 2006 年底,登记注册的全国私营企业达到 498.1 万户,比 2005 年增加 68.1 万户,增长 15.8%,占全国企业总数的 57.4%;注册资金总额为 7.6 万亿元,增加 1.47 万亿元,增长 24%;从业人员为 6586.3 万人,增加 762.2 万人,增长 13.1%;投资者 1271.7 万人,增加 161.7 万人,增长 14.6%;雇工人数 5314 万人,增加 600 万人,增长 12.74%(见表 7.1)。

表 7.1 2000～2006 年中国私营企业发展情况

年份	注册企业(万户)	增长率(%)	注册资金总额(亿元)	增长率(%)	户均注册资金(万元)	增长率(%)	从业人员(万人)	增长率(%)
2000	176	—	13308	—	75.5	—	2406.5	—
2005	430	17.8	61331	27.9	142.6	8.6	5824.1	16.1
5 年年均增长(%)	—	19.6	—	35.7	—	13.6	—	19.3
2006	498.1	15.8	76029	24.0	152.6	7.0	6586.3	13.1

资料来源:中华全国工商业联合会:《中国民营经济发展报告 No.4(2006～2007)》,社会科学文献出版社 2007 年版,第 4 页。

与此同时,个体工商户的发展也呈快速之势。据中华全国工商业联合会资料,到 2006 年底,登记注册的个体工商户为 2595.6 万户,比 2005 年增加 131.6 万户,增长 5.3%;注册资金总额为 6469 亿元,增加 660 亿元,增长 11.4%;从业人员 5159.7 万人,增加 259.2 万人,增长 5.3%(见表 7.2)。

表 7.2 2000～2006 年中国个体工商户发展情况

年份	注册企业(万户)	增长率(%)	注册资金总额(亿元)	增长率(%)	户均注册资金(万元)	增长率(%)	从业人员(万人)	增长率(%)
2000	2571	—	3315	—	1.3	—	5070.0	—
2005	2464	5.6	5809	14.9	2.4	11.6	4900.5	6.8
5 年年均增长(%)	—	-0.8	—	11.9	—	13.2	—	-0.7
2006	2595.6	5.3	6469	11.4	2.5	4.2	5159.7	5.3

资料来源:中华全国工商业联合会:《中国民营经济发展报告 No.4(2006～2007)》,社会科学文献出版社 2007 年版,第 4 页。

由表7.1、表7.2可以看出,中国的个体、私营等非公有制经济的快速发展,对于拉动中国的经济增长和就业增长,具有十分重要的作用。

下面,再从中国城镇不同所有制类型的就业比重,分析一下个体、私营等非公有制经济在扩大就业方面的变动趋势(见表7.3)。

表7.3　2000～2006年中国不同所有制类型的就业比重变动趋势

年份　　项目		2000	2005	5年年均增长率(%)	2006
城镇就业总数	绝对数(万人)	2351	27331	3.4	28310
	增长率(%)	10.2	3.1		3.58
国有单位就业总数	绝对数(万人)	8102	6488	-4.3	6430
	增长率(%)	-5.5	-1.5		-0.9
城镇民营经济就业①	绝对数(万人)	15049	20700	6.6	21800
	增长率(%)	21.0	4.7		5.7
城镇个体私营就业	绝对数(万人)	3404	6326	13.2	6967
	增长率(%)	-1.8	14.7		10.2
民营经济占城镇就业人数比重(%)		65.0	75.8		77.3
个体私营占城镇就业人数比重(%)		14.7	22.0		24.6

资料来源:中华全国工商业联合会:《中国民营经济发展报告No.4(2006～2007)》,社会科学文献出版社2007年版,第10页。

表7.3的不同所有制类型的就业比重变动趋势表明,城镇国有单位的就业比重呈逐年急剧缩减之势,而且是负增长。相反,城镇民营经济就业人数吸纳就业的能力却大大增强,到2006年年底已经占城镇就业人数的77.3%,其中,个体私营经济占城镇就业人数的24.6%。

7.2.2　中国所有制结构与就业结构变动的地区差异分析

前面从总量层面对所有制结构与就业结构的变动作了分析。下面将从

---

①　城镇民营经济就业人数＝城镇就业总数－国有及其控股单位从业人数－外资及港澳台企业从业人数。

地区差异的视角进一步分析所有制结构与就业结构变动的内在联系以及它们在扩大就业方面的差异所在。

中国的所有制结构变动在东部、中部、西部三类地区①的差异很大,由此也带来就业增长在不同地区之间的不平衡特征,东部地区与中、西部地区在就业的所有制结构上存在较大差别。东部地区以非公有制部门为主,民营投资快速增长,2006 年投资总量占全部民营投资总量的 52.0%;中部地区民营投资增幅明显加快,2006 年民营投资占到全部民营投资总量的 29.0%;西部地区民营投资增幅高于全部民营投资增幅 0.8 个百分点,投资总量占到全部民营投资总量的 19.0%(见图 7.1)。

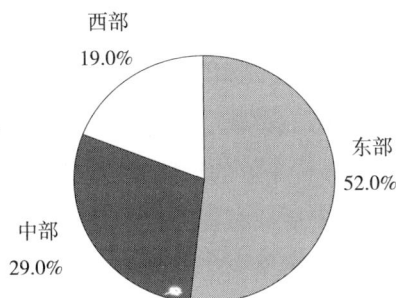

西部
19.0%

东部
52.0%

中部
29.0%

图 7.1　2006 年民营投资分地区结构

资料来源:中华全国工商业联合会:《中国民营经济发展报告 No. 4(2006 ~ 2007)》,社会科学文献出版社 2007 年版,第 61 页。

由于经济基础、地理位置、体制机制、市场观念等差异,东部、中部、西部民营投资虽然都增长很快,但是,它们之间在个体、私营经济发展、就业与地区生产总值、人均生产总值等方面还存在较大差距。陈桢以 2003 年全国 31 个省、自治区、直辖市横截面资料,分别对个体、私营企业(X_1)、个体私营企业就业人数(X_2)与地区生产总值(Y)作了简单的回归。回归结果(见表 7.4)显示,各省、自治区、直辖市个体、私营企业发展状况与地区生产总值之间存在显著相关性。就各个省、自治区、直辖市平均而言,个体、私营企业

---

① 一般来说,东部地区包括:北京、天津、河北、辽宁、上海、江苏、浙江、福建、山东、广东、海南等 11 个省、直辖市;中部地区包括:山西、黑龙江、吉林、安徽、江西、河南、湖北、湖南等 8 个省;西部地区包括:内蒙古、广西、四川、重庆、贵州、云南、西藏、陕西、甘肃、青海、宁夏、新疆等 12 个省、自治区、直辖市。

发展(户数)对于地区生产总值增长的解释力约为55.5%,而个体、私营企业就业数量增长可以解释地区生产总值增长的15.6%。这表明,东部地区私营经济发展已经成为当地经济增长和扩大就业的引擎,私营经济在固定资产投资、生产总值、上缴利税、就业安置诸方面具有极其重要的地位。

表7.4　个体私营企业户数、就业人数对地区生产总值(Y)回归结果

	参数	判定系数	标准差	T检验值	相伴概率
Y, X_1	55.52175	0.794936	5.236525	10.60279	0.00000
Y, X_2	15.63656	0.87865	1.079081	14.49062	0.00000

另据国家工商总局统计,2006年,私营企业从业人数前5位的地区是:江苏(917.9万人)、广东(652.6万人)、浙江(601.3万人)、山东(507.6万人)、上海(472.9万人);排后5位的地区是:贵州(52.2万人)、海南(39.7万人)、青海(35.2万人)、宁夏(28.4万人)、西藏(5.9万人)(见图7.2)。

2006年,在全国6586.3万私营企业从业人员总数中,增速超过20%的地区有:安徽(38.9%)、山西(27.6%)、青海(26.1%)、河南(25.7%)、广东(24.0%)、宁夏(21.3%)、福建(21.0%);增速低于5%的地区有:重庆(3.6%)、贵州(3.6%)、河北(3.0%)、上海(1.5%)、陕西(1.4%)、云南(0.8%),吉林则出现了负增长的情况(见图7.3)。

7.2.3　中国所有制结构变化对就业制度转型的影响

私营企业等非公有制经济的主体大多都是中小企业,往往具有劳动密集型的特点,对于提高就业弹性具有积极作用。通过考察所有制结构与就业结构变动的趋势,我们发现,个体、私营经济等非公有制经济对就业吸纳能力的影响很大;同时,我们还看到,目前,中国的非公有制经济和中小企业的发展还不充分,特别是还存在着市场环境不健全、地区发展不平衡等问题,所有制结构调整并未完全到位,对就业弹性的拉动效应还有上升的空间。一般来讲,非公有制经济固定资产投资比重每增加1个百分点,就业比重增加的百分点在一定程度上能反映出所有制构成变动对就业的影响。从

单位：人

省份	人数
江苏	9179197
广东	6525586
浙江	6012507
山东	5076042
上海	4729150
北京	3286468
辽宁	2777862
四川	2767195
河北	2489874
安徽	2301402
湖南	2136363
河南	1742619
福建	1629624
江西	1606206
陕西	1567480
湖北	1434935
云南	1101145
重庆	1091962
山西	1050173
黑龙江	1028021
天津	969675
广西	947778
吉林	771360
新疆	752450
内蒙古	736420
甘肃	535124
贵州	524812
海南	397103
青海	351693
宁夏	283636
西藏	59101

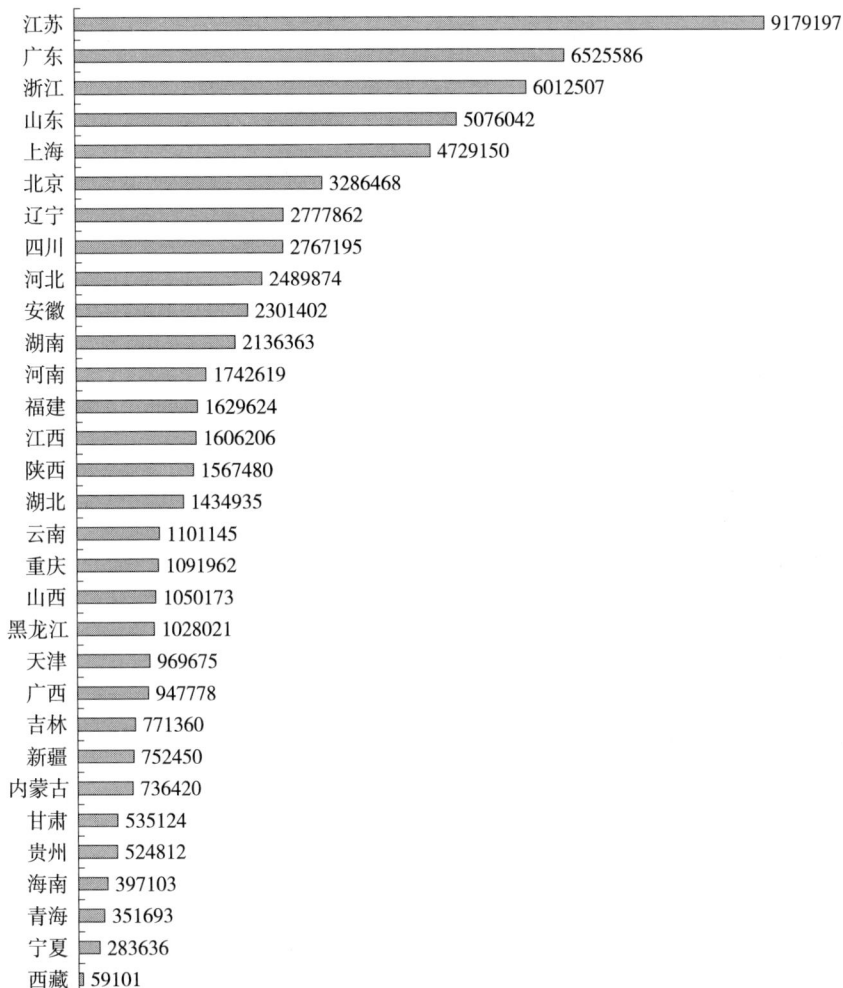

图 7.2　2006 年中国各省私营企业从业人员数量

资料来源：中华全国工商业联合会：《中国民营经济发展报告 No.4(2006~2007)》，社会科学文献出版社 2007 年版，第 12 页。

图 7.4 中可以看出，"九五"期间，非公有制结构的就业吸纳能力基本上呈上升趋势。但是，从 2000 年以后，非公有制经济的就业吸纳能力则趋于平稳并略有下降。

　　如何进一步提升所有制结构调整对就业弹性的拉动效应，这就给中国就业制度转型提出了一个新课题，那就是要从就业制度上明确规定，国家鼓

单位：%

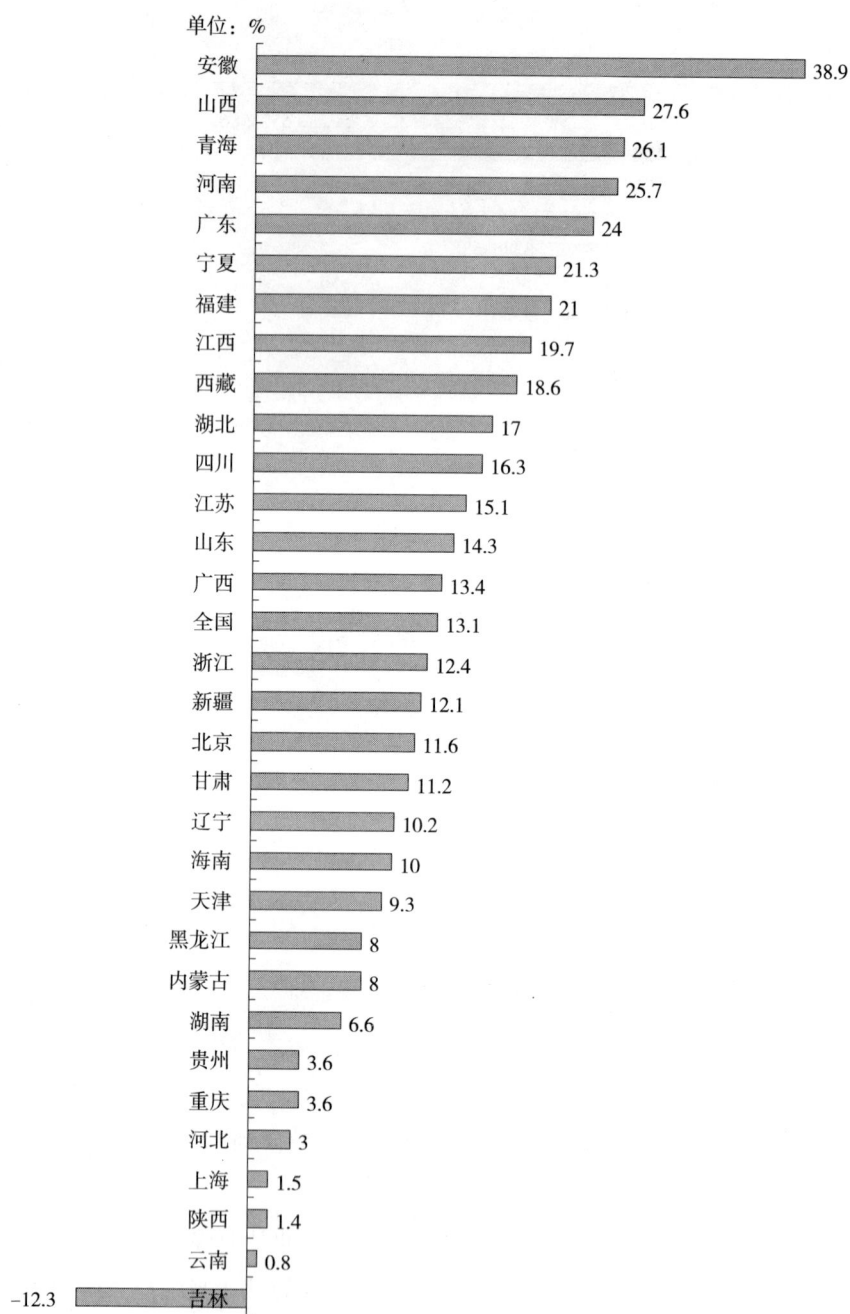

省份	数值
安徽	38.9
山西	27.6
青海	26.1
河南	25.7
广东	24
宁夏	21.3
福建	21
江西	19.7
西藏	18.6
湖北	17
四川	16.3
江苏	15.1
山东	14.3
广西	13.4
全国	13.1
浙江	12.4
新疆	12.1
北京	11.6
甘肃	11.2
辽宁	10.2
海南	10
天津	9.3
黑龙江	8
内蒙古	8
湖南	6.6
贵州	3.6
重庆	3.6
河北	3
上海	1.5
陕西	1.4
云南	0.8
吉林	-12.3

图 7.3　2006 年中国各省私营企业从业人员数量增速

资料来源：中华全国工商业联合会：《中国民营经济发展报告 No. 4(2006～2007)》，社会科学文献出版社 2007 年版，第 12 页。

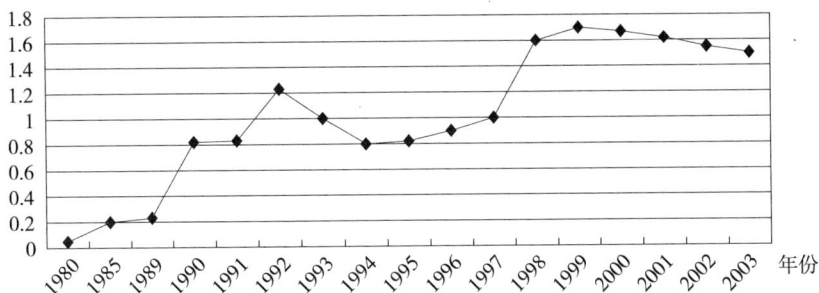

图 7.4　非公有制经济投资比重与就业比重的相对变动率

资料来源:劳动与社会保障部,国家统计局:《中国劳动统计年鉴(2003)》,中国统计出版社 2004
　　年版。

励、支持、引导非公有制经济发展,鼓励发展劳动密集型产业、服务业,扶持
中小企业,增强中小企业的融资渠道,加大对中小企业的信贷支持。对失业
人员创办中小企业、从事个体经营的失业人员以及从事个体经营的残疾人,
依法给予税收优惠,并在经营场地等方面给予照顾,免除行政事业性收
费等。

7.3　中国产业结构调整与就业制度转型

　　产业结构是解释经济增长的核心因素。在经济增长过程中,由于技术
进步、需求结构变化和产业政策的调整,产业部门作为就业的载体,其结构
变化必然反映到就业结构的变动上来,二者是相互依存的辩证关系。当前
和今后一个时期,中国将面临着产业结构重大调整的战略机遇期。因此,必
须在充分认识产业结构与就业结构相互作用机理和相互作用条件的基础
上,采取一系列措施,努力实现产业优化和增加就业的双重目标。

7.3.1　中国产业结构与就业结构的互动关系

　　改革开放以来,中国的经济结构经过几次大的调整,三次产业发展日趋
协调,产业结构也更为合理。但是,产业结构与就业结构之间的失衡现象仍
然比较严重,这可以从以下 3 个方面去认识:

　　首先,从中国 GDP 及就业的产业构成变化看,虽然 GDP 构成和就业分布变化趋向合理。但是,它在总体上还处于失衡状态。先看中国 GDP 的产业结构,第一、二、三产业在 GPD 中的比重由 1978 年的 28.2∶47.9∶23.9,转变为 2007 年的 11.3∶48.6∶40.1(见表 7.5)。由表 7.5 可以看出,三次产业变动的总体趋势是:第一产业比重下降,且下降的速度很快;第二产业仍然高速增长,其比重在 GDP 中依然很大;第三产业发展总体上所占比重有所上升,但是,自 21 世纪以来,其发展速度减慢。再看就业的产业结构,劳动力在三次产业的就业结构也由 1978 年 70.5∶17.3∶12.2,转变为 2007 年的 40.8∶26.8∶32.4(见表 7.6)。由表 7.6 可以看出,劳动力在三次产业中的转移趋势是:第一产业就业比重迅速下降,且已经达到饱和并开始排斥劳动力;第二产业吸纳就业的能力下降,就业比重不高,但是,整体稳定且有所增加;第三产业就业比重不高,但是,增长最快,已经成为吸纳劳动力的主要产业。

表 7.5　中国 GDP 的产业结构①(GDP = 100)

年份	第一产业	第二产业	工业	建筑业	第三产业	交通运输、仓储和邮政业	批发和零售业
1978	28.2	47.9	44.1	3.8	23.9	5.0	6.6
1979	31.3	47.1	43.6	3.5	21.6	4.8	4.9
1980	30.2	48.2	43.9	4.3	21.6	4.7	4.3
1981	31.9	46.1	41.9	4.2	22.0	4.5	4.7
1982	33.4	44.8	40.6	4.2	21.8	4.6	3.2
1983	33.2	44.4	39.9	4.5	22.4	4.6	3.3
1984	32.1	43.1	38.7	4.4	24.8	4.8	5.0
1985	28.4	42.9	38.3	4.6	28.7	4.7	8.9
1986	27.2	443.7	38.6	5.4	29.4	4.9	8.3
1987	26.8	43.6	38.0	5.5	29.6	4.7	8.8
1988	25.7	43.8	38.4	5.4	30.5	4.6	9.9
1989	25.1	42.9	38.2	4.7	32.0	4.8	9.0
1990	27.1	41.3	36.7	4.6	31.6	6.3	6.8

---

　　①　本表按照当年价格计算。

年份	第一产业	第二产业	工业	建筑业	第三产业	交通运输、仓储和邮政业	批发和零售业
1991	24.5	41.8	37.1	4.7	33.7	6.5	8.4
1992	21.8	43.4	38.2	5.3	34.8	6.3	8.9
1993	19.7	46.6	40.2	6.4	33.7	6.2	8.0
1994	19.8	46.6	40.4	6.2	33.6	5.8	7.8
1995	19.9	47.2	41.1	6.1	32.9	5.3	7.9
1996	19.7	47.5	41.4	6.1	32.8	5.3	7.9
1997	18.3	47.5	41.7	5.8	34.2	5.3	8.0
1998	17.6	46.2	40.3	5.9	36.2	5.5	8.2
1999	16.5	45.8	40.0	5.8	37.7	5.8	8.4
2000	15.1	45.9	40.3	5.6	39.0	6.2	8.2
2001	14.4	45.1	39.7	5.4	40.5	6.3	8.3
2002	13.7	44.8	39.4	5.4	41.5	6.2	8.3
2003	12.8	46.0	40.5	5.5	41.2	5.8	8.2
2004	13.4	46.2	40.8	5.4	40.4	5.8	7.8
2005	12.2	47.7	42.2	5.5	40.1	5.9	7.4
2006	11.3	48.7	43.1	5.6	40.0	5.9	7.3
2007	11.3	48.6	43.0	5.6	40.1	5.9	7.3

资料来源:国家统计局编:《中国统计摘要(2008)》,中国统计出版社 2008 年版,第 21 页。

　　结合表 7.5 和表 7.6 来考察产业结构与就业结构之间的联系,就不难发现,中国的产业结构与就业结构具有很不相称的特点,从某种程度上讲,就业结构滞后于产业结构的发展。以 2007 年为例,尽管第一产业就业人数随着它的产值在 GDP 中的份额下降而快速下降,但是,吸纳的劳动力就业人数的数量仍占就业总人数的 40% 多。第二产业的情况与其相反,在 GDP

表 7.6　中国就业的产业结构

年份	就业人员总计(万人)	第一产业	第二产业	第三产业	构成(以合计为100)		
					第一产业	第二产业	第三产业
1978	40152	28318	6945	4890	70.5	17.3	12.2
1979	40124	28634	7214	5177	69.8	17.6	12.6
1980	42361	29122	7707	5532	68.7	18.2	13.1

年份	就业人员总计(万人)	第一产业	第二产业	第三产业	构成(以合计为100)		
					第一产业	第二产业	第三产业
1981	43725	29777	8003	5945	68.1	18.3	13.6
1982	45295	30859	8346	6090	68.1	18.4	13.5
1983	46436	31151	8679	6606	67.1	18.7	14.2
1984	48197	30868	9590	7739	64.0	19.9	16.1
1985	49873	31130	10384	8359	62.4	20.8	16.8
1986	51282	31254	11216	8811	60.9	21.9	17.2
1987	52783	31663	11726	9395	60.0	22.2	17.8
1988	54334	32249	12152	9933	59.3	22.4	18.3
1989	55329	33225	11976	10129	60.1	21.6	18.3
1990	64749	38914	13856	11979	60.1	21.4	18.5
1991	65491	39098	14015	12378	59.7	21.4	18.9
1992	66152	38699	14355	3098	58.5	21.7	19.8
1993	66808	37680	14965	14163	56.4	22.4	21.2
1994	67455	36628	15312	15515	54.3	22.7	23.0
1995	68065	35530	15655	16880	52.2	23.0	24.8
1996	68950	34820	16203	17927	50.5	23.5	26.0
1997	69820	34840	16547	18432	49.9	23.7	26.4
1998	70637	35177	16600	18860	49.8	23.5	26.7
1999	71394	35768	16421	19205	50.1	23.0	26.9
2000	72085	36043	16219	19823	50.0	22.5	27.5
2001	73025	36513	16284	20228	50.0	22.3	27.7
2002	73740	36870	15780	21090	50.0	21.4	28.6
2003	74432	36546	16077	21809	49.1	21.6	29.3
2004	75200	35569	16920	23011	46.9	22.5	30.6
2005	75825	33970	18084	23771	44.8	23.8	31.4
2006	76400	32561	19225	24614	42.6	25.2	32.2
2007	76990	31444	20629	24917	40.8	26.8	32.4

资料来源:国家统计局编:《中国统计摘要(2008)》,中国统计出版社2008年版,第44页。

中所占的比重近一半,但是,因为其吸收劳动力的能力不高,劳动力仅占其全部总量的比例不足1/4。第三产业在1980~2007年间,从占劳动力总人数的比重最小到超过第二产业的就业人数比重,劳动力在总量中的比重增加的幅度远远大于其在 GDP 份额中的增加,第三产业成为吸收劳动力的主要产业,但是,由于它的发展速度趋缓和发展水平较低,阻碍了进一步吸纳劳动力和就业机会的创造。

其次,从产业结构与就业结构偏离的角度看,中国就业结构水平大大滞后于产业结构的水平,这种结构性偏差与劳动力在三次产业之间的转移速度有关。随着产业结构的升级变动,劳动力会在三次产业中发生转移,形成新的就业结构。要保持就业的增长与经济的发展过程相适应,劳动力的转移需要与三次产业的结构变动情况保持一致。当劳动力的转移速度偏快时,会使接收的产业部门的劳动力过多,从而产生劳动力就业不足现象;当劳动力转移速度偏慢时,一方面,会使仍滞留在原有产业或者部门的劳动力成为冗员,造成失业压力;另一方面,也使其他部门得到不足够的有效劳动力,或者促使这些部门采取资本或者技术密集型的生产方式进行生产,减少对劳动力的需求,从而加重失业的程度。为了更深入地考察三次产业对劳动力就业影响的情况及就业增长的变动趋势,蒲艳萍采用结构偏离度和相对劳动生产率两个分析工具作了分析(见表 7.7)。

表 7.7　选择年份中国产业结构偏离度、相对劳动生产率①及人均 GDP 变动

年份	结构偏离度			相对劳动生产率			人均 GDP(元/人)		
	第一产业	第二产业	第三产业	第一产业	第二产业	第三产业	第一产业	第二产业	第三产业
1978	− 0.52	2.69	0.66	0.48	3.69	1.66	360	2513	1760
1980	− 0.56	1.66	0.63	0.44	2.33	1.63	467	2821	1746
1985	− 0.54	1.07	0.70	0.46	2.07	1.70	816	3724	3058
1990	− 0.55	0.94	0.69	0.45	1.94	1.69	1289	5570	4853
1995	− 0.61	1.12	0.24	0.39	2.12	1.24	3375	18229	10632
2000	− 0.67	1.31	0.21	0.33	2.31	1.21	4058	27705	15086
2001	− 0.68	1.25	0.20	0.32	2.25	1.23	4221	29937	16389
2002	− 0.69	1.39	0.17	0.31	2.39	1.17	4371	33929	16658

资料来源:根据《中国统计年鉴 2003》中的数据计算。

_____

① 结构偏离度 =(某产业计算期 GDP 的比重/同期该产业从业人员比重)− 1;相对劳动生产率 = 某产业计算期 GDP 的比重/同期该产业从业人员比重。

由表 7.7 可以看出三次产业对就业的影响及就业增长的变动趋势。一是第一产业在改革初期结构偏离度已经为 - 0.52,说明当时已经存在着大量剩余劳动力和隐性失业问题。随着改革进一步深化,偏离度逐年偏离零值越来越远,2002 年该值为 - 0.69,说明第一产业——农业不仅不能吸收更多的劳动力就业,相反,它却成了使劳动力源源不断流出的部门。二是第二产业的结构偏离度为正值且较大,这说明该产业应当吸收更多的劳动力人数。20 世纪 80 年代末 90 年代初,该值呈现出越来越小的趋势,说明该产业各部门在这个时期正在接纳越来越多的从其他部门转移出来的劳动力,这与前面提到的在此期间第二产业就业人数比重上升的情况一致。1991 年后,第二产业的结构偏离度值又大幅上升,从 1990 年的 0.94 上升到 2002 年的 1.39,与第二产业在 GDP 中过高的比重比较,说明第二产业正在走一条资本密集型的生产路线。三是第三产业的结构偏离度为正且愈来愈向零值靠拢,这说明第三产业的产业结构与就业结构正在向均衡状态靠近。在这段时期内从其他部门转移出的劳动力大部分被第三产业吸收,在未来,第三产业仍有继续接纳劳动力的能力。

通过上述分析,可以得出如下结论:当下,第一产业已经成为劳动力净流出的部门,对中国的就业产生巨大的压力;第二产业在 2002 年的结构偏离度为 1.39,表明在这一阶段,第二产业并没有合理吸收大量从别的产业流出、正在转移着的劳动力,就业人数的比重稳定且仅有少量增加,因资本密集型生产技术的选择无法吸收更多本应当吸收的劳动力;由于技术进步、生产效率提高而从农业、工业转移出的劳动力,正在大量流入第三产业,第三产业已经成为吸收劳动力最主要的部门,而且上述变动趋势从 2002 年至今一直延续着。

第三,从增量角度看,1978~2002 年间,中国第一、二、三产业的就业弹性分别为 0.02、0.042 和 0.083,其中,第一产业的就业弹性最小,第三产业的就业弹性最大(见表 7.8)。

从表 7.8 显示的三次产业对就业增长的贡献份额看,中国第三产业对就业增长的贡献份额自 1990 年以后,已经稳定地超过第一、二产业。1978~2002 年间,中国第三产业对就业增长的贡献份额达 48.2%,高于第一产业的 25.5% 和第二产业的 26.3%。这说明,第三产业对就业增长的贡献随着工农业劳动生产率的提高和收入水平增长日益增大,已经成为国民经济中就业增长最快、吸纳劳动力最多的部门。

表 7.8　不同阶段中国三次产业就业 GDP 弹性系数及对就业增长的贡献份额①

年份	就业 GPD 弹性系数			对就业增长的贡献（%）		
	第一产业	第二产业	第三产业	第一产业	第二产业	第三产业
1978～1990	0.095	0.29	0.25	43.1	28.1	28.8
1990～2002	-0.023	0.023	0.15	-22.7	21.4	101.3
1978～2002	0.02	0.042	0.083	25.5	26.3	48.2

资料来源：根据《中国统计年鉴2003》中的数据计算。

7.3.2　中国产业结构与就业结构变动的国际比较

产业结构轻型化和高级化，是世界范围内的一个大趋势，由此带动了就业的产业转化。特别是现代信息产业、金融保险业等服务行业的发展，为经济增长注入了新的活力，也为就业拓展了新的空间。美国在 20 世纪 90 年代初期的失业率曾经高达 7 个百分点以上，此后，随着美国新经济的出现和发展，经济增长和就业增加保持了良好的态势。在整个 20 世纪 90 年代，美国的总就业人口增加了 1355 万人，增长 12%，其中 60% 的新增就业岗位来自服务业。美国在 20 世纪 90 年代中期，第三产业占国内生产总值的比重就超过了 70%，成为劳动就业的决定性部门。在美国服务业从业人数大幅度增加的同时，制造业的从业人数却进一步下降，同期由 2135 万人减少到 2073 万人。大凡经济发达国家，就业增长毫无例外地依赖于第三产业的发展。事实上，从全世界经济变动的格局来看，第三产业的迅速发展是 20 世纪下半叶全球经济发展的重要特征之一，第三产业水平的高低已经成为衡量一个国家或者地区经济发展水平的重要标志。世界上各发达国家在 20 世纪 60 年代已经相继进入了服务型产业结构阶段。中国既属于经济转型国家，也是一个发展中的大国，目前的就业结构中第一产业所占份额居高不下，高于其他转型国家。作为发展中国家，中国的就业结构也与其他发展中

①　就业 GDP 弹性 = 某产业计算期与基期相比的就业增长率/同期该产业经济增长率。就业增长贡献份额 = 某产业计算期与基期相比的就业增长量/同期全社会就业增量。

国家相比存在一定差距,特别是与发达国家相比存在的差距更大(见表7.9)。

表7.9 三次产业就业结构的国际比较(%)

国 家		2000 年			2001 年		
		第一产业	第二产业	第三产业	第一产业	第二产业	第三产业
转型国家	中国	50.0	22.5	27.5	50.0	22.3	27.7
	波兰	18.8	30.9	50.4	19.1	30.5	50.4
	罗马尼亚	42.8	26.2	31.0	42.3	26.2	31.5
	乌克兰	20.5	31.4	42.4	19.7	30.8	43.9
发达国家	美国	2.6	22.9	74.5	2.4	22.4	75.2
	日本	5.1	31.2	63.1	4.9	30.5	63.9
	加拿大	3.3	22.69	74.1	2.9	22.7	74.4
	法国	1.6	24.5	73.9	1.6	24.4	74.1
	德国	2.7	33.4	63.8	2.6	32.5	64.7
	英国	1.5	25.4	72.7	1.4	24.9	73.4
发展中国家	印度尼西亚	45.3	17.3	37.3	43.8	17.0	37.5
	泰国	48.8	19.0	32.2	46.6	19.5	33.9
	巴西①	24.2	19.3	56.5	20.6	20.0	59.2

资料来源:世界银行数据库。根据收录于2004中国统计年鉴的相关数据整理。

表7.9显示了转型国家、发达国家、发展中国家2000年和2001年三次产业就业构成的差别。在被选择的国家中,中国具有典型的结构滞后的特征。

通过国际比较可以发现,当前,中国经济增长中就业压力大的原因之一,就在于产业结构失衡,突出表现在:第二产业特别是工业产值的比重太高,第三产业的比重过低。按照世界银行的数据,当前全世界第一、第二、第三产业的比例(按照当年价格计算)平均约为4:32:64,其中,高收入国家第一、第二、第三产业的平均比例构成是2:30:68,中等收入国家为10:36:45。而按照当年价格计算,2007年,中国第一、第二、第三产业增加值占GDP的

---

① 表中巴西为1999年和2001年数据。

比重分别为 11.3∶48.6∶40.1,第二产业中的工业增加值占 GDP 的比重高达43.0%。中国第三产业的比重比世界平均水平低23.9 个百分点,而第一产业比世界平均水平高10.9 个百分点,第二产业则比世界平均水平高出16.6 个百分点。第二产业比重高、增长快,但是,其吸纳就业的能力却很低,这是造成中国高增长下扩大就业困难的重要原因。因此,在第一产业劳动力过剩、第二产业吸纳劳动力能力下降的情况下,中国在今后必须使第三产业承担起吸纳新增就业人员和失业人员的任务。

7.3.3　中国三次产业就业结构预测

根据中国经济发展的现状和三次产业发展的一般规律,我们预测三次产业就业将呈现以下变动趋势:第一产业将呈现加速下降趋势,就业比重的下降幅度会增加。第二产业在 2008 年之前,由于受到结构调整和国有企业改革的影响,就业比重仍将出现一定程度的下降,2008 年之后,由于受国际金融危机的影响,预计不会出现回升;2010 年之后的 10 年,将是工业化和城镇化进程加速时期,第二产业的就业比重会出现较大幅度的增长。第三产业将呈加速增长的态势,2020 年之前,就业比重的增加幅度也将会持续提高。为此,提出以下假设和推断,并在此基础上对今后三次产业就业结构的变动趋势进行测算(见表7.10):

在 2007 年之前,第一产业和第二产业就业比重都会继续下降,第三产业保持增长态势。第一产业的就业比重每年下降0.2 个百分点;第二产业的下降速度将有所减缓,每年约下降 0.1 个百分点;第三产业就业比重相应在提高,每年增加 0.3 个百分点。

2007～2010 年,随着工业化进程逐步加速,第二产业就业比重将会逐步回升,每年增幅保持在0.2 个百分点;第三产业增长速度也略有加快,每年保持在 0.5 个百分点;第一产业每年下降 0.7 个百分点。

2010～2015 年,第二产业就业增长加速,就业比重每年增加 0.5 个百分点;第三产业每年增加 0.8 个百分点;第一产业每年减少 1.3 个百分点。

2015～2020 年,第二产业就业增速有所减缓,就业比重每年增加 0.3 个百分点;第三产业就业比重增幅则提高到 1 个百分点;第一产业每年平均减少 1.3 个百分点。

表7.10　中国三次产业就业结构预测

年份	2005	2007	2010	2015	2020
第一产业	44.8	40.8	38.7	32.2	25.7
第二产业	23.8	26.8	27.4	29.9	31.4
第三产业	31.4	32.4	33.9	37.9	42.9

7.3.4　中国产业结构调整与就业制度转型的政策选择

一般而言,宏观经济政策的目标有4种,即充分就业、价格稳定、经济持续均衡增长和国际收支平衡。产业结构和就业结构的合理化,以及二者的协调发展,是宏观经济政策的组成部分。为了确保产业结构升级,使就业结构适应产业结构的调整,必须从制度层面着眼,思考中国就业制度转型的路径。

(1)建立和完善鼓励发展劳动密集型产业的制度

各国比较优势的差别产生于资源禀赋与发展阶段相关的生产要素相对丰富。从总体上看,中国仍然处于劳动力丰富、资本相对稀缺的发展阶段,因此,劳动密集型产业仍是中国工业的比较优势所在。

(2)建立和完善优先发展第三产业、拓宽就业渠道的制度

从前面对劳动力就业弹性系数和比较劳动生产率的分析可以看出,第三产业具有极大的经济增长空间和就业增长空间。因此,支持第三产业发展是拓宽就业渠道的良好途径。发展的重点应当放在以下几个方面:一是与科技进步相关的新兴行业,如咨询业、信息产业和各类技术服务业等;二是就业容量大、与经济发展和居民生活密切相关的行业,如金融保险业、房地产业、仓储业等;三是对国民经济发展具有全局性、先导性影响的基础行业,如交通运输业、邮电通讯业和公用事业等。

(3)建立和完善职业教育和职业培训制度

劳动力的素质已经成为产业结构升级和就业结构优化的主要制度因素之一。因此,必须把职业教育和职业培训作为国家促进就业的最主要和最基本手段,并将其纳入法制化轨道,实现制度化、常规化,以切实促进劳动者素质提高,为促进和扩大就业创造条件。

7.4　中国城乡二元结构与就业制度转型

中国经济是典型的城乡二元结构。所谓城乡二元结构,一般是指以社会化生产为主要特点的城市现代经济部门和以小生产为主要特点的农村传统经济部门并存的经济结构。早在 1954 年,美国著名的发展经济学家、诺贝尔经济学奖获得者刘易斯通过对印度、埃及等发展中国家的研究发现,这些国家的工农业之间、城乡之间因不同的资源禀赋而自然形成发展不平衡的差距。这种"二元经济结构"成为发展中国家经济发展的典型特征。因此,分析城乡二元结构的产生、过程及现状,对于破解城乡二元结构对就业的影响,实现中国就业制度转型,具有重要的意义。

7.4.1　中国城乡二元结构下的农民就业制度

中国城乡二元结构下的农民就业制度,是以 1958 年公布施行《户口登记条例》为基础的。王至元在其《城乡二元结构转变与中国城市化道路》一文中指出,基于《户口登记条例》的规定,在计划经济时期,人口迁移的唯一途径是经政府批准的户籍迁移,通常每年只有 100 多万配额,主要是给予发生在地区之间的工作调动、毕业分配、异地婚姻等流动现象一个合法的承认。户籍迁移之外的流动,特别是以寻找就业机会为动机的迁移几乎不存在。可以说,自 20 世纪 50 年代中后期开始,户籍制度一直是城乡差距的根源之一,在 30 多年的时间里,它使得城乡居民在收入、福利和补贴等方面越来越不平等,使城乡居民享受差别化的工作机会。

改革开放初期,农村实行家庭承包责任制和发展乡镇企业,解放了农业生产力。这一时期,农村潜在的富余劳动力虽然突然显现,但是,城乡分割的人力资源市场制度不可能伴随着改革开放迅速调整。随着中国经济体制改革的深入和经济结构的重大调整,中国农业富余劳动力长期处于停滞状态的局面逐步被打破,农业富余劳动力开始以空前的规模和速度向外转移,特别是中共十六大确立和实施中国全面建设小康社会目标以后,为农业富余劳动力转移就业开辟了新的空间和领域,中国的就业制度也开始转向一个新的时代。

7.4.2 农业富余劳动力的无限供给与非均衡性分析

在发展经济学的二元结构框架下,无限供给是农业富余劳动力的边际产出为零的结果。这一结果在较长时期内仍将是中国人力资源市场的基本事实。但是,令人担忧的是,中国农业富余劳动力的供给行为呈现出巨大的非均衡性,"民工潮"和"民工荒"就是一个集中的体现。它不仅带来了经济效率的损失,也带来了农村自身的福利损失,尽管这是农业富余劳动力适应人力资源市场及相应就业政策调整的结果。研究中国农业富余劳动力供给行为的非均衡性及其形成机理,应当有助于加快实现中国就业制度的转型。

首先,从农业富余劳动力的规模看,一般来说,农业劳动力的一个重要经济学特征就是边际劳动生产率为零,其后,再增加的农业劳动力即为农业富余劳动力。那么,中国农业富余劳动力的规模究竟有多大呢?鉴于农业富余劳动力规模是一个动态上的相对概念,各方说法不一,有的以先进国家的农业生产力发展水平为参照来推算,有的以世界平均水平来推算,有的选择与中国经济发展水平比较接近的国家来推算,有的按照实际耕地与有效劳动的比例来推算,还有的运用钱纳里标准结构模型来测度。无论是采取何种方法来推算,一般都显示出中国农业富余劳动力的规模是庞大的。根据国家统计局、人力资源和社会保障部的权威说法,目前,中国的农业富余劳动力有2.2亿,其中进城务工的有1.1亿多,就地转移的有9000多万人。

其次,从无限供给与"民工潮"的视角看,现代经济发展史表明,由人口迁移引起的城市化,是工业化的一个结果,这正如中共十六大提出的,"农业富余劳动力向非农产业和城镇转移,是工业化和现代化的必然趋势"。如何判断这种趋势呢?迈克尔·多德罗的流动模型[①],可以为我们提供一个更为直接的描述,这个模型大体可以概括为:

$$V = rxp - c - t \tag{7.1}$$

其中,V表示迁入地与迁出地之间(通常是城乡之间)的预期收入差距,r表示迁入地(城市)的预期收入,p为迁移者在迁入地(城市)找到工作

① 参见[美]迈克尔·多德罗:《发展中国家剩余劳动力迁移模式和城市失业问题》,《现代国外经济学论文选(第8辑)》,商务印书馆1984年版,第167页。

的概率,c 表示迁出地(农村)的收入,t 表示迁移成本。当 V 为正值时,就产生了迁移的动力,V 的值越大,迁移的动力就越大。在此基础上,如果能够较为完整地理解流动的成本与收益,那么,还能够进一步预测农民工流动的趋势。当然,"民工荒"可能是由于劳动力供给的机能结构与企业劳动力需求的机能结构不一致造成的,其收益机制不可能在短期内解决短缺问题,但是,它会给出一个市场价格信号,以引导市场在长期内实现供求均衡。[①]

7.4.3 中国城乡二元结构下的收入差距

城乡居民的人均收入水平,是衡量城乡经济差异的重要标尺。根据国家统计局公布的有关数据绘制的中国城乡家庭居民人均收入差异(见图7.5)看,中国农村居民家庭人均纯收入和城镇居民的人均可支配收入自改革开放以来有了显著提高。其中,农村居民家庭人均纯收入由 1978 年的133.6 元上升到 2007 年的 4140.4 元,城镇居民家庭的人均可支配收入由1978 年的 343.4 元上升到 2007 年的 13785.8 元。从发展和增长速度上来看,两者差距并不明显,比如,以 1978 年为基年(=100),农村居民家庭人均纯收入在 2007 年的发展指数为 734.4,城镇居民家庭的人均可支配收入在 2007 年的发展指数为 752.3;但是,城镇居民家庭的人均可支配收入和农村居民家庭人均纯收入在绝对水平上也会造成差距不断放大的趋势,呈现出"剪刀差"的形状。这充分说明中国城乡之间的经济水平和居民实际收入水平的差距是不断扩大的。

另外,一个反映城乡经济差别的常用分析工具是恩格尔系数,这一系数是指食品支出金额在生活消费总支出金额中所占的比例。其计算公式为:

恩格尔系数 = 食品支出金额/生活消费总支出金额 ×100%

在正常的经济社会发展过程中,随着经济水平和收入水平的不断提高,社会居民或者居民家庭的恩格尔系数总是下降的。根据国家统计局公布的有关数据绘制的中国城乡居民家庭恩格尔系数的变动轨迹(见图7.6)看,中国城乡居民家庭恩格尔系数呈稳定而持续下降的趋势。

---

① 参见景普秋、张向阳:《中国工业化与城镇化进程中农村劳动力转移的定量研究》,《人口与经济》2005 年第 1 期。

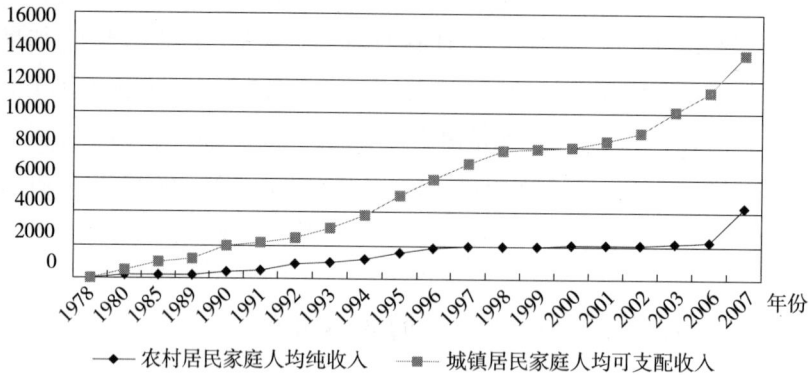

图 7.5 中国城乡居民家庭人均可支配收入

资料来源:根据国家统计局《中国统计摘要(2008)》绘制。

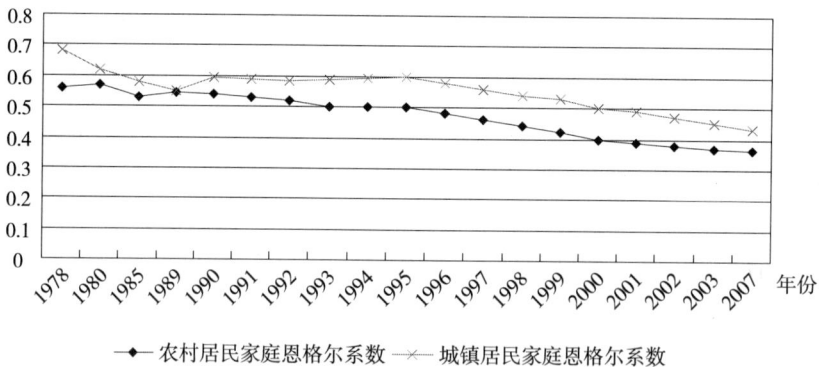

图 7.6 中国城乡居民家庭恩格尔系数

资料来源:根据国家统计局《中国统计摘要(2008)》绘制。

　　值得引起注意的是,中国城镇居民家庭恩格尔系数与农村居民家庭恩格尔系数在 20 世纪 80 年代有趋同的倾向:1978 年,两者仅相差 10 个百分点;到 1989 年,两者已经基本接近(城镇居民家庭恩格尔系数与农村居民家庭恩格尔系数分别为 0.548 和 0.545)。

　　但是,随后又再次进入了差距扩大的状态,到 2007 年,中国城镇居民家庭恩格尔系数与农村居民家庭恩格尔系数分别为 0.431 和 0.363,若用百分率表示,两者相差 6.8 个百分点。据此,可以判断,在城乡经济都获得不断提高的同时,中国城乡二元经济结构的差异并未因此而缩小。陈锡文在

2009 年首届建设创新型国家论坛上表示,2008 年农民人均收入 4700 元,城镇居民收入 15800 元,差距已经突破 10000 元。

从目前情况看,差距还在进一步扩大。在今后 12 年内,如果农民的人均收入翻一番,年均增长率大概是 6%,那么,即使到了 2020 年,中国城乡居民之间的收入还不能达到开始缩小的拐点。①

7.4.4　破解城乡二元结构下农民就业难题的制度选择

中共十七届三中全会指出,中国"已经进入以工促农、以城带乡的发展阶段,进入加快改造传统农业、走中国特色农业现代化道路的关键时刻,进入着力破除城乡二元结构、形成城乡经济社会发展一体化新格局的重要时期"。这是对破解城乡二元结构提出的"改革和发展路线图",是对开始破除城乡二元结构下达的"进攻令",也是实现中国就业制度转型的良好契机。破解城乡二元结构下农民就业的难题,从制度层面考虑,当前和今后一个时期的着力点应当放在以下几个方面:

(1)建立城乡平等的就业制度

要基于农民作为中国公民的基础权利的视角,建立城乡平等的就业制度,创造公平就业的环境,消除就业歧视,打破人为地将社会人口分割为"城市人"和"农村人"的藩篱,使占全国人口绝大多数的农民与城市人同等享受经济社会发展的成果,这将是中国就业制度转型最重大、最本质性的突破,也是中国就业制度转型的唯一选择。

(2)建立统筹规划、分类指导的农业富余劳动力转移制度

要拓宽农业富余劳动力转移就业的渠道。农业富余劳动力的转移途径多种多样,概括地讲,主要有 3 种途径:一是城市化转移模式。农业人口的城市化是西方国家在工业化过程中普遍经历的一种模式,也是一个理论上的成熟模式。但是,就中国的具体情况而言,工业化过程还要始终面对很大的城市就业压力,不可能完全指望依靠城市来吸纳全部的农业富余劳动力。二是就地转移模式。即:重点发展小城镇、乡镇企业和农业产业化,加大农村基础设施建设力度,尤其是通过发展乡镇企业开辟农村劳动人口"离土

---

① 参见金融界网站,2009 年 1 月 9 日。

不离乡,进厂不进城"的新型就业渠道;而且,从实际效果看,乡镇企业就地消化的农业富余劳动力,占据了中国农业富余劳动力转移的绝大多数。三是组织劳务输出。目前,除欧盟国家之外,大多数国家对劳务输入采取谨慎和限制的做法,也就是说,国际人力资源市场是分割和缺乏流动性的。尽管如此,也要想方设法扩大对外劳务输出,同时,也要加强国内地区之间的劳务输出,特别是要加强贫困地区的人力资源向发达地区流动,这也是中国农业富余劳动力转移的主要方式之一。

(3)建立和完善公共就业服务制度

要通过建立和完善公共就业服务制度,切实为农业富余劳动力进城务工提供相关公共服务。利益最大化是农业富余劳动力向城市转移的根本动机。但是,信息不对称使得农业富余劳动力求职处于弱势地位,从而影响其利益最大化的预期实现。因此,必须为农业富余劳动力转移提供公共服务。

(4)完善农民工基本养老保险制度

要针对农民缴费难和养老保险转移难的问题,降低农民工的缴费比例,明确农民工养老保险关系转移和权益累计、接续的政策,确保农民工参加社会保险缴费的权益不受损害,切实保障农民工养老保险的权益。

第 8 章　国际环境与中国就业制度转型

国际环境总是不断地对各国的就业及就业制度产生影响的。这里所说的国际环境,实际上是一种国际联系,也就是经济全球化、WTO 规则和国际劳工法与各国的联系。经济全球化作为一个不可逆转的过程,在过去 20 年中已经形成一种越来越广泛和深刻的多维状态,并将全球社会关系和经济实体不断卷入其中。从发展趋势来看,经济全球化是一种时代潮流;从本质上看,经济全球化就是一场市场化的制度整合,是市场经济规则在全球范围内扩展并发挥基础性调节作用的过程。因此,中国只有积极参与全球化进程,才能把握好全球化带来的机遇,通过树立世界眼光和全球意识,探索经济全球化下中国就业制度转型的应对之策。如果说经济全球化对中国就业制度转型的影响主要体现在理念上的话,那么,加入 WTO 对中国就业制度转型的影响,则是最直接、最具体的①,其负面影响也是集中而又显而易见的,比如,不同产业所受到的不同冲击,使就业问题更趋严重等,这将直接要求中国的就业制度作出反应。中国作为一个负责任的发展中大国,遵守国际劳工法是一个必然的选择,但是,由于中国特定的经济发展阶段和历史文化传统,中国既不可能一步完全实施所有的国际劳工法,也不可能完全按照国际劳工法确定的标准去行动。这些正是本节所要阐述的要义所在。

8.1　经济全球化与中国就业制度转型

经济全球化,是指人类经济活动跨越民族、国家界限,在世界范围内相互融合的过程。具体来讲,它是指各种生产要素在世界范围内的自由流动

---

① 参见杨伟国:《转型中的中国就业政策》,中国劳动社会保障出版社 2007 年版,第 49 ~54 页。

和合理配置,逐步以至最终完成消除国家之间各种壁垒,使之相互渗透、相互影响、相互依存并不断加深,从而实现经济上的世界一体化。① 经济全球化的特征主要体现在以下几个方面:一是市场全球化,即全球大市场的形成和维护;二是生产要素全球化,即各种生产要素在全球范围内配置;三是劳动力全球化,即劳动力在全球范围内自由流动;四是风险全球化,即市场风险波及全球。②

8.1.1 经济全球化对中国的影响

经济全球化对中国经济社会发展的影响,既有正面的作用,也有负面的作用。

首先,从经济全球化正面影响看,一是经济全球化以市场为主导,以国家合作、企业竞争为主要特征,它使世界经济形成了一种开放体系,各国之间形成了相互依存又相互制约的利益格局,客观上为中国经济发展创造了和平稳定的环境。二是经济全球化以要素流动为载体,中国作为发达国家的生产合作伙伴,能够利用全球化获得发展机会,通过要素流动,引进发达国家相对丰富的资金及其他稀缺的先进要素,如技术、标准、品牌、国际营销网络以及企业家精神等,并与自身丰裕的生产要素,如低价优质的劳动力和自然资源相结合,大大激发潜在的生产能力,推动中国的经济发展。三是经济全球化中的国际规则,为中国争取国际分工利益创造了条件。在经济全球化中,以 WTO、国际货币基金组织和世界银行为核心所确立的国际规则,涵盖了贸易、金融和经济发展三大领域,尽管这些规则有利于以美国为首的西方发达国家,但是,中国可以利用这些规则积极主动地参与全球治理,在尊重国际多边体系的前提下,按照"既符合本国利益,又能促进共同发展"的原则,把公平、共赢、共同发展等理念传递给世界。

其次,从经济全球化的负面作用看,主要有两个方面:一是全球化的本质决定了全球发展的周期、全球产业结构调整的次序和全球福利分配的状

---

① 参见陶广峰:《经济全球化与中国经济法》,中国检察出版社 2006 年版,第 4~5 页。
② 参见沈四宝:《经济全球化与我国外经贸法制建设》,《中共中央党校报告选》2008 年第 6 期,第 31 页。

况,由美国次贷危机引发的国际金融危机,已经帮助人们认识到经济周期、资本的流动性和资本的扩张性;未来,经济全球化在带动经济发展的同时,经济问题、经济危机也会间歇出现,对中国经济和中国就业制度的冲击也不可避免。二是经济全球化所释放出来的生产力在继续得到发展的同时,生产关系的调整变革将会发生,或者说已经发生。在未来一段时间里,发达国家和发展中国家的矛盾依旧会很尖锐,同时相互依赖的程度也在加深,这就对中国经济的发展提出了严峻挑战,必须采取相应的措施加以应对。

8.1.2　经济全球化与就业的关系

经济全球化的直接含义就是国际劳动分工,国际分工往往通过国际贸易、资本的跨国流动以及由此推动的全球产业结构调整得以体现。这些都会使就业岗位在全球重新进行整合,即:带来人力资源市场的激烈重组,重新塑造雇佣关系。具体来说,经济全球化与就业的关系可以从以下 3 个方面加以认识:

(1)国际贸易可以带动就业的增长

国际贸易的主要形式是进口和出口,根据西方经济学的基本理论,一国的出口和国内的投资一样,有增加国民收入和增加就业的作用;一国的进口则与国内的储蓄一样,有减少收入和减少就业的作用。实际上,如果进口产品本来就是本国所不生产的,那就几乎谈不上国内就业存量减少。而假如进口产品结构有较大比重的高技术资本品,它就能够带动国内劳动者技术水平的提高,从质量上改善就业。从长期和动态的视角来考察,国际贸易又能带来更多的比较利益,从而刺激有效需求的增加,带动就业的增长。无论是商品出口,还是劳务出口,其出口得到的货币收入都会使出口产业部门的收入增加,消费也增加,这必然引起其他产业部门生产增加,收入增加,就业增多。如此反复下去,收入的增加将会是出口增加量的若干倍,就业也就会同步增长。可以见,国际贸易是经济与就业增长的发动机。正因为如此,国际上曾经有不少国家通过推行适当的外贸战略而促进经济增长和就业状况的改善。在中国,出口对就业增长的影响也很大,在不考虑其他因素变化的情况下,出口每增加 1 个百分数点,就业就将增加 1.48 百分点,这将会有效地缓解国内就业与再就业的压力。

（2）资本的趋利性可以带动就业机会的转移

资本是为利润而生的，"资本害怕没有利润或利润太少，就像自然界害怕真空一样。一旦有适当的利润，资本就胆大起来。如果有 10% 的利润，它就保证到处被使用；有 20% 的利润，它就活跃起来；有 50% 的利润，它就铤而走险；为了 100% 的利润，它就敢践踏一切人间法律；有 300% 的利润，它就敢犯任何罪行，甚至冒绞首的危险"①。马克思在《资本论》中引用的这一形象说法，揭示了资本的本质。资本的逐利行为驱使跨国公司产生、发展和壮大，今天，它们已经成为经济全球化的载体。事实表明，跨国公司的全球性经济战略，实质上就是经济全球化战略，它充当了推行经济全球化战略的重要角色。跨国公司依靠自己的产业、产品优势和效益优势，通过在国外设立子公司，开展全球性经营，聚集各类生产要素，包括劳动者。同时，一些经济实力强大的跨国公司，通常还把过剩的生产能力，通过投资、贸易、来料加工等形式转移到那些拥有廉价劳动力、资源丰富和市场广阔的国家。跨国公司在全球的投资、经营活动，不仅对投资母国的就业产生影响，而且也对东道国的就业产生影响，从而带来世界范围内的就业机会的变动。跨国公司可以通过直接雇佣人员实现直接就业效应，也可以通过原材料采购、分包商和外部供应商的零部件加工等经济联系，实现间接就业效应。跨国公司的复合一体化经营战略，不仅促进了世界就业量的增加，更为重要的是，它促进了世界就业质的变化和工作环境与工作条件的改善。

（3）全球产业结构调整直接引发人力资源的全球配置

当今世界，在经济全球化的进程中，由信息化革命(又称第三次科技革命)引发的结构性调整不可避免，发达国家如此，发展中国家亦如此。只有通过这样的结构调整，全球经济资源配置的效率才有可能提高。发达国家的劳动密集型产业和部分资本密集型产业，正在或者已经转移到发展中国家，部分工作机会随之流失。但是，高新技术发展带动的产业结构升级所创造的就业机会，将会大大增加。对此，诺贝尔经济学奖获得者蒙代尔教授2003 年 11 月 4 日在西南财经大学演讲时提出，信息化革命对世界有广泛影响。一些工作机会被剥夺，但是，它同时也创造了更多工作机会，如美国，

---

① ［德］马克思：《资本论》第 1 卷，人民出版社 1975 年版，第 829 页。

有 700 万 ~ 800 万人失去工作机会,但是,却创造了 900 万新的工作机会①。

8.1.3　中国就业制度要积极应对经济全球化影响

国际贸易的自由化发展、全球资本流动以及在科技进步推动下进行的国际产业转移,对世界劳动力就业产生着极为深刻的影响。而且,这三个方面互相配合,彼此作用,共同影响就业局势。因此,中国在融入经济全球化的大趋势中,一定要积极应对经济全球化对中国就业制度创新提出的新课题,不断推进中国就业制度的转型,加快培育和完善人力资源市场,切实维护劳动者的权利,使全体劳动者都能获得市场化、工业化、全球化的更大收益。

8.2　WTO 规则与中国就业制度转型

中国加入 WTO,是 21 世纪初期国际上的一件大事,它表明了中国已经成为世界经济体的一名重要成员,同时也预示着中国经济时代的来临,并在经济全球化中扮演重要角色。

8.2.1　WTO 对贸易与投资层面的影响

WTO 的影响显著地体现在贸易与投资上。加入 WTO,使中国从一个基本上自给自足、资本密集型的国家,转向一个出口导向型的国家,中国开始将竞争优势的发展从打开国内市场面对国外压力,转向了高速扩大劳动密集型产业以及非公有制经济发展上来,加入 WTO 将最终通过加强这种趋势而创造出更多的就业岗位。同时,外商在中国直接投资增多,对于促进中国经济的快速发展也具有不可或缺的作用。中国吸引外商直接投资能够如此成功的重点在于:市场规模、劳动力价值、社会基本结构以及政府政策,它不仅促进了投资的增长和生产的提高,而且还创造了就业机会,带动了出

---

① 参见王传荣:《经济全球化影响劳动就业的机理分析》,《人口与经济》2005 年第 1 期,第 28 ~ 30 页。

口发展。

8.2.2　WTO 对规则层面的影响

WTO 的影响不仅体现在贸易与投资上,最主要的影响还在规则层面上。当中国进入 WTO 的框架体系后,就意味着在新的系统中,中国有责任遵守国际游戏规则。但是,中国经济转型期的一些制度设计与 WTO 的许多规则是矛盾的,突出表现在两个方面:一方面,中国根据所有制性质不同,对不同经济主体采取不同的政策,这与 WTO 规则所强调的国民待遇原则是相矛盾的。WTO 的一个基本规则是,各种经济主体必须是具有平等地位的独立市场主体,不允许有所有制偏好。① 加入 WTO 时,在中国的 80 多个行业中,外资能进入的有 60 多个,民营企业能进入的仅有 40 多个。另一方面,中国不同地区形成的地方保护主义的规则,与 WTO 的一些规则相矛盾,严重影响了中国社会主义市场经济体制的建立和完善。

为了履行中国加入 WTO 的承诺,中国先后制定和修改了一系列法律和行政法规。这些法律、行政法规主要涉及到外贸、海关、外汇、知识产权、税收、市场主体等需要改进的领域。特别是在对外贸易合作方面,加入 WTO 后,中国修订了《对外贸易法》,建立了既符合 WTO 规则,又具有中国特色的统一、透明的对外贸易制度;对有关外商投资的法律、行政法规进行了集中清理和修改,取消了要求外商投资企业自行保持外汇收支平衡,自产产品全部或者大部分出口,采用先进技术和设备开发新产品替代进口以及在中国购买生产所需的原材料、燃料、配套件等一系列限制性措施,从而赋予外商投资企业更大的经营自主权,进一步改善了外商来华投资的法律环境;适时调整了《外商投资产业指导目录》和《中西部地区外商投资优势产业目录》,并不断加大对外商投资的开放力度。目前,鼓励类外商投资项目由 186 个增加到了 262 个、限制类外商投资项目由 112 个减少到了 75 个,放宽了外商投资的股比限制,并将原来禁止外商投资的电网和一些城市的燃气、热力、供排水等管网列为对外开放的领域,且进一步开放了银行、保

---

① 参见潘石:《中国加入 WTO 后深化国企改革的若干理论思考》,《经济学动态》2003 年第 7 期,第 17～20 页。

险、商业、外贸、运输、会计、审计、法律咨询等服务贸易领域,并鼓励外商投资西部地区。

8.2.3　WTO 对中国就业制度转型的影响

WTO 规则对中国就业制度转型的影响也是最直接、最具体的。中国加入 WTO 后,经济快速发展,多种所有制并存,调整产业结构,促进农业富余劳动力转移,扩大对外开放和国际经济合作,对促进就业产生了较大影响。具体表现在:一是经济的快速增长,扩大了社会就业总量。2001～2007 年间,中国的 GDP 年均增长 10.2%。经济的高速增长促进了社会就业总量的增加,中国从业人员从 2001 年的 73025 万人增加到 2007 年的 76990 万人,全国从业人员年均增长 0.9%。二是多种经济成分并存,拓宽了就业渠道。过去,中国就业的主渠道是公有制的企业和单位。改革开放以后,多种经济成分的存在和发展成为新的就业渠道。据统计,2000～2007 年的 8 年间,全国城镇新增就业岗位 6199 万个,其中国有与集体单位的就业岗位一共减少 2459 万个,非公有制经济单位增加就业岗位 2660 个。三是产业结构的调整,改善了就业结构。近几年来,中国的第三产业发展迅速,2001～2007 年,第三产业创造的 GDP 平均每年增长 10.8%。第三产业的迅速发展,促进了就业的不断增加,在第三产业就业总量上,2007 年比 2000 年增加 5094 万个就业岗位。四是农村改革和乡镇企业发展,促进了农业富余劳动力的转移,中国的农业产业化、乡镇企业发展和小城镇建设,不仅消化了部分农业富余劳动力,甚至还吸纳了一些城镇劳动力。2000 年,全国乡镇企业从业人员有 12820 万人,到了 2007 年,已经发展到 15090 万人,对缓解中国的就业大压力发挥了重要作用。五是对外开放和国际经济合作,拓展了就业市场的空间。据统计,2000 年,在中国对外经济贸易中,货物进出口总额为 4742.9 亿美元,到了 2007 年,已经达到 21738.3 亿美元,实际使用外资额由 2000 年的 593.6 亿美元,增加到 2007 年的 870.9 亿美元。这就为拓展中国就业市场的空间创造了有利条件。

8.2.4　中国就业制度转型的机遇与挑战

加入 WTO,既为中国就业制度转型提供了机遇,同时也提出了挑战。为此,中国的就业制度转型必须作出积极的反应。

(1)加大就业领域的宏观调控,均衡各地区之间的就业压力

加强宏观调控,不仅要加大对就业增量和存量调控的力度,而且更要重视对地区发展差别引起失业压力差别的调控。要针对不同地区、不同行业的具体情况,培育新的就业增长点。

(2)优化经济结构,实现调控型就业

优化产业结构是扩大就业的重要途径。通过经济结构的调整,可以提高就业弹性,扩大就业容量。要从产业演进的一般规律出发,在加强第一产业、稳定和提高第二产业的同时,大力发展第三产业,增大第三产业主渠道的就业能力;要从比较优势出发,适应加入 WTO 的新形势,主动承接国外产业辐射,发展劳动密集型产业,把中国的劳动力特别是农民工的优势充分发挥出来。

(3)支持中小企业发展,实现消化型就业

要建立健全支持中小企业发展的政策支持体系,积极鼓励中小企业吸纳劳动力就业。从国际上看,无论是发达国家,还是新兴工业化国家,都要依靠中小企业吸纳劳动力。美国自 20 世纪 80 年代以来,80% 的就业机会是由中小企业创造的;德国自 20 世纪 80 年代以来,80% 的就业岗位是由不到 20 人的小企业创造的;日本自 20 世纪 70 年代第二、三产业新创造的就业岗位中,93% 属于小企业[①]。可以说,中小企业的发展状况,在很大程度上反映出一个国家经济的健康与活跃程度。中小企业作为经济中最有活力的群体,目前,在中国已经超过 4000 万户,实现工业总产值占全国工业总产值的近 70%,上缴税收占国家工业总税收的 60% 左右,提供了 75% 以上的城镇就业岗位,农业富余劳动力的 80% 是由中小企业吸纳的。可见,中小企业在中国经济社会各方面的贡献率越来越大。因此,温家宝总理在 2009年 3 月所作的《政府工作报告》中明确提出,要采取更加有力的措施,扶持

---

① 参见孙双:《破除壁垒障碍,扶持中小企业》,《人民日报》2009 年 3 月 25 日,第 16 版。

中小企业发展,并明确了一系列相关扶持政策。

(4)实施多元城镇化战略,培育新的劳动力大容量就业载体

要抓好现有城市的扩容增量,同时还要加快农村小城镇建设,通过投入一定的小城镇建设引导资金,扶持兴建一批新的建制镇,使之成为就近转移农业富余劳动力的大容量就业载体。

(5)消除就业市场信息不对称,提高就业服务效率

要统一人力资源市场,以利于优化人力资源配置,方便劳动者求职咨询,降低就业成本。要通过信息平台整合方式,统一各部门、各层次市场的信息资源,实现互联、互通、互享。此外,还要消除创业和就业的体制性障碍,切实解决市场准入限制过多,进入门槛过高,进门后管理不规范等问题。

8.3　国际劳工法与中国就业制度转型

国际劳工法,又称国际劳工标准,它通常是指由国际劳工大会通过的、需要国际劳工组织(ILO)成员国批准的国际劳工公约和建议书,以及其他达成国际协议的具有完备系统的关于处理劳动关系和与之相关的一些关系的原则和规则。国际劳工法旨在全球范围内确立和保障劳工权利,改善各国工人的劳动条件,以维护社会正义和世界和平。

8.3.1　国际劳工法的形式及效力

国际劳工法主要包括公约和建议书两种形式,其主要区别在于二者的效力不同:国际劳工公约是具有法律效力的文件,经国际劳工大会通过后,必须经过成员国批准才能生效,且必须遵守和执行;建议书仅具有参考性,不要求成员国批准,也无约束力,各国没有必须遵守和执行的义务。这些公约和建议书,都以单行法的形式表现出来,国际上有人将其汇编起来,总称为《国际劳动法典》。

国际劳工组织按照其监督机制,将国际劳工法分为核心劳工标准、优先劳工标准和一般性劳工标准。核心劳工标准,是指已经被国际劳工组织理事会和国际社会所确认的、涉及劳动者基本权利的、不论成员国经济发展程度如何都必须遵守和执行的、构成国际劳工标准体系的基础与核心的劳工标准。

8.3.2　国际劳工法与就业

到目前为止,核心劳工标准由国际劳工组织通过的 8 个劳工公约组成,①涉及到 4 个方面的权利:一是结社自由并有效承认集体谈判的权利;二是消除一切形式的强迫或者强制劳动;三是最低就业年龄和禁止使用童工;四是消除就业与职业歧视。国际劳工组织在其 1998 年通过的《工作中的基本原则与权利宣言》中指出,不论成员国经济发展水平状况如何,不论其是否已经批准了相关的国际劳工公约,根据《国际劳工组织章程》要求,任何成员国都应当遵守这 8 个最基本的国际劳工公约,因为这些权利是为了争取改善劳动条件而采取的其他一切措施的前提条件。

在上述 4 个方面的 8 个劳工公约中,与就业相关的主要是关于消除一切形式的强迫劳动、有效废除童工和消除就业歧视的公约。除核心劳工标准外,国际劳工法还涉及到其他有关促进就业的国际劳工公约和建议书(见表 8.1)。

制定和实施国际劳工法,有利于推进国际社会的公平性。因为在任何现代国家,不论他们有多大的差异性,必然存在着最低的、共同的劳工标准。国际劳工组织的监控体系,可以使一般化的核心国际劳工标准制度化,并使这个制度在促进核心国际劳工标准反映社会问题的过程中起到积极作用。这样,才能从根本上维护劳动者权益和国际社会的公平公正。但是,在任何现代国家,不论他们有多大的共同性,也必然存在很多不同的劳工标准。对中国而言,遵守国际劳工标准是一个必然的选择,而且,中国现在也是这样做的,中国已经批准了《准予就业最低年龄公约》、《禁止和立即行动消除最恶劣形式的童工公约》、《男女工人同工同酬公约》和《就业政策公约》等国

---

① 国际劳工组织通过的 8 个劳工公约是:(a)《1948 年结社自由与保护组织权利公约》(第 87 号公约);(b)《1949 年组织权利与集体谈判权利公约》(第 98 号公约);(c)《1930 年强迫劳动公约》(第 29 号公约);(d)《1957 年废除强迫劳动公约》(第 105 号公约);(e)《1951 年男女工人同工同酬公约》(第 100 号公约);(f)《1958 年(就业和职业)歧视公约》(第 111 号公约);(g)《1973 年准予就业最低年龄公约》(第 138 号公约);(h)《1999 年禁止和立即行动消除最恶劣形式的童工公约》(第 182 号公约)。

表 8.1　有关促进就业的国际劳工公约和建议书

类别	公约和建议书名称
就业政策	1964 年就业政策公约(第 122 号公约) 1964 年就业政策建议书(第 122 号建议书) 1970 年青年专门计划建议书(第 136 号建议书) 1984 年就业政策(补充条款)建议书(第 169 号建议书) 1988 年促进就业和失业保障公约(第 168 号公约) 1988 年促进就业和失业保障建议书(第 176 号建议书) 1998 年在中小企业刺激创造就业一般条件建议书(第 189 号建议书)
就业介绍	1919 年失业公约(第 2 号公约) 1919 年失业建议书(第 1 号建议书) 1948 年职业介绍设施公约(第 88 号公约) 1948 年职业介绍设施建议书(第 83 号建议书) 1949 年收费职业介绍所公约(第 96 号公约) 1997 年私营就业机构公约(第 181 号公约) 1997 年私营就业机构建议书(第 188 号建议书)
就业指导	1949 年职业指导建议书(第 87 号建议书) 1975 年人力资源开发中职业指导和职业培训作用公约(第 142 号公约) 1975 年人力资源开发中职业指导和职业培训作用建议书(第 150 号建议书)
职业教育和培训	1921 年发展农业技术教育建议书(第 15 号建议书) 1937 年(建筑业)职业教育建议书(第 56 号建议书) 1939 年职业培训建议书(第 57 号建议书) 1939 年学徒制建议书(第 60 号建议书) 1950 年(成年人)职业培训建议书(第 88 号建议书) 1962 年职业培训建议书(第 117 号建议书)
就业保护	1930 年强迫劳动公约(第 29 号公约) 1955 年残疾人职业康复建议书(第 99 号建议书) 1957 年废除强迫劳动公约(第 105 号公约) 1973 年准予就业最低年龄公约(第 138 号公约) 1982 年终止雇佣公约(第 158 号公约) 1982 年终止雇佣建议书(第 166 号建议书) 1983 年残疾人职业康复和就业公约(第 159 号公约) 1983 年残疾人职业康复和就业建议书(第 168 号建议书) 1983 年禁止和立即行动消除最恶劣形式的童工公约(第 182 号公约)
反就业歧视	1958 年(就业和职业)歧视公约(第 111 号公约) 1958 年(就业和职业)歧视建议书(第 111 号建议书) 1981 年有家庭责任的工人公约(第 156 号公约) 1981 年有家庭责任的工人建议书(第 165 号建议书)

际劳工公约,就必须履行公约规定的相应义务;同时,由于中国正处于经济转型期,中国特定的经济发展阶段和文化传统启沃我们,中国就业制度的转

型,既要符合自身所参加的国际劳工法的要求,又不可能完全按照国际劳工法特别是其中的建议书的同样标准去行动。《中华人民共和国就业促进法》和《残疾人就业条例》的立法实践,就充分体现了这一原则。

第 9 章　中国就业制度转型的
立法成果及评估

　　制度建设的一个重要成果标志,就是将经过实践检验证明是行之有效的政策措施通过法律形式固定下来。中国第十届全国人大常委会第二十九次会议于 2007 年 8 月 30 日通过、自 2008 年 1 月 1 日起施行的《中华人民共和国就业促进法》(以下简称《就业促进法》),是新中国成立以来第一部专门规范就业促进的重要法律。它的公布施行,标志着中国就业促进工作的法制化进程迈上了一个新的台阶,是中国就业制度转型的最新立法成果,在中国就业促进工作中具有里程碑的意义。本章将在前几章研究成果的基础上,结合笔者参与该法律草案起草审查工作的实际,对《就业促进法》的立法背景、指导原则以及该法的内容和特点,分别作一简要阐释,最后,对《就业促进法》的实施作个简要评估。

9.1　中国《就业促进法》的立法背景

　　在起草制定《就业促进法》时,主要从立法的必要性、立法的可行性以及立法模式选择三个方面,对立法背景作了综合研究分析。

9.1.1　制定《就业促进法》的必要性

　　中国制定《就业促进法》的必要性,可以从以下三个方面加以认识:
　　(1)就业形势严峻
　　中国是世界上人口最多、人力资源最丰富的国家,也是人口就业压力最大的国家:既处于劳动人口的"红利期",又处于人口就业的高峰期。原国务委员兼国务院秘书长华建敏 2007 年在国务院就业工作部际联席会议的讲话中指出,中国人口的就业状况可以概括为"四大一突出",即人口基数大、劳动年龄人口总量大、农业富余劳动力规模大、就业困难群体数量大,就业结构性矛盾越来越突出。[①]　本书认为,在"十一五"期间,中国仍然面临着十分严峻的就业形势,就业压力越来越大。一是就业供求总量矛盾突出。据《工人日报》2005 年 11 月 11 日刊载的一篇文章推算,按照经济增长 3%～9% 计算,中国每年可以新增 800 多万就业岗位,加上补充自然减员,共可以实现就业 1000 万～1100 万人,年度劳动力供求缺口在 1300 万～1400 万人左右。从中国政府的预测看,到 2010 年,全国劳动力总量将达到 8.3 亿人,城镇新增劳动力供给 5000 万人,而劳动力就业需求岗位只能新增 4000 万人,劳动力供求缺口在 1000 万个左右。二是就业结构性矛盾突出。一些传统行业出现大批下岗失业人员,而一些新兴的产业、行业和技术职业需求的素质较高的人才又供不应求。三是农业富余劳动力向城镇转移加快,城镇下岗失业人员有增无减,人口老龄化使中国又面临着就业与养老的双重困境,经济结构调整、产业结构升级更使得就业问题雪上加霜,等等。总之,中国就业形势的严峻性可以归纳为三句话:劳动力供求总量矛盾和结构性矛盾同时并存,城镇就业压力加大和农业富余劳动力向城镇转移速度加快形成叠加,新成长劳动力就业与下岗失业人员再就业相互交织。在这种情况下,仅仅靠政策性措施解决这些矛盾和问题,还是不够的,有必要制定专门法律,建立促进就业的长效机制。

（2）决策和政策要求

中共中央、国务院历来高度重视就业促进工作,特别是中共十六大以来,坚持把实现比较充分就业作为保障民生、改善民生的基础,把千方百计扩大就业作为宏观调控的四大目标之一,把做好就业再就业工作放在经济社会发展的突出位置,把社会就业比较充分、覆盖城乡居民的社会保障体系基本建立,作为到 2020 年构建社会主义和谐社会的目标和主要任务之一,并强调,要加快建立促进就业的长效机制。早在 2003 年,时任国务院副总理的黄菊在国务院再就业工作部际联席会议上,就要求劳动和社会保障部积极做好就业立法工作;2004 年 9 月,温家宝总理和黄菊副总理在全国再

---

①　参见华建敏:《在国务院就业工作部际联席会议全体会议上的讲话》(2007 年 9 月 10 日),载《贯彻实施就业促进法工作手册》,中国劳动社会保障出版社 2007 年版,第 4 页。

就业工作表彰大会上,都对加快就业立法工作提出了明确要求;2004 年底,黄菊副总理在全国劳动和社会保障工作会议上还进一步明确要求,要把《就业促进法》列入国务院 2005 年立法工作计划,各有关部门要积极主动做好工作,争取尽快提请全国人大常委会审议。

（3）劳动者有迫切期待

中国有 13 亿人要吃饭,有 8 亿劳动者要饭碗;没有饭碗,就没有收入,吃饭就没有保障。因此,就业问题是广大劳动者安身立命之本。在寻求就业过程中,广大劳动者普遍反映,一些用人单位往往以劳动者的性别、年龄、民族、身体残疾等为由,拒绝接收劳动者,侵害劳动者的就业权利;一些非法中介机构提供虚假就业信息,骗取劳动者,获取咨询费;一些下岗失业人员和就业困难人员因缺乏必要的职业培训、就业指导和服务,长期处于失业状态,等等。为了从根本上解决上述问题,广大劳动者也迫切期待尽快建立健全就业法律制度,依法维护自身的合法权益。

9.1.2　制定《就业促进法》的可行性

中国制定《就业促进法》,其可行性主要体现在以下三个方面:

（1）就业政策的制定与实施

改革开放以来,中共中央、国务院根据中国经济社会不同发展阶段的特点,先后对就业与再就业工作作出了一系列重大决策。特别是从 2002 年开始,中共中央、国务院下发了《关于进一步做好下岗失业人员再就业工作的通知》,重点围绕解决国有企业下岗失业人员再就业问题,制定了积极的就业政策,初步形成了具有中国特色的积极就业政策的框架;2005 年,国务院下发了《关于进一步加强就业再就业工作的通知》,进一步"延续、扩展、调整、充实"了积极的就业政策,使积极的就业政策渐成体系。对此,本书在前面已经论及。据统计,自 2003 年全面实施积极的就业政策以来,经过各地区、各部门的共同努力,全国城镇新增就业年均超过 1000 万人,到 2007 年 8 月底,下岗失业人员再就业累计 2328 万人,开发公益性岗位解决就业困难人员就业 636 万人,连续 4 年超额完成年度就业与再就业的目标任务,对保持中国经济持续较快增长和维护社会和谐稳定发挥了重要作用。实施积极的就业政策,为制定《就业促进法》提供了政策指导;实施积极的就业政策所取得的明显效果,为制定《就业促进法》奠定了坚实的基础。

(2)国内相关就业立法

改革开放以来,特别是中共十四大提出建立社会主义市场经济体制以来,中国的有关立法都更加关注就业与再就业的问题。中国宪法第42条规定:"中华人民共和国公民有劳动的权利和义务。国家通过各种途径,创造劳动就业条件,加强劳动保护,改善劳动条件,并在发展生产的基础上,提高劳动报酬和福利待遇。"并规定:"国家对就业前的公民进行必要的劳动就业训练。"根据宪法这一条规定,在法律位阶上,除《劳动法》(1994年)第一章总则中原则规定了劳动者享有平等就业和选择职业等8项权利,并在第二章就"劳动就业"作了专章规定外,有关法律如《残疾人保障法》(1990年制定,2008年修订)、《妇女权益保障法》(1992年制定,2005年修订)、《职业教育法》(1996年)等法律,也对就业作了相应的规定。在行政法规位阶上,国务院先后公布施行了《劳动就业服务企业管理规定》(1990年)、《全民所有制企业招用农民合同制工人的规定》(1991年)、《国有企业富余职工安置规定》(1993年)、《失业保险条例》(1999年)等行政法规。此外,不少有立法权的地方人大常委会也制定了促进就业的地方性法规,如深圳市人大常委会制定了《深圳特区居民促进就业条例》(2001年)、山东省人大常委会制定了《山东省就业促进条例》;国务院有关部门和有立法权的地方人民政府也陆续制定了一批促进就业方面的规章。这些立法举措,对促进就业发挥了积极作用,也为制定专门的《就业促进法》奠定了基础。

(3)国外就业立法经验

立法是世界各国促进就业最普遍、最重要的手段。从国外就业促进立法的情况看,主要有三个特点:一是立法层级高,大都是由最高立法机关立法,政府只是在授权或者为实施法律的情况下才制定相应的法规,这体现了法治国家的要求。二是立法模式多为单项立法,如德国有《就业促进法》,西班牙有《基本就业法案》,秘鲁有《就业促进法》,俄罗斯有《俄罗斯联邦居民就业法》,波兰有《就业与失业法》,等等。三是法律体系完整,法律规范严密,法律责任明确,法律可操作性强等。国外就业促进立法的特点和做法,为中国制定《就业促进法》提供了可资借鉴的经验。

9.1.3　《就业促进法》的立法模式选择

在起草制定《就业促进法》过程中,起草审查工作部门广泛听取了专家学者和有关实际工作部门的意见。在征求意见中,无论是专家学者,还是实际工作部门,对制定《就业促进法》的看法是基本一致的。但是,有关学者和实际工作部门对《就业促进法》的立法模式却存在较大的意见分歧,主要有以下三种模式可以供选择:第一种模式是广义模式,即借鉴秘鲁《就业促进法》的立法经验,制定广义的《就业促进法》,其内容应当涵盖就业前和就业中两个阶段,劳动合同和就业后培训应当包括其中。第二种模式是中义模式,即借鉴德国《就业促进法》、《俄罗斯联邦居民就业法》和波兰《就业与失业法》的立法经验,制定中义的《就业促进法》,其内容仅涵盖就业前阶段,以未实现就业和未实现充分就业的劳动者为促进对象,包括职业培训和失业保险制度,劳动合同制度不包括在内。第三种模式是狭义模式,即借鉴日本《职业安定法》的立法经验,制定狭义的《就业促进法》,其内容仅涵盖就业前阶段,劳动合同、职业培训和失业保险制度都不应当包括其中。

立法部门通过对上述三种模式进行综合分析研究,选择了以狭义模式为主,兼顾中义模式的立法思路。其主要考虑有以下几点:一是《劳动法》第二章关于“劳动就业”的专章规定,其内容为狭义模式。《劳动法》和《就业促进法》虽然都由全国人大常委会制定,没有上位法与下位法的关系,但是,《就业促进法》是为实施《劳动法》第二章的规定而制定的,可以将《劳动法》与《就业促进法》的关系理解为《民法通则》与《合同法》、《继承法》、《婚姻法》的关系。因此,制定《就业促进法》,不能与《劳动法》规定的原则相抵触。二是中国专门制定了《劳动合同法》。一般来说,劳动合同的运行过程可以分为订立合同前和订立合同后两个阶段。《就业促进法》与劳动合同的交叉主要发生在劳动合同订立前这个阶段。确定劳动合同当事人即劳动者与用人单位通过人力资源市场进行双向选择,应当主要由《就业促进法》规定;确定劳动合同内容即劳动者与用人单位就劳动合同条款进行协商一致,应当由《劳动合同法》规定。三是中国的《社会保险法》正在制定之中,《失业保险条例》正在修订之中,还要制定《职业技术培训和鉴定条例》。鉴于职业培训是就业服务的重要措施之一,失业保险具有保障基本生活和促进再就业的双重功能,在《就业促进法》中,对职业培训和失业保险制度作出原则性的规定,也有一定的现实必要性。基于上述考虑,最终将《就业促进法》的框架结构设计为:第一章总则,第二章政策措施,第三章公平就业,第四章就业服务和管理,第五章职业教育和培训,第六章就业援助,第七章监督检查,第八章法律责任,第九章附则。

9.2　中国《就业促进法》的立法原则

中国《就业促进法》的立法原则,是建立中国就业促进制度的基础性原则,也是立法必须遵循的指导思想。这些原则不仅要在《就业促进法》的总则中加以体现,而且还要贯穿于《就业促进法》的始终。可以说,它是《就业促进法》的"法魂"。那么,《就业促进法》的立法原则是什么呢?在起草制定《就业促进法》时,主要坚持了以下几个立法原则:

9.2.1　促进经济发展与扩大就业相协调原则

胡锦涛总书记2003年在全国再就业工作座谈会上指出:要坚持把抓好发展作为促进就业与再就业的根本途径,确立经济发展和扩大就业并举的发展战略,积极培育和发展新的就业增长点,大力发展吸纳劳动力容量大的产业和企业,鼓励劳动者自谋职业、自主就业和灵活就业,实现经济持续快速健康发展和就业岗位增加的目的。根据胡锦涛总书记的这一要求,在起草制定《就业促进法》过程中,我们努力在法律草案中体现出以下几个转变:一是在发展理念上,坚持科学发展,从过去以GDP为主导的发展理念,转变到以解决民生为主导的发展理念上,把就业作为发展的核心指标和重要内容。二是在发展模式上,注意避免选择那些就业容量小,甚至减少就业的发展模式,而要走出一条有利于扩大就业,就业容量最大化的经济发展模式。三是在结构调整上,注重大力发展对就业正面影响最大的产业,同时要防止产业结构升级中对劳动力的排斥,并处理好产业结构升级中劳动力的结构调整以及转移就业问题,保持结构调整对就业的拉动力。四是在统筹城乡上,中国农业富余劳动力转移既开启了冲破二元经济结构牢笼的先机,同时也是终结二元经济结构的标志。一旦农业富余劳动力转移成功,就是二元化经济的终结。城乡统筹就业的重点,就是要解决农业富余劳动力的就业问题,在大力开发就业岗位的基础上,实现公平就业、素质就业和稳定就业。五是在就业工作的宏观指导思想上,坚持实施积极的就业政策,既注重千方百计地开发就业岗位,更多更好更快地促进就业,又注重开发人力资源,提高劳动者的职业能力和就业能力,鼓励和支持劳动者创业,推动以创业带动就业,更为重要的是把就业从被动地适应经济发展的现行格局以及消极地等待二元经济结构消失的结果中解脱出来,转到形成促进就业与经济发展良性互动上来,使经济发展能够实现就业的最大化。

9.2.2　平等就业原则

平等就业原则,也称公平就业原则或者反就业歧视原则。平等就业权是公民的基本权利之一,是公民宪法上平等权在就业领域的延伸和具体化反映。平等就业权通常包括四层含义:一是任何公民都平等地享有就业的权利和资格,不因民族、种族、性别、宗教信仰、年龄、身体状况等因素受歧视,这也是形式平等的要求。① 二是任何公民都需要平等参与竞争,不得享有特权,也不得对任何人予以歧视,任何凭借自己在政治上、经济上和生理上的优势权利,歧视或者剥夺他人参与社会生活资格的行为,法律上都要予以禁止。三是平等就业不仅意味着就业过程中的平等,还包括整个从业过程的平等,对此,《1958 年〈就业和职业〉歧视公约》指明:"'就业'和'职业'二词所指包括获得职业培训、获得就业和特定职业,以及就业条款和条件。"四是平等就业不等于同等就业,平等就业是指对于符合要求、符合特殊职位条件的公民,应当给予他们平等就业的机会,而不是不论条件如何都同等对待。

中国当前和今后相当长一个时期内还将处于社会主义初级阶段,就业歧视问题不可避免,平等就业权的保护仍然面临着艰巨的任务。在《中华人民共和国就业促进法(草案)》向社会公布征求意见过程中,收到人民群

---

① 依据国际劳工组织《1958 年〈就业和职业〉歧视公约》第一条规定,"就业歧视"一词包括:"基于种族、肤色、性别、宗教、政治见解、民族血统或者社会出身等原因,具有取消或者损害就业或者职业机会均等或者待遇平等作用的任何区别、排斥或者优惠。"中国就业促进立法与该公约的精神是一致的。

众反对就业歧视的意见最多,呼声最强烈。因此,为了消除就业歧视,确保公平就业,《就业促进法》专门设立"公平就业"一章,强化了政府承担促进公平就业、消除就业歧视的责任,并明确了用人单位和职业中介机构不得对劳动者实施就业歧视的内容。

9.2.3 市场导向就业原则

市场导向就业原则,是市场调节就业与宏观调控有机结合、其基础是市场机制的就业促进原则。在社会主义市场经济条件下,做好就业促进工作,实现社会就业比较充分的目标,必须充分发挥各方面的作用。一方面,要注重发挥市场调节的导向作用,因为劳动力作为一种特殊商品,只有通过人力资源市场供求双方的选择,在价值规律和竞争机制的作用下,才能够得到优化配置;另一方面,以市场调节作为人力资源配置的手段,虽然能自发地倾向于效率和鼓励强者,但是,它不能自发地实现公平和保护弱者,这就需要国家运用宏观调控政策进行引导和调节,以保障社会公平正义。因此,社会主义市场经济条件下的就业制度的模式,应当是以市场调节为导向、国家宏观调控下的人力资源市场配置模式。在这一模式中,既要充分发挥人力资源市场在促进就业中的基础性作用,引导劳动力合理流动和就业,实现用人单位和劳动者的双向选择;又要充分发挥政府在促进就业中的重要职责,通过政策、计划、经济杠杆、行政监督等手段,对人力资源市场配置实行间接调控为主的宏观调控,促进经济社会发展,创造就业条件,扩大就业机会,维护公平就业,努力实现社会就业比较充分的目标。这些立法精神,必须在《就业促进法》中得到充分体现。同时,还要考虑到,市场调节是基础性配置机制,宏观调控和政府促进就业的措施也要遵循市场规律,如政府通过发展经济和调整产业结构开发(购买)就业岗位,通过职业教育培训购买培训成果等,也都要遵循市场规律,这有助于调动和激发劳动者自主就业、自主创业的积极性。

9.2.4 城乡统筹就业原则

城乡统筹就业,就是从中国城乡协调发展的大局出发,按照全面建设小康社会和构建社会主义和谐社会的目标以及统筹城乡发展的总体要求,大力推进农业富余劳动力向非农产业和城镇转移就业,建立城乡一体化的人力资源市场,促进城乡劳动者平等就业和实现比较充分的就业。城乡统筹就业一般包括四个方面的含义:一是把城乡人力资源作为一个整体通盘考虑,把农业富余劳动力的转移就业纳入就业管理,实现开发就业;二是逐步消除劳动者就业的城乡差别,实现平等就业;三是切实加强对城乡劳动者的职业培训,实现素质就业;四是推进城乡劳动者特别是农民工的权益维护和社会保障,实现稳定就业。这四个方面相辅相成,构成了城乡统筹就业的基础架构。

目前,中国在城乡二元经济结构的基础上仍然存在着二元就业机制。随着中国市场化、工业化和城市化的发展,必然要打破这种局面。制定《就业促进法》,充分体现了以城乡统筹发展为目标,以城乡统一人力资源市场为空间,以城乡劳动者平等就业为根本的要求,立法所规定的各项就业促进措施,都应当统一适用于城乡劳动者。

9.2.5 扶持特殊群体就业原则

特殊群体主要是指因自身状况、技能水平、家庭因素、失去土地等原因难以实现就业,以及连续失业一定时间仍然未能实现就业的就业困难人员,还包括妇女、残疾人和少数民族人员等弱势群体。坚持扶持特殊群体就业原则,具有重要的社会意义:一是体现了政府关注民生、重视民生、改善民生的重要职责;二是扶持特殊困难群体就业,使其同社会其他成员分享社会发展成果,是促进社会和谐稳定的必然要求;三是体现了国家实施积极的就业政策的基本要求,也是进一步完善社会救助体系,提高公共就业服务效能的集中反映;四是体现社会公平正义的要求,这是人类进步和社会文明程度提高的标志。

需要指出的是,出于实质平等的要求,平等就业并不是否定和排除对特殊群体的特殊扶持措施。因此,在就业促进立法中,要注重充分体现社会公平正义的要求。

9.3　中国《就业促进法》的主要内容和特点

《就业促进法》共 9 章 69 条,它以法律的形式确立了促进就业制度要达到的目标和实现的效果,其基本着眼点是为了促进就业,改善民生,促进经济发展与扩大就业相协调,促进社会和谐稳定;其内容涵盖了政府责任和工作机制、政策支持、公平就业、就业服务和管理、职业教育和培训、就业援助、监督检查、法律责任等,这是一部集中体现深入贯彻落实科学发展观、构建社会主义和谐社会本质要求的保障性法律。通观一部《就业促进法》,可以将其内容和特点归纳为"四个一",即:"一个地位,一面旗帜,一种机制,一套体系。"①

9.3.1　一个地位:就业优先

一个地位,就是确立就业工作在经济社会发展中的优先地位,并将政府促进就业的职责法定化。为此,《就业促进法》从以下四个方面作了规定:

(1)突出就业工作地位,明确政府职责

《就业促进法》明确规定,国家把扩大就业放在经济社会发展的突出位置,实施积极的就业政策,坚持劳动者自主择业、市场调节就业、政府促进就业的方针,多渠道扩大就业;县级以上人民政府把扩大就业作为经济和社会发展的重要目标,纳入国民经济和社会发展规划;各级人民政府和有关部门建立促进就业的目标责任制度,进行考核和监督。这些规定,大都体现在以往的中共中央决定和国务院的政策文件中,现在通过法律将其固定下来,实现了就业工作重要地位和政府工作职责的法制化。

(2)建立工作协调机制,确定部门工作格局

《就业促进法》明确规定,国务院建立全国促进就业工作协调机制,并要求省、自治区、直辖市人民政府根据需要建立这一机制。这不仅充分肯定了现行就业工作联席会议制度的重要作用,而且对进一步完善这一制度提

---

① 参见田成平:《在贯彻落实〈就业促进法〉视频会议上的讲话》(2007 年 9 月 11 日),载《贯彻实施就业促进法工作手册》,中国劳动社会保障出版社 2007 年版,第 15~17 页。

出了明确要求。

（3）建立财政保障机制，加强政府财政投入

《就业促进法》明确规定，国家实行有利于促进就业的财政政策，在财政预算中安排就业专项资金，用于促进就业工作；并针对公共就业服务、职业培训的资金安排使用等，提出了要求。这不仅保证了就业工作的资金投入，而且也规范了就业资金的使用和管理。

（4）建立政策支持体系，形成就业长效机制

《就业促进法》专设"政策支持"一章，确立了国家实行有利于促进就业的产业、财政、税收、金融、投资、贸易等各方面的政策；实行统筹城乡、区域和不同就业群体的就业政策；建立健全失业保险制度，对失业进行预防、调节和控制。这些规定，将目前实施的积极就业政策中的核心措施通过法律确定下来，将其规范化、制度化，形成了长期有效的机制。

9.3.2　一面旗帜：公平就业

《就业促进法》高扬公平就业的旗帜，该法总则第 3 条明确规定："劳动者依法享有平等就业和自由择业的权利。劳动者就业，不因民族、种族、性别、宗教信仰、年龄、身体状况等因素而受歧视。"在此基础上，该法单设"公平就业"一章，对公平就业作出以下具体规定：

（1）明确政府维护公平就业的责任

《就业促进法》规定，各级人民政府应当创造公平就业的环境，消除就业歧视，并制定政策和采取措施，对就业困难人员给予扶持和援助，从而以法律的形式明确了各级政府应当创造公平就业的环境、维护人力资源市场秩序方面的职责，并明确了政府对人力资源市场中就业困难的弱势人群给予就业援助的责任。

（2）明确规定用人单位和职业中介机构不得实施就业歧视

在人力资源市场中，用人单位和职业中介机构是重要的两类主体，它们在招用人员和从事职业中介活动时，往往掌握着信息和资源优势，影响和决定着劳动者的就业机会和就业权利的实现。因此，依法规范它们的行为，要求它们提供平等的就业机会和公平的就业条件，禁止实施就业歧视行为，对净化人力资源市场秩序，维护劳动者公平就业权至关重要。《就业促进法》

规定,用人单位招用人员,职业中介机构从事职业中介活动,应当向劳动者提供平等的就业机会和公平的就业条件,不得实施就业歧视。

(3)保障特殊群体的平等就业权

《就业促进法》对此主要作了以下几个方面的规定:一是国家保障妇女享有与男子平等的劳动权利。用人单位招用人员时,除国家规定的不适合妇女的工种或者岗位外,不得以性别为由拒绝录用妇女或者提高对妇女的录用标准。用人单位录用女职工时,不得在劳动合同中规定限制女职工结婚、生育的内容。这些规定与《宪法》、《劳动法》、《妇女权益保障法》中关于对妇女的法律保护的精神和内容是一致的。二是国家保障残疾人的劳动权利。各级人民政府应当对残疾人就业统筹规划,为残疾人创造就业条件。用人单位招用人员时,不得歧视残疾人。这些规定秉承《宪法》的人权理念,与已经公布施行的《残疾人保障法》、《残疾人就业条例》一起,构成了残疾人平等就业权的法律保障体系。三是用人单位招用人员时,不得以求职者是传染病病原携带者为由拒绝录用。但是,经医学鉴定传染病病原携带者在治愈前或者排除传染嫌疑前,不得从事法律、行政法规和国务院卫生行政部门规定禁止从事的易使传染病扩散的工作。依法对传染病病原携带者的平等就业权加以保护,是《就业促进法》关于公平就业内容的重大突破之一。四是进城就业的农村劳动者享有与城镇劳动者平等的劳动权利。禁止对农村劳动者进城就业设置歧视性限制。

9.3.3 一种机制:市场导向就业

一种机制,就是培育和完善统一开放、竞争有序的人力资源市场,充分发挥市场导向就业机制的作用。《就业促进法》第一次以法律形式,将"人力资源市场"这一概念法定化,是对原来的劳动力市场、人才市场、大学毕业生就业市场等整合后作出的一个总概括。《就业促进法》规定,县级以上人民政府培育和完善统一开放、竞争有序的人力资源市场,加大人力资源市场信息网络及相关设施建设,建立健全市场信息服务体系,完善市场信息发布制度,为劳动者就业提供服务。

(1)培育和完善统一开放、竞争有序的人力资源市场

统一开放,是指人力资源运行规则统一,市场作用的范围覆盖全社会。

它要求,企业之间、组织之间、区域之间、城乡之间的人力资源均为开放的,可以互相自由流动。现有由各部门分别管理的人力资源市场体系要整合起来,建立和完善统一的就业市场管理规则,使现有各类市场实现联网贯通,并积极稳妥地推动就业市场的城乡一体化建设,逐步打破就业市场的城乡分割、地区分割。竞争有序,是指人力资源市场主体在平等的基础上自由竞争,实现劳动者自主择业、自由流动,企业自主用人,劳动力供求主体之间通过公平竞争、双向选择确立劳动关系;同时消除人力资源市场上的就业歧视,实现劳动者的公平竞争。

(2)为劳动者就业提供服务

提供公共服务是政府的基本职能之一。政府在就业领域的主要目标,就是为劳动者就业提供公共服务;同时,也要为用人单位提供基本的就业服务。通过培育和完善统一开放、竞争有序的人力资源市场,建立完善的市场服务和保障体系,为劳动者就业和单位用工提供优质、高效的服务。

(3)加强人力资源市场监管

《就业促进法》明确规定了职业中介机构设定的条件、审批程序、禁止从事的行为和对违法行为的惩处,将进一步促进人力资源市场秩序的规范化,有效维护劳动者的合法权益。

9.3.4　一套体系:就业促进工作体系

一套体系,就是建立一系列面向全体劳动者的促进就业制度,形成较为完整的就业促进工作体系。《就业促进法》对此主要作了以下规定:

(1)建立健全公共就业服务体系

《就业促进法》明确规定了公共服务机构的性质和职责:县级以上人民政府建立健全公共就业服务体系,设立公共就业服务机构,为劳动者免费提供就业服务,包括就业政策法规咨询、职业供求信息、市场工资指导价位信息和职业培训信息发布、职业指导和职业介绍、对就业困难人员实施就业援助、办理就业登记、失业登记以及其他公共就业服务。同时,《就业促进法》还规定,公共就业服务经费纳入同级财政预算,从而明确了公共就业服务机构的经费保障。为了使其区别于经营性服务,该法还规定,公共就业服务机构不得从事经营性活动;地方各级人民政府和有关部门、公共就业服务机构举办的招聘会,不得向劳动者收取费用。

（2）建立健全职业培训体系

《就业促进法》明确规定,国家鼓励开展职业培训,促进劳动者提高职业技能;县级以上人民政府制定并实施以就业为导向的职业能力开发计划,加强统筹协调,鼓励和支持各类培训机构和用人单位依法开展职业培训,等等。这将有力地推动职业培训工作,提高劳动者的就业能力和创业能力。

（3）建立健全就业援助体系

《就业促进法》专设"就业援助"一章,明确规定,各级人民政府建立健全就业援助制度,采取各种有效措施,对就业困难人员实行优先扶持和重点帮助。同时,该法还规定了就业援助的对象范围、主要措施以及对就业压力大的特定地区实施就业扶持等内容。这就为进一步解决困难群体就业问题,推动就业援助工作制度化和规范化,奠定了坚实的基础。

9.4   中国《就业促进法》实施效果的简要评估

《就业促进法》自2008年1月1日起施行以来,已经有一年多的时间,其实施效果究竟如何呢? 这是笔者一直比较关注的一个问题。前不久,笔者开始研究对《就业促进法》实施效果的评估问题,并形成了如下研究成果。

9.4.1   评估方法的选择

按照Pierre所做的一个非常细致的总结,就业政策的评估方法大体可以分为四种,即:微观经济层面的定量分析、总体影响分析、定性分析和成本收益分析①。微观经济层面的定量分析,主要包括准实验分析和实验分析。总体影响分析,也有两种类型:一是可以应用宏观经济模型和宏观经济数据来评估经济方面发生的变化,从而估计特殊就业政策的效果;二是可以应用宏观经济模型来模拟如果实施了一定的政策,经济领域会发生什么变化。

---

① 这是针对积极的人力资源市场政策评估的,其评估方法具有一般性。但是,它可以扩展到对就业制度的评估上。

总体影响分析方法的最大优点就是它给出了人力资源市场政策的净效用。

　　定性分析方法考虑的是项目相关者的意见,包括受益人、项目实施的管理者和公司,评估者往往通过调查和采访来获得数据,并用来估计不能通过定量分析得出的结果。有时,定性分析只是相关领域的专家基于他们的经验所作出的评论。定性分析方法与获得的其他定量数据(长期收集的)相结合,会得出一个低成本而又有效的评估。

　　成本效益分析方法是经济学中对制度进行评估时常用的方法之一,它既是传统政策评估的基本模型,同时,也是项目导向的政策评估模型中的一个分析工具与方法(见图9.1、图9.2)。因此,成本收益分析方法实际上构成了政策评估的方法论基础。该方法的主要特点在于它给出了达成政策评估的一个系统方法。

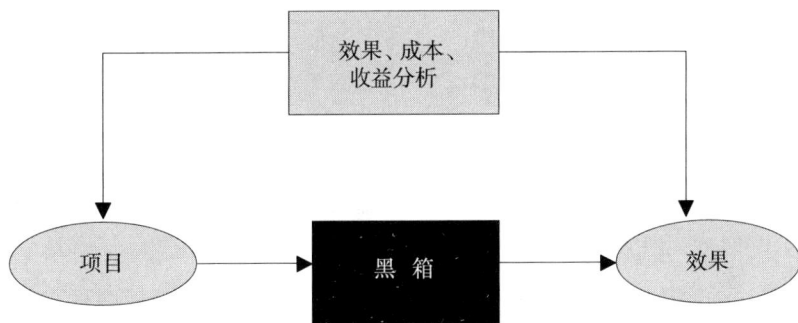

图9.1　传统的项目导向评估模型①

资料来源:Schmid(1996)。

　　成本收益分析方法的关键问题可以归纳为两点:一是由于成本收益分析的不对称性测量方法,导致了最后价值的不对称;二是由于时间跨度的变化,成本收益的不断增长,必将带来时间跨度的非对称性。尽管如此,成本收益分析方法是在对政策进行评估时最经常使用的方法之一,也是其中涉及范围最广的一个,它包括效果评估、风险评估和成本有效性评估。它不仅能较好地帮助我们获得制定政策法律的优先权和提高政策法律实施的经济效率,而且,它得出的结果总的来说是精明和简练的,对未来政策法律的形

───────────

① 政策形成和实施过程被视作一个黑箱。

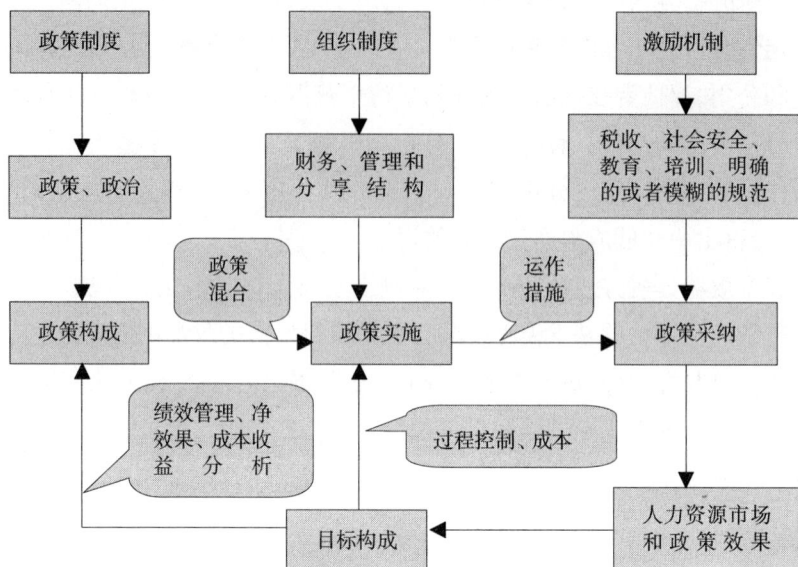

图9.2　目标导向的政策评估模型

资料来源:Schmid(1996)。

成也是一个很有用的工具。即使成本收益分析永远都不可能达到一个完美的估计,但是,它也能够降低无效决策的风险。

　　通过上述比较研究,笔者选择了定性分析和成本收益分析两种方法,对《就业促进法》的实施作阶段性评估。

9.4.2　《就业促进法》实施效果的定性分析

　　评估《就业促进法》的实施效果,通过定量分析是难以达到应有目的的,只能通过定性分析的方法才会得出一个成本低而又相对有效的评估。基于调查和采访获得的信息,本书对《就业促进法》的实施效果作一简要定性分析。

　　(1)调查问卷的情况

　　《就业促进法》实施一周年之际,笔者采取发送调查问卷的方式,选择100名有代表性的对象(专家学者10人、政府有关部门工作人员30人、企业负责人30人、劳动者30人)进行了调查。调查问卷的项目主要包括:

《就业促进法》的实施情况(好或者不好)、就业歧视问题是否仍然很严重(是或者否)、《就业促进法》对促进就业的作用(大或者小)、加强公共就业服务和强化职业培训是否有必要(是或者否)、《就业促进法》是否需要制定相应的配套法规(需要或者不需要)、劳动执法监察是否到位(到位或者不到位)。在调查的100人中(6人未作回答),有66人回答《就业促进法》实施情况总体是好的,占70.21%;有82人回答《就业促进法》实施后就业歧视问题仍然很严重,占87.23%;有70人回答《就业促进法》对促进就业的作用是大的,占74.47%;有91人回答加强公共就业服务和强化职业培训是很必要的,占96.81%;有66人回答还需要制定《就业促进法》的配套法规,占70.21%;有60人回答劳动执法监察不到位,占63.83%(见图9.3)。

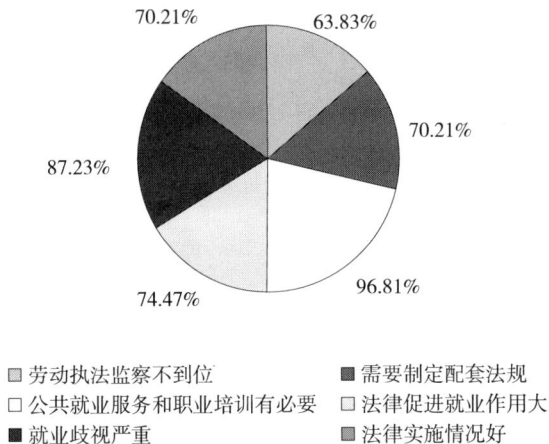

图9.3 《就业促进法》实施情况

(2)记者采访报道

2009年1月14日,《法制日报》刊登了见习记者赵丽的一篇采访报道,题目是:《回望就业促进法实施一年,威慑力究竟有多强》。此篇采访报道从一个侧面说明了《就业促进法》的实施情况和效果。兹摘录如下:

    作为新闻专业毕业的研究生,肖琳也曾面试过几家网站。虽然这些地方的招聘启事都没有性别要求,但是,肖琳觉得,还是自己的"女性"标签导致了失败。"又是个女的","咱们单位女的够多了",肖琳经常听到这些暗示她另谋高就的隐语。"用人单位从不承认'因为你是女性,所以我们不用你',他们大多会说客套话,说你也很优秀,但是,我们觉得××更适合这个职位。"肖琳说。

"你可以去一些大型招聘会啊,那里的机会应当会多一些。"记者给肖琳提了个醒。

谁知,这个提议更加"点燃"了肖琳的情绪。"招聘会?你知道我们都叫它什么吗——'骡马大会'。"肖琳说,"就算你'踏'过千军万马,把简历给了招聘方,他们也会让你再进行一次网申(网上投简历申请面试机会)。人家'刷'简历的时候,看你是女性,还不是会一刷了之?这种"傻事"我干了不是一次两次了。现在我长记性了,不去了。"

"如果人家歧视的是性别,你怎么努力也是没有意义的,因为你不可能改变你的性别。"肖琳耸耸肩,无可奈何地对记者说。

"我遇到的这些事还算是好的呢。据我所知,有的面试单位提的问题那才是让人真恼火呢!"肖琳告诉记者,她同寝室好友李楠曾经到一家研究所面试,一共被问了三个问题:先是问她有没有男朋友,又问她有没有和男朋友同居,最后是薪水要多少。

女性就业真如肖琳所说的那样"困难重重"吗?这方面的法律保护又有哪些呢?

事实上,从2008年的第一天起,一部被寄予厚望的法律——《就业促进法》就开始实施了。其中第二十七条明确规定:国家保障妇女享有与男子平等的劳动权利。用人单位招用人员,除国家规定的不适合妇女的工种或者岗位外,不得以性别为由拒绝录用妇女或者提高对妇女的录用标准。用人单位录用女职工,不得在劳动合同中规定限制女职工结婚、生育的内容。

"然而,问题在于,上述规定原则性有余、操作性不足,加之'隐性歧视'监管起来比较困难,导致《就业促进法》颁布实施一年来,各种歧视现象仍屡见不鲜。"当记者把肖琳的遭遇转述给中国劳动关系学院副院长杨汉平教授时,杨汉平作出了这样的点评:《就业促进法》是一部关于就业的宏观立法,暂时未就"就业歧视与反就业歧视"作出具体规定,有关部门应当就相关内容出台实施细则,比如说可以规定用人单位录用女性的比例,也可以对录用女性达到一定比例的单位给予政策方面的优惠。

"在招聘时,单位总体的男女比例是领导必然要考虑的。"杨鹏是一家网站的人事经理,他告诉记者,目前,他们网站正在招聘设计师,但是,领导规定只能考虑男生,"因为已经有一个女设计师了。"

"除此之外,一些岗位的工作性质也让我们更青睐男性。比如说网管,时不时得搬机器什么的;比如说汽车频道的编辑,我们认为男性往往更爱玩车,更适合这个职位。"杨鹏表示,考虑到公司形象,招聘广告肯定不会写明只要男士。虽然也有很多女性求职应聘,但是,公司人事部在收简历、安排面试的时候,已经排除了女性。

对此,不少企业表达了同样的看法:女生毕业走上工作岗位后,将面临怀孕、生育等一系列问题,难免会给单位用工造成不便,除了在此期间的工资及福利待遇得照常支付外,公司还得另外聘请一名工作人员,当其产假期满回到岗位上后,公司又必须解决新聘员工的岗位问题。

"聘用男性员工,不仅少了很多麻烦,还可以节约成本,避免'性别亏损'"。杨鹏告诉记者。

"需要注意的一点是,生育繁衍后代,是一项全社会的工作,不应当成为女性个人的事情,这种生育成本应当由全社会共同承担,而不应当由女性独自承担。"针对企业避免"性别亏损"的说法,杨汉平表示,"《就业促进法》正是在这样一种观念的指导下,制定了公平就业的相关内容。"

对于用人单位为什么喜欢"拷问"女大学生隐私的问题,杨鹏向记者透露说,其实是想试探对方能否安心工作,"如果求职时有男友且又在外地,那么,这个女生说不定干不久也会走人。"他说,这些事情当然应当了解清楚,不然,企业好不容易招了人,员工对业务刚上手不久就走,迫使企业再重新招人,这对企业来说肯定是一种浪费。

记者在采访中了解到,由于就业形势日益严峻,主动权大多掌握在用人单位的手中,招聘过程中他们几乎抢占了所有的话语权,要男性还是要女性,要35岁以下的,还是25岁以下的,甚至是要O型血的,还是要B型血的……全是用人单位说了算,各种招聘门槛也就随之而来。

那么,招聘单位设定的条件,哪些属于正当用人权,哪些构成就业歧视呢?杨汉平认为,如果用人单位把应聘者天生就有、无法自我选择的属性设为硬性条件,就必然构成歧视,比如应聘者的户籍、血型、相貌、年龄、性别等;反之,如果把学历、职称、经验与能力等通过后天努力奋斗可以得到的东西设为条件,则不仅不能视为歧视,反而应当予以尊重。

"在各行业的工作中,确实有些岗位是不适合女性的,比如说高空作业、井下作业等,但是,除去这些行业,其他的岗位应当实行男女平等就业,《就业促进法》也是如此规定的。"杨汉平说,"全社会的就业歧视问题,不能单靠一部法律来调整,《劳动法》、《妇女权益保障法》等法律,都有关于就业性别歧视的阐述和规定,我们应当利用所有的相关法律来切实保护应聘者的合法权益,特别是女性应聘者的权益。"

"当然,女性就业歧视的彻底消除,从根本上来说,还取决于企业社会责任感的增强。一个单纯追求利润最大化的企业,是很难体现男女就业平等的。"杨汉平补充说。

尽管依照《就业促进法》,求职者在求职过程中遇到就业歧视可以向有关劳动行政部门举报,也可以向人民法院提起诉讼,但是,据记者调查,应聘者目前对歧视问题的态度基本上仍是愤怒、无奈和沉默,而"沉默"也被他们看作是虽然无奈但却最有效率的"理性选择"。

对于"遇到歧视会如何应对"这个问题,肖琳向记者表示,"我们也没办法啊!找工作就已经焦头烂额了,这个工作应聘不成,我得赶紧去找下一个,哪有工夫和他们去争辩这些东西?"

"再说了,就算我去告了歧视我的那家单位,还告赢了,可是我能得到什么样的结果?是让那家单位录用我吗?人家本来就不想要你,你非要进去,进去之后也不好混呀!还是说,不需要录用,直接赔偿我?"肖琳将这样一个问题抛给了记者。

"如果法院支持了诉讼,应聘者得到了想要的岗位,那么就应当珍惜。尴尬也许会有,但是,那只是暂时的,经过一段时间,单位看到了你的实力,自然会重用你,慢慢地这一页也就翻过去了。"对于肖琳的顾虑,杨汉平给出了自己的看法,"如果你最终还是没有得到这份工作,法院只是判决有歧视行为的单位对你进行赔偿、道歉,那么也不应当认为自己浪费了时间、人力等成本,因为这样一种判决可以对其他单位起到一种警示作用,以保证在今后的求职过程中,你以及其他应聘者能够避免或者减少遭遇就业歧视的几率。"

"《就业促进法》已经实施一年了,作为一部非常重要的法律,它还是起到了积极的正确的作用的。依照《就业促进法》相关规定,有关部门采取了购买公益岗位、发放岗位培训券等诸多促进就业的政策。"在采访的最后,杨汉平对于刚满一岁的《就业促进法》给出了自己的评价。

但是,他同时表示,不可以否认的一个问题是,由于缺乏相关的实施细则,这部法律并没有从根本上抑制就业歧视等问题。他认为,有两点必须强调:促进就业是一项长期的政策,需要全社会的广泛宣传,让这部法律深入人心;另外,一部法律要想得到切实的实施,不仅需要有关部门出台实施细则并加大执法力度,同时,也需要社会民众的参与,需要劳动者主动去实施。

"也许在很多劳动者看来,这是一项很公益的事情,但是,我相信这种意义会是深远的,对于解决全社会的就业问题必将起到推进的作用。"杨汉平说。

(3)实施效果评估

通过笔者的调查问卷和记者的采访报道,以及笔者获取的其他定量数据,笔者认为,《就业促进法》实施一年来取得了明显成效,同时,也存在一些问题,亟待加以解决。

《就业促进法》实施取得的明显成效主要表现在:一是在国际金融危机的冲击下,2008 年全国的就业局势基本稳定,全年累计实现城镇新增就业人员 1113 万人,完成全年目标任务的 111%;下岗失业人员再就业 500 万人,完成 100%;就业困难人员就业人数 143 万人,完成 143%。二是市场导向的就业机制进一步形成。依照《就业促进法》规定,培育和完善统一开放、竞争有序的人力资源市场的客观环境明显改善,劳动者自主就业、市场调节就业、政府促进就业的新机制基本形成。三是就业服务体系进一步完善,以政府公共就业服务体系为基础、覆盖城乡的就业服务体系基本形成,目前,全国城市和大部分县都建立了以公共职业介绍机构为窗口的综合性服务场所,基本实现了免费职业介绍服务,并正在发展成为职业介绍、职业培训、职业指导和劳动保障事务代理等多项内容一体的"一条龙"服务。四是政府依法行政、用人单位和劳动者依法维权的意识和自觉性进一步增强。总之,《就业促进法》确立的各项制度在实践中正在得到逐步落实。

《就业促进法》实施中存在的突出问题有：一是对《就业促进法》的宣传还不到位,这部事关劳动者切身利益的法律还没有深入人心。二是劳动执法监察还不到位,对一些违法行为还没有及时进行查处。三是就业歧视的问题还比较严重,需要完善法律制度对实施就业歧视的行为规定相应的法律责任。为此,建议加大对《就业促进法》的宣传力度,让人们知法、懂法、守法;加大劳动执法监察力度,建立行政执法责任追究制度;加快制度创新,完善相应的配套法规,为全面贯彻实施《就业促进法》创造良好的环境。

9.4.3　失业保险制度实施的成本收益分析

失业是与市场经济相伴而生的一种现象,是由市场经济运行的波动性和周期性所决定的。从一定意义上说,失业是市场经济运行的必然结果。为了减少失业,促进失业人员再就业,《就业促进法》规定:"国家建立健全失业保险制度,依法确保失业人员的基本生活,并促进其实现就业。"但是,制度的制定与实施都是有成本的,不同的利益主体之所以选择"制度",主要是为了依法维护自身合法权益,并换取应得的收益。下面,笔者运用成本收益分析方法,对《就业促进法》中规定的失业保险制度实施的成本与收益做简要分析。

（1）政府的成本与收益

政府的成本。劳动者一旦失业,各级政府都将增加对失业人员的财政成本和行政管理成本。一是在失业保险基金入不敷出时,政府财政要给予必要补贴;二是依照《就业促进法》规定,失业人员创办中小企业要依法给予税收优惠;三是依照《就业促进法》规定,要进行失业状况调查统计和失业登记等,必然相应增加政府的行政管理成本;四是在一些地方,由于失业人员的合法权益未得到保护,因此可能引发大规模的群体性事件,导致政府的行政管理成本也更大;五是政府有关部门加大劳动执法监察力度,也会增加政府的行政管理成本,等等。

政府的收益。大量失业问题的出现和失业保险制度的实施,对政府而言,也有多重收益。从经济上看,可以从宏观上解决体制问题,有利于中国经济的增长,有利于实现人力资源的合理配置与使用;从政治和社会的角度看,可以缓解企业内部矛盾,使政府从中找到解决问题的办法,待失业人员实现再就业后,政府的压力即全部释放,这些都具有"收益"的性质。

(2)企业的成本与收益

企业的成本。实行失业保险制度,企业要偿付一定的改革成本,这必然会给企业带来一定的压力。企业的成本包括:一是按照本单位工资总额的2%缴纳失业保险费,因而增加了企业的开支;二是增加了对失业人员的经济补偿金;三是增加了企业负责人的"责任成本"。

企业的收益。劳动者失业后,对企业可能带来以下收益:一是有利于减少企业的用工成本;二是有利于企业提高劳动生产率;三是有利于企业解除冗员包袱。

(3)劳动者的成本与收益

劳动者的成本。劳动者一旦失业,所付出的成本是多方面的:一是经济损失,劳动者失业后,正常生活的必要经济来源中断,收入大幅度下降,经济损失严重;二是精神损失,失业的痛苦会弥漫家庭;三是再就业难,失业者大都在技能、年龄、信息渠道等方面存在一定障碍,再想寻找新的工作有一定困难;四是失业后还会遇到子女生活、就学以及家庭关系等方面的问题。

劳动者的收益。劳动者失业后,虽然损失很大,但是,在其人生道路上也可能是一个转折,也可能带来一定的收益:一是失业后,依法享受失业保险待遇,领取失业保险金,基本生活有了保障;二是失业人员领取失业保险金期间患病,可以依法申请领取医疗补助金,死亡的,对其家属一次性发给丧葬补助金和其供养的配偶、直系亲属的抚恤金;三是失业人员在领取失业保险金期间,还可以获得职业培训和职业介绍的补贴等;四是失业人员背水一战,在逆境中奋起,可能因此成才并获得成功。

9.5　中国经济转型期就业制度的框架体系

中国经济转型期就业制度的框架体系是指形式意义上的就业法律渊源。它主要包括:宪法的有关规定、法律、行政法规、地方性法规、国务院部门规章和有立法权的地方人民政府制定的规章(见图9.4)。

对此,本书在前面的有关章节中已经作了具体介绍,这里不再重述,但是,需要着重说明的是,在上述框架体系中,法律、行政法规尚存在空白,一些法律、行政法规的内容也不够完善,需要抓紧做好有关法律、行政法规的

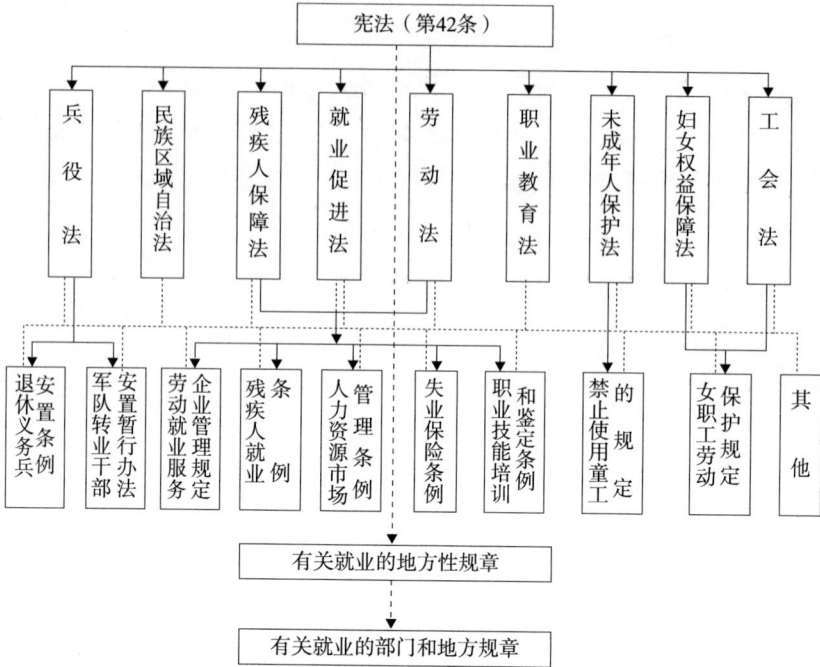

图9.4 中国经济转型期就业制度的框架体系

制定和修订工作,比如,作为《就业促进法》配套法规的《人力资源市场管理条例》和《职业技能培训和鉴定条例》尚未出台,需要抓紧制定;《兵役法》、《失业保险条例》、《女职工劳动保护规定》等法律、行政法规已经不能完全适应新形势的要求,需要尽快修订,等等。

第10章　中国经济转型期的
就业保障制度

中国实施积极的就业政策,社会保障制度不能"隔岸观火"。就业与社会保障,是源与流、本与木的关系,是一个不可分割的有机整体。社会保障制度,如社会保险制度、最低生活保障制度,以及劳动合同制度、劳动争议调解仲裁制度等,构成中国经济转型期就业保障制度的核心内容。在中国,如何认识并解决好就业保障制度与促进就业的关系这一大问题,已经成为未来发展的一个重大战略问题。正确认识并解决好这一重大战略问题,不仅能够从根本上解决国民的基本民生问题,而且还将为中国经济社会的又好又快发展奠定坚实的基础。为此,笔者在本章中特作专题研究。

10.1　就业与社会保障的关系

目前,中国的经济转型已经进入关键阶段。但是,现阶段的一个重要问题是,就业制度与社会保障制度相互分割,就业制度中没能有效考虑与社会保障制度的有机结合;社会保障制度的设计与实施也未能充分考虑如何促进就业,虽然二者各自均有成效,但是,二者的综合效能并没有释放出来。这就要求我们必须正确认识和处理好二者的关系。对此,郑功成在《社会保障与促进就业》一文中作了精辟阐述。[①]

---

① 　参见劳动和社会保障部编:《中国就业论坛:全球对话与共识》,中国劳动社会保障出版社 2004 年版,第 461～466 页。

10.1.1　就业与社会保障是一个不可分割的有机整体

中国正在新型工业化道路上前进。在工业社会,就业与社会保障往往具有不可分割性。这主要有以下两个方面的原因:

一方面,社会保障特别是处于主体地位的各项社会保险通常以就业为条件,也就是说,就业者构成社会保险的权利主体,并承担相应的缴费义务。就业为劳动者参与社会保险创造了必要条件,社会保险制度的确立又有效地解决了劳动者诸多后顾之忧。一般来说,如果劳动适龄人口能够实现充分就业,那么,参与社会保险的人就会越多,分担社会保险风险者也就越多,相应地,社会保险的财务基础也就越来越稳定,而且就业还为减轻贫困问题并确保济贫政策的有效性创造了条件;反过来,如果就业不充分,失业率必然居高不下,分担风险者和缴费者也就必然会减少,最终将会直接损害社会保障的经济基础。由此可见,就业与社会保障之间事实上存在着正相关的关系。

另一方面,劳动者就业期间特别需要相应的社会保障。因为在工业社会里,劳动者的职业风险大大超过了农业社会。如果没有社会保障,个人在就业市场上的风险(失业风险等)、在劳动期间的风险(如职业伤害风险、疾病医疗风险等)、生活风险(如低收入导致贫困、因年老退出劳动岗位后的老年人生活风险等)等,均会因市场竞争等原因而放大,不安全感构成了劳动者的巨大压力,必然损害其就业能力及正常生活。因此,社会保障是解除劳动者后顾之忧,并提升其安全预期的不可代替的手段。

正是基于就业与社会保障之间上述不可分割的关系,郑功成认为,应当澄清当前理论上的一些认识误区。如"就业是最好的社会保障"这种似是而非的观点,因为这种观点将就业与社会保障对立起来,将彼此应当协调的关系变成了彼此可以代替甚至非此即彼的对立关系,这样的观点毫无疑问是错误的,也不利于现阶段科学、合理地处理就业与社会保障的关系。实际上,就业并不能替代社会保障,劳动者就业后并不自动解决诸如养老、疾病医疗、失业、工伤等风险,也并不意味着能够解决贫困问题,这些问题注定需要通过建立相应的社会保险和其他社会保障制度才能得到解决。可见,就业与社会保障是不可能相互替代的,根本不存在就业是最好的社会保障这样的逻辑。如果上述偏颇的观点继续下去,必然会影响到就业与社会保障制度的合理制定,并使就业制度与社会保障制度出现顾此失彼、以此代彼的缺陷,造成本来应当相互协调的两大制度体系走向分割,其最终结果必然是,使就业制度与社会保障制度有效性受到损害。类似的认识误区,值得在推进积极就业政策与建立健全社会保障制度时高度警惕。

正确的认识应当是,在制度安排与政策实践中,不是将社会保障与促进就业对立起来,而是将它们视为一个有机的、不可分割的整体,并在两大制度体系之间寻求相互配合、相互协调的有效机制。对中国这样一个人口众多、人力资源严重过剩、社会保障明显不足的国家而言,要维系整个社会经济的健康、持续发展,既离不开积极有效的就业政策,也离不开有效的社会保障制度。

10.1.2　就业与社会保障都是需要优先考虑并妥善处理的重大问题

中国已经进入到一个新的发展阶段,这一发展阶段的显著标志包括:一是已经从传统的农业社会向工业社会迈进,工业产值与工业劳动者占据了国民经济与从业人口的主体。二是从改革普惠时代走向利益分割时代的现实表明,任何人都能从发展中获得好处的时代已经过去,不同群体获得不同利益甚至出现获取巨额利益与不获利益阶层并存的现象,这意味着如果没有相应的政策调节,社会阶层的迅速分异将导致相当严重的后果。三是从经济增长的时代开始转向重视保障与改善民生的时代,单纯的经济增长并不必然解决好民生问题,因为在财富蛋糕做大以后,财富分配的合理与否才最终决定民生问题的解决程度,等等。可以见,中国已经进入了后改革开放时代,这一时代所面临的挑战是全新的,政府所要解决的问题也是全新的,民生问题正在成为党和政府着重考虑的问题,而就业不足与社会保障制度不健全,正在成为中国持续、健康发展的重要障碍。

在就业方面,问题的严峻性主要表现在两个方面:一方面,中国劳动力总量规模庞大并严重过剩,这一情况将持续约二十年,而就业弹性却在持续下降,就业岗位供给明显不足,失业率的持续攀升难以避免。庞大的劳动队伍其实是严重过剩,因为城镇劳动力与农业富余劳动力构成了中国相当长时期内的双重就业压力。与国民经济持续高速增长相反,中国的就业弹性却在持续下降,尽管在 GDP 每增长 1 个百分点的绝对值较 20 年前、10 年前的数值要大得多,但是,它所带来的新增就业岗位却已经由 20 世纪 80 年代的 240 万人,经过 20 世纪 90 年代的 120 万人,下降到目前的 80 万人左右。因此,就业形势严峻的局面已经是一个客观存在。随着中国未来 10 ~ 20 年的工业化、城镇化、现代化进程的加快,这一局面仍将难以改变,进而决定了政府创造就业岗位的压力是长期的,也是十分艰巨的。另一方面,越来越多的劳动者游离于正式的劳动组织之外,就业岗位的不稳定性日益明显。虽然,灵活就业的方式是值得鼓励的就业方式,但是,与发达国家的灵活就业或者非正规就业相比,中国的灵活就业显然只是劳动者在找不到有组织的就业岗位的条件下的一种无奈选择。因为西方国家的非正规就业就是作为劳动者自主择业权的一部分得到了体现,其社会保障等权益也并不因此受到损害。在中国,越来越多的劳动者在非自愿的条件下游离于劳动组织之外,表明了就业岗位的不稳定性与劳动者的社会保障等权益受损也越来越大。

在社会保障领域,社会保障体系仍然残缺,保障不足已经构成这一制度的主要问题,并正在损害着公平的竞争环境。一方面,尽管中国社会保障改革成就显著,但是,毕竟享受养老保险的人数只占全部劳动人口与老年人口的约 15%,享受医疗保险者只占全体国民的约 10%,享受制度化的贫困救助保障的还主要是城镇贫困人口,老年人的福利、残疾人的福利、妇女儿童的福利等也较为不足。这些事实足以表明,中国社会保障制度建设的主要方面不是警惕福利国家的福利病,而是总体上呈现出来的保障严重不足的问题。另一方面,现行社会保障体系仍然是残缺不全的,许多人口被遗漏在社会保障网外,各项社会保障制度均还存在着因制度自身不完善或者缺陷而有效性不足的问题。从基本养老保险制度的统筹层次低、个人账户与资本市场难以有效结合、组织管理模式的政府集权以及由此带来的整个社会保险责任政府化,到基本医疗保险改革迄今仍然并未真正有效地解决城乡居民疾病医疗后顾之忧、失业保险促进就业的功能很弱、工伤保险不能有效地覆盖有职业伤害风险的劳动者,到最低生活保障制度单一且保障功能不足等等,无一例外地说明了社会保障制度建设的任务还十分繁重。尤其是这一制度因为不健全、不完善,在某种程度上不仅未能有效地解决社会公平问题,而且正在损害着市场经济的公平竞争环境。以基本养老保险为例,老工业城市的企业缴费率一般在工资总额的 25% 以上,而新兴工业城市的同一指标可能是 10%,两者相差一倍以上,这必然对劳动成本产生巨大的影响,并严重地扭曲社会保障维护公平竞争的功能。而社会保障(主要是社会保险)制度在实施过程中的传统模式,亦不适应灵活就业与流动人口的就业,构成推进积极就业政策的一个不利因素。

由此可见,严峻的就业形势和收入分配差距持续拉大的现实,客观上决定了充分就业和健全社会保障制度已经成为中国经济社会发展中的不可替代的两个重要支柱。推进积极的就业政策与健全的社会保障制度,均是中国现阶段需要优先考虑并着重解决的重大问题。

10.1.3　社会保障可以为促进就业服务并发挥应有作用

就业是民生之本,充分就业能够促进社会保障健康地发展,但是,它不可能替代社会保障。同样,社会保障也可以为促进就业服务并发挥出其他制度无法替代的功能。中国的现实国情也决定了社会保障制度应当具备并发挥出有利于促进就业的功能。对此,郑功成的观点主要有如下三点:

第一,中国需要建立一个健全的社会保障制度,这是确保统一人才资源市场健康发育并不断成长的基本条件。很难想象,一个缺乏社会保障制度维系的社会,会有一个高效配置人力资源的统一人力资源市场,尤其是在一个曾经建立过惠及亿万劳动者的社会保障制度的国家,现实却是部分人有社会保障、部分人没有社会保障,这种残缺的社会保障制度,并不利于人力资源市场的统一,反而会对人力资源市场的统一造成障碍。例如,由于基本养老保险制度的统筹层次低,各地缴费率差异很大,内地劳动者流向沿海,或者老工业城市的劳动者流向年轻工业城市,就已经遇到了障碍,新的就业壁垒正因为基本养老保险的不统一而产生。因此,建立健全的社会保障制度,可以为培育和完善统一开放、竞争有序的人力资源市场创造良好的环境条件。

第二,中国需要将失业保险向就业保障机制转化,这是社会保障制度发挥促进再就业功能的重要方面。毫无疑问,失业保险制度与就业是结合得最为紧密的一项制度安排,这一制度在中国实施的根本目的,是因为受人力资源严重过剩的国情因素影响,已经不只是对失业劳动者的消极事后救济以帮助失业者度过失业期间的生活困难,而是应当强化其促进再就业的功能。也就是说,失业保险制度应当向就业保障机制转化,即这一制度建立的目的应当是为促进就业服务,将重点逐渐转移到就业服务、就业培训等方面,至少要把提升失业者的劳动技能与就业竞争能力的任务放到与救助失业者同等重要的位置。如果实现了这样的转化,将不仅有利于提高劳动者的就业能力,而且,还将使中国人力资源的整体素质得到提升,这必将成为提升中国国际竞争力的重要方面。

第三,增进现行社会保障制度的适应性与有效性,已经成为中国现阶段发挥社会保障制度促进并维护就业增长功能的重要举措。如尽快统一基本养老保险制度,实现全国统筹,将消除就业市场新的无形壁垒,使灵活就业方式更受劳动者的欢迎;建立生育保险制度,将有利于促进女性的就业,等等。可以说,几乎每一项社会保障制度都面临着完善的必要。只有各项社会保障制度的有效提高,这一制度才能对促进就业发挥出它的整体功效。

通过上述分析,可以得出如下基本结论:中国已经走到了这样一个时期:一方面,不促进就业增长,就难以维持经济的持续增长;不实施积极的就业政策,就很难缓解就业压力持续扩张的局面,也很难顺应不可逆转的工业化、城市化快速发展的进程。另一方面,没有健全的社会保障制度,将难以解决改革、发展中出现的贫困、失业、下岗等诸多社会问题,也不利于推行积极的就业政策。因此,确保积极就业政策和健全的社会保障制度的协同发展,是中国现阶段乃至相当长时期内的必由之路。

10.2　就业制度与社会保险制度

社会保险是指国家通过立法,多渠道筹措资金,通过社会成员之间的风险共担,对暂时或者永久丧失劳动能力,或者虽然有劳动能力而无法工作、丧失生活来源(如年老、失业、患病、工伤、生育等)的劳动者,给予一定程度的收入补偿,使之维持基本生活水平的保障制度。中国的社会保险制度包括:养老保险制度、医疗保险制度、失业保险制度、工伤保险制度和生育保险制度。考虑到失业保险制度具有保障基本生活和促进再就业的双重功能,这里仅以就业制度与失业保险制度为探讨主题。

10.2.1　失业保险与市场经济理论

失业是与市场经济相伴而生的一种现象,是由市场经济运行的波动性和周期性所决定的。这种波动性在生产要素上表现为:需求的扩张与收缩。在人力资源市场上,当经济发展时,就会形成对劳动力需求的扩张;当经济萧条时,势必形成对劳动力需求的收缩,这就需要有足够的劳动力来适应市场的变化。而周期性则表现为生产季节的变化对劳动力需求的变化,它要求有一定的劳动力作为后备资源。因此,失业是市场经济运行的必然结果。失业在一定程度上能够使人们产生就业压力,从而促使劳动者提高工作效率,降低成本。但是,失业的负面影响更不可忽视。从社会资源的利用看,失业使作为生产要素的劳动力和生产资料处于分离状态,不能得到有效结合;从劳动者方面看,失业使劳动者在物质和精神方面都遭受巨大损失。长期以来,失业始终是经济增长过程中挥之不去的阴影。

如何解决失业的问题,也出现了许多不同的理论。比如,英国古典经济学家萨伊认为,"供给会自己给自己创造需求",因而产品市场和货币市场都能实现均衡,进而人力资源市场也能实现充分就业。他认为,大规模、长期的失业现象是不存在的。而其后的经济实践,特别是 20 世纪 30 年代席卷全球的经济大危机表明,萨伊定律是错误的。失业并不是暂时、偶然的现象,它是社会化大生产和市场经济的伴生物。凯恩斯在 1936 年发表了《就业、利息和货币通论》中,提出了有效需求不足的理论,从宏观经济学的角度分析了失业现象。他认为,市场经济的自发调节不能保证资源的充分利用,宏观经济的常态是总需求小于总供给,即有效需求不足。非自愿失业广泛存在的原因是:在人力资源市场上,由于存在"货币幻觉",劳动供给应当是货币工资的函数,在"货币幻觉"和其他社会力量的作用下,货币工资存在刚性,所以,人力资源市场可以在低于充分就业的水平上达到均衡。在边际消费倾向递减、资本的边际效率递减和流动性陷阱的共同作用下,将产生有效需求不足,使总需求小于充分就业状态下的总供给,引起非自愿失业。既然市场经济本身有可能产生有效需求不足并引起非自愿性失业,通过财政政策来调节总需求,也就成为政府干预经济的合理依据之一。为了解决失业问题,凯恩斯提出了多种国家干预的政策主张。

从政府对失业问题采取的态度和政策主张看,在资本主义自由竞争时期,采取的是一种放任的政策,失业问题完全由市场来调节。但是,由于失业是市场经济中长期存在的现象,市场竞争的残酷性,使得许多劳动者陷于失业,丧失了收入来源,生活处于困境,而且,失业人口的增多加深了无产阶级与资产阶级的矛盾,引发社会动荡,对社会安全造成极大冲击。为了维护资本主义生产的有序进行,既发挥失业在市场运行中的作用,又减轻失业对社会的负面影响,各国政府对失业的态度从消极走向积极,制定了各种积极的就业措施,并开始将失业纳入了社会保险的范畴,建立起失业保险制度。在西方福利国家中,给失业者提供救济是整个福利体系中的重要部分。

关于失业保险的理论基础,主要有以下一些理论:一是建立失业保险在于维持失业者的最低消费水平。对失业者给予失业救济,有利于维持最低消费水平。一般来说,失业保险金的支付要大大低于平均月投保工资,通常是月平均投保工资的50%左右。然而,这些失业保险给付,只可以维持失业者最低购买力,维持其基本生活需要。二是失业保险金替代收入损失。劳动者因失业,也失去了基本工资来源,对其生活产生直接影响。但是,如果参加失业保险,则能够替代收入的损失。失业保险对于非自愿性失业者提供替代所得,维持劳动者经济安全,从而维护社会的稳定。三是适应经济规模的调整。当经济繁荣时,生存规模不断扩大,容易造成通货膨胀,而通过失业保险的支出,可以减少消费支出,对生存的扩充有抑制作用;当经济萧条时,劳动者因有失业保险的收入,可以维持基本的消费能力和购买力,从而使经济不会因萧条而恶性循环,促进经济尽快复苏。四是失业保险促进社会稳定。劳动者因失业而丧失收入来源,会使其生活陷于困境,导致一些人铤而走险,扰乱社会秩序。而失业保险能够保障失业者的基本生活,使社会不致因失业问题而产生混乱,从而起到稳定社会的作用。

总之,失业是一种社会经济现象。人力资源是经济资源的重要组成部分,就业岗位的竞争是人力资源实现优化配置的必要前提。在竞争过程中,必然会有一部分劳动力因各种原因暂时不能实现就业。解决失业问题,不是完全消除失业现象,而是通过发展经济开发就业岗位,通过职业培训提高劳动者的素质和技能,把失业人员的数量控制在社会可以承受的范围内。同时,通过实行失业保险制度,对暂时不能实现就业的劳动者给予帮助,保

障他们的基本生活,提供再就业服务,把失业造成的消极影响降到最低限
度。因此,发展和完善中国的失业保险制度,对分担失业风险,解决失业问
题,促进失业者再就业,具有十分重要的作用。

10.2.2　失业保险制度的主要内容

1999 年 1 月,在总结实践经验、借鉴国外通行做法的基础上,国务院公
布了《失业保险条例》,对失业保险的覆盖范围、缴费比例、待遇标准、基金
支出项目以及监督管理等作了规定。

《失业保险条例》规定,失业保险的参保范围主要是城镇企业、事业单
位及其职工。省、自治区、直辖市人民政府还可以决定将民办非企业单位及
其职工、社会团体及其专职人员、有雇工的城镇个体工商户及其雇工纳入失
业保险范围。城镇企事业单位招用的农民合同制工人应当参加失业保险。
失业保险资金主要来源于三个方面:城镇企业、事业单位按照本单位工资总
额的 2%、职工按照本人工资收入的 1% 缴纳失业保险费,招用的农民合同
制工人本人不缴纳失业保险费;基金不足使用时,由地方财政给予补贴。各
省、自治区、直辖市报经国务院批准,可以调整本地的费率。失业保险基金
实行地方管理,在直辖市和设区的市实行全市统筹,省、自治区可以建立失
业保险调剂金。基金必须存入财政部门在国有商业银行开设的社会保障基
金专户,实行收支两条线管理。基金不得用于平衡财政收支和规定以外的
支出项目。失业保险金标准,按照低于当地最低工资标准、高于城市居民最
低生活保障标准的水平,由省、自治区、直辖市人民政府确定。领取待遇的
期限为:失业人员失业前所在单位和本人按照规定累计缴费时间满 1 年不
足 5 年的,领取期限最长为 12 个月;满 5 年不足 10 年的,最长为 18 个月;
10 年以上的,最长为 24 个月。领取期间就业的,尚未领取的期限可以保
留。领取失业保险金必须符合三个条件:一是按照规定参加失业保险,所在
单位和本人已经按照规定履行缴费义务满 1 年的;二是非因本人意愿中断
就业的;三是已经办理失业登记,并有求职要求的。

近年来,世界上一些国家开始对失业保险制度进行改革,改革的方向
是,变消极生活保障型失业保险制度为积极促进再就业型失业保险制度,实
现就业保障。中国现行的《失业保险条例》对促进失业者再就业发挥了积

极作用,但是,该制度在促进就业及与之相关政策的协调配合方面,仍然存在一些问题,亟待加以完善。

10.2.3　就业与失业保险制度之间的关系

失业保险制度是以经济化的方式解决失业难题的社会保障制度。建立失业保险制度的目标是:保障失业人员的基本生活和促进失业人员再就业。可以说,失业保险制度与就业之间的关系,是既矛盾又统一的关系。

首先,从就业制度对失业保险制度的影响看,一是就业状况直接影响失业保险制度的实施环境。随着就业量的增加,失业保险的参保范围逐渐增大,基金的缴费收入相对提高,失业保险基金的来源扩大且稳定可以靠,对当前失业者和未来可能失业者的给付能力就会增强,保障能力显著改善。反之,就业量的减少,将会对失业保险的参保范围、基金收入、基金支出、给付水平、给付时间等各方面产生消极影响。二是就业总量和就业结构直接决定着失业保险制度的发展规模和发展水平。就业结构的变化,特别是就业的产业结构和地区结构的变化,将导致失业的产业结构和地区结构的变化,失业保险基金的来源结构和支付结构也会随之改变。如果不对结构变化进行适当的调整,这些变化就会造成失业保险制度在区域间和行业间的失衡;情况严重时,就有可能制约劳动者的自由择业和自由流动,对进一步扩大就业造成不利影响。

其次,从失业保险制度对就业的影响看,合理的失业保险制度是实现充分就业的助动器。失业保险制度的实行,为企业保证用工的高效率解除了后顾之忧,减轻了企业对职工的长久负担,为加快建立现代企业制度奠定了基础。而企业效率的提高,必然带来经济的增长和就业率的提高,为实现再就业提供可能。同时,失业保险制度的实行,还为失业者个人提供了维持失业期间基本生活保障、接受必要的职业技能培训和谋求合适工作的可能性,客观上提高了就业的质量和就业人员的素质,从而实现就业率的提高。此外,失业保险制度的实行,将为全社会就业环境的改善创造条件,为就业相关政策的完善提供可能,为形成就业——失业——再就业的良性循环提供保障。但是,不合理的失业保险制度也会给就业工作设置障碍。对企业而言,过高的缴费标准,会提高企业的经营成本,降低企业的用工人数,甚至有些企业会出现逃费现象;对个人而言,过高的给付水平、过长的给付时间和过松的给付条件,都可能影响相当一部分失业人员再就业的积极性,引发道德风险,从而有悖于建立失业保险制度的初衷;对社会而言,过高的参保标准,会限制多种用工形式的协调发展,使制度本身显失公平,并最终导致整个社会的显失公平。

10.2.4　完善失业保险制度促进再就业功能的思路

为了解决失业保险制度在促进就业方面存在的问题,使之适应现有的就业结构及未来可能出现的就业结构的变化,必须对中国失业保险制度进行创新,建立起与市场经济相适应的失业保险制度,消除失业保险在地区之间、所有制之间、行业之间、城乡之间的差别,实现真正的权利与义务对等、公平与效率兼顾,使失业保险既能保障失业者及其家人的基本生活,更能有效地促进再就业,形成有利于经济发展和社会稳定的良性循环。

首先,要适当合理扩大失业保险覆盖范围。从总体趋势上看,应当按照"国民待遇"的原则,逐步使城乡所有劳动者在失业保险方面享受同等的权益。失业保险本身是一种社会保险,其社会性表现在它由代表整个社会的国家来举办,目的在于保障整个社会的劳动者在遭受失业风险时能够维持基本生活。从就业方式上讲,随着就业方式的多元化,从事非正规就业的人越来越多,应当从促进就业的角度尽可能涵盖多种新的就业方式,以适应新形势的需要。因此,从近期来说,国家必须采用必要的强制手段,保证应当参保的就业者全部参保;就长期而言,国家必须逐步将失业保险范围扩展到整个社会的全体劳动者,以应对可能出现的大批农业富余劳动力问题。同时,还要解决城镇多种就业形式下就业者失业后的生活保障问题。只有这样,失业保险作为社会"安全网"和"稳压器"的作用才能充分发挥出来,并且还有助于促进失业者的再就业。但是,在考虑失业保险制度是否覆盖农业富余劳动力、国有企业隐性失业人员、新进入劳动年龄而找不到工作的劳动者、个体从业人员的问题时,绝不能盲目追求"扩大范围",而应当结合国家的产业政策、经济发展阶段等综合因素,统筹考虑范围扩大的合理性问题。也就是说,扩大是总体趋势,适当是基本原则。

其次,要加大失业保险基金筹集力度。失业保险基金的筹集,是实行失业保险制度的基础。要根据中国就业结构变化的特点,相应地调整失业保险费的来源,针对不同的地区、行业和收入人群制定不同的失业保险政策。实践证明,区别性的政策设计,不仅可以减少失业带来的动荡,而且还能够扩大失业保险基金的来源,提高失业保险的保障能力,为促进失业者的再就业、增加失业保险金积累创造条件。比如,可以采取累进失业保险费率制,在保证基准失业保险费率的前提下,随着收入水平的提高而提高失业保险费率;对于失业风险较大的行业,制定相对较高的失业保险费率,并考虑财政的政策性补贴等。又如,可以建立失业保险金个人账户,详细登记劳动者往年的就业状况和失业保险费的缴纳情况。劳动者失业后,可以根据个人账户的记录,领取不同金额的失业保险金。

第三,要更加突出失业保险的就业导向。实行失业保险制度,旨在通过提供现金援助,为失业者赢得求职的缓冲,使其有时间寻找"适合"自己的工作,重新就业。中国目前的失业主要是因经济结构的调整而产生的,这种结构性失业将长期存在,解决的关键不是简单地发放失业保险金,而是通过失业保险基金的使用来促进再就业。突出"就业导向",正是为了激励失业者尽快实现再就业。要保持失业保险待遇水平与经济增长相适应,不宜过低,更不宜过高,以避免出现西方福利国家中的"失业陷阱";要调整失业保险基金支出结构,加大就业指导、技能培训等促进就业方面的投入,为实现就业保障型的社会保险制度提供资金上的保证;要根据相关产业政策的需要,对企业进行就业补贴和培训补贴,帮助其改善就业环境,内部转岗培训,内部消化过剩人员,减少解雇员工情况的发生,达到既减轻失业保险负担,又促进就业的目的;对于提前就业的失业者进行补助,激励失业者努力寻找就业机会;灵活发放失业保险金,对于有可行创业计划的失业者,可以考虑一次性发放多月的失业保险金,作为其创业的资金,并监督其使用;引导性地对失业人员进行再就业培训,鼓励参与社区就业服务;帮助失业者树立正确的择业观,引导失业人员树立符合市场就业模式需求的就业价值观念,认识到"学习——就业——再学习——再就业"模式的重要性。上述结构性的调整,必将有助于将被动的失业生活保障转变为主动的促进再就业的政策。

10.3　就业制度与最低生活保障制度

最低生活保障制度是政府和社会为生活在法定最低收入标准之下的社会成员提供满足其基本生活需要的物质帮助的一种社会救助制度,是社会保障体系的一项重要内容。中国的城市居民最低生活保障制度,是政府对家庭成员的收入低于最低生活保障标准的城市贫困人口进行救助的一种新型社会救助制度的重大改革。

10.3.1　城市居民最低生活保障制度的主要内容和特点

1999 年 9 月,国务院公布了《城市居民最低生活保障条例》,对城市居民最低生活保障的保障对象、保障原则、保障标准、资金来源、申领程序等作了规定。

《城市居民最低生活保障条例》规定,城市居民最低生活保障的对象为:持有非农业户口的城市居民,凡共同生活的家庭成员人均收入低于当地城市居民最低生活保障标准的,均有从当地人民政府获得基本生活物质帮助的权利。同时规定,对无生活来源、无劳动能力、无法定赡养人、扶养人或者抚养人的城市居民,可以全额享受当地城市居民最低生活保障;对尚有一定收入的其他城市居民,可以差额享受当地城市居民最低生活保障。其保障原则为:遵循保障居民基本生活原则,坚持国家保障与社会帮扶相结合、鼓励劳动自救方针。其保障标准的制定,体现了既保障城市贫困居民的基本生存条件,又有利于鼓励就业的要求。其资金来源为:由地方人民政府列入财政预算,纳入社会救助专项资金支出项目,专项管理,专款专用;同时,鼓励社会组织和个人为城市居民最低生活保障提供捐赠、资助,所提供的捐赠资金全部纳入城市居民最低生活保障资金。此外,该条例还具体明确了城市居民最低生活保障待遇的申请程序。

城市居民最低生活保障制度有四个特点:一是扩大了保障范围,保障对象由过去民政救济的"三无"人员扩大到全体城市贫困居民,其社会保障功能也相应得到增强。二是保障资金来源由财政和保障对象所在单位分担过渡到财政负担的方式,使最低生活保障制度的全面实施有了稳定可靠的资金保障。三是提高了社会救助的规范化、制度化水平,减少了救济活动中的不确定性,避免了救济的随意性,从而把城市贫困人口的最低生活保障纳入了法制化轨道。四是保障标准有了提高,且随着经济发展和物价指数的变化进行动态调整,从而使保障水平能够满足保障最低生活的需要。

10.3.2　城市居民最低生活保障制度实施中存在的问题

城市居民最低生活保障制度实施以来,中国已经初步建立起覆盖全国城市生活困难居民的最低生活保障网,为保障居民基本生活、促进经济社会发展发挥了重要作用。但是,该制度在实施中也存在一些问题,主要有以下三个方面:

首先是尚未实现全覆盖。主要是由于一些地方特别是中西部地区财政困难,没有将家庭低于当地保障标准的居民全部纳入最低生活保障网。同时,还有一部分职工拿不到企业拖欠的工资,一些退休人员和下岗人员也拿不到退休工资或者基本生活费,这部分人因被视同为已经拿到工资、退休金或者基本生活费而被排除在城市居民最低生活保障制度之外。

其次是实际救助标准低于政策标准。按照规定的标准,接受救助的贫困群体应当能够解决基本的吃饭问题。但是,在制度执行过程中,受资金不足的制约,实际发放标准只能按照财政状况决定,有的地区甚至把城市居民最低生活保障制度降级为临时救助,有钱就发,没钱就停,致使部分贫困群体还面临着基本的温饱问题。而且,城市居民最低生活保障制度的“就业导向”功能也未能有效发挥出来。

第三是保障对象的资格识别难度大,骗保现象时有发生。目前,确定保障对象主要是通过申请人申报、基层居民委员会审核,并报当地政府批准,以此来确定申请人是否符合享受条件。由于各地在核算申请人家庭收入、财产等方面还未形成比较科学的操作办法,再加上非正规就业、隐性就业者越来越多,收入稳定现象也越来越普遍,以致在实际操作中很难避免道德上的风险。

10.3.3　就业制度与最低生活保障制度的互动关系

就业制度与最低生活保障制度二者的互动关系,主要表现在以下两个方面:

(1)最低生活保障制度的隐忧——排斥就业

最低生活保障制度作为帮助困难家庭而实行的一项社会保障制度,对中国社会的稳定和经济的发展起着重要的保障作用。但是,在最低生活保障制度实施过程中,也往往走向其初衷的反面。比如,少数人躺在最低生活保障的"温床"上,得过且过,不思进取;更有甚者,一些打手机、养宠物、开私家车的人也混进"低保"人群,分享这块"唐僧肉"。这些问题,说到底就是最低生活保障制度对就业产生的排斥效应。这种排斥效应的存在乃至增大,表明最低生活保障作为一项新型的社会保障制度安排,并非可以简单地以一保了之而万事大吉。因此,最低生活保障制度的实施,必须在科学论证和合理定位的基础上,进行动态的监督和管理,使之与就业保持经常性的互动关系,尽量防止其走向初衷的反面。

(2)最低生活保障与就业的良性互动

针对最低生活保障制度实施中的隐忧,有必要研究相应的对策,使最低生活保障制度既能发挥其社会保障的强大功能,又不至于产生"低保懒汉"的现象。这里最关键的就是要研究如何处理好最低生活保障与就业的关系。在实施最低生活保障制度过程中,必须把最低生活保障制度与就业内在地联结起来,促进有就业能力的低保人员再就业,并制定鼓励低保人员再就业的优惠措施,建立最低生活保障与就业的"联姻"机制,使两者良性互动。对已经不符合享受最低生活保障待遇的困难家庭,有关部门应当规范管理,可以通过公示方式加强群众监督;对老弱病残等无劳动能力的特困人员,应当采取基本救助与专项救助、定期救助与临时救助、资金救助与实物帮困相结合的多种救助方式,寻求稳定的、多元化的救助资金筹措渠道。最低生活保障作为社会保障体系中的"最后一道安全网",其保障水平应当是以维持城市居民基本生活为原则,超出"维持基本生活"这个标准,就可能产生"低保懒汉"的现象。为此,要彻底改变以往"阳光普照式"的"道义性"的救助办法,改"输血机制"为"造血机制"。

10.3.4　完善最低生活保障制度促进就业的功能

在实行最低生活保障制度的实践中,很多地方积极探索完善最低生活保障制度促进就业的功能,取得了较好的效果。

(1)制定"就业补贴"政策

重庆市江北区针对一些城市人员放着工作不干而宁愿吃低保饭的现象,创造性地实施"就业补贴"政策,提高最低保障人员的生活水平,大幅度削减最低生活保障财政支出,同时倡导劳动光荣的思想,得到当地许多低保人员的积极响应。该项政策的实质是"先就业后补贴",即对困难家庭中实现就业再就业的人员,按照就业收入分别给予相应比例的就业补贴:就业收入达到300元~400元的,按照收入的20%给予补贴;就业收入401元~500元的,按照收入的15%给予补贴;收入不足300元的,按照300元计算;收入超过500元的,按照500元计算;收入超过800元的,则不再享受就业补贴。实行就业补贴后,节余低保金100元以上的,可以获得30元的奖励;在社区公益性岗位就业的,在就业补贴总额上增加5%;自谋职业者除享受以上补贴外,还可以获得一次性奖励50元。该项政策的实施,不仅有利于减少资金支出,还调动了下岗失业人员就业与再就业的积极性,提高了下岗失业人员的生活水平。据统计,享受就业补贴后的低保人员家庭,人均收入提高180元左右。

上海市推出了低保家庭中有劳动收入人员"就业补贴标准",在现行低保人员就业抵扣标准每人每月100元的基础上,进行了较大幅度上调,使低保人群出现净减态势。这首先得益于市政府实施的"万人就业项目",让不少低保家庭中有就业劳动能力的人找到了工作岗位。其次,最低工资和最低养老金标准的提高,也让一些困难群众不再享受政府救济;为了进一步鼓励低保家庭中有劳动能力的人员积极就业,上海市将从政策上加大引导失业、无业人员就业自救,将原来低保家庭中有劳动收入人员的基本生活费抵扣标准与低保标准的差额部分,改为"就业补贴标准",扩大了补贴幅度,鼓励就业。

(2)"限定"城市低保,开展再就业援助活动

云南省昆明市规定,经常出入高档餐饮、娱乐场所以及拥有汽车、摩托车等高档消费家庭不得享受低保待遇。同时,该市组织相关人员深入厂矿企业,登门入户,走访慰问,开展面对面服务,把政策、岗位、技能服务等再就业援助项目,实实在在地送到低保人员手中,使低保人员了解可以从政府哪些部门得到何种帮助,如何得到帮助,可以享受哪些再就业扶持政策,如何树立自信心,重新实现就业。

(3)加强和完善社区建设,促进再就业

社区建设是促进再就业工作的重要基础。一些地方充分利用社区这一平台,强化社区就业服务功能,按照"小型、分散、经济、适用、便民"的原则,兴建规模不一、形式多样的社会服务网络,并在乡镇、街道、社区设立劳动保障工作站,配备得力人员,及时负责地接纳下岗失业的低保人员,使下岗职工实现由"企业人"向"社会人"的过渡,做好下岗失业人员的基础管理工作,掌握下岗人员的失业原因、家庭状况、就业意愿以及用工信息等情况;强化社区就业服务功能,对下岗失业人员进行就业指导,开展多种形式的就业服务活动,真正发挥其促进下岗职工再就业的桥梁和纽带作用。一些地方还根据社区服务容量大、门槛低的特点,重点开发就业岗位,大力支持街道办事处、居委会重点开发物业管理、家政服务、医疗保健、商品递送、维护修理、车辆看管等临时工、钟点工服务项目,吸纳下岗失业进入低保的人员就业。

10.4　就业制度与劳动合同制度

劳动合同是劳动关系的载体,是用人单位与劳动者权利和义务的凭证。中国的劳动合同制度,是随着经济体制改革不断深化而逐步建立和发展起来的。从 1986 年开始正式实行劳动合同制度,到 1994 年 7 月全国人大常委会制定《劳动法》确立与社会主义市场经济体制相适应的劳动合同制度,直至 2007 年 6 月全国人大常委会制定《中华人民共和国劳动合同法》(以下简称《劳动合同法》),劳动合同制度对破除计划经济体制下行政分配式的劳动用工制度,建立与社会主义市场经济体制相适应的用人单位和劳动者双向选择的劳动用工制度,发挥人力资源市场配置作用,促进就业等,发挥了重要的作用。

10.4.1 《劳动合同法》的立法宗旨和主要内容

劳动合同制度,涉及各种形式用工单位和不同层次劳动者之间的关系,各有各的利益诉求。在《劳动合同法》起草审查过程中,往往在同一个问题上存在着截然不同的意见,主要就是涉及到立法宗旨如何确定的问题,而且对立法宗旨的讨论一直贯穿于立法过程的始末。一种意见认为,"合同是当事人之间的法律",它体现了民事法律关系中的一项基本原则——当事人意思自治。《劳动合同法》属于民法调整范畴,应当对劳动合同主体的权利进行平等保护。另一种意见认为,"法律是当事人之间的合同",它体现了劳动法律关系中的一项基本政策——政府的积极干预,属于社会法的范畴。对于上述两种意见,立法者一直在努力寻求"意思自治原则"与"政府干预政策"的结合点和平衡点。

笔者在参与《劳动合同法》的起草审查中坚持认为,《劳动合同法》作为一部社会法,应当体现社会法的性质和特点;而社会法所追求的社会理念是保护弱者,促进公平正义。在劳动关系的两个主体中,虽然他们在法律上处于平等地位,但是,由于在劳动力供求关系上总体上供大于求、劳资双方信息不对称、管理与被管理关系不平等,劳资双方实际上是不平等的,在绝大多数情况下,劳动者处于相对弱势地位。因此,《劳动合同法》从立法宗旨上就是要矫正劳动关系主体双方实际上的不平等。世界各国的发展史充分证明,在劳动关系上单纯强调契约自由、单纯强调法律平等和程序正义而忽视社会上人与人之间的强弱之分,忽视资本与劳动力之间的不均衡和强弱悬殊的差别,必然带来各式各样的社会问题。而且,从社会发展的趋势和规律看,从古至今,都是朝着更多地赋予劳动者权利与更加保护劳动者权益的方向发展的。从罗马法中与物并列的"对人租赁",到劳动者成为宪法的权利主体;从春秋时期"匹马束丝"换 8 个奴隶,到劳动者成为国家的主人翁;从日工作时间 16 小时,到日工作时间 8 小时的演进;从"饥饿工资",到最低工资保障;从劳动者自担工作风险,到雇主无过错承担责任的法定原则,都无不证明着这一趋势和规律。

经过最高立法机关广泛征求社会各方面意见和多次审议,《劳动合同法》最终确定了 4 项重要立法宗旨,即:完善劳动合同制度、明确劳动合同双方当事人的权利和义务、保护劳动者合法权益、构建和发展和谐稳定的劳动关系。在这 4 项宗旨中,完善劳动合同制度是方法,侧重保护劳动者合法权益是核心,明确劳动合同双方当事人的权利和义务是基础,构建和发展和谐稳定的劳动关系是终极目标。《劳动合同法》在坚持《劳动法》确立的劳动合同制度基本框架(包括双向选择用人机制,劳动关系双方有权依法约定各自的权利和义务,依法规范劳动合同的订立、履行、变更、解除和终止等)的基础上,对《劳动法》确立的劳动合同制度作了进一步完善。这表明,《劳动合同法》并不是简单地保护劳动者或者保护用人单位,而是在明确劳动合同双方当事人权利和义务的前提下,突出强调了保护劳动者合法权益,也体现了对用人单位或者雇主合法权益的保护。《劳动合同法》以侧重保护劳动者合法权益作为立法宗旨,是中共十七大关于深入贯彻落实科学发展观的核心——以人为本的执政理念的必然要求。

　　《劳动合同法》共 8 章 98 条。该法的主要内容包括:立法宗旨、劳动合同的订立、履行和变更、解除和终止、集体合同、劳动派遣、非全日制用工以及监督检查等,具体可以归纳为以下几个方面:一是明确了劳动合同的订立、内容和种类等。包括要求订立书面劳动合同、订立劳动合同的原则、劳动合同的内容、劳动合同的种类、劳动合同的无效。二是规定了劳动者的权利和义务。劳动者的权利包括:同工同酬的权利、及时获得足额劳动报酬的权利、拒绝强迫劳动、违章指挥、强令冒险作业的权利、要求依法支付经济补偿的权利等;劳动者的义务包括:诚信义务、守法义务、依法承担法律责任等。三是规定了用人单位的权利和义务。用人单位的权利包括:依法与劳动者约定试用期的权利、依法与劳动者约定服务期的权利、依法与劳动者约定竞业限制的权利、依法解除劳动合同的权利等;用人单位的义务包括:尊重劳动者的知情权、招用劳动者时不得扣押劳动者的证件和收取财务、劳动合同解除或者终止后对劳动者的义务等。四是明确了工会的作用,包括维护劳动者的合法权益和代表劳动者与用人单位订立集体合同。五是规定了劳动行政部门的法定职责,包括监督检查的责任,不履行法定职责和违法行使职权的法律责任等。

10.4.2　社会各阶层对《劳动合同法》的反应

《劳动合同法》公布施行前后,在社会各阶层引起了不同反应。立法机关、劳动行政部门、工会组织、广大劳动者以及一些理论工作者和主流媒体都对该法给予积极的评价。但是,它也却引发了一场"强地震",一时大有唱衰《劳动合同法》之势。

(1)理论界的积极评价

理论界的一些知名人士对《劳动合同法》的公布施行给予积极评价,其最具代表性的人物是蔡昉。蔡昉在他的《论对劳动雇佣关系的合法保护》一文中,就破除关于《劳动合同法》的认识误区问题发表了自己的看法,[①]其主要观点是:

首先,关于人力资源市场是否需要规范和怎样规范的问题,蔡昉认为,一是对《劳动合同法》规定的最低工资制度、男女同工同酬以及强制休假制度,既保护了劳动者的收入,也不会伤害劳动者的就业机会。一些经济学家担心,过度保护劳动者可以能产生养懒汉现象,提高企业用工成本可能伤害雇主的雇佣意愿,最终导致就业机会减少,这也属正常,未必是有针对性的意见。二是从人力资源市场中的利益纷争来看,劳动雇佣关系从来就有明显的利益倾向,因而,市场经济国家在处理此类关系时,形成了由劳动者及其代表即工会组织、雇主及其代表如同业公会、政府三方构成的协商机制。前两方在雇佣关系上常常针锋相对,因为工资高了就意味着劳动力成本提高,从而利润降低。政府的作用就在于协调两者之间的利益平衡。长期以来,中国人力资源市场对劳动者的保护不足,目前,随着城乡就业的扩大,已经到达一个政策调整的转折点,加大对劳动者权益的保护具有紧迫性,《劳动合同法》恰恰是这样一个重要的宣示,具有里程碑的性质。三是从各国人力资源市场政策的改革方向来看,稳定性(security)和灵活性(flexibility)两个要求,导致现实人力资源市场政策中存在难以把握的平衡关系,被认为是一个两难的政策选择,不同国家在这两个要求之间总有一定偏倚。例如,

---

① 参见蔡昉:《论对劳动雇佣关系的合法保护——破除关于〈劳动合同法〉的认识误区》,《光明日报》2008 年 4 月 29 日,第 10 版。

以往人们形容美国的人力资源市场具有"就业机会多但不稳定,收入相对低"的特点,欧洲国家的人力资源市场具有"就业稳定但机会少,收入相对高"的特点,但是,人力资源市场政策是不断调整的,灵活性强的人力资源市场逐渐向提高稳定性的方向调整,稳定性强的人力资源市场则逐渐提高其灵活性,以致在西方国家,人们创造了一个新词"稳定灵活性"(flexisecurity),即把灵活性与稳定性结合起来作为政策追求的目标,寻求两者间的平衡。具体来说,就是鼓励就业的灵活形式,同时,又与对他们的社会保护相容。围绕《劳动合同法》产生的不同意见,也反映了对稳定性和灵活性的不同强调。

其次,关于提高劳动力成本是不是制定《劳动合同法》的初衷的问题,蔡昉指出,广为流行的观点是,立法初衷在于通过提高劳动者报酬,把劳资关系的天平向劳动者一方倾斜,因而不可以避免的结果就是提高劳动力成本。这种认识并不准确。《劳动合同法》的实施,的确产生了提高劳动力成本的效果,但是,其核心不在于此。要认识这一点,必须区分与《劳动合同法》相关的以下两类劳动力成本提高因素:一类是由于惩罚非法用工行为所造成的,另一类是纯粹因该法追加的规制约束所造成的。在前一类情况下,依照《劳动合同法》规定,无论在何种条件下,在任何经济发展阶段,都必须保护劳动者的基本权益,如关于试用期及违约金的规定、最低工资标准的运用、基本劳动条件的保障等。由此所增加的企业成本,应当是必须和必要的。在后一类情况下,《劳动合同法》对部分不合理用工和不规范劳动关系进行了规制,即把以往不规范、不统一,常常是在一对一讨价还价中决定的雇佣和解雇行为,从有利于保护雇佣双方合法权益的角度作了规范。长期以来,由于劳动关系中存在的不对称现象,现实中不利于劳动者的处理方式居多。进行规制以后,企业可能会因此增加开支,比如,对劳动合同解除条件的规定、对社会保障的规定、补偿金要求和对劳务派遣公司的约束等。企业的劳动密集程度不同,劳动关系的规范程度也会不同。因此,对于不同类别的企业,这一因素使企业成本增加的幅度也不尽相同。根据观察,并且撇开那些单纯依靠血汗工资制度挣钱的极端情形,我们可以合理地假设,由于《劳动合同法》的执行,在合法雇佣关系范围之内,可以能使企业增加工资成本支出 5%～15%。如何看待这个劳动力成本增加水平呢?我们可以将这个增长趋势与常规的工资增长作一个比较。目前,中国非农产业的人力资源市场还不完全是一体化的,存在一定程度的分割,因此,考察工资水平应当分两类工资进行:一类是城镇正规部门的工资水平,这类工资自1999 年以来,每年保持两位数的平均增长率,2006 年达到 12.7%;另一类是以农民工为代表的非农业产业正规就业者的工资水平,有调查显示,农民工的工资在 2003 年以前大约 10 年时间里,几乎没有什么增长。从那以后则逐年加快增长——2003 年提高 0.7%,2004 年提高 2.8%,2005 年提高6.5%,2006 年提高 11.5%,2007 年则提高了 20%。可见,即使由于立法因素导致劳动力成本提高,其幅度也没有超过平均工资增长的一般趋势。归根结底,近几年工资增长的加速,是企业用工需求与劳动力供给数量之间关系变化的反映,工资提高是为了吸引劳动力,《劳动合同法》只是对企业必然要增加的劳动力成本支出作出了范围、项目和规模的规范,由此导致的劳动力成本提高,并不会完全叠加到目前的工资增长上去。

　　第三,关于《劳动合同法》的价值取向和出台时机问题,蔡昉认为,公布施行《劳动合同法》是大势所趋。一是由于政府实施的积极就业政策以及人力资源市场的发育,下岗、失业职工的再就业取得了良好效果,城市失业率下降;劳动力大范围跨地域流动,使得农业富余劳动力大幅减少。这些都显著改变了人力资源市场的供求关系。如果考虑到人口年龄结构的变化趋势,我们可以作出判断,中国劳动力无限供给的特征正在逐渐消失,二元经济结构转换的长期任务正在进入收获时期。显然,近年来人们观察到的工资上涨趋势,正是这个经济发展转折点的结果,人们预期的工资进一步上涨,主要仍将是这个变化的结果。即便有人力资源市场规制的因素,也是为了保持和谐的劳动关系所要求的必然变化,《劳动合同法》并没有干预工资由市场供求关系决定的基本配置机制。二是《劳动合同法》的确具有明显保护劳动者权益的价值取向。我们可以设定一个发展阶段的基准点——在劳动力从具有无限供给特征逐步转变为出现短缺的这个转折点上,劳资关系开始从资方主导的不平衡,逐渐向劳资双方市场地位更加平衡的转变。三是从时机上看,发达国家的经验表明,政府通过立法保护劳动者权益、工会在工资决定等集体谈判中发挥更大的作用等诸如此类的变化,都发生在劳动力出现系统短缺的转折时期;从针对性来看,近年来在中国形成的就业非正规化趋势,在扩大了城乡就业的同时,也弱化了对劳动者的保护,降低了社会保障的覆盖率;此外,尽管近年来工资有所上涨,其幅度仍然大大低于劳动生产率的上涨,劳动者仅分享了劳动生产率提高成果中的一小部分。由此可以判断,《劳动合同法》的出台和实施是非常适合时宜的,它有效地规范了人力资源市场,有利于保障劳动者的正当权益。只有让劳动者切实分享到经济增长带来的成果,才能真正保证经济长期又好又快地健康发展,也才符合构建社会主义和谐社会的目标。

(2)理论界的批评声浪

理论界的批评声音主要集中在经济学界和法学界,有代表性的批评声音有:一是经济学家张维迎在北京大学光华 2008 新年论坛上说,新的《劳动合同法》的一些条款,可能对中国未来经济发展有致命性的伤害。这个法律的出发点也可能是对的,为了帮助低收入阶层,帮助工人群体,但是,最后的结果可能是,这个法律带来最大伤害的是低收入群体,包括农民工,以及城市中一些普通工人。二是旅美经济学家陈志武认为,《劳动合同法》的出台是"后发劣势"的一种具体表现,其中很多条款是把政府没有尽到的社会保障责任推到企业身上,这种转嫁的结果是把中国更多的就业机会转向别的国家。三是香港经济学家张五常连续推出 10 篇评论《劳动合同法》的文章,认为《劳动合同法》是"未富先娇",对"经济整体的杀伤力可能大得惊人",是"灾难的先兆",历经 30 年的中国经济改革,"有很大机会因为新劳动法的推进而休止。"四是上海法学家董保华认为,《劳动合同法》是一部设立了虚高标准的法,它想保护的人最需要解决的是找饭碗、保饭碗的问题,而这部法要求用人单位签订无固定期限合同、合同到期终止要支付经济补偿金的条款,只能让他们失去饭碗,成为一部不成功的法律的牺牲品。

(3)企业界掀起"辞职门"事件

《劳动合同法》公布后的一段时间内,由于对法律的误读、误解,在企业界掀起了以"辞职门"事件为标志的"避法潮",舆论界将其称之为掀起了中国的"劳资新政风暴"。据媒体报道,从 2007 年 9 月底深圳华为鼓励 7000 余名工作满 8 年的老员工主动辞职竞聘开始,企业界先后发生了沃尔玛"无原则解雇",庐州老窖"劝辞风波",连 LG、CCTV 以及银行、航空、石油、电信等国有企业也均有动作。进入 2008 年后,媒体又爆出东莞福安集团对3390 人进行大裁员,等等。据全国总工会调查称,企业的动作除动员辞职外,还有逆向劳务派遣、非法裁员等形式。这些都引起了劳动者的不满,有的甚至以群体性事件方式向政府施压,要求兑现《劳动合同法》赋予他们的权利。

(4)权威机构的评判

面对来自社会上的批评声音和企业界的举动,全国人大常委会法制工作委员会有关负责人在一次新闻发布会上明确表示,《劳动合同法》的立法定位就是向劳动者倾斜! 如果你是守法的用人单位,你的成本就不会因《劳动合同法》的实施而增加,即使是增加,那也是应当的,因为《劳动合同法》增加的企业成本是违法成本。至于劳动力成本增加会导致外资撤资外流和影响就业问题,目前,中国周边只有越南的劳动力成本比我们低,对此不必担忧。

国家发展改革委员会宏观经济研究院 2008 年的一份研究报告,对《劳动合同法》实施规制效应作了一个基本评判。①

该报告根据对主要指标相关性的分析及调查所得情况,提出《劳动合同法》实施对宏观经济的影响是总体不相关与局部相关并存的宏观经济效应。具体表现在:一是《劳动合同法》实施与主要经济指标间未显现显著影响,但是,与企业景气指数间呈显相关。分析结果显示:《劳动合同法》实施与 GDP 增长率之间的偏相关系数为 0.1721,与城镇单位从业人员报酬之间的偏相关系数为 0.0976,与进出口总额之间的偏相关系数为 0.1327,与实际利用外资额之间的偏相关系数为 −0.0395,相关程度均较低。因此,可以认为,《劳动合同法》实施与以上主要宏观经济指标间没有明显的必然线性联系,不存在显著的直接影响,而与美元汇率与企业景气指数之间、与 GDP 增长率之间的偏相关系数分别为 −0.9926 和 0.8031,不相关的概率只有 3.9% 和 9.8% 。由此可以理解为,美元汇率的持续上升是导致企业景气指数和 GDP 增长率下滑的重要因素。值得注意的是,《劳动合同法》的实施与企业景气指数之间的偏相关系数为 −0.9988,相关程度较大,不相关概率仅为 1.6% 。这意味着《劳动合同法》实施与企业景气指数之间有明显的线性联系,可以理解为《劳动合同法》实施对企业景气存在负面影响。二是人力资源市场需求未显异常变动,经采用中国 139 个城市人力资源市场监测数据的配对样本 T 检验得出的主要结论是,39 个城市的人力资源市场对劳动

---

① 参见国家发展改革委员会宏观经济研究院:《对〈劳动合同法〉规制效应的判断及对策建议》,《国家发改委信息(内部资料)》2008 年第 2406 期。

力的需求没有明显差异,39 个城市的不同类型企业的劳动力需求没有明显差异,39 个城市不同行业的劳动力需求没有明显差异。这至少说明,《劳动合同法》实施对人力资源市场监测范围内的就业需求没有显著影响。三是对部分地区和部分人群就业的挤压效应。据政府有关部门统计,2008 年上半年,全国已经有 6.7 万家规模以上的中小企业倒闭,近 2000 万雇员失去工作。尽管导致企业倒闭的因素很多,但是,仍有不少人认为,执行《劳动合同法》导致人工成本上升是主要原因之一。对此,报告认为,这一轮珠三角制造业调整是由市场因素、政策因素以及企业自身因素共同作用所致,就《劳动合同法》来说,只能说是该法的出台与此次企业经营危机不期而遇,在一定程度上进一步堵死了企业通过压缩劳动力成本应对危机的可能性。由此,影响会相对集中在出口加工制造业密集和中小型企业密集的珠三角和长三角地区。这是《劳动合同法》将不规范用工规范化所产生的一种"挤压效应",是规范过程的一个显性成本。当然,这样的成本越低越好。

该报告还从"添加效应"的视角,作出《劳动合同法》实施助推用工成本提升的评判:一是使多数企业用工成本有所提高。粤浙两地问卷调查显示,82.8% 的被调查企业认为,《劳动合同法》的实施增加了企业用工成本。从其他多项调查显示的情况看,多数企业认为,《劳动合同法》的实施对用工成本有不同程度的助推作用。二是增加成本总体表现为"制度补偿性成本"。《劳动合同法》对试用期工资支付的规定、对基本合同的经济补偿和赔偿的规定、对节假日加班费的规定、对缴纳社会保险费等的规定,都构成企业用工成本的内容。由于许多企业原来在用工管理上普遍"缺斤短两",《劳动合同法》实施无疑增加了其用工成本的补偿压力。粤浙两地问卷调查显示,67.6% 的被调查企业认为,社会保险支出是用工成本增加的主要构成因素;48.6% 的被调查企业认为,经济补偿费用是用工成本增加的主要构成因素;45.9% 的被调查企业认为,加班工资支付是用工成本增加的主要构成因素。由此看来,《劳动合同法》实施带来的新增用工成本都是对以往用工制度缺陷的"制度补偿性成本",是健全制度的必要追加成本。欧美独资企业和国有大型企业等用工规范企业的人工成本提升最少。三是劳动力成本上升的根本原因是高增长带动的高需求。《劳动合同法》强调劳动关系的规范性与稳定性,并不直接要求提高工资标准。劳动力成本上升的根本原因是较长时期高增长所带动的对劳动力的高需求的推动。而《劳动合同法》在其中充其量是一个"添加剂"的作用。纵观发达市场经济国家走过的经济发展道路,在由初期工业化向现代工业化阶段的转换时期,劳动力成本及劳动管理成本的上升是无法回避的必然趋势。

此外,该报告还从社会"矫正效应"层面,作出《劳动合同法》实施在短期内劳动关系不稳定现象增加的结论。报告称,通过调查了解到,由于《劳动合同法》条文的具体化和法律诉讼条件对劳方的特殊优待,使得劳动争议诉讼案一时间呈"井喷式"高发,企业疲于应对,相关的显性成本和隐性成本大大增加,而一些企业为规避用人风险和成本,也试图制定出更加严苛的、有利于资方主动应对劳方的管控制度。劳资关系在一定程度上出现不稳定迹象。报告认为,这应当被视为不同利益群体在适应新制度的过程中表现出的正常的"矫正效应"。经过一段时期的矫正和磨合,不同利益方的利益将在新规则下达到新的稳定和平衡。

10.4.3 就业制度与劳动合同制度的关系

就业制度与劳动合同制度的关系,可以从制度设计定位、劳动合同制度与稳定就业、劳动合同制度与扩大就业三个层面加以认识。

(1)劳动合同制度与就业制度的设计定位

劳动合同制度与就业制度在制度设计上既有联系,又有分工。前面已经论述过,从劳动合同的运行过程看,可以分为劳动合同订立前和订立后两个阶段;从就业的运行过程看,可以分为就业前和就业中两个阶段;当然,已经建立劳动关系而被解除或者终止,再开始形成新的劳动关系的,是与初次就业相区别的一种就业。就业制度与劳动合同制度的联系主要表现为,二者都是为了建立劳动者与用人单位之间的劳动关系,其交叉主要发生在劳动合同订立前阶段和就业前阶段。一般来说,二者分工主要体现在:建立劳动关系的过程,比如确定劳动者和用人单位通过人力资源市场进行双向选择,包括公布招工简章、报名、考试考核、择优录用等,涉及到择业自由、就业竞争、人力资源市场管理等等,属于就业关系,主要由《就业促进法》作规定。劳动关系一旦形成,也就意味着劳动关系的成立,此时就不属于就业关系了,确定劳动合同的内容,即劳动者与用人单位就劳动合同条款进行协商一致,就由《劳动合同法》作规定。

（2）劳动合同制度与稳定就业

劳动关系和谐是稳定就业的一个重要方面。据全国人大常委会《劳动法》执法检查显示,劳动合同短期化是影响稳定就业的一个重要因素。据检查,已经签订劳动合同的,60%以上的是短期合同,多则一年一签,有的甚至是一年数签。有的用工单位花最低的用工成本,使用年轻职工最有活力的"青春期",试图通过短期劳动合同,最大限度地自由选择劳动者,并最大限度地降低用工成本。[①] 此外,一些企业大量裁员,或者解除劳动合同后再重签,将"工龄清零",或者改变用工方式,以劳务派遣方式用工,导致诸多劳动者失业或者存在失业风险。这些问题的存在,不仅严重侵害了劳动者的合法权益,而且也影响到劳动者对企业的归属感和为企业长期服务的工作热情,给国家稳定就业大局的战略带来严重冲击。相反,一些企业特别是国有大型企业在国际金融危机持续蔓延的严峻形势下,认真执行《劳动合同法》,克服各种困难,不减员或者是少裁员,不仅增强了职工的责任感和荣誉感,维护了职工的合法权益,而且也保护了企业发展的长远利益,同时,还为维护稳定就业的大局作出了积极贡献,这不失为一个"三赢"的选择。

另据一份针对北京市 300 多家企业的调查结果显示,《劳动合同法》实施以来,企业与劳动者签订的劳动合同期限延长,合同签订率大幅度提高,劳动者获得了更高的经济补偿。但是,也有 86%的企业表示,《劳动合同法》实施以来,由于解雇成本很高,他们的雇佣行为更为谨慎。调查的主持者、中国人民大学劳动人事学院的程延园教授表示,劳动合同期限延长以及解雇成本上升,导致的结果是劳动力的流动速度变慢,对稳定就业有好处,但是,对失业的人来说,寻找工作会变得更难,失业的周期会变长。[②]

（3）劳动合同制度与扩大就业

企业是经济发展的细胞,也是吸纳劳动力、扩大就业的主渠道。企业要发展,就必须建立现代企业制度;现代企业制度要求企业必须依法管理、规范管理。劳动合同制度作为确立劳动关系的载体,是任何企业都必须严格执行的一项重要制度。在建立现代企业制度的过程中,企业将面临全球化

---

① 参见杨景宇:《构建与发展和谐稳定劳动关系的法律保障》,《中共中央党校报告选》2008 年第 4 期。

② 参见《21 世纪经济报道》2009 年 1 月 1 日。

产业结构调整的挑战,而全球化产业结构调整是全球生产分工和就业份额的一次重新分配,每一种产业的发展以及各种产业组合的产业结构,都会对就业产生或者大或者小、或者直接或者间接、或者正面或者负面的影响。在这种情况下,企业除了要实现产业升级外,还要注意建立企业内部和谐稳定的劳动关系,充分显现劳动合同制度对增强企业凝聚力的作用,防止产业结构调整中对劳动力的排斥,以发挥人力资源的优势性。同时,国家也要鼓励和支持企业大力发展对就业有正面影响的产业,以保持产业结构调整对就业的拉动力,实现扩大就业的目的。总之,"家和万事兴"。只有坚持实行劳动合同制度,才有企业内部和谐稳定的劳动关系,也才有企业的发展;而只有企业发展了,才能增加就业岗位,也才能扩大就业。这是一个不言自明的道理!

第 11 章　中国经济转型期就业制度创新的对策建议

中国的就业制度伴随着 30 年来中国经济转型而转型,而且,这种转型在未来可以预见的几十年内还将持续下去。如今,经过 30 年改革开放的历程,我们站在新的历史起点上,必须在认真总结过去 30 年中国就业制度实施经验的基础上,立足当前国际国内两个大局,特别是要正确面对当下国际金融危机的挑战,转"危"为"机",着眼于对今后中国就业制度的成功转型和完善,加快中国经济转型期就业制度创新的步伐。为此,本章拟通过对国际金融危机对世界各国以及中国就业局势的影响和冲击的分析,提出进一步完善中国经济转型期就业制度的对策建议。

11.1　全球性失业狂潮

由美国次贷危机引发的国际金融危机和随之而来的经济衰退,自 2008 年下半年以来,已经跨越国界,出现了相互波及和转嫁的恶性循环,从而导致全球性的失业狂潮。有专家认为,从某种意义上讲,世界将进入一个失业时代,在今后一段时间里,失业问题将困扰很多国家。英国《泰晤士报》2009 年 1 月 4 日发表文章,将 2009 年的失业问题称为"失业雪崩"。高失业率令全球风声鹤唳,各国政府苦寻对策。

11.1.1　国际有关组织和机构公布的失业数据

据联合国官方网站 2008 年 10 月 20 日消息,国际劳工组织表示,金融危机将使全世界失业人口增加 2000 万,从 2007 年的 1.9 亿人增加到 2009

年的2.1亿人。此外,生活费每人每天不足1美元的贫困劳工数量将增加4000万,生活费每人每天不足2美元的劳工数量将增加1亿以上。① 2009年1月28日,国际劳工组织发布《世界就业趋势》年度报告称,全球经济危机已经转化为就业危机,到2009年年底,全世界的失业人数将增加5100万,从而达到2.3亿人,与2007年相比,增加1800万至3000万人,失业率将上升到7.1%(该组织此前发布的2009年失业率预期为6.1%)。该组织的这一预测,是以国际货币基金组织公布的世界经济增长预期数据为基础而进行计算和预测的。报告根据最新的趋势预测,新增的失业主要在发展中国家:北非和中东2008年底的失业率最高,分别达到10.3%和9.4%,中欧、东南欧和前苏联地区为8.8%,撒哈拉以南非洲国家为7.9%,拉丁美洲为7.3%。东亚是全球情况最好的地区,失业率为3.8%。报告还提到,如果经济衰退在2009年加深,全球性工作危机就会迅速恶化,可以预计,很多人为了保住饭碗,收入和经济条件都会变差。②

另据路透社2009年1月8日报道,国际市场调研机构艾普索斯全球公共事务公司2008年11月在世界上22个国家进行的调查表明,国际金融危机使失业成为世界各国人民担忧的头号问题,超过了贫困、社会不公、犯罪和暴力等问题,大约有41%的受访人士称,失业是他们最大的担忧,比2008年上升了13%(2008年失业问题是世界各国人民第四大担忧的问题)。据中国《参考消息》2009年2月15日报道,国际劳工组织在最近发表的一份报告中警告,世界资本主义体系危机导致滑入"绝对贫困"境地的人增加了2亿。当前,全世界45%的就业者、即14亿人属于"在职贫困者",他们每天收入不足2美元。可见,全球失业"排行榜"触目惊心。艾普索斯公司的克利福德·杨说:"全世界的头号问题是工作、工作、工作。政府需要想办法加以解决。"③

国际劳工组织和国际市场调研机构的调查,从一个侧面揭示了全球就业市场的严峻形势和发展趋势。

---

① 参见《环球时报》2008年10月22日,第14版。
② 参见《参考消息》2009年1月30日,第4版。
③ 参见《环球时报》2009年1月9日,第15版。

11.1.2　各国失业统计数据亮红灯

美国失业问题首当其冲。据美国政府 2008 年最后一份非农就业报告公布的数据显示,2008 年 12 月份,美国非农就业人数下降 50 万人以上,导致当月失业率触及 16 年高位。2008 年美国失业人数总计 260 万人,为 1945 年第二次世界大战结束以来的最高水平,其中有将近 200 万人是在 2008 年最后 4 个月中失去工作的,这表明随着金融危机的加剧,经济衰退状况也进一步恶化,并将延续至新的一年。2008 年 11 月份,美国非农就业人数被修正为下降 584000 人,创 1974 年以来最高水平。各行业就业人数普遍下降,其中包括制造业、建筑业和大部分服务业,如美国电话电报公司(AT& T lnc)、杜邦公司(E. l. DuPont de Nemours & Co.)及美国银行等企业,2008 年 12 月纷纷宣布裁员,裁员浪潮已经延续至 2009 年,美国铝业公司(Alcoa lnc.)、EMC Corp. (EMC)、Walgreen Co. (WAG)及其他公司 2009 年也相继宣布裁员。2008 年 12 月份失业率上升 0.4 个百分点,至 7.2%,创下 1993 年 1 月份以来的最高水平。尽管 2008 年 4 月份时失业率还仅为 5%,但是,经济学家们预计,未来几个月内失业率将触及 8% 甚至更高水平。① 另据美国媒体报道,2009 年年底,美国失业率将达到 8.7%。② 美国劳工部宣布,截至 2009 年 2 月 7 日的一周内,美国申请领取失业救济的人数增加了 17 万,达到 498.7 万人,是有史以来最多的。③ 据美国劳工统计局公布的数据,2009 年 3 月份,美国非农部门有 66.3 万人失业,失业率升至 8.5%,为 1983 年以来的最高点。美国彭博社在 2009 年 5 月初预测,美国 2009 年 4 月份的失业率将达到 8.9%。华盛顿智库经济与政策研究所联席主任贝克认为,就业问题无疑是美国联邦政府目前最为关心的问题。经合组织此前预测,美国失业率将在 2010 年底达到 10.5%。④

加拿大的失业问题也相当突出。根据加拿大国家统计局数据,2009 年 1 月份失业人数达到 12.9 万人,创 30 年来月失业人数最高纪录,失业率达

---

① 参见 ANBOLIND 安邦研究简报,《每日经济》2009 年 1 月 12 日,第 10 页。
② 参见《环球时报》2009 年 2 月 1 日,第 15 版。
③ 参见《参考消息》2009 年 2 月 21 日,第 4 版。
④ 参见《人民日报》2009 年 5 月 8 日,第 6 版。

到7.2%。自2008年10月份以来,加拿大已经有21.3万人失去工作。加拿大国家统计局发布的最新报告数据显示,2009年3月,加拿大的就业形势继续恶化,失业率攀升至8%,为7年来最高水平。统计数据显示,2009年3月份,加拿大共减少6.13万个工作岗位,超过市场预期。至此,加拿大工作岗位减少数量已经连续4个月超过6万个。①

　　欧洲失业状况也迅速恶化。据欧盟统计局官方统计,截至2008年11月,欧盟27个成员国的失业人数是1746万人,同比增长113万人。特别是在2008年9月份美国雷曼兄弟公司破产之后,就业问题就在欧洲引起了不安,2008年10月份失业人数突破了1700万人,到2008年12月份就业状况进一步恶化。欧盟统计局2009年1月30日公布的数据显示,欧元区2008年12月份失业率升至8%,达到两年来的最高点。② 在欧盟主要成员国中,失业人数增加最高的是西班牙。西班牙失业人数14年来首次达到300万人,2008年11月份的失业率高达13.4%。法国2008年11月份的失业人数是230万人,处于2007年9月以来的最高水平。德国失业人数从2005年年中开始呈下降趋势,但在2008年下半年降至300万人之后,停止了就业状况改善的步伐。在世界汽车销量急剧减少的情况下,作为德国经济支柱的汽车产业被迫裁员,2009年,德国有可能时隔4年再次出现失业人数上升的情况。③ 据英国国家统计局官方统计,截至2008年10月,英国已有186万失业人口,失业率达到6%,是1997年以来的最高点,而外界预计到2009年,英国将会再增加60万失业人口,人数最高会达到300万。④ 据英国国家统计局最新统计,截至2008年底,英国失业总人数已经攀升到11年以来的最高值,为197万人,失业率为6.3%。根据预测,到2009年底,英国的失业总人口将达到290万人,2010年将突破300万大关。⑤ 世界第三出口国日本,2008年12月的工业生产出现了前所未有的下降,失业率在同年11～12月的一个月内由3.9%上升到4.4%,是42年来首次出现如此快速

① 参见《人民日报》2009年5月8日,第6版。
② 参见《环球时报》2009年2月1日,第15版。
③ 参见《参考消息》2009年1月13日,第4版。
④ 参见《环球时报》2009年1月5日,第4版。
⑤ 参见《参考消息》2009年2月19日,第14版。

的增幅。①据欧盟统计局最新统计数据,欧元区 16 个成员国 2009 年 3 月份的失业率攀升至 8.9% ,创 40 个月以来的新高,预计欧元区 2009 年的失业率将达到 10% ,2010 年将继续恶化。②

日本厚生劳动省 2009 年 1 月底最新公布的调查数据显示,从 2008 年 10 月到 2009 年 3 月底的半年间,日本大约有 12.5 万名非正式员工已经失业或者将要失业,比 2008 年 12 月调查时多了近 5 万人;而日本民间团体预计,同期日本将有约 40 万非正式员工失业。③

失业潮对俄罗斯的冲击也很大。据俄罗斯联邦统计局公布的数字显示,到 2008 年 10 月底,俄就业人数为 7620 万人,约占俄罗斯总人口的 53% ,而失业人数增加 1.7% ,达 462.4 万人,失业增速创近 5 年来新高。2008 年 10 月失业人数与 2007 年同期相比增长 108.7% 。但专家认为,官方公布的这一数字要比实际数字少得多。据俄罗斯《导报》2008 年 11 月 24 日报道,俄罗斯"安科尔"民调中心对俄 8 个大城市 371 家企业进行的调查表明,由于受到国际金融危机冲击,近 1/3 俄罗斯企业计划甚至已经开始裁员。就连财大气粗的统一俄罗斯党也表示,为节省开支,准备将中央机关工作人员裁减 25% 。俄罗斯经济专家波利亚科夫表示:"未来随着国际金融危机进一步加深,俄罗斯失业人数还将快速增长,而居民收入将会继续下降,2009 年这种局势将会更加恶化。"④俄罗斯另一位经济学家叶夫根尼也认为,"一直都在 6% 以下的俄罗斯官方公布的失业率将在 2009 年翻一番"。俄罗斯前总理卡西亚诺夫也表示,俄罗斯 2009 年失业人口将翻一倍,达到 1000 万人。⑤俄罗斯卫生和社会发展部公布的数据显示,截至 2009 年 2 月 3 日,俄国内登记失业人数为 173.5 万人,与 2008 年 10 月 124.4 万人的登记失业人数相比,该指标增长近四成。按照国际劳工组织的计算方法,俄国内实际失业人数将高达 550 万人,这意味着俄失业率将超过 6% 。⑥另据俄罗斯政府 2009 年 3 月份最新发布的宏观经济预测,全球性的经济衰

①　参见《参考消息》2009 年 2 月 15 日,第 4 版。
②　参见《人民日报》2009 年 5 月 8 日,第 6 版。
③　参见《参考消息》2009 年 2 月 19 日,第 14 版。
④　参见《环球时报》2008 年 11 月 25 日,第 14 版。
⑤　参见《环球时报》2008 年 11 月 25 日,第 7 版。
⑥　参见《参考消息》2009 年 2 月 19 日,第 14 版。

退给俄罗斯经济和就业带来了严重影响。2009 年,俄罗斯总失业人口将达到 600 万,失业率为 8.2%①。

在国际金融危机造成的失业潮中,最后一张被放倒的"多米诺骨牌"是广大发展中国家,它们相对于美国和其他发达国家来说,要承受前面所有倒下牌的分量。如果美国预计 2009 年的失业率是 7%,那么,一些原本经济出现起色的亚洲、非洲国家,其失业率就会高出五六倍。如靠石油产业打了经济"翻身仗"的安哥拉,2005 年失业率高达 80%,2008 年初已降至 25%,2008 年 11 月却因全球经济的连锁反应,又回升至 40%。以出口加工业见长的亚洲各国,因欧美经济不景气,一些轻工、玩具和家电企业所收到的订单锐减,致使大批工厂关闭,工人失业率上升。据阿拉伯国家联盟最近公布的数据,目前阿拉伯国家总人口为 3.29 亿,占全球人口的 5%,失业人口为 2000 万,失业率为 6%。② 世界银行 2007 年的报告认为,未来 10 年阿拉伯国家的失业人数将达到 1.2 亿人。联合国开发计划署中东地区负责人阿玛特最近说,受国际金融危机的影响,现在中东各国的平均失业率达到 15%,在 15~25 岁的青年中,失业率更是高达 40%。阿拉伯市场网 2008 年 12 月 24 日报道,最近两个月,海湾各国金融、股市和房地产等领域已经裁 3 万多职员,各大公司的平均工资也下降了大约 40%。阿拉伯管理和建筑业专家委员会主席、人力资源专家哈勒米·萨拉姆说,目前阿拉伯国家的年失业率以 3% 的速度递增,是全球最高的。③

11.1.3　各国政府积极应对就业问题

面对国际金融危机引发的"失业雪崩",无论是欧美等发达国家,还是亚洲、非洲的发展中国家,都积极采取各种措施,应对日益恶化的就业形势。

(1)美国和加拿大的应对措施

在美国,新当选总统奥巴马在 Youtube 上发表演讲指出:"如果我们不采取迅速、大胆的行动,我们将会遭遇更加严峻的经济下滑前景,这将导致

---

① 参见《文汇报》2009 年 3 月 22 日,第 5 版。
② 参见《经济日报》2009 年 2 月 3 日,第 7 版。
③ 参见《环球时报》2008 年 12 月 25 日,第 7 版。

出现两位数的失业率,美国梦也会变得遥不可及。"因此,目前奥巴马的头等大事就是尽快实施 7870 亿的庞大经济刺激计划,让美国经济走出低谷。奥巴马承诺,该计划将为美国保住和创造约 350 万个工作岗位。奥巴马的经济刺激计划几乎是为就业目标"量身定做"的。奥巴马团队曾透露,经济刺激计划今后两年的就业目标相当于使失业率每年少增长两个百分点。从某种意义上说,促进就业成效如何,是奥巴马经济刺激计划成败的关键。不过,由于这次国际金融危机的特殊性和复杂性,奥巴马政府在振兴经济方面没有太多历史经验可以借鉴,刺激计划能否帮助美国政府实现就业目标还有待实践检验。实际上,奥巴马团队非常清楚,刺激计划不是灵丹妙药,因此,他们提前给民众打了预防针,"不要对方案效果抱过大期望"。美国世界大企业联合会著名经济学家肯恩·戈德斯坦 2009 年 2 月 17 日在接受中国《参考消息》报记者采访时说,要想实现充分就业,"眼下最好的办法就是把所谓的经济刺激计划与我们在金融系统的所作所为紧密地捆绑在一起。要想让更多的美国人就业,就必须设法让企业得到足够的运作资金。企业有了资金,它们才敢于并有可能雇佣人员,并投资做它们想做的事。"他认为,在当前金融业混乱不堪的情况下,由联邦政府出面,让银行暂时国有化,以确保企业得到足够的运作资金,从而使它们在充沛资金的保证下,开始雇佣人员,提高全社会的就业。"这不失为特殊情况下的一种权宜之计。"①另外,奥巴马还将引入新的税收政策,吸引中产阶级增加私人消费。据美国《纽约时报》2009 年 1 月 4 日报道称,奥巴马正在考虑扩大财政救助方案,以救助失业人群。奥巴马和民主党国会议员正在考虑扩大由政府资助的医疗保险和失业补偿金计划。其中一个提议是,要把失业补偿金扩大到兼职工作者。其他的政策变革包括,政府给予企业津贴,以给那些失业或者退休工人继续上医疗保险。同时,还将允许失去工作而且没有医疗保险的工人首次达到申请美国公共医疗补助制度的标准。奥巴马说,他计划通过刺激消费、税务刺激措施、生产可替代能源、建设道路和桥梁、修建学校、医疗科技现代化等措施,"使得人们在今天重新回到工作岗位,并在明天减少对于外国石油的依赖"。②

---

① 参见《参考消息》2009 年 2 月 19 日,第 14 版。
② 参见《环球时报》2009 年 1 月 5 日,第 4 版。

在加拿大,刺激经济发展、保护和创造就业、对失业者进行培训,已经成为政府目前的重要任务。为此,加拿大政府采取了一系列财政刺激措施,积极解决就业问题。2009年2月初,加拿大政府在新财政年度预算中,推出了一项为期两年、耗资400亿加元(1美元约合1.25加元)的经济刺激方案。其中基础设施投资为120亿加元,主要用于道路、桥梁和宽带互联网等建设。同时,降低公司所得税,并拨出专款保障融资渠道畅通,支持企业在投资、发展和创造就业机会方面进行融资。加拿大政府预计,这项计划到2011年可以创造19万个工作机会。此外,加拿大政府将拿出75亿加元对汽车业、林业和制造业提供财政支持,以避免这些受金融危机冲击较大的行业关厂裁员。由于汽车业是加拿大的"就业机会大户",加拿大政府的75亿元财政支持有40亿加元用于向美国汽车业三巨头通用、福特和克莱斯勒的加拿大分公司提供贷款。一项研究报告显示,如果美国汽车三巨头在加拿大减产一半,将立即有约16万人失业。另外,完善失业救助措施,鼓励失业者接受新的技能培训,争取再就业,也是加拿大政府努力减少金融危机影响的一个重点。为此,在新的财政年度预算中,加拿大政府承诺将在这方面提供超过80亿加元的资金。同时将失业保险领取期限增加到最短19周,最长50周,并承诺向因企业破产而失业的工人支付数周的离职金等。加拿大政府官员表示,如果经济持续下滑,政府将再推出新的经济刺激措施。[①]

(2)欧盟及其成员国的应对措施

随着国际金融危机和欧盟经济持续衰退,欧盟及其成员国相继推出规模庞大的经济刺激计划和促进就业政策,以舒缓金融危机对欧盟经济和就业的重创。

首先,欧盟及其成员国借助经济增长的上行力量,拉动经济和就业。欧盟出台了总额高达2000亿欧元的经济刺激计划,财政刺激与货币手段双管齐下,借助扩大公共开支、减税、降息三大举措拯救实体经济,挽救就业。尽管亟须通过短期手段刺激经济、保障就业,但是,欧盟经济复苏计划始终强调理性投资和实现经济可持续发展思想。欧盟委员会强调扩大公共开支的重点应当放在人才培养、基础设施建设、科研创新及节能等有利于增强长期竞争力的领域,并抓住机遇,对经济进行结构性调整,实现经济长期、可持续

---

① 参见《经济日报》2009年2月21日,第7版。

发展。同时,欧盟还推出减税、降息政策,主要是减轻企业税负和低收入劳动者的税负,以保护就业和刺激消费。自 2008 年 10 月以来,欧盟央行已经连续降息,并准备进一步降息,以满足陷入困境的企业一切合理的融资需求。欧盟委员会官员称,欧盟百姓的就业和福利是欧盟的根本利益之所在,欧盟委员会对于旨在保护企业、保护就业的任何建议均持开放态度。与此同时,欧盟成员国也先后推出各自国家的经济振兴方案。尽管各成员国经济刺激计划的侧重点有所不同,但是目标、手段大体相似,主要是通过注资、贷款、减税、担保等方法刺激经济、保障就业。如英国,首相布朗于 2009 年 1 月 4 日通过媒体宣布,政府将创造 10 万个就业机会,减少社会失业人数。布朗在接受英国《观察家报》访问时说,新增工作机会主要来自公共事业、新兴科技产业和环保产业。政府在 2009 年将拿出 100 亿英镑投资公立学校和医院的修建、数字科技以及电动汽车、风能和潮汐能项目的扩展,以此让更多的人在这些行业找到新工作。[①]

其次,欧盟及其成员国加大法规力度促进就业。多年来,欧盟及其成员国致力于促进就业的努力,推出了一系列创造就业、鼓励就业的人力资源市场的政策和措施。目前,这些政策和措施正在不断创新并继续发挥着重要作用。一是不断创新人力资源市场法规。近几年来,欧盟国家在不同程度上修改劳动法,取消或者放宽对人力资源市场的限制性规定,以便创造更多的就业机会,并激励劳动者去寻找工作。如法国缩短法定劳动时间的改革,将周劳动时间减少至 35 小时,以推动企业招用新工。再如德国推行对失业津贴发放制度的改革,将失业津贴的给付比例降至 60%,其余 40% 用于培训,以推动失业者重回职业活动中去。总理默克尔将保护就业作为 2009 年的首要任务,她在 2008 年年底与德国经济界的对话中,要求大企业"绝对不能裁员"。会上,德国各大企业还达成一项共识:把他们旗下 2/3 的全职职工变成"钟点工",即在不减少员工的同时减少工时,钟点工的工资相当于全职职工的 80%。德国政府为了降低失业率,还对钟点工提供了财政补贴——"钟点工基金",员工在企业里收入缺少的那 20% 的工资,将由国家通过退税的方式补给。此外,德国政府还帮助企业将其最长失业救济金周期从过去的 6 个月延长至 18 个月。对此,有关劳动市场专家认为,"钟点

---

①　参见《环球时报》2009 年 1 月 5 日,第 4 版。

工"政策应对金融危机能达到"三赢":对企业来说,可以留住人才,德国企业从学徒就开始培养技术人员,花费成本很高,如果危机过后再找就不容易了;对雇员来说,避免了职位丢失的危险;对政府来说,避免了为失业人员提供失业救助的压力。据估计,德国政府的这项"钟点工基金",能帮助企业保留他们的长期雇员时间至少一年半。① 二是不断完善就业服务体系。欧盟国家就业服务体系普遍比较发达,服务内容广泛,机构健全,手段先进,服务质量高。如在英国,就业服务机构遍布全国,职业介绍中心实行全面联网,失业者去职业介绍中心一次,就能获得全部求职信息。同时,英国还根据求职者的情况,不断调整职业选择规划、技能培训规划,采取跟踪式的一对一就业指导,直到找到工作为止。三是注重职业培训。欧盟国家的职业培训将基础知识、技能培育融为一体,以适应求职者对工作的适应能力。德国拥有完备的职业教育体系,在德国无论从事何种工作都需要资格。职业资格不是一纸证书,而是代表从业者具有重要的动手能力。德国职业教育注重培养这方面的能力。四是实施扶植中小企业发展的政策。中小企业在推动欧盟经济增长、缓解就业压力中扮演了重要角色。据欧盟委员会估算,在欧盟每年成立的 200 万个新公司中,有 1/3 是由失业者创建的。欧盟委员会积极推动各成员国对中小企业实行多项优惠政策,仅对中小企业优惠的信贷政策,就帮助每个企业多创造了 1.2 个就业机会。五是实行促进青年及弱势群体就业优惠政策。欧盟特别关注失业对青年及弱势群体的影响,许多成员国采取措施鼓励雇主雇佣青年及长期失业者。英国 2009 年夏天的大学毕业生大约为 40 万人,在国际金融危机冲击下,大学毕业生的就业前景可想而知。为了缓解这一严峻状况,英国政府于 2009 年 1 月推出了一项"国家实习计划",让找不到工作的大学毕业生拥有为期 3 个月的带薪实习机会。负责起草这一计划的英国政府大学事务官员约翰·德纳姆认为,3 个月的带薪实习,至少会提高大学毕业生的技能和经验,毕业生实习完毕后获得雇佣的机会将会大大提高,而且实习期间所获得的薪水也高于大学生的教育补助。另外,英国还计划出资 5 亿英镑,帮助长期失业者就业。根据该计划,企业每招纳 1 名失业 6 个月或者以上人员,可以获得政府提供的最高 2500 英镑的奖金。

---

① 参见《环球时报》2009 年 1 月 5 日,第 4 版。

第三,采取保护主义政策。欧盟法律规定,欧洲工人能够自由地在其他欧盟成员国工作,禁止欧盟国家只向本国劳工提供就业机会。事实上,欧盟成员国之间人员的自由流动与货物、服务、资本的自由流动一起构筑了欧盟单一市场建设的支柱。然而,在金融危机的大背景下,欧盟成员国之间一向信守的人员流动原则成为替罪羊,虽然欧盟轮值主席国捷克的劳动和社会事务部长内恰斯要求在金融危机中应当进一步消除障碍,放宽欧盟内部自由的劳动就业市场限制。但是,国家保护主义情绪已经开始在欧洲蔓延,欧盟成员国之间试图筑起壁垒,各国政府相继宣布保护本国人口就业政策。比如在英国,以往一些来自欧盟其他成员国的外籍劳工,只要他们的工作符合英国法律,没有替雇主打"黑工",他们还是受到法律保护的。但是,最近英国政府收紧移民政策,将低技术的外籍公民挡在国门之外。布朗提出,把英国的工作留给英国人。法国政府在给雷诺和雪铁龙提供 60 亿欧元优惠贷款时,要求厂商承诺不外迁工厂。德国也采取了优先照顾本国毕业生的就业政策。当这些保护主义政策遭到质疑时,各国的立法者辩称,用纳税人的钱来确保本国的就业,无可厚非,因为这些税款毕竟是在这个国家纳税的。虽然这样的理由是可以理解的,但是,保护主义并不能保护就业,相反它会使更多的人失去工作,其结果必然导致各国经济向内向型转变,这将使欧盟经济进一步面临衰退的深渊。[①]

(3)俄罗斯和日本等国家的应对措施

2008 年国际金融危机发生后,俄政府迅速采取了提高失业补贴额度、提高退休金、提高工资的"三高"政策,对挽救失业起到了一定的作用。2009 年伊始,失业率的攀高趋势让俄罗斯政府不得不再出新招,与英国和德国相同,加大基础设施投入也成为俄罗斯政府解决就业问题的重要举措。俄总统梅德韦杰夫在 2009 年 1 月底就强调,在国际金融危机条件下,保障就业是当前国家"最首要和最优先的任务",政府仍将完成落实医疗、教育、住宅和农业等四大国家优先项目。俄媒体也认为,加快基础设施建设是解决失业问题的一个好出路,而基础设施问题正是俄一直以来没有解决的问题。俄联邦委员会主席(议会上院议长)米罗诺夫 2008 年 12 月 17 日也表示,修建公路、住房等一些公共工程将有利于解决失业问题。俄罗斯总理普

---

① 参见王晓非:《欧盟如何应对就业危机》,《法制日报》2009 年 2 月 27 日,第 10 版。

京承诺,2009 年政府将划拨 3263 亿卢布(1 美元约合 29.4 卢布),用于支持实体经济和增加就业。其中 437 亿卢布用于促进就业,150 亿卢布用于失业人员再培训,180 亿卢布用于失业人员再就业,另有 60 亿卢布用于帮助人们从事个体经营。俄政府还打算划拨 350 亿卢布,以兑现提高失业补助的承诺。① 为此,俄议会、政府等积极行动,加强联邦政府对地方人力资源市场扶持力度,执法和就业部门就失业状况进行监督,以避免发生非法裁员的现象。梅德韦杰夫总统还下令强力机构参与保障人力资源市场,他在 2008 年底要求俄罗斯最高检察院在维护劳动者权利、防止非法裁员和强迫员工休假及拖欠工资等方面加大监督力度,俄罗斯最高检察院为此已经要求俄罗斯独立工会每天向其通报人力资源市场的相关情况。俄罗斯卫生和社会发展部还制定了一些保障就业的计划,包括由该部开设网站,及时搜集并发布就业信息;加大再就业培训和转岗培训力度;鼓励失业人员异地就业;创造临时工作岗位,促进中小企业发展等。除此之外,一些地方还创办了诸多就业服务中心,旨在优化财政和人力资源,提供职业技能培训,避免政府在就业指导、劳动力流动和劳动保护等职能上出现重复。该机构不仅负责分析和预测就业市场信息、优化劳动力资源,还具有为市民提供工作机会、规范劳动力流动、依法保护弱势群体等职能。②

　　日本的就业形势在国际金融危机影响下迅速恶化,突出问题是大量非正式员工在裁员潮中失业,引起日本政府和社会各界的高度关注。为此,日本中央和地方政府以及各大公司出台了各项措施保障就业。一是中央政府在 2008 财政年度补充预算和 2009 财政年度预算中,列入巨额财政支出用于稳定雇佣和扩大就业,在创造新的就业岗位的同时,对那些响应政府号召给合同到期的人员续签合同的企业予以资助。日本首相麻生太郎 2009 年 1 月 28 日在众议院全体会议上发表施政演说,表示将通过以环保、健康领域为支柱的新型经济增长战略,在未来 3 年内创造 160 万人的就业机会。据此,日本政府制定了具体的增加雇佣的行业和岗位。二是日本地方政府在力所能及的范围内想方设法创造就业机会,让那些失去工作的人重新就业。一些政府机构的临时岗位全部从失业的非正式员工中招聘;有的地方

---

① 参见《人民日报》2009 年 2 月 3 日,第 6 版。
② 参见《环球时报》2009 年 1 月 5 日,第 4 版。

还专门在车站等公共场所增设卫生维护和旅游宣传等岗位来扩大就业;有的出台政策对接受被裁减人员从事农业生产的农家,每月支付 2.5 万日元的补助,鼓励农户积极雇佣失业者。三是大多数企业为避免将来经营形势好转出现熟练技术工人短缺的情况,实施"工作分享制",即通过缩短工作时间、增加停工日、取消加班和降低工资水平等手段,保证现有人员都有活干而不至于失业。与此同时,日本厂商中将"停工日"改为"休息日"的企业也在增多,以此向政府申请"雇佣调整补助金",这样职工在企业统一安排的休息日期间也能领到一定的津贴。所谓"雇佣调整补助金",就是企业在休息日发给职工的津贴 2/3 由政府支付(中小企业政府承担 4/5)的制度,但企业必须事先向政府提交停工计划和申请方可。对日本政府采取的上述措施,很多专家认为都是权宜之计,只有出台更加有效的政策手段,特别是鼓励企业调整生产结构、开拓新的经济增长点,才是长久之计。①

此外,一些国家也采取了一些比较独特的措施解决就业问题。比如,匈牙利政府为了更好地应对金融危机,成立了由政府总理、总理府部长、财政部部长、国家发展与经济部部长、社会福利与劳动部部长等高级官员组成的"危机处理中心"。在中心召开的第一次会议上,匈牙利国家发展与经济部部长、社会福利与劳动部部长联合提出建议,受金融危机影响陷入困境的企业,不实行裁员,而实行每周 4 天工作日,所雇员工带薪学习 1 天,其工资由国家财政负担。接受政府支持的员工,在培训日可拿到其工资的 80%,但其金额不得超过最低日工资的两倍。为此,匈牙利政府从欧盟援助中拨出 200 亿福林的资金,用于支付相关企业员工培训日的工资。如果金融危机持续下去,匈牙利政府还将投入更多的资金,以缓解企业的困难,尽可能降低工作岗位的减少。② 在埃及,一家合资化工厂规定,如果外国公司想在它的投标项目上中标,必须按照 1:20 的比例解决当地过剩的劳动力,即外国人来 1 个,就要安置 20 名埃及人就业;沙特等国针对残疾人多的状况,明确规定 50 人以上的企业必须雇佣残疾人;韩国政府为解决青年失业问题,确定从 2009 年起聘用 5.4 万名青年实习。③ 马来西亚为了缓解国内就业压

---

① 参见《参考消息》2009 年 2 月 19 日,第 14 版。
② 参见《经济日报》2009 年 2 月 24 日,第 7 版。
③ 参见《环球时报》2009 年 12 月 25 日,第 7 版。

力,已经宣布禁止制造业领域和服务领域的企业雇佣新的海外劳工。[1]

11.2 中国当前严峻的就业形势

国际金融危机的进一步蔓延、传导和扩散,对中国经济发展的影响也日趋显现,使中国就业形势面临着前所未有的挑战。人力资源和社会保障部新闻发言人尹成基 2009 年 1 月 20 日在该部 2008 年度新闻发布会上介绍,2008 年,全国累计实现城镇新增就业人员 1113 万人,为全年目标任务 1000 万人的 111%;下岗失业人员再就业 500 万人,为全年目标任务 500 万人的 100%;就业困难人员实现就业 143 万人,为全年目标任务 100 万的 143%。2008 年 12 月底,全国城镇登记失业人数 886 万人,同比增加 56 万人;城镇登记失业率为 4.2%,同比上升 0.2 个百分点。[2] 由此可见,2008 年前三季度,中国的就业局势基本保持稳定,城镇登记失业率得到有效控制,为 4%。但是,伴随着国际金融危机的影响,自 2008 年第四季度以来,中国的就业局势日趋严峻起来,主要表现为"三大变化"、"三大群体"、"三大矛盾"三个方面。这三方面的问题将会在一定时期内存在,我们对此不能盲目乐观,而要积极主动地应对这些严峻的挑战!

11.2.1 就业形势:"三大变化"

2008 年第四季度以来,中国就业形势的"三大变化"可以概括为:一是城镇新增就业岗位增速下降;二是企业用工需求明显下滑;三是企业现有岗位流失严重。

(1)城镇新增就业岗位增速下降

受国际金融危机的影响,一些企业投资信心降低,本来打算扩大投资、增加工人,却选择了观望,导致新增就业岗位增速下降。据统计,2008 年前三季度就业岗位每个月平均增速为 9%,但是,进入第四季度以后,新增就

---

① 参见《环球时报》2009 年 1 月 23 日,第 15 版。

② 根据中国社会科学院发布的 2009 年《社会蓝皮书》显示,中国城镇的实际失业率为 9.4%,比人力资源和社会保障部使用的"登记失业率"数字高约一倍,这主要是因为未将农民工计入政府"登记失业率"。

业岗位的增速就下降为 8%,甚至更低,这是近几年来第一次出现连续增长后的增速下降。

(2)企业用工需求明显下滑

由于企业生产、销售的萎缩,一些企业处于停产或者半停产状态,用工需求明显下滑。据人力资源和社会保障部对全国 84 个城市人力资源市场职业供求信息调查显示,2008 年第三季度以后,企业的用工需求下降了35.5%,这也是多年来在第三季度用工需求持续增长的情况下第一次出现下滑。

(3)企业现有岗位流失严重

随着工业生产的急速回落,一些中小企业乃至一些大企业开始加入裁员或者变相裁员的行列,使就业形势进一步恶化。据人力资源和社会保障部的重点监测显示,2008 年第三季度所监测的企业中,有一半企业存在岗位流失的情况,而且岗位流失增减相抵,即新增加的岗位和现有岗位流失的增减相抵,有的还出现了负数,这些增减虽然幅度不大,但是,也应当引起高度重视。①

11.2.2　就业难题:"三大群体"

在 2008 年年末国内经济放缓的背景下,今后一段时期,中国有"三大群体"将成为就业的难题:一是大学毕业生;二是城镇新增失业人员和就业困难人员;三是农民工。由于工业生产回落,就业难度加大,必然给这三大群体带来挫折感和焦虑感,从而成为社会不稳定的"定时炸弹"。

(1)大学毕业生就业压力加大

大学毕业生的就业压力在近几年逐步加大。2008 年,大学毕业生有559 万人,2009 年,大学毕业生人数约为 611 万人,再加上 2008 年的大学毕业生还有 100 万人找不到就业岗位,2009 年需要就业的大学毕业生就有711 万人左右。而大学生毕业生的就业空间相对较紧,特别是如果企业需求下滑比较严重,大学毕业生的就业岗位、就业机会相对就比过去有所减少。

---

① 参见《北京青年报》2008 年 11 月 21 日,A3 版。

（2）城镇新增失业人员和就业困难人员就业难度更大

由于 2008 年国际金融危机冲击造成的企业困难，以及节能减排、淘汰落后产能等政策的进一步实施，都将造成城镇新增失业人员增多。据统计，2008 年 9 ~ 11 月，广东等东南 5 省已经有 245 万人与用人单位解除或者终止劳动关系，占从业人数的 5.2%。同时，还有一批企业目前正处于停产、半停产状态，与职工并没有解除劳动关系，职工在放长假，等订单，处于隐性失业状态。另外，由于就业供求趋紧，导致"4050"人员、零就业家庭、长期失业者、残疾人等就业困难群体实现就业的难度更大。

（3）农民工的就业机会减少

中国有 2.2 亿农民工，大都在中小企业就业。随着国内经济发展的放缓，中小企业倒闭，导致大量农民工失业而提前返乡。据广东省统计，2008 年前三个季度，全省停产、歇业、关闭和转移的中小企业累计为 7148 家，但是，到同年 10 月份，总数已经上升到 15661 家，也就是说，仅同年 10 月份，就有多达 8513 家中小企业停产歇业，超过同年前三个季度的总和。另据人力资源和社会保障部确认，10 个省区丢掉工作已经返乡的农民工有 500 万人，估计全国大约有 1000 万农民工返乡。对于这些返乡的农民工而言，由于企业不景气，招工减少，再次寻找就业岗位的机会减少，难度加大。①

11.2.3　就业格局："三大矛盾"

据有关资料分析，当前和今后一个时期，中国就业格局将凸显出"三大矛盾"：一是新增劳动力增多与就业岗位有限的矛盾；二是产业结构升级与劳动力素质低下的矛盾；三是农业富余劳动力转移与城镇就业压力的矛盾。

（1）新增劳动力增多与就业岗位有限的矛盾

据《劳动和社会保障事业发展"十一五"规划纲要（2006 ~ 2010 年）》预测，2006 ~ 2010 年甚至更长一个时期，劳动力供大于求的矛盾仍将存在。从供给情况看，到 2010 年，中国劳动力总量将达到 8.3 亿人，城镇新增劳动力供给 5000 万人；从需求情况看，劳动力就业岗位预计只能新增 4000 万个，劳动力供求缺口 1000 万左右。加之体制转轨时期遗留的国有、集体企

---

① 参见《光明日报》2009 年 1 月 21 日，第 5 版。

业下岗失业人员再就业问题尚未全部解决,国有企业重组改制和关闭破产过程中职工分流安置任务繁重,部分困难地区、困难行业和困难群体以及大学毕业生等新成长劳动力的就业问题凸显出来,就业形势依然严峻。而且,伴随着国际金融危机的影响,中国城镇劳动力的供需缺口仍在扩大,失业率仍然存在居高不下的可能性。

(2)产业结构升级与劳动力素质低下的矛盾

"十一五"时期,是中国加快转变经济发展方式,推动产业结构优化升级的关键时期。随着信息化与工业化融合的不断推进以及经济发展方式的快速转变,劳动力整体技能水平偏低、高技能人才严重缺乏的矛盾日益突出,这就不可以避免地导致结构性失业问题日趋严重:一方面,大量低素质劳动力严重过剩;另一方面,高技能人才或者实用技术劳动力却严重短缺。特别是随着国际金融危机的进一步蔓延,给低技能劳动力带来更大的就业压力——挤压出沿海制造业中的农民工,并在 2008 年底形成所谓民工的"返乡潮"。这些问题,在短期内很难有一个明显的改善。

(3)农业富余劳动力转移与城镇就业压力的矛盾

中国改革开放 30 年来劳动力的流动趋势,集中地体现为自农村向城镇的净注入。城镇劳动力的不足与城镇经济的繁荣发展,推动了农业富余劳动力到城镇的就业冲动,加速了中国的城镇化进程。目前,自农村流动到城镇的劳动力数量,已经达到 1.3 亿到 1.5 亿多,几乎占整个城镇就业劳动力的一半;而按照"十一五"时期就业发展目标,完成转移农业富余劳动力4500 万人。[①] 国际金融危机及其导致的实体经济增速的放缓,使沿海地区的制造业出口导向的发展势头上被国际市场所限制,一些从事制造业、加工业的中小企业倒闭,不仅使大量农民工失业,而且也给当地城镇劳动者的就业带来压力。在目前城乡二元经济结构体制尚未完全破解的情况下,农业富余劳动力向城镇大规模转移,必将给城镇就业带来更大的压力。要解决这一矛盾,还要寻找有效的途径和方法。

---

① 参见《北京日报》2009 年 1 月 12 日,第 18 版。

11.3　中国当前稳定和扩大就业的政策措施

根据《劳动和社会保障事业发展"十一五"规划纲要(2006~2010年)》确定的就业持续增长的发展目标,"十一五"期间,全国城镇实现新增就业4500万人,城镇登记失业率控制在5%以内,转移农业富余劳动力4500万人。2009年,是实施该规划纲要的第四年,国际金融危机的蔓延必将持续对中国经济和就业造成影响,导致新增就业难度加大,劳动者失业风险增加。为了保持经济平稳较快发展,稳定就业局势,中国在保持前几年就业水平的基础上,适当降低了新增就业目标,即在2009年度,城镇新增就业人员900万人,比2008年的目标减少100万人,与2004~2007年的目标相同。同时,将2009年城镇登记失业率调控目标确定为4.6%左右,比2008年上调0.1个百分点。此外,2009年,下岗失业人员再就业的目标为500万人,就业困难人员再就业的目标为100万人,都与2008年持平。按照上述目标任务,中国政府及其有关部门采取一系列政策措施,包括出台了进一步扩大内需、促进经济增长的10项措施,提出了到2010年底投资4万亿元的经济刺激方案,打出了"五缓四减三补两协商"①的"组合拳",以及针对大学生就业的"四鼓励"等,全方位稳定就业,促进就业增长。2009年2月3日,国务院还专门下发了《关于做好当前经济形势下就业工作的通知》,要求在当前经济形势下,采取积极的应对措施,实施更加积极的就业政策,把就业摆在更加突出重要的位置,以实现保增长、保就业、保稳定的目标。

---

①　2008年12月20日,人力资源和社会保障部、财政部、国家税务总局联合印发了《关于采取积极措施减轻企业负担稳定就业局势有关问题的通知》,其提出的政策措施概括为"五缓四减三补两协商"。"五缓"是指对暂时无力缴纳社会保险费的困难企业,在一定条件下缓缴养老等5项社会保险费;"四减"是指阶段性降低养老保险以外的4项社会保险费率;"三补"是指使用失业保险基金为困难企业稳定就业岗位支付社会保险补贴和岗位补贴,以及用于困难企业职工在岗培训补贴;"两协商"是指在经济裁员时,企业与职工可以协商分期支付或者以其他方式支付经济补偿金。上述政策实施到位以后,有望阶段性减轻企业负担2000多亿元,稳定数千万职工的就业岗位。故有人将此举称为"降压减负新政"。

11.3.1 千方百计扩大就业

中国将实施更加积极的就业政策,紧密结合实施扩大内需促进经济增长的措施,千方百计扩大就业。一是将扩大内需、促进经济发展与扩大就业相结合,在实施宏观经济调控、经济结构调整以及安排主要产业布局和重大项目时,优先考虑对扩大就业的影响。二是发挥好政府投资和重大建设项目带动就业的作用,瞄准扩大内需的大举措、大项目,以政府投资和重大项目建设带动更多就业。三是推进产业结构升级与扶持就业创业相协调,既要发展资本技术和知识密集型产业,又要积极支持发展劳动密集型产业,大力发展第三产业,创造更多就业机会。四是大力发展中小企业,切实发展中小企业吸纳就业的主体作用。五是充分发挥服务业吸纳就业的优势,放宽服务业准入,使服务业在扩大就业中发挥更大作用。六是最大限度拓展农业富余劳动力就业渠道,拓展农业富余劳动力就近就地就业空间。

11.3.2 鼓励企业稳定就业岗位

企业是经济发展和扩大就业的主渠道,保住一个企业就保住一批岗位,保住一批劳动者的饭碗。因此,要采取积极措施减轻企业负担,鼓励企业稳定就业岗位。一是要通过缓缴社会保险费、阶段性降低四项社会保险费率、运用失业保险基金结余引导困难企业稳定就业岗位。二是引导国有企业承担相应的社会责任,稳定并增加就业,尽可能不减员或者少裁员。三是规范企业裁员行为,对企业需要裁减人员 20 人以上,或者裁减不足 20 人,但是,占企业职工总数 10% 以上的,必须报告裁减人员方案。

11.3.3 加大就业政策扶持力度

为了鼓励劳动者多渠道就业,必须进一步加大对就业的政策扶持力度。一是通过进一步宽松创业和投资环境,完善和落实市场准入、场地安排、税费减免、小额担保贷款、免费就业服务和职业培训补贴等扶持政策,鼓励劳动者自谋职业、自主创业。二是通过落实鼓励企业吸纳就业困难人员的社会保险补贴政策、延续鼓励企业吸纳下岗失业人员的税收扶持政策等,鼓励企业吸纳就业。三是帮扶失业人员再就业,促进零就业家庭至少一人就业。四是提高灵活就业的稳定性,对 2009 年享受社会保险补贴政策期满、仍未能实现稳定就业的灵活就业人员,可以将其社会保险补贴政策给予最长不超过 1 年期限的一次性延长。

11.3.4　切实做好重点人群的就业工作

做好重点人群的就业工作,有利于维护社会和谐稳定。一是要把大学毕业生就业放在就业工作的首位,鼓励大学毕业生到基层、中西部地区、非公有制企业和中小企业就业,鼓励大学毕业生自主创业,落实对登记失业大学毕业生的相关就业扶持政策等。二是强化对就业困难人员的就业援助,开发更多的公益性岗位,吸纳就业困难人员就业。三是切实做好农民工就业工作,加强对农民工的就业服务和培训,促进一批农民工在城镇再就业;强化政策扶持和引导,支持农民工返乡创业和投身新农村建设;落实企业减员稳岗措施,稳定一批农民工就业等。四是积极推进复员转业军人安置就业工作,落实自主择业政策,积极鼓励复转军人自主创业,鼓励复转军人到基层一线和经济社会发展最需要的地方工作。五是健全公共就业服务体系,培育和完善统一开放、竞争有序的人力资源市场,发挥公共就业服务的示范指导作用。

11.3.5　实施特别职业培训计划

组织实施特别职业培训计划,提高职业技术技能,是解决就业问题的主要途径。一是重点开展困难企业在职职工技能提升培训、转业转岗培训、创业培训等。二是统筹做好各类失业人员短期技能培训和新成长劳动力预备期培训。三是落实职业培训补贴政策,强化政府购买培训成果的机制,全面推进职业培训工作,进一步完善职业培训办法,规范操作管理。四是健全新职业信息发布制度,完善技能人才多元评价体系。

11.3.6　加强失业调控和失业预警

加强失业调控和失业预警,是促进就业的重要环节。一是要建立失业动态监测制度,对重点行业、重点企业的岗位流失情况实施动态监测,及时制定应对规模失业的预案。二是建立健全企业空岗信息报告制度,以便及时了解就业岗位信息。三是加强失业保险金发放工作,对符合条件的失业人员,要及时足额发放失业保险金,切实保障其基本生活。[1]

11.4　国际金融危机与中国就业制度创新

在中国经济转型期,制度缺陷一直严重制约着就业的创造活力。时下,国际金融危机对中国就业局势的影响,既带来前所未有的挑战,也带来前所未有的机遇。我们只要善于从变化的形势中捕捉和把握机遇,在逆境中发现和培育有利因素,加快中国就业制度的创新,就一定能够把挑战转化为机遇,尽快实现中国经济转型期就业制度的成功转型。为此,本书提出以下建议,作为中国就业制度创新的政策选择。

11.4.1　确立就业优先的原则

在以往世界经济发展战略中,有两种不同的发展思路:一是增长优先论,即以经济增长为中心的发展思路;二是就业优先论,即以就业增长为中心的发展思路。从西方经济增长理论演变的过程看,都经历了一条由"物"到"人"、由外生增长到内生增长的演进道路。当下,几乎所有的市场经济发达国家都选择了就业优先论的发展模式。

就业优先的基本含义是,在经济社会发展战略中,必须真正把劳动者基本生活保障放在优先位置,其具体标志为:一是人力资源市场发育要优先于其他要素市场的发育;二是劳动者利益要适度优先于资本利益;三是降低失业率的调控政策要优先于反通货膨胀政策;四是有利于促进就业和完善社

---

① 参见郜风涛:《实施更加积极的就业政策》,《经济日报》2009 年 4 月 14 日,第 13 版。

会保障制度的政策成本要优先于其他财政支出给予安排;五是在经济社会发展中,就业岗位增加要优先于社会收入水平提高。

改革开放以来,中国经济增长模式一直属于增长优先论的类型。中国经济增长发展战略的主要缺陷之一,就是在经济转型过程中,注重的是如何把"物"的要素从原有体制的束缚下解脱出来,而人的要素摆脱原有机制的改革则严重滞后,以致形成了以"下岗失业"现象为标志的劳动力供求矛盾。近些年来,随着科学发展观和"以人为本"的提出和贯彻落实,以及《就业促进法》中明确规定"国家把扩大就业放在经济社会发展的突出位置","把扩大就业作为经济社会发展的重要目标,纳入国民经济和社会发展规划"等,中国必将在经济发展战略中确立就业优先的原则。这次国际金融危机对中国就业局势的冲击,也许会加快从制度上确立就业优先的进程。因此,建议在制定或者修改相关法律时,明确将就业优先作为中国的一项基本国策。

11.4.2　建立以创业带动就业的制度

以创业带动就业,是指劳动者通过自主创办生产服务项目、企业或者从事个体经营,在实现其自身就业的同时,吸纳或者带动更多劳动者就业,促进社会就业的增加。中国在当前和今后的一个时期,就业形势依然严峻,促进以创业带动就业,有利于发挥创业的就业倍增效应,对缓解就业压力具有重要的意义和作用。

以创业带动就业,是扩大就业的一个有效途径。国外诸多市场经济发达国家都纷纷鼓励劳动者以创业带动就业。如在美国,创业者扮演着重要角色。有资料显示,在过去的几年中,美国平均每年新创企业60万个,提供1000多万个新增就业岗位,并且67%的新发明来自新创企业。另有资料显示,美国2/3的就业岗位是由小企业创造的,在10个主要就业行业中,有7个行业是小企业占主导地位。[①]可见,以创业带动就业具有乘数效应。

以创业带动就业,是新时期实施积极就业政策的主要任务。从现在开始,要力争用3~5年的时间,实现劳动者创业人数和通过创业带动就业人

---

① 参见《经济日报》2005年7月30日,第3版。

数的大幅度增加,基本形成促进以创业带动就业的政策体系。从制度建设层面考虑,提出以下建议:一是放宽对创业的市场准入条件。要加快清理和消除阻碍创业的制度障碍,凡是法律、法规未禁止的行业或者领域,都要向各类创业主体开放;国家有限制条件和标准的行业或者领域,要平等对待各类创业主体;在法律、法规许可的范围内,允许初创企业的注册资金分期到位;依照法定条件和程序以及合同约定,允许创业者将家庭住所、租借房、临时商用房等作为创业经营场所;要制定促进小企业发展的政府采购优惠政策,适当放宽大学毕业生、失业人员及返乡农民工创业的市场准入条件。二是清理和规范涉及创业的行政审批事项,简化立项、审批和办理手续,公布各项行政审批、核准、备案事项和办事指南,依照《行政许可法》的规定推行联合审批,一站式服务等,开辟创业"绿色通道"。三是完善各类扶持政策。要落实并完善有利于劳动者创业和中小企业发展的税收优惠、小额担保贷款、资金补贴、场地安排等扶持政策。四是建立和完善鼓励非正规就业发展的制度。发展非正规就业,有利于创造就业岗位,缓解城镇就业压力,有利于增加弱势群体收入,减轻社会负担;有利于满足多样化的社会劳务需求,促进市场就业机制的形成;有利于增加就业机会,吸纳失业人员和新增劳动力就业。总之,发展非正规就业符合中国经济社会发展的状况和失业人员、就业困难群体的特点。因此,发展非正规就业应当成为一种战略选择;要在政策、资金技术等方面为非正规就业发展提供良好环境,对登记失业人员、残疾人、退役士兵,以及毕业 2 年以内的普通高校毕业生从事个体经营的,要自其在工商行政管理部门首次注册登记之日起,3 年内免收管理类、登记类和证照类等有关行政事业性收费。五是完善创业培训体系,扩大创业培训范围,落实职业培训补贴政策等。

11.4.3　培育和完善统一开放、竞争有序的人力资源市场管理制度

　　培育和完善人力资源市场,是完善社会主义市场经济体制的客观需要,也是充分发挥人力资源市场在就业中的基础性作用的内在要求。《就业促进法》明确规定,县级以上人民政府培育和完善统一开放、竞争有序的人力资源市场,为劳动者就业提供服务。

　　培育和完善统一开放、竞争有序的人力资源市场,必须依照《就业促进法》的规定,制定与其相配套的、具有可操作性的法规。为此,提出以下建议:一是制定《人力资源市场管理条例》,明确人力资源市场管理的主体地位,规范人力资源市场管理秩序,确立人力资源市场管理规则,打破人力资源市场的城乡分割、地区分割,消除人力资源市场上的就业歧视,实现劳动者的公平就业,为劳动者就业提供公共服务,同时,也为用人单位提供基本的就业服务。二是改革现行户籍管理制度。自20世纪50年代实施的户籍管理制度,是造成中国城乡长期分割的制度性根源。改革开放以来,虽然市场机制在人力资源配置方面的作用日益加大,但是,由于户籍制度的限制,至今尚未形成城乡统一的人力资源市场,仍然存在城镇人口在就业权利方面的特权,农业富余劳动力进城就业还存在制度上的障碍。因此,修订现行的《户口登记条例》,促进城乡人力资源市场的融合,已经成为增加就业岗位、加快农业富余劳动力转移的迫切要求。三是建立和完善政府对人力资源市场的宏观调控制度,包括人力资源信息发布制度,对人力资源的规划、培训以及对人力资源市场的预测、监管制度等。

11.4.4　建立和完善失业调控和失业保险制度

　　面对当下国际金融危机的影响进一步蔓延,劳动者的失业风险大大增加,必须尽快建立和完善失业调控和失业保险制度。为此,提出以下建议:一是要建立失业调控制度。妥善安置关闭、破产和重组改制国有企业的分流职工;鼓励国有企业通过发展提供就业机会,尽可能不减员或者少裁员;规范企业裁员行为,加强对正常生产经营企业裁员的指导;建立失业预警机制,制定预案和相应措施,对失业进行有效调控,减少长期失业人员数量,保持就业形势稳定。二是完善失业保险制度,促进失业人员再就业。目前,西方市场经济发达国家正在进行改革失业保险制度的探索,改革的主旨是,从消极保基本生活转向促进失业者求职,如英国将失业保险制度改为“求职津贴”制度,日本、加拿大改为“就业保险”制度。一些国家还改革了失业津贴给付制度,规定失业者必须求职登记,接受职业指导和培训,并与就业服务顾问签订求职协议,否则,将停发失业保险金。我们要借鉴市场经济发达国家改革的成功经验,逐步完善中国的失业保险制度,尽快修订《失业保险条例》,建立失业保险与促进就业联动机制,强化失业保险的就业导向功能。三是要完善失业登记制度。失业登记是掌握失业人员信息的主要途径,也是提供失业保险待遇和公共就业服务的重要基础工作。目前,《就业促进法》对失业登记制度规定得还较原则,需要进一步明确登记失业人员的范围,完善失业登记的程序,建立登记失业人员的动态管理机制。

11.4.5　完善职业教育和职业培训制度

大力发展职业教育和职业培训,是一项立足当前、着眼长远的益事,有利于从总体上提高劳动者技能素质,尽快适应经济转型,有效防止结构性失业,并以培训替代和推迟新增劳动力进入就业市场的时间,缓解新增就业的压力。

《就业促进法》设专章对职业教育和培训作了规定。但是,该法的一些规定还比较原则,建议通过制定《职业技能培训和鉴定条例》,对法律的一些原则规定作出细化和完善。一是明确职业技能的登记和职业能力开发的基本内容;二是明确就业前培训、在职培训、再就业培训、创业培训以及企业进行职业技能培训和继续教育培训的具体要求;三是明确建立健全劳动预备役制度的具体涵义和基本要求,以及享受政府培训补贴的对象和标准;四是明确政府促进农业富余劳动力技能培训的具体措施;五是细化实行职业资格证书制度的具体对象和基本条件等。

第 12 章　结论与研究展望

12.1　本书结论

就业问题是一个世界性难题,也是各国经济社会发展的一个核心问题。自 20 世纪 70 年代末以来,中国已经并正在发生大规模的经济转型,而且,这种转型在未来可以预见的几十年内还将持续下去。本书以科学发展观为指导,试图运用经济学的分析方法,通过对国内外就业制度转型相关理论的研究和中国改革开放 30 年来就业制度图景的描述,特别是对国际金融危机下中国就业制度转型的初步探讨,努力在全面透视和把握国内外就业制度转型相关理论和实践经验的基础上,为最终实现中国就业制度的成功转型提供理论支撑。通过多层面、多视角的研究,本书得出以下结论:

12.1.1　就业制度对促进就业具有基础性作用

经济转型国家的重要特征之一,就是把制度作为一个带有根本性、全局性、稳定性和长期性的问题来谋划。在经济转型期,中国面临的最大压力是人口压力,要从根本上解决这一长期、艰巨而复杂的就业难题,制度建设至为重要。它不仅需要就业政策的调整,更需要就业制度的保障——就业政策有赖于制度条件的支持。因此,要高度重视就业制度对促进就业的作用,特别是要充分发挥就业制度在人力资源配置中的基础性作用,通过立法确立促进就业的政策体系、制度规范等,以建立和完善促进就业、稳定就业的长效机制,使中国就业制度不断在创新中发展、在发展中创新,最终实现中国就业制度的成功转型。这正是本书的研究主旨。

12.1.2 国内外就业理论与实践经验可资借鉴

理论的价值在于指导实践并在实践中寻找新的理论生长点。本书在第2章中,通过对马克思就业理论和西方就业理论的概括提示,特别是对国内理论界有关中国经济转型期就业问题研究成果的梳理,为探讨经济全球化和国际金融危机背景下的中国就业制度转型奠定了理论基础。

通观世界各国就业制度转型的历程,无论是英美等发达国家,还是印度、巴西等发展中国家,抑或是俄罗斯等经济转型国家,虽然它们之间的地缘位置、自然禀赋、文化偏好、价值取向、主导经济运行模式和政治架构以及具体的内外安全环境等各不相同,但是,它们无一不是通过一系列就业制度的创新为其解决就业难题铺平了道路。本书第3章专门对国外就业制度转型作了比较研究,并对国外就业制度转型的成因以及主要趋势作了分析,从中得到一些启示。

12.1.3 中国就业制度转型的轨迹、诱因和路径有其阶段性特征

中国经济转型期的就业制度,体现了中国的基本国情及阶段性特征。本书坚持理论与实践相结合的观点,投以发展变化的眼光,在第4章通过历史考察的方法,对中国就业制度转型的轨迹作了考察。首先,从新中国成立以来经济、政治、社会发展的背景和特点着眼,提出了中国就业制度转型的"三段论",即:统包统配的计划调控阶段、体制内计划调控与体制外市场调节相结合的双轨阶段、市场导向型就业机制阶段。其次,分析了中国就业制度转型的诱因和路径,提出:计划经济条件下传统的就业安置办法和市场经济条件下竞争机制的形成,是中国就业制度转型的直接诱因,这种转型既体现了政府意志,也体现了民意的充分表达;中国就业制度转型的路径是渐进式的,目标是由传统的就业制度转到以市场为导向的现代新型就业制度。最后,根据有关学者的研究成果,对中国改革开放30年就业制度转型的主要经验作了归纳概括。

12.1.4　中国就业制度转型受诸多因素的影响

中国就业制度转型受诸多因素的影响。一般来说,随着宏观环境和微观环境的变化,就业制度必然作出相应的反应和调整。本书在第5章到第8章中,结合中国经济社会发展的实际,运用经济学原理,从体制改革、经济增长、结构调整以及国际环境等四个层面,对中国就业制度转型的影响因素作了简要分析和阐释。本书认为,中国改革开放30年来由计划经济体制向市场经济转型,为中国就业制度转型创造了基本的体制环境;中国改革开放30年来经济的高速发展,为中国就业制度转型提供了良好的经济环境;中国改革开放30年来所有制结构、产业结构和城乡二元结构的不断调整,为中国就业制度转型指出了选择路径;经济全球化、中国加入WTO和国际劳工法实施等国际环境,对中国就业制度转型提出了挑战和发展机遇。

12.1.5　中国就业制度转型的制度框架体系初步形成

制度建设的一个重要成果标志,就是将经过实践检验证明是行之有效的政策措施通过法律形式固定下来。《就业促进法》是新中国成立以来第一部专门规范就业促进的重要法律,它的公布施行,标志着中国就业促进工作的法制化进程迈上了一个新的台阶,是中国就业制度转型的最新立法成果,在中国就业促进工作中具有里程碑的意义。本书第9章着重阐释了《就业促进法》立法的必要性与可行性,以及《就业促进法》的立法原则、主要内容和特点等,特别是总结提出了《就业促进法》立法的五个原则,即:促进经济发展与扩大就业相协调原则、平等就业原则、市场导向就业原则、城乡统筹就业原则、扶持特殊群体就业原则。同时,本书还运用定性分析和成本收益分析的方法,对《就业促进法》的实施效果作了简要评估,并简要勾画了中国经济转型期的就业制度的框架体系,旨在为进一步完善中国经济转型期的就业制度提供帮助。

12.1.6　中国经济转型期的就业保障制度具有双重功能

就业保障制度具有保障劳动者生活和促进再就业的双重功能。本书第 10 章从就业与社会保障的关系、就业制度与社会保障制度、就业制度与最低生活保障制度、就业制度与劳动合同制度四个方面,对中国经济转型期的就业保障制度作了研究。本书认为,就业与社会保障是一个不可分割的有机整体,都是需要优先考虑并妥善处理的重大问题,社会保障可以为促进就业服务并发挥应有的作用。在中国,如何正确认识并解决好这一问题,已经成为未来经济社会发展的一个重大战略问题。解决得好,就能够从根本上解决国民的基本民生问题,并为中国经济社会的又好又快发展奠定坚实的基础。

12.1.7　中国经济转型期的就业制度需要不断创新

制度创新是一个国家经济社会发展的生命。当前,中国就业制度创新"要以应对国际金融危机、促进经济平稳较快发展为主线,统筹兼顾,突出重点,全面实施促进经济增长的一揽子计划"[①]。本书第 11 章在全面分析国际金融危机对中国就业制度影响的基础上,提出了中国经济转型期就业制度创新的思路,主要包括:确立就业优先原则,建立以创业带动就业的制度,建立和完善失业调控和失业保险制度,培育和完善统一开放、竞争有序的人力资源市场管理制度,完善职业教育和职业培训制度,等等,以期为尽快完善中国经济转型期的就业制度提供参考和帮助。

12.2　不足之处

由于本书研究涉及面广、内容复杂,加之笔者的能力和水平所限,尚无

---

① 2009 年 3 月 18 日,国务院总理温家宝主持国务院常务会议,研究落实第十一届全国人大第二次会议通过的《政府工作报告》。此为会议对国务院各部门、各单位提出的要求。参见《人民日报》2009 年 3 月 19 日,第 1 版。

力构筑中国经济转型期就业制度的完整理论体系,只能是笔者三年多来学习和研究的一个阶段性成果,尚存在诸多不足之处,主要表现在以下几个方面:

第一,对西方就业理论反思不够。本书虽然引用了一些西方就业理论,但是,对这些理论产生的时空背景、假设前提、确切含义的把握还不十分准确。因此,对国外就业理论的借鉴、分析和研判还需要进一步深化。

第二,计量分析的方法运用不够。本书虽然搜集、整理了国内外有关就业方面的大量数据,但是,运用计量模型进行定量分析还不够,理论研究还不够深入、细致。

第三,时下,国际金融危机仍在蔓延加深,已经从局部发展到整体,从发达经济体传导到新兴市场经济体,从虚拟经济扩散到实体经济,从而导致"失业雪崩"。目前,中国部分地区和行业经济虽然出现回升现象,但是,面临的矛盾和困难仍然很大。据中国人力资源和社会保障部部长尹蔚民介绍,2009 年,全国 15 个大城市 40% 的公司自第一季度以来,已经裁员至少 300 万人[①]。面对这一新的复杂情况,本书对中国经济转型期就业制度如何创新问题研究还不够,所提对策建议还比较肤浅。

12.3 研究展望

据埃菲社日内瓦 2009 年 6 月 3 日报道,国际劳工组织总干事胡安·索马维亚在日内瓦当天召开的国际劳工大会上发表讲话指出:"从以往的危机中我们知道,相对于经济的全面恢复,就业率要想恢复到危机前的水平,通常需要多花 4 ~ 5 年的时间.这就意味着全世界可能要迎来一场持续 6 ~ 8 年之久的就业和社会保障危机。"他同时指出,全世界目前正面临有史以来"首次的制度性危机"。因此,国际劳工组织于 2009 年 5 月底调高了对全球失业率的预测:2009 年全球将有 2.39 亿人失业,失业率将达到 7.4%。而且,失业率的增长态势将持续到 2010 年底或者 2011 年初。2009 年,全球将有 4500 万人进入就业市场,这就要求在 2009 ~ 2015 年间,全球需要创造 3 亿个就业机会。为此,国际劳工组织已经启动了"危机模式",要求前

---

① 参见《参考消息》2009 年 3 月 19 日,第 15 版。

来出席国际劳工大会的 4000 名政府、企业和工会代表共同制定政策,"缩短 6～8 年这一漫长的就业市场低迷期",并呼吁在国家、地区和全球三方磋商的基础上,拟定并通过《全球就业公约》,把社会保障作为重心,以此保住现有就业和挽救中小企业,"为就业的恢复和持续增长之路奠定基石"①。

另据人力资源和社会保障部的有关资料显示,在国际金融危机的冲击下,2009 年 1～3 月,中国累计实现城镇新增就业 268 万人,城镇登记失业率 4.3%,较 2008 年年底上升 0.1 个百分点,就业形势释放出企稳信号。但是,这是否意味着就业就此走出低谷、触底回升了呢? 温家宝总理 2009 年 6 月 3 日在国务院常务会议研究部署进一步就业工作的措施时指出,国际金融危机对中国的影响尚未见底,经济发展的不确定和不稳定因素较多,中国经济平稳回升的基础尚不稳固,这些问题与劳动力总量供大于求、结构性矛盾突出等交织在一起,就业形势依然严峻:新增就业与 2008 年同比仍为减少,登记失业率继续上升,大学毕业生和农业富余劳动力就业困难较多②。国内有关专家也指出:未来 10 年,中国的就业形势仍然严峻,③主要表现在:

首先,从就业总量上看,未来 10 年,中国的劳动力数量虽然增量逐渐减少,但是,就业总量依然很大,就业紧张的压力不会消除。据预测,在 2015 年左右,中国 15～64 岁之间的劳动力人口年净增加额将会由正数转为负数,即减少 32 万人。到 2020 年,劳动力的年减少量将达到 177 万人。相应地,该年龄段的劳动力人口占总人口的比重将自 2010 年以后逐年下降,由 71.59% 下降到 2015 年的 71.15%,到 2020 年将进一步下降到 69.49%。这标志着中国的"人口红利"将逐渐消失。

其次,从就业质量上看,未来 10 年,中国劳动力的素质逐渐上升,但是,结构性知识失业问题依然严峻。据预测,到 2010 年,中国全部从业人员中具有高中及其以上文化程度的比例将提高到 30% 以上;大专及以上文化程度所占比例从 2000 年的 4.7% 提高到 10% 左右。大专以上文化程度的从业人员数由 2000 年的 3400 万人增加到 7000 万人左右,相当于美国 20 世

① 参见《参考消息》2009 年 6 月 5 日,第 4 版。
② 参见《人民日报》2009 年 6 月 4 日,第 1 版。
③ 参见赖德胜、李长安:《扩大就业是未来 10 年的重要任务》,《学习时报》2009 年 6 月 1 日,第 4 版。

纪末的总量规模。2020 年,从业人员中具有高中及其以上文化程度的比例,将进一步提高到 50% 左右;大专及以上文化程度所占比例将提高到 20% 以上;大专及以上文化程度的从业人员总量增加到 1.4 亿人。届时将大大超过美国高等教育文化程度人才的总量规模,跃居世界首位。但是,由于中国产业结构和人力资源市场的制度性缺陷短时间难以消失,大学毕业生的就业难问题仍将继续存在。

第三,从城乡结构上看,未来 10 年,中国劳动力的城乡结构将更为合理,但是,流动人口的就业问题将长期存在。2008 年,中国的城市化率只有 4.57%,按照平均每年提高大约 1% 的速度,预计到 2015 年将提高到 50% 左右,到 2020 年将提高到 55% 左右。这样的水平离中等发达国家平均 70% 左右的城市化率仍有较大差距。同时也意味着随着现代化和城市化水平的进一步提高,仍有数量庞大的农业富余劳动力需要向城镇转移;不仅如此,户籍制度改革的缓慢和中国社会保障能力的限制,也将在一定程度上延长中国农业富余劳动力转移的进程。因此,在未来一个时期内,如何做好流动人口的就业与失业工作,仍是对就业工作的一个很大挑战。

第四,从劳动力成本看,未来 10 年,中国劳动力的成本将持续上升,廉价劳动力时代正在逐渐消失。因此,如何处理好劳动力成本上升与就业之间的关系,将是未来就业制度设计必须着重考虑的问题。

作为一名法制工作者,笔者今后将继续关注中国经济转型期就业制度的发展和演变,不断学习和汲取他人的研究成果,着力在研究、总结中国就业制度转型与创新的规律上下工夫,从而为完善中国经济转型期的就业制度提供理论支撑。

笔者相信,有了中国特色社会主义就业理论与实践,中国一定会尽早实现就业制度的成功转型!

附　录

中华人民共和国就业促进法

（2007 年 8 月 30 日第十届全国人民代表大会
常务委员会第二十九次会议通过）

第一章　总　　则

第一条　为了促进就业，促进经济发展与扩大就业相协调，促进社会和谐稳定，制定本法。

第二条　国家把扩大就业放在经济社会发展的突出位置，实施积极的就业政策，坚持劳动者自主择业、市场调节就业、政府促进就业的方针，多渠道扩大就业。

第三条　劳动者依法享有平等就业和自主择业的权利。

劳动者就业，不因民族、种族、性别、宗教信仰等不同而受歧视。

第四条　县级以上人民政府把扩大就业作为经济和社会发展的重要目标，纳入国民经济和社会发展规划，并制定促进就业的中长期规划和年度工作计划。

第五条　县级以上人民政府通过发展经济和调整产业结构、规范人力资源市场、完善就业服务、加强职业教育和培训、提供就业援助等措施，创造就业条件，扩大就业。

第六条　国务院建立全国促进就业工作协调机制，研究就业工作中的重大问题，协调推动全国的促进就业工作。国务院劳动行政部门具体负责全国的促进就业工作。

省、自治区、直辖市人民政府根据促进就业工作的需要,建立促进就业工作协调机制,协调解决本行政区域就业工作中的重大问题。

县级以上人民政府有关部门按照各自的职责分工,共同做好促进就业工作。

第七条　国家倡导劳动者树立正确的择业观念,提高就业能力和创业能力;鼓励劳动者自主创业、自谋职业。

各级人民政府和有关部门应当简化程序,提高效率,为劳动者自主创业、自谋职业提供便利。

第八条　用人单位依法享有自主用人的权利。

用人单位应当依照本法以及其他法律、法规的规定,保障劳动者的合法权益。

第九条　工会、共产主义青年团、妇女联合会、残疾人联合会以及其他社会组织,协助人民政府开展促进就业工作,依法维护劳动者的劳动权利。

第十条　各级人民政府和有关部门对在促进就业工作中作出显著成绩的单位和个人,给予表彰和奖励。

第二章　政策支持

第十一条　县级以上人民政府应当把扩大就业作为重要职责,统筹协调产业政策与就业政策。

第十二条　国家鼓励各类企业在法律、法规规定的范围内,通过兴办产业或者拓展经营,增加就业岗位。

国家鼓励发展劳动密集型产业、服务业,扶持中小企业,多渠道、多方式增加就业岗位。

国家鼓励、支持、引导非公有制经济发展,扩大就业,增加就业岗位。

第十三条　国家发展国内外贸易和国际经济合作,拓宽就业渠道。

第十四条　县级以上人民政府在安排政府投资和确定重大建设项目时,应当发挥投资和重大建设项目带动就业的作用,增加就业岗位。

第十五条　国家实行有利于促进就业的财政政策,加大资金投入,改善就业环境,扩大就业。

县级以上人民政府应当根据就业状况和就业工作目标,在财政预算中安排就业专项资金用于促进就业工作。

就业专项资金用于职业介绍、职业培训、公益性岗位、职业技能鉴定、特定就业政策和社会保险等的补贴,小额贷款担保基金和微利项目的小额担保贷款贴息,以及扶持公共就业服务等。就业专项资金的使用管理办法由国务院财政部门和劳动行政部门规定。

第十六条　国家建立健全失业保险制度,依法确保失业人员的基本生活,并促进其实现就业。

第十七条　国家鼓励企业增加就业岗位,扶持失业人员和残疾人就业,对下列企业、人员依法给予税收优惠:

(一)吸纳符合国家规定条件的失业人员达到规定要求的企业;

(二)失业人员创办的中小企业;

(三)安置残疾人员达到规定比例或者集中使用残疾人的企业;

(四)从事个体经营的符合国家规定条件的失业人员;

(五)从事个体经营的残疾人;

(六)国务院规定给予税收优惠的其他企业、人员。

第十八条　对本法第十七条第四项、第五项规定的人员,有关部门应当在经营场地等方面给予照顾,免除行政事业性收费。

第十九条　国家实行有利于促进就业的金融政策,增加中小企业的融资渠道;鼓励金融机构改进金融服务,加大对中小企业的信贷支持,并对自主创业人员在一定期限内给予小额信贷等扶持。

第二十条　国家实行城乡统筹的就业政策,建立健全城乡劳动者平等就业的制度,引导农业富余劳动力有序转移就业。

县级以上地方人民政府推进小城镇建设和加快县域经济发展,引导农业富余劳动力就地就近转移就业;在制定小城镇规划时,将本地区农业富余劳动力转移就业作为重要内容。

县级以上地方人民政府引导农业富余劳动力有序向城市异地转移就业;劳动力输出地和输入地人民政府应当互相配合,改善农村劳动者进城就业的环境和条件。

第二十一条　国家支持区域经济发展,鼓励区域协作,统筹协调不同地区就业的均衡增长。

国家支持民族地区发展经济,扩大就业。

第二十二条 各级人民政府统筹做好城镇新增劳动力就业、农业富余劳动力转移就业和失业人员就业工作。

第二十三条 各级人民政府采取措施,逐步完善和实施与非全日制用工等灵活就业相适应的劳动和社会保险政策,为灵活就业人员提供帮助和服务。

第二十四条 地方各级人民政府和有关部门应当加强对失业人员从事个体经营的指导,提供政策咨询、就业培训和开业指导等服务。

第三章 公平就业

第二十五条 各级人民政府创造公平就业的环境,消除就业歧视,制定政策并采取措施对就业困难人员给予扶持和援助。

第二十六条 用人单位招用人员、职业中介机构从事职业中介活动,应当向劳动者提供平等的就业机会和公平的就业条件,不得实施就业歧视。

第二十七条 国家保障妇女享有与男子平等的劳动权利。

用人单位招用人员,除国家规定的不适合妇女的工种或者岗位外,不得以性别为由拒绝录用妇女或者提高对妇女的录用标准。

用人单位录用女职工,不得在劳动合同中规定限制女职工结婚、生育的内容。

第二十八条 各民族劳动者享有平等的劳动权利。

用人单位招用人员,应当依法对少数民族劳动者给予适当照顾。

第二十九条 国家保障残疾人的劳动权利。

各级人民政府应当对残疾人就业统筹规划,为残疾人创造就业条件。

用人单位招用人员,不得歧视残疾人。

第三十条 用人单位招用人员,不得以是传染病病原携带者为由拒绝录用。但是,经医学鉴定传染病病原携带者在治愈前或者排除传染嫌疑前,不得从事法律、行政法规和国务院卫生行政部门规定禁止从事的易使传染病扩散的工作。

第三十一条 农村劳动者进城就业享有与城镇劳动者平等的劳动权

利,不得对农村劳动者进城就业设置歧视性限制。

第四章　就业服务和管理

第三十二条　县级以上人民政府培育和完善统一开放、竞争有序的人力资源市场,为劳动者就业提供服务。

第三十三条　县级以上人民政府鼓励社会各方面依法开展就业服务活动,加强对公共就业服务和职业中介服务的指导和监督,逐步完善覆盖城乡的就业服务体系。

第三十四条　县级以上人民政府加强人力资源市场信息网络及相关设施建设,建立健全人力资源市场信息服务体系,完善市场信息发布制度。

第三十五条　县级以上人民政府建立健全公共就业服务体系,设立公共就业服务机构,为劳动者免费提供下列服务:

(一)就业政策法规咨询;

(二)职业供求信息、市场工资指导价位信息和职业培训信息发布;

(三)职业指导和职业介绍;

(四)对就业困难人员实施就业援助;

(五)办理就业登记、失业登记等事务;

(六)其他公共就业服务。

公共就业服务机构应当不断提高服务的质量和效率,不得从事经营性活动。

公共就业服务经费纳入同级财政预算。

第三十六条　县级以上地方人民政府对职业中介机构提供公益性就业服务的,按照规定给予补贴。

国家鼓励社会各界为公益性就业服务提供捐赠、资助。

第三十七条　地方各级人民政府和有关部门不得举办或者与他人联合举办经营性的职业中介机构。

地方各级人民政府和有关部门、公共就业服务机构举办的招聘会,不得向劳动者收取费用。

第三十八条　县级以上人民政府和有关部门加强对职业中介机构的管理,鼓励其提高服务质量,发挥其在促进就业中的作用。

第三十九条 从事职业中介活动,应当遵循合法、诚实信用、公平、公开的原则。

用人单位通过职业中介机构招用人员,应当如实向职业中介机构提供岗位需求信息。

禁止任何组织或者个人利用职业中介活动侵害劳动者的合法权益。

第四十条 设立职业中介机构应当具备下列条件:

(一)有明确的章程和管理制度;

(二)有开展业务必备的固定场所、办公设施和一定数额的开办资金;

(三)有一定数量具备相应职业资格的专职工作人员;

(四)法律、法规规定的其他条件。

设立职业中介机构,应当依法办理行政许可。经许可的职业中介机构,应当向工商行政部门办理登记。

未经依法许可和登记的机构,不得从事职业中介活动。

国家对外商投资职业中介机构和向劳动者提供境外就业服务的职业中介机构另有规定的,依照其规定。

第四十一条 职业中介机构不得有下列行为:

(一)提供虚假就业信息;

(二)为无合法证照的用人单位提供职业中介服务;

(三)伪造、涂改、转让职业中介许可证;

(四)扣押劳动者的居民身份证和其他证件,或者向劳动者收取押金;

(五)其他违反法律、法规规定的行为。

第四十二条 县级以上人民政府建立失业预警制度,对可能出现的较大规模的失业,实施预防、调节和控制。

第四十三条 国家建立劳动力调查统计制度和就业登记、失业登记制度,开展劳动力资源和就业、失业状况调查统计,并公布调查统计结果。

统计部门和劳动行政部门进行劳动力调查统计和就业、失业登记时,用人单位和个人应当如实提供调查统计和登记所需要的情况。

第五章　职业教育和培训

第四十四条 国家依法发展职业教育,鼓励开展职业培训,促进劳动者提高职业技能,增强就业能力和创业能力。

第四十五条　县级以上人民政府根据经济社会发展和市场需求,制定并实施职业能力开发计划。

第四十六条　县级以上人民政府加强统筹协调,鼓励和支持各类职业院校、职业技能培训机构和用人单位依法开展就业前培训、在职培训、再就业培训和创业培训;鼓励劳动者参加各种形式的培训。

第四十七条　县级以上地方人民政府和有关部门根据市场需求和产业发展方向,鼓励、指导企业加强职业教育和培训。

职业院校、职业技能培训机构与企业应当密切联系,实行产教结合,为经济建设服务,培养实用人才和熟练劳动者。

企业应当按照国家有关规定提取职工教育经费,对劳动者进行职业技能培训和继续教育培训。

第四十八条　国家采取措施建立健全劳动预备制度,县级以上地方人民政府对有就业要求的初高中毕业生实行一定期限的职业教育和培训,使其取得相应的职业资格或者掌握一定的职业技能。

第四十九条　地方各级人民政府鼓励和支持开展就业培训,帮助失业人员提高职业技能,增强其就业能力和创业能力。失业人员参加就业培训的,按照有关规定享受政府培训补贴。

第五十条　地方各级人民政府采取有效措施,组织和引导进城就业的农村劳动者参加技能培训,鼓励各类培训机构为进城就业的农村劳动者提供技能培训,增强其就业能力和创业能力。

第五十一条　国家对从事涉及公共安全、人身健康、生命财产安全等特殊工种的劳动者,实行职业资格证书制度,具体办法由国务院规定。

第六章　就业援助

第五十二条　各级人民政府建立健全就业援助制度,采取税费减免、贷款贴息、社会保险补贴、岗位补贴等办法,通过公益性岗位安置等途径,对就业困难人员实行优先扶持和重点帮助。

就业困难人员是指因身体状况、技能水平、家庭因素、失去土地等原因难以实现就业,以及连续失业一定时间仍未能实现就业的人员。就业困难人员的具体范围,由省、自治区、直辖市人民政府根据本行政区域的实际情况规定。

第五十三条 政府投资开发的公益性岗位,应当优先安排符合岗位要求的就业困难人员。被安排在公益性岗位工作的,按照国家规定给予岗位补贴。

第五十四条 地方各级人民政府加强基层就业援助服务工作,对就业困难人员实施重点帮助,提供有针对性的就业服务和公益性岗位援助。

地方各级人民政府鼓励和支持社会各方面为就业困难人员提供技能培训、岗位信息等服务。

第五十五条 各级人民政府采取特别扶助措施,促进残疾人就业。

用人单位应当按照国家规定安排残疾人就业,具体办法由国务院规定。

第五十六条 县级以上地方人民政府采取多种就业形式,拓宽公益性岗位范围,开发就业岗位,确保城市有就业需求的家庭至少有一人实现就业。

法定劳动年龄内的家庭人员均处于失业状况的城市居民家庭,可以向住所地街道、社区公共就业服务机构申请就业援助。街道、社区公共就业服务机构经确认属实的,应当为该家庭中至少一人提供适当的就业岗位。

第五十七条 国家鼓励资源开采型城市和独立工矿区发展与市场需求相适应的产业,引导劳动者转移就业。

对因资源枯竭或者经济结构调整等原因造成就业困难人员集中的地区,上级人民政府应当给予必要的扶持和帮助。

第七章　监督检查

第五十八条 各级人民政府和有关部门应当建立促进就业的目标责任制度。县级以上人民政府按照促进就业目标责任制的要求,对所属的有关部门和下一级人民政府进行考核和监督。

第五十九条 审计机关、财政部门应当依法对就业专项资金的管理和使用情况进行监督检查。

第六十条 劳动行政部门应当对本法实施情况进行监督检查,建立举报制度,受理对违反本法行为的举报,并及时予以核实、处理。

第八章　法律责任

　　第六十一条　违反本法规定,劳动行政等有关部门及其工作人员滥用职权、玩忽职守、徇私舞弊的,对直接负责的主管人员和其他直接责任人员依法给予处分。

　　第六十二条　违反本法规定,实施就业歧视的,劳动者可以向人民法院提起诉讼。

　　第六十三条　违反本法规定,地方各级人民政府和有关部门、公共就业服务机构举办经营性的职业中介机构,从事经营性职业中介活动,向劳动者收取费用的,由上级主管机关责令限期改正,将违法收取的费用退还劳动者,并对直接负责的主管人员和其他直接责任人员依法给予处分。

　　第六十四条　违反本法规定,未经许可和登记,擅自从事职业中介活动的,由劳动行政部门或者其他主管部门依法予以关闭;有违法所得的,没收违法所得,并处一万元以上五万元以下的罚款。

　　第六十五条　违反本法规定,职业中介机构提供虚假就业信息,为无合法证照的用人单位提供职业中介服务,伪造、涂改、转让职业中介许可证的,由劳动行政部门或者其他主管部门责令改正;有违法所得的,没收违法所得,并处一万元以上五万元以下的罚款;情节严重的,吊销职业中介许可证。

　　第六十六条　违反本法规定,职业中介机构扣押劳动者居民身份证等证件的,由劳动行政部门责令限期退还劳动者,并依照有关法律规定给予处罚。

　　违反本法规定,职业中介机构向劳动者收取押金的,由劳动行政部门责令限期退还劳动者,并以每人五百元以上二千元以下的标准处以罚款。

　　第六十七条　违反本法规定,企业未按照国家规定提取职工教育经费,或者挪用职工教育经费的,由劳动行政部门责令改正,并依法给予处罚。

　　第六十八条　违反本法规定,侵害劳动者合法权益,造成财产损失或者其他损害的,依法承担民事责任;构成犯罪的,依法追究刑事责任。

第九章　附　则

第六十九条　本法自 2008 年 1 月 1 日起施行。

国际劳工组织
促进就业和失业保护公约^①

经国际劳工局理事会召集,于 1988 年 6 月 1 日在日内瓦举行第七十五届会议,强调任何社会中劳动和生产性就业的重要性,因为它们不仅为社会创造财富,而且给工人带来收入,赋予工人社会职责并使工人有自尊感。

忆及在就业和失业保护方面的现有国际标准:1934 年的失业补贴公约和建议书,1935 年的失业(青年人)建议书,1944 年的收入保障建议书,1952 年的社会保障(最低标准)公约,1964 年的就业政策公约和建议书,1975 年的开发人力资源公约和建议书,以及 1984 年的就业政策(补充规定)建议书。

考虑到广泛的失业和就业不足正在影响着全世界处于不同发展阶段的各类国家,特别到青年人的问题,他们当中许多人系初次谋职。

考虑到自制定上述关于失业保护的各项国际文件以来,许多成员国在法律和实践方面所取得的重要进展,使得有必要修订现有的标准,特别是 1934 年的失业补贴公约,并制定关于以社会保障在内的一切适当手段促进生产性和自由选择的充分就业的新的国际标准。

注意到 1952 年社会保障(最低标准)公约中关于失业津贴的各项条款所规定的保护水平现已低于工业化国家现有的大多数补偿制度,且与其他津贴标准不同的一点是,这些条款还没有制定更高的标准加以补充,但是,这个公约所依据的原则至今仍然有限,并且这些条款中的标准仍是那些需要建立失业补偿制度的某些发展中国家应当达到的目标。

承认导致持久、稳定、无通货膨胀的经济增长和非性增长、对变化作出灵活反应,以及产生和促进包括小企业、合作社、自营就业和地方首创就业等在内的所有各种生产性的和自由选择的就业方式的政策(即使是通过重新分配目前用于旨在促进就业,特别是职业指导、职业培训和职业康复活动的纯援助性活动的经费实现的),提供了对非自愿失业的不利影响的最佳

---

① 　国际劳工组织大会第七十五届会议于 1988 年 6 月 21 日通过,于 1991 年 10 月 17 日生效。

保护,但是,非自愿失业仍然存在。因此,使社会保障制度能为向非自愿失业者提供就业援助和经济支持就显得很重要。

经决定采纳本届会议议程第五项关于促进就业和社会保障的某些提议,其目的是为了修订1934年失业补贴公约。

经确定这些建议应当采取国际公约的形式。

于1988年6月21日通过下列公约,引用时应称之为1988年促进就业和失业保护公约。

第一部分　一般规定

第1条　本公约中:

(a)"立法"一词包括法律、条例及社会保障方面的规定;

(b)"规定"一词系指由本国立法或者根据本国立法所确定。

第2条　各成员国应当采取适当步骤对其失业保护制度和就业政策加以协调。为此,应当设法确保其失业保护制度,特别是提供失业津贴的办法能促进生产性的和自由选择的充分就业,而不会造成雇主不想积极提供,工人不想积极谋求生产性就业的情况。

第3条　本公约各项条款的实施,应当根据本国惯例与雇主组织和工人组织协商后合作进行。

第4条　1. 凡批准本公约的各成员国,可以随其批准书提交一项声明,以免除因批准公约而对第七部分各项条款承担的义务。

2. 凡提交此项声明的成员国,今后可以随时以另一声明撤回此项声明。

第5条　1. 成员国可以随其批准书提交一项声明,适用第10条第4款、第11条第3款、第15条第2款、第18条第2款、第19条第4款、第23条第2款、第24条第2款和第25条第2款所规定的最多不超过两项临时性例外。此项声明应当指出适用此种例外的理由。

2. 尽管有上述第1款的规定,凡成员国其社会保障制度的局限性表明有理由须这样做时,可以随其批准书提交一项声明,适用第10条第4款、第11条第3款、第15条第2款、第18条第2款、第19条第4款、第23条第2款、第24条第2款和第25条第2款所规定的临时性例外。此项声明应当指出适用此种例外的理由。

3. 根据上述第 1 款或者第 2 款作了声明的成员国,应当在根据国际劳工组织章程第 22 条提交的本公约实施情况报告中,就其所适用的每一例外说明:

(a)这样做的理由继续存在;或者

(b)从特定日期起放弃适用该项例外的权利。

4. 凡根据第 1 款或者第 2 款作出声明的成员国,根据此类声明的内容,并在条件允许的情况下,应当:

(a)将部分失业的情况包括在内;

(b)增加受保护的人数;

(c)提高津贴额;

(d)缩短等待期;

(e)延长支付津贴的持续时间;

(f)使法定社会保障制度适应非全日制工人的职业环境;

(g)努力保证向领取失业津贴的人员及其供养的家属提供医疗保健;

(h)努力保证对此种津贴的支付期予以考虑,以获得社会保障津贴权,并酌情计入残疾、老龄和遗属津贴。

第 6 条　1. 各成员国应当保证所有受保护人享受平等的待遇而不受种族、肤色、性别、宗教、政治信仰、民族血统、国籍、民族或者社会渊源、残疾和年龄方面的歧视。

2. 第 1 款的规定不应当妨碍采取被第 12 条第 2 款中所指的计划项下各特定群体的情况证明有理由采取的特别措施,或者旨在满足劳动力市场上有具体问题的各类人员、特别是处境不利的群体特殊需要的特别措施,也不应当妨碍各国在互惠基础上达成的关于失业津贴的双边或者多边协议。

第二部分　促进生产性就业

第 7 条　各成员国应当作为优先目标制定一项政策,其目的在于以包括社会保障在内的一切适当手段促进生产性的和自由选择的充分就业。此类手段应当特别包括就业服务设施、职业培训和职业指导。

第 8 条　1.各成员国应当在符合国家法律和惯例的条件下,努力制订特别计划,以向那些在谋求持久就业方面有困难或者可能有困难的、特定的、处境不利人员,例如妇女、青年工人、残疾人、老年工人、长期失业者、合法居住该国的移民工人以及受到结构性变化影响的工人,提供额外的工作机会和就业援助,鼓励其自由选择的和生产性的就业。

2. 各成员国在根据国际劳工组织章程第 22 条提交的报告中,应当列明其承诺为之制订就业计划的各类人员。

3. 各成员国应当努力将其为之提供生产性就业的人员类别数目在原有基础上逐步扩大。

第 9 条　本部分所指的措施应当根据 1975 年人力资源开发公约和建议书以及 1984 年的就业政策(补充规定)建议书制定。

第三部分　承保的意外情况

第 10 条　1. 承保的意外情况按照规定的条件应当包括完全失业。其定义为某人在有能力工作、可以工作并且确实在寻找工作的情况下不能得到根据第 21 条第 2 款所确定的适宜职业而失去收入的情况。

2. 各成员国应当尽力在规定的条件下将公约的保护范围扩大到下列意外情况:

(a)因被确定为暂时缩短正常或者法定工作时间的部分失业所造成的收入损失;

(b)因暂时中止工作造成的中止或者减少收入,但是,并未因特别是经济、技术、结构或者类似性质的原因而中断就业关系。

3. 此外,各成员国应当尽力向确实在寻找全日制工作的非全日制工人支付津贴。津贴及这些工人非全日制工作收入的总额,可以保持在能鼓励他们从事全日制工作的水平。

4. 如根据第 5 条所作的声明生效,则上述第 2 和第 3 款可以推迟实施。

第四部分　受保护的人员

第 11 条　1. 受保护的人员应当由按照规定的各类雇员组成,人数不少于全体雇员(包括公务员和学徒工)的85%。

2. 尽管有上述第一款的规定,其在正常退休年龄之前就业受到国家法律或者法规保障的公务员可以列于保护之外。

3. 如根据第5条所作的声明生效,受保护的人员应当包括:

(a)不少于雇员总数50%的按照规定的各类雇员;

(b)在发展水平上证明这样做是正确的情况下,在雇佣20人以上的工业企业中,不少于雇员总数50%的按照规定的各类雇员。

第五部分　保护方法

第12条　1. 除非本公约另有规定,各成员国可以决定选择一种或者几种保护方法实施本公约的各项条款,不论是缴费体制或者非缴费体制,或者二者相结合的体制。

2. 然而,如果成员国的立法保护所有在发生意外情况期间,其资产不超过法定限额的居民,则所给予的保护可以依照第16条的规定,根据受益人及其家庭的资产额加以限制。

第六部分　应发放的津贴

第13条　以定期支付的形式向失业人员发放的津贴,可以与保护方法联系起来。

第14条　在全失业的情况下,津贴应当以定期支付的形式发放,其计算方法应当能向受益人提供部分的和过渡性的工资补偿。同时,避免对参加工作和创造就业机会形成障碍。

第15条　1. 在全失业或者因暂时中止工作而造成收入中止而未断绝就业关系的情况下,如此种意外情况属于承保范围,则津贴应当以定期支付的形式发放。其计算方法如下:

(a)当津贴数额以受保护人所缴纳的费用或者以其名义缴纳的费用,抑或者是以其过去的收入为依据时,其数额应当定为不低于过去收入的50%。对津贴的数额和所考虑的收入可以规定最高限额,例如此限额可以与技术工人的工资或者有关地区的工人的平均工资挂钩;

（b）当此种津贴不以所缴纳的费用或者过去的收入为依据时，其数额应当定为不低于法定最低工资或者普通工人工资的50%，或者按照基本生活费用的最低额确定，以其中最高者为准。

2. 当根据第5条所作声明生效时，津贴数额应当相当于：

（a）不低于过去收入的45%；或者

（b）不低于法定最低工资或者普通工人工资的45%，但是，不应当低于基本生活费用的最低额。

3. 如属适宜，可以将纳税和缴费后的净定期津贴与纳税和缴费后的净收入加以比较，以确定第1和第2款规定的百分比。

第16条　尽管有第15条的规定，在第19条第2款（a）规定的起算期之后发放的津贴，以及成员国按照第12条第2款发放的津贴，在对受益人及其家庭的其他财源加以考虑后，可以按照一个规定的比例超出原规定的限额。总之，在任何情况下，这些津贴加上他们可以享受的任何其他津贴，应当保证他们有符合本国标准的健康而合理的生活条件。

第17条　1. 如果成员国立法规定对失业津贴的享受权应当以完成一个培训期为条件，则这一培训期不应当超过必要的时限，以防止被滥用。

2. 各成员国应当努力使培训期适应季节工人的职业环境。

第18条　1. 如果成员国立法规定在全失业的情况下，失业津贴的发放只能在等待期期满后开始，则这一等待期不得超过7天。

2. 当根据第5条所作的声明生效时，等待期不得超过10天。

3. 对季节性工人来说，上述第1款规定的等待期可以按照他们的职业环境加以调整。

第19条　1. 在全失业和因暂时中止工作而造成收入中止而未断绝就业关系的情况下所规定的津贴，在整个上述过程中均应当发放。

2. 但是，在全失业的情况下：

（a）第15条规定的发放津贴的起算期可以就每次失业限为26个周，或者整个24个月期间限为39个周；

（b）当失业的持续时间超过这一津贴起算期时，按照第16条的规定，根据受益人及其家庭的资产计算的津贴发放期可以限于一个规定的时期。

3. 如果成员国的立法规定第15条规定的发放津贴的起算期应当随培训期限的长短而变化，则为发放津贴规定的平均期限最少应当达到26

个周。

4. 当根据第 5 条所作声明生效时,如果立法规定发放津贴的起算期应当随培训期限的长短而分期发放,则发放津贴的期限可以在 12 个月期间限为 13 周,或者限于 13 个周的平均数。

5. 在上述第 2 款(b)所指的情况下,各成员应当努力向有关人员提供适当的额外援助,以使他们能够借助第二部分所列的措施,重新获得生产性的和自由选择的就业。

6. 在不影响上述第 2 款(b)规定的情况下,季节工人津贴的发放期可以按照其职业环境加以调整。

第 20 条　受保护人在全失业或者半失业或者因暂时中止工作造成收入中止而未断绝就业关系的情况下本来有权享受的津贴,如果发生下列情况,可以在规定范围内拒绝、取消、停发或者削减:

(a)有关人员不在成员国领土;

(b)主管当局判定有关人员故意造成他们自己的解雇;

(c)主管当局判定有关人员无正当理由自愿离职;

(d)在发生劳资纠纷期间,有关人员停工参与劳资纠纷,或者直接由于劳资纠纷造成的停工,使他无法工作;

(e)有关人员试图靠欺诈获得津贴或者已获津贴;

(f)有关人员无正当理由不去利用现成的安置、职业指导、培训、重新培训或者调动到适宜的工作岗位的机会;

(g)有关人员一直得到有关成员国立法所规定的除家庭津贴以外的其他维持收入的津贴,但是,条件是停发的那部分津贴不得超过其他津贴。

第 21 条　1. 受保护人在全失业的情况下本来有权享受的津贴,当本人拒绝接受合适的岗位时,可以在规定的范围内拒付、取消、停发或者削减。

2. 在评估一个岗位的合适性时,应当根据规定的条件并在适当程度上特别考虑到失业者的年龄、从事前一职业的年限、已经具备的经历、失业期的长短、劳动力市场状况、该岗位对本人及其家庭处境的影响,以及该岗位是否属于直接因正在发生的劳资纠纷造成的停工而形成空缺。

第 22 条　当受保护的人员根据国家法律、法规或者集体合同已经直接从其雇主处或者从其他任何来源领取离职费,主要用于抵偿他们因全失业造成的收入损失时,各成员国可以作下列选择:

（a）有关人员本来有权获得的失业津贴，可以在离职费抵偿收入损失时期内相应停发；或者（b）离职费可以减发，减发金额相当于在离职费抵偿收入损失的时期内，有关人员有权获得的失业津贴换算成一次性支付的金额。

第23条 1. 凡立法规定提供医疗照顾并使其直接或者间接地以职业活动为条件的成员国，应当按照规定的条件尽力保证为领取失业津贴的人员及其供养的家属提供医疗照顾。

2. 当根据第5条所作的声明生效时，上述第1款可以推迟实施。

第24条 1. 各成员国应当按照规定条件尽力为领取失业津贴的人员保证将发放失业津贴的期限考虑在内，以便：

（a）获得对残疾、老年和遗属津贴的权利，以及如数适宜计算这些津贴；

（b）在失业结束后获得对医疗照顾和疾病生育以及家属津贴的权利；前提是有关成员国的立法已经规定了这些津贴并使其直接或者间接以职业活动为条件。

2. 当根据第5条所作的声明生效时，上述第1款可以推迟实施。

第25条 1. 每一成员应当确保以职业活动为基础的法定社会保障制度适应非全日制工人的工作环境，除非他们的工作时间和收入按照规定的条件可以视为微不足道。

2. 在根据第5条所作的声明有效时，上面第1款可以延缓实施。

第七部分　对新谋职者的特殊条款

第26条 1. 各成员国应当考虑到这一事实，即许多种类的求职人员可能从未被认为或者已经不再被认为是失业人员，或者从未包括或者已经不再包括在失业保险制度之内。因此，下列10类求职人员中至少有3类应当按照规定的条件和办法享受社会津贴：

（a）结束了职业培训的青年人；

（b）完成了学业的青年人；

（c）服完了义务兵役的青年人；

（d）刚结束了一段从事教育儿童或者照料病、残、老年人的人员；

（e）无权领取遗属津贴的丧偶者；

（f）离婚或者分居者；

（g）获释犯人；

（h）经过一段时间培训的成年人，包括残疾人在内；

（i）回到原籍国的移民工人，除非他们根据最后在那里工作的国家的法律已经获得了权利；

（j）以前的自营人员。

2. 在根据国际劳工组织章程第 22 条提交的报告中，各成员国应当说明其承诺在上述第 1 款所列各类人员中为哪几类人员提供保护。

3. 各成员国应当尽力使受保护人员的种类从原来的数目逐步扩大。

第八部分　法律、行政和财务保证

第 27 条　1. 在津贴遭到拒付、取消、停发或者削减，或者对其数额有争议时，津贴申请人有权向津贴制度的管理机构提出申诉，并随后向一个独立的机构提出上诉。有关机构应当以书面的形式把通用的程序告知申请人，这种形式应当简便快捷。

2. 上诉程序应当使津贴申请人能够根据国家法律和惯例由自己挑选的称职人员、有代表性的工人组织的代表或者代表受保护人的组织的一名代表的代理或者协助。

第 28 条　各成员国应当负有妥善管理实施本公约的机构和部门的一般责任。

第 29 条　1. 当管理工作是由议会负责的政府部门直接进行时，受保护人员和雇主的代表应当按照规定的条件以咨询身份参与管理。

2. 当管理工作不是由向议会负责的政府部门进行时：

（a）受保护人员的代表应当按照规定的条件参加管理或者以咨询身份协同管理；

（b）国家法律或者法规也可以规定雇主代表参加；

（c）国家法律或者法规还可以规定政府当局的代表参加。

第 30 条　在由国家或者社会保障制度为保障就业而发放补贴的情况下，各成员国应当采取必要措施，保证这些补贴专门用于预定的目的，并防止享受此类补贴的人员作弊或者滥用。

第 31 条 本公约修订 1934 年失业公约。

第 32 条 本公约的正式批准书应当送交国际劳工局局长登记。

第 33 条 1. 本公约应当仅对曾经把批准书送交局长登记的那些国际劳工组织成员国有约束力。

2. 本公约应当自两个成员国把批准书送交局长登记之日起 12 个月后生效。

3. 此后,本公约应当自任何成员国把批准书送交登记之日起 12 个月后对该成员国生效。

第 34 条 1. 批准了本公约的成员国,可以在公约首次生效之日起满 10 年后退出公约;退约时应当将退约书送交国际劳工局局长登记。此项退约应当于退约书送交登记之日起一年后才能生效。

2. 批准了本公约的成员国,如果在前款所述的 10 年时间满期后一年内,不行使本条所规定的退约权,即须再受 10 年的约束;其后,可以按照本条规定的条件,在每 10 年时间满期时,退出本公约。

第 35 条 1. 国际劳工局局长应当将国际劳工组织各成员国送交其登记的所有批准书和退约书通知国际劳工组织的全体成员国。

2. 国际劳工局局长在把送交其登记的第二份批准书通知国际劳工组织各成员国时,应当提请各成员国注意公约生效的日期。

第 36 条 国际劳工局局长应当按照《联合国宪章》第 102 条的规定,将按照上述各条规定送交其登记的所有批准书和退约书的全部细节,送交联合国秘书长登记。

第 37 条 国际劳工局理事会应当在他认为必要的时候,向大会提交一项关于本公约实施情况的报告,并研究是否适宜于在大会议程中列入全部或者局部订正公约的问题。

第 38 条 1. 大会倘若通过一个新的公约去全部或者局部订正本公约,那么,除非这个新的公约另有规定,否则:

(a)任何成员国如批准新的订正公约,在该订正公约生效时,即系依法退出本公约,不受上述第 34 条规定的限制;

(b)从新的订正公约生效之日起,交由各成员国批准。

2. 对于已批准本公约但未批准订正公约的那些成员国,本公约在任何情况下均应当按照其原有的形式和内容继续生效。

第 39 条　本公约的英文本和法文本具有同等效力。本公约应当即停止开放给各成员国批准。

印度国家农村就业保障法①

为了提高国家农村地区居民户生活保障水平,对于有成年家庭成员自愿做无需特殊技能的体力劳动的,为每一户家庭每财政年度提供至少100日有薪就业保障,以及规定其他相关或者附带事项,制定本法。

印度共和国56年议会制定如下规定:

第一章 总 则

第一条 (1)本法为2005年《国家农村就业保障法》。

(2)本法适用于除查谟—克什米尔邦之外的印度全境。

(3)本法于中央政府在《公报》上以公告形式指定的日期生效;不同邦或者相同邦不同地区可以指定不同时间,在其规定中所指本法生效的时间应当解释为在该邦或者该地区的生效的时间。但是,本法自其制定之日起5年内应当适用于印度全境。

第二条 除另有其他规定外,本法中下列用语的含义是:

(a)"成年人"是指年满18周岁之人;

(b)"申请人"是指依计划申请就业的家长或者其他成年家庭成员;

(c)"街区"是指一组村级村务委员会组成的一个区中的社区发展区域;

(d)"中央委员会"是指依照本法第10条第(1)款规定组成的中央就业保障委员会;

(e)"区项目协调人"是指为执行计划而依照本法第14条第(1)款规定指定的一名邦政府官员;

(f)"居民户"是指相互之间存在血缘、婚姻或者收养关系的家庭成员,通常共同居住,共同膳食,并持有一张共同配给卡;

(g)"执行机构"包括中央政府各部门或者邦政府、专区政务委员会、中

---

① 本法于2005年9月5日由印度共和国56年议会制定,第42号公布。郜风涛、姜园子译校。

级村务委员会、村级村务委员会以及中央政府或者邦政府授权承担计划的任何工作的各地方机构、政府事业单位或者非政府组织；

（h）"最低工资"是指适用于某一地区的、邦政府依照 1948 年《最低工资法》第 3 条对于该地区农业劳动力所确定的最低工资；

（i）"国家基金"是指依照本法第 20 条第（1）款规定建立的国家就业保障基金；

（j）"公告"是指在《公报》中发布的公告；

（k）"优先工作"是指依某项计划优先执行的工作；

（l）"规定"是指按照本法制定的规则规定；

（m）"项目官员"是指为执行计划而依照本法第 15 条第（1）款规定指定的一名官员；

（n）"方案"是指为使申请人就业而依计划所提供的任何工作；

（o）"农村地区"是指在某一邦中，除由地方市政机构管辖或者按照各现行有效的法律成立或者组成的驻地委员会（Cantonment Board）管辖的地区之外的地区；

（p）"计划"是指由邦政府依照本法第 4 条第（1）款公告的计划；

（q）"邦委员会"是指依照本法第 12 条第（1）款规定组成的邦就业保障委员会；

（r）"无需特殊技能的体力劳动"是指任何成年人无需任何技能或者专门训练即可以胜任的体力劳动；

（s）"工资标准"是指本法第 16 条中所指的工资标准。

第二章　农村地区就业保障

第三条　（1）除本法另有规定外，邦政府应当在按照中央政府公告的本邦农村地区，于每一财政年度内，依照本法所制定的计划，为每户有成年家庭成员自愿作无需特殊技能的体力劳动的居民户提供不少于 100 日的此类工作。

（2）每个完成依计划分配给其工作的人，均有权依每日工作工资标准领取工资。

（3）除本法另有规定外，每日工资应当按照周支付，在任何情况下，不得迟于完成此工作之日起的两周之内支付。

（4）根据经济能力和发展水平，中央政府或者邦政府可以作出规定，在适当时按照计划为居民户中每一成年成员提供超过第（1）款规定保障期的工作。

第三章　就业保障计划与失业津贴

第四条　（1）为了使本法第 3 条规定具有效力，在本法生效之日起 6 个月内，各邦政府应当以公告形式制定计划，规定在每一财政年度之内，在该计划内的农村地区，有成年家庭成员依照本法或者该计划规定的条件，申请自愿做无需特殊技能的体力劳动的，为其每户家庭提供不少于 100 日的就业保障。

但是，在邦政府公告上述计划之前，在有关地区公告发布之前所实施的年度行动计划或者远景计划，或者根据本法制定的国家工作换食物行动计划。

（2）邦政府应当将其所制定的计划的摘要刊载在至少两份地方报纸上，其中一份应当是采用本地语言在计划实行地区发行的。

（3）依照本条第（1）款规定所制定的计划应当规定本法附录 1 所确定的最低条件。

第五条　（1）邦政府可以在计划中规定依照本法提供就业保障的条件，但是，不得影响本法附录 2 所规定的条件。

（2）依照本法制定的计划就业人员有权享有不低于本法附录 2 所规定的最低条件的便利。

第六条　（1）即使有 1948 年《最低工资法》的规定，中央政府可以公告形式规定本法的工资标准；而且，可以对不同地区规定不同的工资标准。公告规定的工资标准始终不得低于每日 60 卢比。

（2）在中央政府没有确定一邦某地区的工资标准时，邦政府依照 1948 年《最低工资法》第 3 条所确定的农业劳动者的最低工资应当视为适用于该地区的工资标准。

第七条　（1）就业申请人自其就业申请被接受之日起，或者在预先申请的情况下从寻找工作之日起，二者以时间在后的为准，在 15 日内仍没有找到工作的,就业申请人有权依照本条规定享有每日失业津贴。

(2)按照邦政府规定的资格条款和条件,依照本法及各计划的规定以及该邦政府的经济实力,依照本条第(1)款获得的失业津贴,应当按照邦政府商邦委员会后以公告形式规定的标准确定每户应当享有的权利后,支付给该户的申请人;而且,此标准不得低于该财政年度内第一个 30 日工资标准的 1/4,并不得低于该财政年度所余时间的工资标准的 1/2。

(3)邦政府在一个财政年度内向一户家庭支付失业津贴的义务遇有下列情况应当终止:

(a)申请人按照村级村务委员会或者项目官员的指示,其本人前来报到开始工作,或者代表其家庭中至少一名成年成员报到;或者

(b)寻找工作的期间届满,但是,申请人户中无家庭成员前来工作;或者

(c)在一财政年度内,申请人户中成年家庭成员已经得到总计至少 100 日的工作;

(d)申请人的居民户在财政年度内已经挣得的工资和失业津贴的总和等于工作 100 日所得的工资。

(4)申请人的居民户应当得的所有失业津贴,应当由项目官员,或者邦政府为此以公告形式授权的地方机构(包括区级、中级或者村级的村务委员会)批准和支付。

(5)依照本条第(1)款规定的失业津贴应当不迟于其应当支付之日起的 15 日内支付或者提供。

(6)邦政府可以规定本法中失业津贴的支付办法。

第八条　(1)项目官员因其自身之外的任何原因不能及时或者完全不能支付失业津贴,应当向区项目协调人报告,并在通知中说明原因,张贴于他的通知栏、村级村务委员会的通知栏以及他认为必要的其他明显位置。

(2)未付或者迟付失业津贴的所有情况,均应当连同其原因,由区项目协调人在其提交的年度报告中报告邦政府。

(3)邦政府应当采取一切措施,将依第(1)款报告的失业津贴尽快支付给有关居民户。

第九条　申请人有下列情形之一的,在 3 个月内无资格领取本法规定的失业津贴,但是,仍有资格随时请求计划内的工作。

（a）不接受依计划提供给其居民户的工作的；

（b）在项目官员或者执行机构通知其报到开始工作的 15 日内不报到的；

（c）未经有关执行机构许可即有一周以上连续旷工，或者在任何一月中有总计一周以上的旷工的。

第四章　执行及监督机构

第十条　（1）经中央政府以公告确定生效的日期后，应当组成名为"中央就业保障委员会"的委员会，履行本法赋予的职责。

（2）中央委员会的总部设在德里。

（3）中央委员会由中央政府任命的下列人员组成：

（a）一名主席；

（b）由中央政府确定人数，不超过该人数的中央各部（含计划委员会）的代表，且其级别不得低于印度政府联合秘书；

（c）由中央政府确定人数，不超过该人数的邦政府代表；

（d）不超过 15 名的代表村务委员会自治组织、工人团体和弱势群体的非官方成员；而且，此非官方成员之中应当包括两名由中央政府提名的区级村务委员会主席，一年轮换一次；根据本条款提名的非官方成员中应当有不少于 1/3 的成员是女性；非官方成员中应当有不少于 1/3 的成员属于表列种姓、表列部族，其他落后阶层和少数民族；

（e）由中央政府为此制定规则确定人数，该人数的各邦代表；

（f）一名秘书成员，其级别不得低于印度政府联合秘书。

（4）任命中央委员会主席和其他成员的条件，以及中央委员会会议的时间、地点和程序（包括会议法定人数），应当由中央政府规定。

第十一条　（1）中央委员会应当履行下列职责：

（a）建立中央评估监督制度；

（b）就执行本法的所有事宜向中央政府提出建议；

（c）建立审查监督和纠正机制，提出所需改进的建议；

（d）促进最广泛地宣传依照本法所制定的计划；

（e）监督本法的执行；

(f)草拟中央政府呈交议会的有关本法执行情况的年度报告;

(g)中央政府委派的其他任何职责。

(2)中央委员会有权对依照本法制定的计划进行评估,并为此收集或者要求收集有关农村经济和计划执行情况的统计数据。

第十二条　(1)为了在各邦定期监督和审查本法的执行情况,各邦政府应当组成邦委员会,称为"……(邦的名称)邦就业保障委员会",包括一名主席、由邦政府确定人数的官方成员以及由邦政府提名的来自村务委员会自治组织、工人团体和弱势群体的不超过15人的非官方成员;而且,依照本款提名的非官方成员中应当有不少于1/3的成员是女性;非官方成员中应当有不少于1/3的成员属于表列种姓、表列部族、其他落后阶层和少数民族。

(2)任命邦委员会主席和其他成员的条件以及邦委员会会议的时间、地点和程序(包括会议法定人数),应当由邦政府规定。

(3)邦委员会的职责包括:

(a)就计划及其在本邦执行的所有事宜向邦政府提出建议;

(b)决定优先工作;

(c)建立审查监督和纠正机制,提出改进的建议;

(d)促进最广泛地宣传本法以及依照本法所制定的计划;

(e)监督本法和计划在本邦的执行,并同中央委员会协调其执行;

(f)草拟由邦政府呈交邦议会的年度报告;

(g)中央委员会或者邦委员会委派的其他任何职责。

(4)邦委员会有权对在本邦实施的计划进行评估,并为此收集或者要求收集有关农村经济及计划和项目在本邦内执行情况的统计数据。

第十三条　(1)区级、中级以及村级村务委员会是安排与执行依本法制定的计划的主要机构。

(2)区级村务委员会的职责是:

(a)审定和批准依照计划制定的项目中在街区内实行的方案;

(b)督促和监督街区和区级方案的实行;

(c)随时履行邦委员会委派的其他任何职责。

(3)中级村务委员会的职责是:

(a)批准街区级方案后将其递交区级村务委员会最终批准;

（b）督促和监督方案在村级村务委员会和街区实行；

（c）随时履行邦委员会委派的其他任何职责。

（4）区项目协调人应当协助区级村务委员会履行本法和依照本法制定的计划所规定的职责。

第十四条　（1）指定区级村务委员会的行政长官、区税务官或者邦政府确定的其他级别相当的区级官员作为区项目协调人，负责本区计划的执行。

（2）区项目协调人依照本法规定以及依照本法所制定的规则负责在本区执行计划。

（3）区项目协调人的职责是：

（a）协助区级村务委员会履行本法和依照本法制定的计划所规定的职责；

（b）汇总各街区拟定的计划和其他执行机构提交的建议，作为由区级村务委员会批准的方案；

（c）根据情况给予必要的批准和行政许可；

（d）协同其管辖范围的项目官员及执行机构保证申请人依其在本法中享有的权利得到工作；

（e）审查、监督、督促项目官员履行职责；

（f）定期检查正在进行的工作；

（g）处理申请人的申诉。

（4）邦政府应当授予区项目协调人履行本法职责所必要的行政和财政权力。

（5）依照本法第15条第（1）款规定任命的项目官员、邦政府的所有其他官员以及在该区履行职责的地方机构和团体，有责任协助区项目协调人履行本法及依照本法制定的计划所规定的职责。

（6）区项目协调人应当在每年12月制定下一财政年度的劳动预算，其中包括预计对本区内无需特殊技能的体力劳动的具体需求和劳动者参加计划内工作的计划，并将其提交区级村务委员会。

第十五条　（1）邦政府应当在每一中级村务委员会中任命一人作为该中级村务委员会的项目官员，其级别不低于街区发展官员，其资历由邦政府确定。

（2）项目官员应当协助中级村务委员会履行本法及依照本法制定的计划所规定的职责。

（3）项目官员负责从其管辖地区的方案中找到与就业要求相适合的就业机会。

（4）项目官员综合村级村务委员会草拟的建议和中级村务委员会递交的建议，拟定其管辖街区的计划。

（5）项目官员的职责包括：

（a）监督街区内村级村务委员会及其他执行机构实施方案；

（b）批准并确保向符合资格的居民户支付失业津贴；

（c）确保向街区内所有依照计划项目就业的劳动者及时合理地支付工资；

（d）确保由村庄大会（Gram Sabha）对村级村务委员会权限内的所有工作进行定期社会审计并对社会审计中提出的异议及时采取措施；

（e）及时处理街区内提出的与执行计划有关的投诉；

（f）区项目协调人或者邦政府委派的其他任何工作。

（6）项目官员应当在区项目协调人的领导、管理和监督下工作。

（7）邦政府可以命令指示由村级村务委员会或者地方机构履行项目官员的全部或者部分职责。

第十六条　（1）村级村务委员会应当根据村庄大会和区会议（Ward Sabha）的建议，负责确认按照计划实施的该村级村务委员会地区的方案，并负责实行和督促该方案中的工作。

（2）村级村务委员会经项目官员批准，可以在该村务委员会地区实施计划中的任何方案。

（3）各村级村务委员会应当在考虑村庄大会和区会议的建议后，拟定发展计划，并在有工作需求时备有计划内可以提供的工作。

（4）村级村务委员会应当在其建议执行方案的年度开始之前，将其关于发展方案的建议，包括不同工作的优先顺序，递交项目官员审查和初步批准。

（5）项目官员应当按照计划支出，将至少50%的工作分配给村级村务委员会安排。

（6）项目官员应当向各村级村务委员会提供下列清单：

（a）经批准由其安排的工作的清单；

（b）可以向该村级村务委员会居民提供的其他地方的工作机会的清单。

（7）村级村务委员会应当为申请人提供分配工作的机会，并要求其报到开始工作。

（8）村级村务委员会依照计划提供的工作应当符合规定的技术标准和计量标准。

第十七条　（1）村庄大会应当监督村级村务委员会工作的执行。

（2）村庄大会应当对村级村务委员会执行的所有计划内的方案进行定期社会审计。

（3）村级村务委员会应当向村庄大会提供进行社会审计所需要的所有文件，包括清单、单据、收据、测量文件、批准命令复印件以及其他有关账簿和文件。

第十八条　邦政府应当向区项目协调人和项目官员提供有效执行计划所需的人力和技术支持。

第十九条　邦政府应当制定规则，确定街区和区级的申诉处理机制，处理任何人有关计划执行的投诉，并应当制定处理申诉的程序。

第五章　国家、邦就业保障基金的建立及其审计

第二十条　（1）为执行本法，中央政府应当设立国家就业保障基金，并予以公告。

（2）经国会以法律形式拨款，中央政府可以通过赠与或者贷款的方式向国家基金提供其认为该基金所需的资金。

（3）向国家基金提供的资金应当按照中央政府规定的方法、条件、限制使用。

第二十一条　（1）为执行计划，邦政府可以设立邦就业保障基金，并予以公告。

（2）邦基金中的资金应当按照邦政府为执行本法以及依照本法制定的计划和为满足执行本法所限定的行政开支而规定的方法、条件、限制使用。

（3）邦政府应当指定相应机构，以邦政府名义并按照邦政府的有关规

定保存和管理邦基金。

第二十二条　（1）按照中央政府对此所作规定,中央政府应当满足下列开支：

（a）支付计划中简单体力劳动所需工资的数额；

（b）计划中所需物质开销的3/4,包括依照本法附录2须支付给技术工人和半技术工人的工资；

（c）中央政府所确定的行政性支出在计划总开支中所占的比例,其中包括项目官员及其助理官员的工资和奖金、中央委员会的行政性支出、依照本法附录2及由中央政府所决定提供的设备费用。

（2）邦政府应当满足下列开销：

（a）按照计划支付失业津贴的开支；

（b）计划中所需物质开销的1/4,包括依照本法附录2须支付给技术工人和半技术工人的工资；

（c）邦政府的行政性支出。

第二十三条　（1）为执行计划,地区项目协调员及该地区所有执行机构均应当合理使用和管理其掌握的基金。

（2）对劳动者就业和执行本法以及依照本法制定的计划中产生的费用的账目和清单,邦政府可以规定其保存方法。

（3）为正确执行计划和计划中的项目,邦政府可以通过法规进行安排,保障各级机构在计划执行时的透明度和可问责性。

（4）所有现金支付的工资和失业津贴,应当于事先通知的日期,在有社区内第三人在场的情况下,直接付给相关个人。

（5）村级村务委员会对执行计划有异议和意见的,应当反映给项目官员。

（6）项目官员应当将所有意见加入由其保管的意见记录中,并在收到意见7日内,对异议或者意见作出回应；若涉及到应当由其他机关处理的问题,则应当递交该机关处理。

第二十四条　（1）中央政府经与印度总会计长（comptroller）和审计长（Auditor）协商,可以对各级别上的账目审查作出规定。

（2）计划账目应当按照邦政府规定的形式和方法进行保存。

第六章 杂 项

第二十五条 违反本法规定,应当处 1000 卢比以下的罚金。

第二十六条 (1)中央政府可以通过公告,按照其公告规定的情形、条件和限制,将由其行使的权力(不包括制定法规的权力)交由邦政府或者中央政府或者邦政府的下属官员行使。

(2)邦政府可以通过公告,按照其公告规定的情形、条件和限制,将由其行使的权力(不包括制定法规的权力)交由其下属官员行使。

第二十七条 (1)为有效执行本法规定,中央政府可以对邦政府做其认为必要的指示。

(2)在不影响本条第一款规定的前提下,在接到反映基金问题或者不正当使用依照本法获赠基金的申诉后,经初步核实申诉反映的问题确实存在,中央政府可以指定任何机构针对问题展开调查。必要时,可以命令停止计划基金发放,并在合理期限内采取合适补救措施。

第二十八条 即使与任何其他生效法律内容或者与依照该法律性质有效的规定内容相冲突,本法和依照本法制定的计划的规定依然有效。

如果邦立法所规定的应当对农户提供的无须特殊技能的体力劳动就业保障符合本法规定,而且对受益农户的条件限制不少于并不低于本法的有关规定,邦政府可以选择执行本邦的立法。

以中央政府规定的方式向地方政府提供财政援助的,如果必须执行本法规定的计划,该援助不得超出该邦依照本法所应当得的数额。

第二十九条 (1)中央政府认为必要或者有益时,可以通过公告修改本法附录 1 或者附录 2,其他有关规定应当作相应修改。

(2)依照本条第 1 款所作的公告,应当尽快向国会递交其复印件。

第三十条 无论是出于善意还是本意,对依照本法以及依照本法制定计划的行为,都不得对地区项目协调员、项目官员或者其他依照印度刑法典第 21 条规定的公务员或者应当视为公务员的人员提起诉讼或者启用其他法律程序。

第三十一条 (1)为执行本法,中央政府可以通过公告,按照之前公布的情况制定规则。

（2）在公正使用上述权力的前提下，遇有特殊情况时，可以就下列事项制定规则：

（a）依照本法第 10 条第 3 款规定，确定邦政府的代表人数；

（b）依照本法第 10 条第 4 款规定，任命主席和中央委员会的其他成员的条件，以及中央委员会的召开时间、地点、会议项目（包括该会议上的法定人数）；

（c）依照本法第 20 条第 3 款规定，明确国家基金的使用方法、条件和限制；

（d）依照本法第 22 条第 1 款规定，为满足其规定的开支而对基金情况制定相关规则；

（e）中央政府可以通过规则规定的其他事项。

第三十二条　（1）为执行本法，在不违反本法及中央政府所制定的规则的前提下，邦政府可以通过公告，按照事先公布的情况制定规则。

（2）在不影响上述概括性权力的前提下，尤其可以就下列一部分或者全部事项制定规则：

（a）依照本法第 7 条第 2 款规定，确定发放失业津贴的条件；

（b）依照本法第 7 条第 6 款规定，确定支付失业津贴的程序；

（c）依照本法第 12 条第 2 款规定，明确任命主席和邦委会成员的条件，以及任命会议的召开时间、地点和程序（包括该会议上的法定人数）；

（d）依照本法第 19 条规定，明确街道及区级的救济机制和程序；

（e）依照本法第 21 条第 2 款规定，明确邦基金的使用方法、情况和限制；

（f）依照本法第 21 条第 3 款规定，确定管理邦基金的权力机构及其保管基金的方法；

（g）依照本法第 23 条第 2 款规定，确定保留工作劳动者账目和开支的清单的方法；

（h）依照本法第 23 条第 3 款规定，合理执行计划所需的安排；

（i）依照本法第 24 条第 2 款规定，确定保留计划账目的格式和方法；

（j）邦政府可以制定规则的其他事项。

第三十三条　（1）中央政府依照本法制定的所有法规应当在制定后尽快呈交国会两院。此呈交应当在其各届会议期间，每届会议或者由一次会议组成,或者由连续两次或者以上会议组成,总共 30 日。在上述会议或者多个连续会议之后的会议期结束前,如果两院均同意修改法规,或者均认为不应当制定法规,则此法规应当按照修正后生效,或者不应当生效。任何修改或者废止都不应当影响之前依照该法规所为事项的效力。

(2)若邦立法机关拥有两院,则邦政府依照本法所制定的所有规则都应当在其制定后尽快呈交其每一院;若仅有一院,则呈交该院。

第三十四条 (1)若执行本法规定有任何困难,在不违背本法规定的前提下,中央政府可以制定有利于解决困难的规则,并以命令形式发布于官方公报中。但是,在本法生效满 3 年后,政府不得依照本条作上述命令。

(2)政府依照本条所作命令应当在作出后尽快呈交国会两院。

附录 1(见第 4 条第 3 款)

农村就业保障计划的最低要求:

1. 按照其优先顺序,计划重点包括下列工作:

(1)节约用水和蓄水工程;

(2)抗旱工作(包括植树造林);

(3)用于灌溉的运河,包括微型和小型灌溉工程;

(4)有关列保种姓阶级和列保种姓部族家庭、土地改革受益者,或者印度政府为低收入者提供建筑房屋计划受益者的土地灌溉设施;

(5)整修原有的水利工程,包括疏通蓄水槽等;

(6)土地开发;

(7)防洪与防护工程,包括排水不畅地段的下水道等;

(8)全天候可用的农村交通;

(9)中央政府经与邦政府协商后规定的其他工作。

2. 为农村贫民创造耐耗资产、丰富生活资料,应当是计划的一项重要目标。

3. 计划所含的工程应当在农村地区。

4. 邦委员会应当根据各地创造耐耗资产的能力,为不同地区列出优先工作清单。

5. 为正确维护计划创造的公共财产,计划应当服从邦委员会依法规而拟定的合理安排。

6. 在任何情况下,均不应当支付低于劳动者工资水平的工资。

7. 当工资直接与工作质量挂钩时,应当经与邦委员会协商,依照邦政府每年为不同工种确定的工资水平确定工资。

8. 不熟练劳动者的工资水平清单确定,工作 7 个小时的人通常获得相当于工资水平的工资。

9. 项目物质方面的开支,包括按照计划付给熟练、半熟练技工的工资开支,不应当超过项目总开支的 40%。

10. 项目官员和村级村务委员会可以分配给申请计划中工作的人做计划包含的任何种类的工作。

11. 执行计划中项目时,不允许任何承包者的介入。

12. 如有可能,计划基金资助的工作应当用体力劳动,而不用机械完成。

13. 计划中应当有明确规定,保障每一级执行计划的透明度和问责制。

14. 应当制定定期检查和监督计划的工作规定,保障工作质量,并保证为完成工作支付的工资总量与所做工作的质量和数量相称。

15. 执行计划的地区项目协调人、项目官员和村级村务委员会应当撰写其管辖工作的年度报告,写明计划执行的有关事实、数据和成就。应当公众请求、经支付计划中确定的费用,可以得到报告复印件。

16. 公众可以查阅与计划相关的所有账目和记录。任何希望得到其复印件或者相关摘要的个人,经申请并支付计划确定的费用,可以得到复印件或者相关摘要。

17. 任何感兴趣的人经支付计划确定的费用后,可以向村级村务委员会办公室及项目官员索要每一计划或者项目的名册复印件。

附录 2(见第 5 条)

计划中保障农村就业和劳动者最低要求的规定

1. 每一家庭的成人:

(1)居住于任何农村地区;

(2)愿为简单体力劳作,可以向其居住辖区的村级村务委员会(本附录下文中将称为村级村务委员会)提交其姓名、年龄及家庭地址,经登记,为其家庭发放就业卡。

2. 经适当询问后,村务委员会有责任为该家庭发放就业卡,卡中按照计划中邦委员会的规定,载有该家庭成年人的情况和照片。

3. 按照(2)进行的登记应当与计划确定的时期一致。任何情况下登记有效期不得少于 5 年,且注册可以及时更新。

4. 注册家庭的工作卡上录有姓名的每名成人,均有权申请计划中的简单体力劳作。

5. 一户家庭中的所有登记人员都有权获得依照本法所做计划中的工作。每位申请者所要求的工作天数为一个财政年度内每一家庭最多 100 天。

6. 项目官员应当保证在收到申请的 15 日内,或者在有提前申请、寻找工作的情况下,按照计划条款向"5"所指的每一申请者提供简单体力劳作。

妇女应当优先获得工作机会。依照本法登记和申请工作的妇女,应当占(计划)受益者的 1/3。

7. 工作申请者必须能完成至少 14 天的连续工作。

8. 申请者可以申请的工作日数不得受到限制,实际提供给他的工作天数受制于家庭的总工作天数。

9. 按照计划规定,书面工作申请应当递交给村级村务委员会或者项目官员。

10. 村级村务委员会或者项目官员根据具体情况,有义务接受有效申请,并给出注有日期的收据。可以递交集体申请。

11. 对于已经获得工作的申请者应当发给其书面通知,按照工作卡中的地址信件通知申请者,并在地区、中级、村级村务委员会办公室张贴公开告示。

12. 为申请者提供的工作应当尽量在其申请时所居住村庄的方圆 5 公里之内。

13. 在下列情况下,开始计划下一项新工作:

(a)至少有 50 名劳动者可以投入此项工作;

(b)这些劳动者不能参与当前展开的工作。

但是,上述情况不适用于邦政府所规定的山区和植树造林方面的新工作。

14. 若在上述范围之外提供工作,则应当提供给街区内的劳动。劳动者应当获得工资水平 10% 的额外工资,补贴交通及生活开销。

15. 就业时间通常不得少于连续 14 天,每周工作不超过 6 天。

16. 在已经支付或者正在支付失业津贴时,项目官员应当书面通知地区项目协调人其不能为申请者提供工作的原因或者提供给申请者工作的原因。

17. 支付或者将要支付失业津贴时,地区项目协调人应当向州委员会报告,说明未能提供工作和支付失业津贴的原因。

18. 针对提前申请,即在开始工作之日以前递交申请的,计划中应当加以规定。

19. 针对同一人的多重申请,在计划中应当加以规定,以保证其工作时间不会重合。

20. 按照计划中所规定的格式和方法,村级村务委员会应当准备或者维护计划所要求的登记、凭单和其他档案,其中应当包括发放的工作卡、存折和在村级村务委员会登记的家庭家长和成人成员的姓名、年龄和住址。

21. 村级村务委员会应当按照计划规定的时间和形式,将列有家庭地址及其登记成年成员姓名的列表连同其他信息提供给项目官员。

22. 在村级村务委员会公告板、项目官员办公室和项目官员认为必要的其他地方,公布就业者的名单,以供省政府和其他感兴趣者查阅。

23. 当村级村务委员会确认某人编造虚假信息登记时,可以命令项目官员将此人的姓名从登记表中剔除,并责令其交回工作卡。

24. 任何计划项目的就业人员,因工作原因或者在其工作中受到人身伤害,则此人有权要求得到计划许可的医疗,不用付费。

25. 若有受伤人员需要住院,省政府应当安排其住院,解决住宿、护理、医药费用,且应当支付日津贴,其金额不低于其工作工资的一半。

26. 若计划项目的就业人员因为工作原因或者在工作中因事故死亡或者终生伤残,执行机构应当按照25000卢比或者中央政府通知的数目支付抚恤金。若需要,此赔款可以支付给死者或者伤残者的法定继承人。

27. 工作地点应当提供安全饮用水设施、儿童庇荫处、休息时间以及备有足量救助品的急救箱,以应对工作导致的轻伤和其他健康危险。

28. 若在任一工作地点跟随妇女工作的6岁以下的儿童达到5人,应当规定委托其中一位妇女工人照看这些儿童。

29. 对依照"28"条规定的受委托者,应当按照工资水平支付其工资。

30. 若在计划规定的期限内没有领取工资,劳动者有权依照1936年

《工资支付法》的规定获得补偿。

31. 计划项目的工资可以全部用现金支付,也可以用现金和实物支付,但是,至少工资的1/4应当用现金支付。

32. 邦政府可以规定工作期间每日向雇员支付现金工资的比例。

33. 计划项目就业人员的陪护儿童若因意外受到人身伤害,他有权要求给予该儿童计划规定的免费医疗救助;若死亡或者伤残,则可以得到邦政府确定的抚恤金。

34. 计划项目的就业应当遵守1976年《平等报酬法》的规定,不得进行性别歧视。

主要参考文献

一、外文类

［1］Acemoglu D. Technical Change, Inequality, and the Labour Market. Journal of Economic Literature. 2002, 40.

［2］Alicia Adsera, Carles Boix. Must We Choose? European Unemployment, American Inequality, and the Impact of Education and Labor Market Institution. European Journal of Political Economy. 2000, Vol. 16.

［3］Alejandro Portes and Willian Haller. The Informal Economy. The Center for Migration and Development Working Paper.

［4］Aghion, Ph. , and Howitt, P. Growth and Unemployment. Review of Economic Studies. 1993, Vol. 61:3.

［5］Beveridge. Unemployment, A Problem of Industry. 1930, London.

［6］Christopher Freeman. Technological Change and Full Employment. 1987, Basil Blackwell.

［7］Colin C. Williams, Jan Windebank. Paid Informal Work in Deprived Neighborhoods. 2000, Volume 17.

［8］David Andolfatto. Business Cycles and Labour-Market Search. American Economic Review. March 1996.

［9］D. H. Aldcroft. The Entrepreneur and British Economy, 1870 – 1914. The Economic Historical Review. 1964, No. 1.

［10］Egon Matzner. The Employment Impact of New Technology. Avebury, 1990.

［11］Elizabeth Morris. Measure Flexible Employment and the Informal Economy, Beijing: MISS of China, 2004.

［12］Evaline M. Burns. British Unemployment Programs 1920 – 1938.

Washington, 1941.

[13] EU Commission. Employment in Europe. Brussels, 2006.

[14] Fei, C. H. , Rains, G. A Theory of Economic Development. American Economic Review. 1961.

[15] Feldmen, Reconceptualizing the Nature and Consequences of Part-time Work. Academy of Management Review. 1990, Vol. 15 No. 1.

[16] Fiona Carmichael, Suc Charles. The Labour Market Costs of Community Care. Journal of Health Economics. 1998, Volume 17.

[17] Frances Lund and Jillian Nicholson. Chains of Production, Ladders of Protection. Durban, South Africa School of Development of Studies, 2003.

[18] Frances Lund, Smita Srinivas. Learning from Experience: A Gendered Approach to Social Protection for Workers in the Informal Economy. Generva, ILO, 2001.

[19] Hamid Beladi, Shigcmi Tabuuchi. Tariff-Induced Capital Inflow and Welfare in the Presence of Unemployment and Informal Sector. Japan and World Economy. 2001, Volume 13.

[20] Hussmanns, Raif. Defining and Measuring Informal Employment. Bureau of Statistics International Labour Office. 2003, CH-1211, Geneva, Switzerland.

[21] ILO, World Indications of Labour Market, 1999.

[22] International Labor Office, Gevena, Year of Labour Statistics, 1999.

[23] Jan Marsh. The Unemployed and the Land. History Today, 1982, April, Vol. 32.

[24] Jorgenson. D. W. The Development of A Dual Economy, The Economic Journal. 1961, VOL. 71.

[25] Jose Harris. Unemployment and Politics. A Study in English Social Policy, 1886—1914. Oxford, 1984.

[26] Juhn, C. , K. , M. Murphy, and R. Topel. Why has the Natural Rate of Unemployment Increased over Time? Brooking Papers On Economic Activity, 75 – 126.

[27] Jefferson, Garya H. and Rawski G. Unemployment, Underemploy-

ment, and Employment Policy in Cities of China. Modern China, Vol. 12.

[28] Katz, L. F and A. B. Krueger. New Trend in Unemployment? Brookings Review 1999: 4.

[29] Kenneth D. Brown. The Labour Party and the Unemployment Question 1906 ~ 1910. The Historical Journal. 1971, No. 3.

[30] Keynes, J. M, The General Theory of Employment, Interest and Money. London: Macmillan 1936, reprinted 1967: 137 – 138.

[31] Kim, C. J. , and C. Nelson. State Space Models with Regime Switching: Classical and Gibbs-Sampling Approaches with Applications. Cambridge: MIT Press, 1999:33.

[32] Kiyotaki, Nobuhiro, Moore, Jorn. Evil is the Root of All Money. American Economic Review, 2002: 92(2).

[33] Kuznets, S. Modern Economic Growth. New Haven. Yale Univ. Press, 1966.

[34] Martin, Sunley. Paul Krugman's Geographical Economics And Its Implications for Regional Critical Assessment . Economic Geography. 1996: 72 (3).

[35] Moore, JohnL, 1995. Cost-Benefit Analysis: Issues in Its Use in Regulation. CRS Report for Congress, Environment and Natural Resource Policy Division, June28, 1995.

[36] N. F. R. Crfts. Long-term Unemployment in Britain in 1930s. The Economic History Review. 1987, No. 3.

[37] Noel Whiteside. Bad Times: Unemployment in British Social and Political History. London, 1991.

[38] Nooteboom, B. Innovation, Learning and Industrial Organizations. Cambridge, Journal of Economics 1999: 23.

[39] Overman, Henry G. and Puga, Diego. Unemplyment Clusters across Europe's Regions and Countries. Economic Policy. 2002:34.

[40] Paul, Krugman. Geography and Trade. London MIT Press, 1991.

[41] Pissarides, C. A. Equilibrium Unemployment Theory. Basil Blackwell, London, 1990.

［42］ Renaud B. National Urbanization Policy in Developing Countries, 1981.

［43］ Pierre, Gaelle. A Franework for Active Labour Market Policy Evalua-tion. Employment and Training Department, International Labour Office, Geneva, 1999, Papers 49.

［44］ Rothman. P. Further Evidence on the Asymmetric Behavior of Unemployment Rates over the Cycle. Journal of Macroeconomics. 1993, Vol. 13: 291 – 298.

［45］ R. Schettkat. Technological Change and Employment: Innovation in the German Economy. New York, 1990.

［46］ Sabin, Lon. New Bosses in the Workers' State: The Growth of Nonstate Sector Employment in China. The China Quarterly. Dec. 1994, No. 140.

［47］ Skalin, J. and T. Tersvirta. Modeling Asymmetries and Moving Equilibrium in Unemployment Rates, Forthcoming in Macroeconomic Dynamics. 2001.

［48］ Sean Glynn. Unemployment in Interwar Britain: A Case for Relearning the Lessons of the 1930s? The Economic History Review, 1983, No. 3.

［49］ U. S. Department of Labor, Manpower Report of the President. Washington, D. C. :U. S. Government Printing Office, 1964.

［50］ Yang, Wiguo. China's Employment Policy in Transition, presentation at the 2nd German-Chinese Seminar at University of Osnabrueck, June 2005: 24.

［51］ Yashiv. The Determinants of Equilibrium Unemployment. American Economics Review. December, 2000.

［52］ Derek Fraser. The Evolution of the British Welfare State. London, 1982: 170.

［53］ Robert R. James edited. Winston S. Churchill: His Complete Speeches, 1897—1963. New York, 1974: 1240 – 1245.

［54］ Jose Harris. Unemployment and Politics: A Study in English Social Policy, 1886 – 1914. Oxford, 1984: 295.

二、中文专著类

[1] [美]阿瑟·刘易斯:《二元经济论》,北京经济学院出版社 1989 年版。

[2] [美]阿瑟·刘易斯:《经济增长理论》,商务印书馆 1998 年版。

[3] [美]阿瑟·奥肯:《平等与效率》,华夏出版社 1987 年版。

[4] 蔡昉等:《中国人口与劳动问题报告》,社会科学文献出版社 2002 年版。

[5] 陈云:《关于经济工作和财政工作的报告》,载《中华人民共和国三年来的伟大成就》,人民出版社 1953 年版,第 78 页。

[6] 陈秋华:《体制转换、结构变迁与就业》,中国财政经济出版社 2000 年版。

[7] 程连升:《中国反失业政策研究(1950～2000)》,社会科学文献出版社 2002 年版。

[8] [美]道格拉斯·诺思:《经济历史的结构变迁》,上海三联书店、上海人民出版社 1994 年版。

[9] [美]道格拉斯·诺思:《制度、制度变迁与经济绩效》,上海人民出版社 1994 年版。

[10] 多恩布什、费希尔、斯塔兹:《宏观经济学》,中国人民大学出版社 1997 年版。

[11] 丁建定:《科学技术进步与就业问题》,中国劳动社会保障出版社 2007 年版。

[12] 弗里德曼:《劳动经济学》,商务印书馆 1996 年版。

[13] [日]富永健一:《社会结构与社会变迁——现代化理论》,云南人民出版社 1988 年版。

[14] 费景汉、拉尼斯:《劳动剩余经济的发展》,经济科学出版社 1992 年版。

[15] 樊纲:《渐进改革的政治经济学分析》,上海远东出版社 1996 年版。

[16] 邰风涛、张小建主编:《中国就业制度》,中国法制出版社 2009 年版。

[17] 胡鞍钢主编:《第二次转型:国家制度建设》,清华大学出版社

2003 年版。

[18][美]钱纳里等:《工业化和经济增长的比较研究》,上海三联书店 1989 年版。

[19][英]迈因特:《发展中国家的经济学》,商务印书馆 1978 年版。

[20]靳英华:《中国双重转变过程中的就业问题研究》,天津人民出版社 2001 年版。

[21]剧锦文:《中国经济:路经与选择(1999)》,社会科学文献出版社 2001 年版。

[22][德]柯武钢、史漫飞:《制度经济学——社会秩序与公共政策》,商务印书馆 2000 年版。

[23][英]凯恩斯:《就业、利息和货币通论》,商务印书馆 1999 年版。

[24][德]康德:《宇宙发展史概论》,上海人民出版社 1972 年版。

[25]《列宁选集》,人民出版社 1972 年版。

[26][美]罗伯特·M.索洛等:《经济增长因素分析》,商务印书馆 2003 年版。

[27]罗德明:《经济转型与经济发展》,社会科学文献出版社 2002 年版。

[28][美]罗纳德·伊兰伯格等:《现代劳动经济学——理论与公共政策》,中国人民大学出版社 1999 年版。

[29]李培林、张翼、赵延东:《就业与制度变迁》,浙江人民出版社 2002 年版。

[30]刘诗白:《中国社会转型期有效需求不足问题及其治理研究》,中国金融出版社 2004 年版。

[31]厉以宁:《转型发展理论》,同心出版社 1996 年版。

[32]厉以宁:《中国城镇就业研究》,中国计划出版社 2001 年版。

[33]厉以宁、吴世泰:《西方就业理论的演变》,华夏出版社 1988 年版。

[34]厉以宁等:《中国经济跨世纪的主题和难题》,经济科学出版社 1999 年版。

[35]刘金国、蒋立山:《中国社会转型与法律治理》,中国法制出版社 2007 年版。

[36]林毅夫:《关于制度变迁的经济学理论:诱致性变迁与强制性变

迁》,载《财产权利与制度变迁》,上海三联书店、上海人民出版社 1994
年版。

[37]林毅夫:《再论制度、技术与中国农业发展》,北京大学出版社
1999 年版。

[38][美]曼昆:《经济学原理》(上、下卷),机械工业出版社 2005
年版。

[39][德]马克思:《资本论》,人民出版社 1975 年版。

[40][美]迈克尔·P.托达罗:《经济发展与第三世界》,中国经济出版
社 1992 年版。

[41]牛润霞:《技术变迁中的失业问题研究》,人民出版社 2007 年版。

[42]彭微等:《就业概论》,经济管理出版社 2000 年版。

[43]乔榛:《中国失业引论》,黑龙江人民出版社 2003 年版。

[44][美]R.科斯等:《财产权利与制度变迁》,上海人民出版社 1994
年版。

[45]宋德勇:《经济转型问题研究》,华中理工大学出版社 2000 年版。

[46]宋晓梧等:《中国人力资源开发与就业》,中国劳动出版社 1997
年版。

[47][美]萨尔·D.霍夫曼:《劳动力市场经济学》,上海三联书店 1989
年版。

[48]吴照云、李振球:《就业原理与就业指导》,经济管理出版社 1997
年版。

[49][美]西蒙·库兹涅茨:《现代经济增长》,商务印书馆 1985 年版。

[50][美]西奥多·舒尔茨:《论人力资本投资》,北京经济学院出版社
1990 年版。

[51]《新帕尔格雷夫经济学大辞典》,经济科学出版社 1996 年版。

[52]杨宜勇:《中国转轨时期的就业问题》,中国劳动社会保障出版社
2002 年版。

[53]袁志刚、方颖:《中国就业制度的变迁》,山西经济出版社 1998
年版。

[54]杨伟国:《转型中的中国就业政策》,中国劳动社会保障出版社
2007 年版。

［55］袁乐平、周浩明：《失业经济学》，经济科学出版社 2003 年版。

［56］袁志刚、陆铭：《隐性失业论》，立信会计出版社 1998 年版。

［57］张培刚：《张培刚选集》，山西经济出版社 1997 年版。

［58］张培刚：《农业与工业化》（上、下卷），华中科技大学出版社 2002 年版。

［59］张培刚主编：《发展经济学教程》，经济科学出版社 2001 年版。

［60］中国科学院：《就业与发展——中国失业问题与就业战略》，辽宁人民出版社 1998 年版。

［61］张圣兵：《全球化进程中的就业变迁》，中国财政经济出版社 2002 年版。

［62］赵海均：《30 年：1978～2007 年中国大陆改革的个人观察》，世界知识出版社 2008 年版。

［63］张宇燕：《经济发展与制度选择——对制度的经济分析》，中国人民大学出版社 1992 年版。

［64］张兴胜：《经济转型与金融支持》，社会科学文献出版社 2002 年版。

［65］蔡昉、都阳、王美艳：《中国劳动力市场转型与发育》，商务印书馆 2005 年版。

三、中文论文类

［1］蔡昉、都阳、高书文：《就业弹性、自然失业和宏观经济政策》，《经济研究》2004 年第 9 期。

［2］蔡昉：《论对劳动雇佣关系的合法保护》，《光明日报》2008 年 4 月 29 日，第 8 版。

［3］蔡昉：《中国就业制度改革的回顾与思考》，《理论前沿》2008 年第 11 期。

［4］蔡昉：《论就业在社会经济发展中的优先地位》，《中国人口科学》2003 年第 3 期。

［5］蔡昉：《二元人力资源市场条件下的就业体制转换》，《中国社会科学》1998 年第 2 期。

［6］蔡昉：《"刘易斯拐点"催化增长方式转变》，《财经》2008 年第

17 期。

[7]陈淮:《非正规就业:战略与政策》,《宏观经济研究》2001 年第 2 期。

[8]陈淮:《就业形势的回顾与展望》,国研网 1998 年 2 月 4 日。

[9]陈颐:《由"刘易斯拐点"引发"比较优势"的忧思》,《光明日报》 2007 年 7 月 10 日。

[10]陈建华、王轶青:《构建促进农民全面就业的发展模式——"民工荒"现象的深层次思考》,《农村经济》2005 年第 3 期。

[11]常进雄:《对中国经济增长过程中 GDP 就业弹性问题的初步研究》,《中国人口科学》2005 年第 1 期。

[12]成学真、郑贺娟:《经济增长对就业的影响——理论研究综述》,《兰州学刊》2006 年第 3 期。

[13]查瓦斯基:《德国劳动力市场的改革》,德国之声 2004 年 7 月 2 日。

[14]邓春玉:《社会转型时期的就业理论研究》,《长春工业大学学报》 2003 年第 4 期。

[15]董克用:《就业问题的公共政策思考》,《经济理论与经济管理》 2005 年第 4 期。

[16]丁建定:《科学技术进步与就业问题》,中国劳动社会保障出版社 2007 年版,第 185 页。

[17]丁建定:《德国的就业保障和就业促进政策》,《中国社会保障》 2003 年第 5 期。

[18]范剑勇等:《改革以来就业结构变动及其对经济增长的贡献》,《宏观经济研究》2001 年第 9 期。

[19]国家发展改革委员会宏观经济研究院:《国家发改委信息(内部资料)》2008 年第 2406 期。

[20]"国有企业制度研究"课题组:《国有企业改制:发展阶段及存在的问题》,国研网 2004 年 2 月 4 日。

[21]郭石明:《日德两国大学毕业生就业机制研究》,《浙江工业大学学报》2004 年第 3 期。

[22]龚玉泉、袁志刚:《中国经济增长与就业增长的非一致性及其形成

机理》,《经济学动态》2002 年第 10 期。

[23]郜风涛:《新型工业化与制度创新初探》,《中国法学》2007 年第
1 期。

[24]郜风涛:《印度促进就业的措施及一些启示》,《经济日报》2007 年
9 月 19 日。

[25]郜风涛:《中国经济转型期就业制度的回顾与评析》,《中国劳动》
2009 年第 2 期。

[26]郜风涛:《乐观与悲观——20 世纪西方关于科技进步对就业影响
的争论》,《中国社会保障》2009 年第 1 期。

[27]郜风涛:《实施更加积极的就业政策》,《经济日报》2009 年 4 月
14 日。

[28]胡鞍钢、杨韵新:《就业模式转变:从正规化到非正规化——我国
城镇非正规就业状况分析》,《管理世界》2001 年第 2 期。

[29]黄春梅:《西方发达国家劳动就业政策的比较研究及其启示》,《求
是》2005 年第 4 期。

[30]姜杰等:《全球化视角下中国失业就业问题研究》,《山东社会科
学》2004 年第 2 期。

[31]剧锦文:《世界经济大转轨中的转轨经济学》,《经济学消息报》
1997 年 1 月 31 日。

[32]景普秋、张向阳:《中国工业化与城镇化进程中农村劳动力转移的
定量研究》,《人口与经济》2005 年第 1 期。

[33]卢亮:《1998～2001 年我国积极财政政策就业效应的实证分析》,
《西北人口》2005 年第 1 期。

[34]李保民:《印度如何治理失业》,中国互联网新闻中心 2004 年
3 月。

[35]李永民:《国外就业政策及对中国的启示》,《经济经纬》2004 年第
6 期。

[36]李俊锋、王代敬、宋小军:《经济增长与就业增长的关系研究——
两者相关性的重新判定》,《中国软科学》2005 年第 1 期。

[37]李连根:《转型期中国就业弹性下降的原因及其对策分析》,《商业
研究》2003 年第 22 期。

[38]李实:《中国经济转轨中劳动力流动模型》,《经济研究》1997年第1期。

[39]吕政:《应用经济学理论:在服务实践中走向繁荣》,《人民日报》2008年12月9日。

[40]马驰等:《城市化与失地农民就业》,《华东经济原理》2005年第1期。

[41]宁光杰:《简析马克思的就业理论》,《当代经济研究》2001年第3期。

[42]潘士远、林毅夫:《中国的就业问题及其对策》,《经济学家》2006年第1期。

[43]彭建君、叶青:《就业与财政政策取向》,《统计与决策》2006年第2期。

[44]乔榛:《马克思就业理论与西方就业理论比较研究》,《经济学家》2006年第5期。

[45]孙天琦:《制度竞争、制度均衡与制度的本土化创新》,《经济研究》2001年第6期。

[46]孙本良:《关于我国就业问题的深层研究与思考》,《理论前沿》2006年第5期。

[47]阮杨等:《经济转型中的就业重构与收入分配》,《管理世界》2002年第11期。

[48]王子健:《经济转型的理论与现实——爱尔曼教授访谈录》,《东欧中亚研究》1997年第5期。

[49]王伟、孔德威:《西方国家劳动就业政策的变革》,《河北师范大学学报(哲学社会科学版)》2005年第2期。

[50]王至元:《城乡二元结构转变与中国城市化道路》,《经济学动态》2004年第12期。

[51]王根坚:《GDP与就业均衡增长的财政政策选择》,《当代经济》2005年第3期。

[52]王胜谦:《中国中长期就业政策研究》,《中国行政管理》2005年第1期。

[53]王传荣:《经济全球化影响劳动就业的机理分析》,《人口与经济》

2005 年第 1 期。

　　[54]王诚:《中国就业转型:从隐蔽失业、就业不足到效率型就业》,《经济研究》1996 年第 5 期。

　　[55]谢伏瞻:《当前的就业压力与增加就业的途径》,《管理世界》2003年第 5 期。

　　[56]夏业良:《最低工资制能否战胜贫穷?》,《经济观察报》2001 年 10月 8 日。

　　[57]杨景宇:《构建与发展和谐稳定劳动关系的法律保障》,《中共中央党校报告选》2008 年第 4 期。

　　[58]杨瑞龙:《我国制度变迁方式转换的三阶段论》,《经济研究》1998年第 1 期。

　　[59]杨宜勇:《把促进就业作为经济社会发展的优先目标》,《宏观经济管理》2002 年第 11 期。

　　[60]郑功成:《劳动密集型产业还有巨大空间》,《人民日报》2009 年 1月 7 日。

　　[61]张车伟、蔡昉:《就业弹性的变化趋势研究》,《中国工业经济》2002年第 5 期。

　　[62]张圣兵:《全球化影响劳动就业的三大路径》,《教学研究》2001 年第 9 期。

　　[63]张五常:《论世界经济的全球化》,《世界经济》2000 年第 9 期。

　　[64]张冀:《中国劳动人口现在是一种什么态势》,《北京日报》2009 年1 月 12 日。

　　[65]曾湘泉:《世界就业趋势及各国就业政策》,《求是》2003 年第18 期。

后 记

当本书定稿之时,已经是己丑年夏至凌晨两点。我强撑着疲惫的身躯,抬眼向窗外望去,夜幕下,霓虹璀璨,星斗烁闪。于是,我顿失睡意,思绪翻卷——

思绪追溯到 2004 年岁末。那是在全国劳动保障工作会议召开期间,时任国务院副总理的黄菊同志明确提出,要把《中华人民共和国就业促进法(草案)》列入 2005 年国务院立法计划,加快起草工作步伐,争取尽快提请全国人大常委会审议。就业是民生之本,安国之策,我作为主持该法律草案审查工作的负责人之一,备感责任之重大,犹觉就业理论知识之匮乏。于是,我便开始自学有关经济学理论,方知就业乃宏观经济学研究之范畴,亦为劳动经济学之重要组成部分。2005 年底,偶尔在网上看到华中科技大学招收经济学博士生的信息,出于"充电"之需求,亦权作"实用主义"论,我即萌生了"役志在书史"(清阮元语)之念。2006 年 8 月,我考入华中科技大学经济学院,在张培刚教授和徐长生教授门下攻读经济学博士学位。

三年多的学习生涯匆匆而过。其间,个中甘苦,不言自明,亦无须悔之;然则,我的导师、老师和同事们对我的指导、鼓励与鼎力相助,无一不烙印于脑海,是他们给予我觅新知、做学问、立人格的启沃。

而今,面对书稿,我想抒发几句感谢之言!首先,感谢我的导师张培刚教授和副导师徐长生教授。张培刚先生是发展经济学的创始人之一,是中国具有国际影响的老一辈著名经济学家。作为我的导师,张老先生虽然年逾九旬,然每逢我去求教,他总是耳提面命,悉心教诲;从中,我看到了老先生高尚的人格、深厚的学问和严谨的学风,令我受益终身。徐长生教授作为我的副导师,他以其敏锐的学术眼光、严谨的治学态度,在我学习、论文选题和写作过程中,无一不给我以精心指导,特别是为我们审查《中华人民共和国就业促进法(草案)》提供了诸多帮助。我深知,如果没有徐长生教授的悉心指导和帮助,我是很难完成学业和中国经济转型期就业制度研究这样一个大课题的。然而,令我愧疚的是,以我之学识和悟性,研究也许难以体现导师点拨意图之一二,也与研究的初衷存有距离,只能遗憾于心,留待继续研究。

同时,感谢张培刚先生的夫人谭慧老师,华中科技大学经济学院的张建华教授、刘海云教授、宋德勇教授、张卫东教授、方齐云教授、王少平教授、郑朝阳等老师,也感谢人力资源和社会保障部张晓建、胡晓义副部长、于法鸣司长以及我的同事、同学和朋友吴浩、王岩、李向东、陈培勇、张凯、王秋彬、雷启振、阎淑芬、赵新一、王军、张巍、李凤娟、吴海若、董雁、史春雪等,他们为我查阅资料和打印论文提供了诸多便利。此外,我还要感谢我的夫人和儿子,他们对我的学业和研究工作给予大力支持和全面理解。

最后,需要说明的是,本书是在我的博士论文基础上修撰而成的,属于应用研究类型。它通过对国内外就业制度转型相关理论的研究和中国改革开放 30 年来就业制度现实图景的描述,特别是对国际金融危机下中国就业制度转型的初步探讨,努力在全面透视和把握国内外就业制度转型相关理论和实践经验的基础上,为实现中国就业制度的成功转型提供理论与实践支撑。可以说,它是我多年工作实践和理论探索的一个初步总结。书中引用了理论界大量现有研究成果,尤以郑功成、蔡昉、乔榛、周天勇、孔德威和王伟先生的研究成果为最。在此,谨向他们致以诚挚的谢意!

夜深人静,思绪难收。望着渐渐发白的夜空,我想,完成书稿、形成初步研究成果,这仅仅是个开始;明天,有更多的理论与实践问题,需要我们去探索!

邰 风 涛

2009 年 5 月 5 日于北京临渊阁

策划编辑:李春林
责任编辑:辛春来
封面设计:乔智炜
版式设计:程凤琴
责任校对:吕　飞

图书在版编目(CIP)数据

中国经济转型期就业制度研究/郜风涛 著. –北京:人民出版社,2009.10
ISBN 978 – 7 – 01 – 008225 – 7

Ⅰ. 中… 　Ⅱ. 郜… 　Ⅲ. 劳动就业–就业制度–研究–中国 　Ⅳ. F249.214

中国版本图书馆 CIP 数据核字(2009)第 163774 号

中国经济转型期就业制度研究
ZHONGGUO JINGJI ZHUANXINGQI JIUYE ZHIDU YANJIU

郜风涛　著

人 民 出 版 社 出版发行
(100706　北京朝阳门内大街 166 号)

北京新魏印刷厂印刷　新华书店经销

2009 年 10 月第 1 版　2009 年 10 月北京第 1 次印刷
开本:710 毫米×1000 毫米 1/16　印张:21
字数:350 千字　印数:0,001 – 3,000 册

ISBN 978 – 7 – 01 – 008225 – 7　定价:39.00 元

邮购地址 100706　北京朝阳门内大街 166 号
人民东方图书销售中心　电话 (010)65250042　65289539